WIE VIEL GESCHICHTE BRAUCHT DIE ÖKONOMIE

Herbert Matis

Gerhard Senft (Hg.)

WIE VIEL GESCHICHTE BRAUCHT DIE ÖKONOMIE

Markierungspunkte

von Eugen Böhm-Bawerk

bis Joseph A. Schumpeter

Löcker

Gedruckt mit freundlicher Unterstützung des Bundesministeriums für Bildung, Wissenschaft und Kultur, des Magistrats der Stadt Wien, MA 7, Wissenschafts- und Forschungsförderung, sowie der Österreichischen Nationalbank.

© Erhard Löcker GesmbH, Wien 2007
Herstellung: Novographic, Wien
Printed in Austria
ISBN 978-3-85409-462-3

Karl Bachinger

zum 65. Geburtstag gewidmet.

Inhaltsverzeichnis

Vorwort der Herausgeber   9

Einleitende Überlegungen

Herbert Matis
Historiker und Ökonomen –
der prolongierte Methodenstreit   15
Eric Hobsbawm
Historiker und Ökonomen   27

Geschichte und Ökonomie im Spektrum der
Sozialwissenschaften

Reinhard Pirker
Karl Marx oder der notwendige
Zusammenhang von Geschichte und Ökonomie   53
Karl Marx
Ware und Geld   61

Hansjörg Klausinger
Zu Böhm-Bawerks
»Historische und theoretische Nationalökonomie«   87
Eugen Böhm-Bawerk
Historische und theoretische Nationalökonomie   99

Gerhard Senft
»Making History«. Rudolf Goldscheid
und die aktivistische Weltsicht   133
Rudolf Goldscheid
Soziologie und Geschichtswissenschaft   141

Hermann Rauchenschwandtner
Konstellationen der Lust – Otto Neuraths
Optimierungen der Gesellschaft   167
Otto Neurath
Nationalökonomie und Wertlehre   173

Charlotte Natmeßnig, Fritz Weber
Gemeinsam Reisen: Wirtschaftsgeschichte
und Ökonomie 183
Joseph Alois Schumpeter
Zum Verhältnis von Geschichte und Ökonomie 221

Andreas Resch
Walter Eucken – für eine theoretisch fundierte
und in der historischen Erfahrung verankerte
Nationalökonomie 241
Walter Eucken
Der historische Tatbestand –
Konsequenz für die Wirtschaftspolitik 251

Peter Berger, Josef Friedl
Herbert Lüthy – Eloge auf Leben und Werk 269
Herbert Lüthy
Wozu Geschichte? 275

Joachim Becker
Geschichte und ungleiche Entwicklung 301
Luis Bértola
Wohin geht die lateinamerikanische
Wirtschaftshistoriografie? 317

Leonhard Bauer
Ohne Geschichte geht nichts 327

Herbert Matis
Zum 65. Geburtstag von Karl Bachinger 341

Karl Bachinger – Schriftenverzeichnis 345
Quellenangaben 351
Verzeichnis der AutorInnen 353

Vorwort der Herausgeber

»Wer nicht gewillt ist, aus seiner Geschichte zu lernen, ist dazu verdammt, sie zu wiederholen.«

George Santayana

Die Ausformung des modernen ökonomischen Denkens ist bekanntlich eng mit dem Werk des schottischen Philosophen und Wirtschaftstheoretikers Adam Smith verbunden. In seinem ökonomischen Hauptwerk »An Inquiry Into the Nature and Causes of the Wealth of Nations« von 1776 versucht er, die Ursachen und Besonderheiten der wirtschaftlichen Entwicklung in einer langfristigen historischen Perspektive zu analysieren. Es ist daher in keiner Weise übertrieben, Adam Smith und sein Werk sowohl mit der Entstehung der modernen Ökonomie als auch mit dem Beginn der Wirtschaftsgeschichte als Wissenschaft zu verknüpfen. Im Zuge der Entwicklung der Wirtschaftswissenschaften kam die ursprünglich vorhandene Einheit von Nationalökonomie und Wirtschaftsgeschichte jedoch zunehmend abhanden. Die innere Logik der wirtschaftlichen Verhältnisse rückte in den Mittelpunkt theoretischer Betrachtungen, so dass die historische Komponente ins Hintertreffen geriet. Innerhalb der Generationenfolge von David Ricardo zu Léon Walras vollzog sich die Hinwendung zu einer durch abstrakte Modellkonstruktionen gekennzeichneten neoklassischen Theorie. Die Ausdifferenzierung der Wirtschaftsgeschichte als eigenständiges Fach, ihre Verankerung als akademische Disziplin an den Universitäten im 19. und 20. Jahrhundert war unzweifelhaft mit Vor-, aber auch mit Nachteilen verbunden. Im Rahmen der Wirtschaftsgeschichte wurde es möglich, eigene Paradigmen zu entwickeln – etwa Ökonomie als »ethische Wissenschaft« (Gustav Schmoller) zu behandeln, Metatheorien z. B. über die »Entwicklung des Kapitalismus« (Werner Sombart, Karl Polanyi) oder über den »okzidentalen Rationalismus« (Max Weber) auszubilden – der Preis dafür war jedoch der Verlust der Einheit von Wirtschaftsgeschichte und Volkswirtschaftslehre.

Diese Separierung blieb nicht unumstritten. Karl Marx setzte in Anlehnung an klassische Positionen bevorzugt auf die Verbindung prozessualer und entwicklungstheoretischer Ansätze mit ökonomischen Modellvorstellungen. Die vor allem in Deutschland beheimatete Historische Schule wandte sich grundsätzlich gegen die Aufstellung von räumlich und zeitlich invarianten »Wirtschaftsgesetzen« und wies auf die besondere Zugkraft von Tradition, institutioneller Einbindung und geschichtlicher Bedingtheit ökonomischer Phänomene hin. Skeptische Einschätzungen gegenüber der neoklassisch orientierten »Mainstream-economy« finden wir durchaus auch im angelsächsischen Raum, etwa beim US-amerikanischen Institutionalismus. Und schließlich war es kein geringerer als der prominente britische Ökonom Alfred Marshall, der die fehlende Geschichtsausrichtung in der herrschenden Ökonomie kritisierte und zu einer Neuorientierung des ökonomischen Forschungsprogramms aufrief.

Die Wirtschafts- und Sozialgeschichte – wie wir sie heute kennen – erscheint im Hinblick auf Forschungsperspektiven, Interessenschwerpunkte und Methodenfragen mit mehreren wissenschaftlichen Kulturen verbunden: neben der Geschichte und der Volkswirtschaftslehre auch mit der Soziologie und der Philosophie sowie mit der Politikwissenschaft. Der Kern ihres methodischen Paradigmas, die Kombination von eklektischer Theorieanwendung und Quellenkritik (Christoph Buchheim), prädestiniert sie ohne Zweifel für eine integrative Funktion im Spannungsfeld von Kultur- und Geisteswissenschaften einerseits, sowie Sozial- und Wirtschaftswissenschaften andererseits.

Wie kaum ein anderes Fach vermag die Wirtschaftsgeschichte über Triebkräfte, Dynamik und langfristige Entwicklungsmuster einer modernen Ökonomie Auskunft zu geben. In diesem Sinne ist der Wirtschaftshistoriker ein unverzichtbarer Partner für den Ökonomen, sei es in der Forschung, sei es in der Ausbildung. Gerade in einem Zeitalter sich rasant vollziehender Umwälzungen ist jene Analysefähigkeit gefragt, die unmittelbar auf den prozessualen Charakter aller Veränderungen rekurriert. »Der Ökonom kann aus der Geschichte sehr viel lernen«, zeigt sich etwa Toni Pierenkemper in seiner Standortbestimmung der modernen Wirtschaftsgeschichte überzeugt, »und – nebenbei bemerkt – woraus sollte er sonst lernen, wenn nicht aus der Empirie, die ja immer auch Geschichte ist?«[1] Dass umgekehrt die Geschichtsforschung ebenfalls Einbahnstraßen zu vermeiden habe, hält der bedeutende französische Historiker Fernand Braudel in dem Plädoyer »Für eine historische Ökonomie« fest: Der Wirtschaftshistoriker müsse die Bereitschaft in sich tragen, bei Bedarf die Unterstützung der Fachökonomen einzuholen[2] (was ihn selbstverständlich nicht davon enthebt, die Grundkategorien und Theoreme der Standardökonomie zu beherrschen).

Nicht wenige Ökonomen und Wirtschaftsdenker verschiedener Denkschulen, die gegen einen reduktionistischen und damit für einen komplexeren Zugang zu gesellschaftlichen Entwicklungen eintreten, haben ihrer Wertschätzung der Wirtschaftsgeschichte publizistisch Ausdruck verliehen. Im vorliegenden Band werden erstmals zentrale Beiträge zum Thema »Wie viel Geschichte braucht die Ökonomie?« zusammengefasst, die sowohl klassische als auch neuere Positionen widerspiegeln. Die ausgewählten Texte werden von ausgewiesenen Wirtschaftswissenschaftlern eingeleitet und kommentiert. Im Einzelnen werden Exponenten aus dem Bereich der Ökonomie präsentiert, deren zum Teil heftig geführte Kontroversen untereinander bekannt sind, die aber allesamt in ihre Forschungspraxis historische und prozessorientierte Momente einfließen lassen. Dem interessierten Leser wird damit eine Übersicht über entscheidende Diskurse zum angesprochenen Thema geboten, eine Übersicht, die auch den Blick auf aktuelle Fragestellungen zu schärfen vermag. Wir folgen damit gedanklich dem berühmten, nur scheinbar paradoxen Satz des italienischen Historikers und Philosophen Benedetto Croce, den er in seinem Werk »Theorie und Geschichte der Historiographie« formulierte: »Und wenn die Geschichte der Gegenwart direkt dem Leben entspringt, so entspringt auch jene Geschichte direkt dem Leben, die man Geschichte der Vergangenheit zu nennen pflegt; denn nur ein lebendig gegenwärtiges Interesse kann uns dazu bewegen, eine vergangene Tatsache kennen zu lernen: diese entspricht also, insofern sie sich mit einem Anteil am gegenwärtigen Leben verbindet, nicht einem vergangenen, sondern einem gegenwärtigen Interesse.«[3]

Wien, im Oktober 2006 Die Herausgeber

Anmerkungen

[1] Pierenkemper, Toni: Gebunden an zwei Kulturen. Zum Standort der Wirtschaftsgeschichte im Spektrum der Wissenschaften. In: Jahrbuch für Wirtschaftsgeschichte 1995/2, S. 175.

[2] Braudel, Fernand (1992): Schriften zur Geschichte. Band 1: Gesellschaften und Zeitstrukturen, Stuttgart, S. 129.

[3] Croce, Benedetto (1930): Theorie und Geschichte der Historiographie, Tübingen, S. 4. Benedetto Croce (1866-1952), einer der herausragenden Denker Italiens im 20. Jahrhundert, Verfasser des »Manifests der antifaschistischen Intellektuellen« von 1925.

Einleitende Überlegungen

*»Die Wirtschaftsgeschichte stellt einen Unterbau dar,
ohne dessen Kenntnis die fruchtbare Erforschung irgendeines
der großen Gebiete der Kultur nicht denkbar ist.«*
Max Weber

Herbert Matis

Historiker und Ökonomen – der prolongierte Methodenstreit

»... *erst im Gedächtnis formt sich
die Wirklichkeit*«

Marcel Proust

Als ich vor kurzem bei den Salzburger Festspielen Eric J. Hobsbawm bei der Premiere von Mozarts »Die Zauberflöte« traf, war es mir bewusst, einer lebenden Legende zu begegnen. Der am 9. Juni 1917 im ägyptischen Alexandria geborene und heute überwiegend in London lebende Eric J. Hobsbawm zählt ohne jeden Zweifel zu den bedeutendsten Historikern der Gegenwart. Wie kaum ein anderer Zeitgenosse darf er für sich in Anspruch nehmen, noch in der analytischen Tradition der umfassend gebildeten großen Sozialwissenschaftler des 19. und frühen 20. Jahrhunderts zu stehen. Er wurde nicht zuletzt durch seine (u. a. auch in seiner Autobiographie *Gefährliche Zeiten. Ein Leben im 20. Jahrhundert* mehrfach reflektierte) Schulzeit geprägt, die er in Wien, Berlin und London verbrachte, was ein bei einem Briten mit jüdischem Hintergrund eher ungewöhnliches Interesse für gesamteuropäische Fragen auslöste. Nach seinem Studium an der Universität Cambridge übernahm er 1947 eine Professur für Geschichte in London, zahlreiche Gastprofessuren in den Vereinigten Staaten (Stanford, MIT, Cornell, New School for Social Research New York), Frankreich (École des Hautes Études en Science Sociales, Collège de France) und Mexiko folgten. Im Mittelpunkt seiner Forschungsinteressen stand einerseits »Das lange 19. Jahrhundert«, dem er eine viel beachtete und in eine Reihe von anderen Sprachen übersetzte Trilogie *The Age of Revolution: 1789–1848*, *The Age of Capital: 1848–1875* und *The Age of*

Empire 1875–1914 widmete. Andererseits befasste sich Hobsbawm, der sich bereits in seiner Berliner Gymnasialzeit dem KPD-nahen Sozialistischen Schülerbund angeschlossen hatte, auch mit der Geschichte der Arbeiterbewegung, den Ideologien des Nationalismus (*Nationen und Nationalismus, Mythos und Realität*) und den unterschiedlichen Formen der sozialen Revolten. Mit seinem Buch *The Age of Extremes: A History of the World 1914–1991* legte er auch eine viel beachtete Analyse des 20. Jahrhunderts vor, das einerseits durch Kriege, Verfolgung und kollektiven Völkermord und andererseits durch einen beispiellosen ökonomischen und demokratischen Fortschritt geprägt wurde.

Neben diesen bekannten Publikationen, die ihm ein breites internationales Publikum gesichert haben, befasste sich Hobsbawm immer wieder auch mit grundlegenden methodischen Fragen der Geschichtsschreibung, und zwar sowohl in Büchern als auch in einzelnen Artikeln. Die letztlich alle Historiker bewegende Frage »*Wieviel Geschichte braucht die Zukunft?*« wurde von ihm immer wieder gestellt und dabei vor allem auch um die Dimension »*Wieviel Geschichte braucht die Ökonomie?*« erweitert.

Der in diesem Sammelband vorgestellte Artikel, der einige dieser Fragen aufgreift, thematisiert das Verhältnis zweier üblicher Weise den Sozialwissenschaften zugerechneten Teildisziplinen, die ursprünglich einander sehr nahe standen, sich jedoch seit dem legendären »Methodenstreit« am Ende des 19. Jahrhunderts auseinander entwickelt haben. Noch in der »Klassischen Nationalökonomie« waren theoretische und historisch-soziologische Betrachtungen eng verklammert (am deutlichsten wird dies wohl bei Adam Smith oder auch bei Karl Marx, der in angloamerikanischer Tradition ebenfalls den, wie Hobsbawm es nennt, »Klassikern der Politökonomie« zugerechnet wird). Die Wirtschaft wurde damals noch als einheitliches Forschungsfeld aufgefasst und sie war zunächst noch sehr stark in der zeitgenössischen Moralphilosophie verwurzelt, wie dies paradigmatisch im Werk von Adam Smith ersichtlich wird. Erst mit dem Aufkommen der marginalistischen Grenznutzentheorie und der neuen subjektiven Wertlehre am Ende des 19. Jahrhunderts trat ein radikaler Bruch in dieser Tradition ein: Während sich die Ökonomen unter dem dominierenden Einfluss der neoklassischen Analyse immer ausschließlicher der »reinen Theorie« des rationalen Wahlverhaltens, d. h. einem abstrakt-logischen Kalkül und den daraus abgeleiteten »Gesetzmäßigkeiten« zuwendeten, wurde die Wirtschaftsgeschichte zunehmend zu einer historisch-geisteswissenschaftlichen Disziplin, deren Vertreter überwiegend einem hermeneutischen Wissenschaftsverständnis anhingen. Im Zusammenhang mit dem Prinzip der Evolution, wie es Darwin, Wallace, Huxley u. a. für die Naturwissenschaften formulierten, gewann die historische Betrachtungsweise allerdings auch für viele andere Wissenschaften an Bedeutung. Viele Disziplinen maßen der zeitlichen Dimension und dem Entwicklungsgedanken bei der Analyse von wissenschaftlich relevanten Phänomenen einen besonderen Erkenntniswert zu, während man zur selben Zeit ausgerechnet in der Ökonomie eine höhere wissenschaftliche Dignität über die Behauptung raum- und zeitunabhängiger naturwissenschaftlicher Gesetzmäßigkeiten zu erlangen suchte.

Ihren pointierten Ausdruck fanden die unterschiedlichen Auffassungen in dem bereits erwähnten wissenschaftlichen Disput zwischen Gustav Schmoller und Carl Menger, der unter dem Namen »Methodenstreit« in die Wissenschaftsgeschichte eingegangen ist. Auf Schmollers Seite formierte sich die so genannte »Historische Schule« der Nationalökonomie, deren Einfluss in Deutschland übrigens nie ganz geschwunden ist. Die Anhänger dieser Richtung, der in den Vereinigten Staaten die »New School for Social Research« oder in Großbritannien die »London School of Economics« nahe standen, betrachteten als Hauptgegenstand der Wirtschaftswissenschaften die historisch gewordenen Formen und Institutionen des Wirtschaftslebens in ihrer konkreten Wirkungsweise. Nicht etwa, dass sie kein Theoriebewusstsein gehabt hätten, aber ihre Theorien beanspruchten keine universelle Gültigkeit in Zeit und Raum wie die Naturgesetze und wurden nur aufgrund empirischer Befunde abgeleitet. Dem Individuellen und Einmaligen, den singulären Ereignissen und Sachverhalten wurde zwar entsprechend Aufmerksamkeit geschenkt, aber man versuchte darüber hinaus durchaus zu allgemeinen Schlussfolgerungen zu gelangen. Von Seiten der Gegner wurde eingewendet, es handle sich dabei eben um keine ernst zu nehmende theoretische Fundierung. Die behauptete Dichotomie von Geschichte und Theorie löst sich aber quasi von selbst, wenn man Geschichte nicht als rein deskriptiv-beschreibende, d. h. idiographische Disziplin begreift, sondern ihr zuerkennt, dass sie über die Darstellung einmaliger Einzelereignisse hinaus, typische Prozessabläufe und allgemeine Strukturzusammenhänge darzustellen versucht. Demgegenüber vertrat Menger mit äußerster Schärfe den Theorieanspruch der Nationalökonomie und damit die analytische Methode als einzig möglichen Zugang zur Erkenntnis der inneren Zusammenhänge des wirtschaftlichen Handelns. Für ihn repräsentierte die Ökonomie – zumindest von ihrem Anspruch her – eine nomothetische Wissenschaft, die vergleichbar der Physik nach allgemeinen Gesetzmäßigkeiten sucht.

In der akademischen Lehre, besonders im angloamerikanischen Bereich, setzte sich Mengers Standpunkt praktisch ausnahmslos durch. Die fast gleichzeitig sich formierenden Schulen von »Marginalisten« in Wien, Lausanne und Cambridge setzten ihren Wissenschaftsanspruch in der Ökonomie durch – übrigens ein schöner Beleg für die »Struktur wissenschaftlicher Revolutionen«, wie sie u. a. Imre Lakatos, Ludwig Fleck und Thomas S. Kuhn beschrieben haben. Was man im Zusammenhang mit dem klassischen Methodenstreit nur allzu gerne übersah, war das Faktum, dass die behauptete Dichothomie letztlich ein willkürliches Konstrukt ist: Idiographische und nomothetische Wissenschaften sowie die dabei

Der prolongierte Methodenstreit

zum Einsatz gelangenden induktiven und deduktiven Methoden stehen nämlich in erster Linie für unterschiedliche Erkenntnisziele und sich daraus ergebende unterschiedliche methodische Vorgangsweisen und liefern daher auch differente Perspektiven: Sie sind aber kein Gegensatz, sondern eben verschieden – sie schließen sich nicht aus, sondern ergänzen sich, sie sind lediglich zwei Seiten ein und derselben Medaille.

Die seit dem Methodenstreit so gut wie totale Auseinanderentwicklung des früher einheitlichen wirtschaftswissenschaftlichen Forschungsfeldes in zwei nach Forschungsinteresse, Methoden und Ausbildungsgang vollkommen verschiedene Disziplinen hatte aber, und hier stimmen wir Hobsbawm zu, letztlich unglückliche Konsequenzen für beide Seiten. Versuche einer Wiederannäherung wurden zwar im Laufe der Zeit wiederholt unternommen und sind nicht zuletzt auch von führenden Wirtschaftswissenschaftlern wie Marshall, Schumpeter, Kuznets, Samuelson, Hicks, u. a. eingefordert worden, die eine stärkere empirische und historische Fundierung ihrer Disziplin und damit mehr Realitätsnähe ihrer Aussagen einmahnten. Aber auch die Geschichtswissenschaft zeigte in jüngster Zeit ein verstärktes Interesse an der Einbeziehung ökonomischer und sozialwissenschaftlicher Theorien und an der Anwendung statistischer Methoden und Materialien, die vielfach überhaupt erst komplizierte und längerfristig wirksame Strukturzusammenhänge transparent werden lassen, somit an Methoden und Quellenkategorien, die eher außerhalb des Blickfeldes einer traditionellen »Ereignis- und Personengeschichte« liegen. Die wissenschaftliche Diskussion, die sich daran anschloss, wurde am intensivsten (und zugleich am eindimensionalsten) wohl in den Vereinigten Staaten von den der Neoklassik verpflichteten »Kliometrikern« der »New Economic History« geführt, und hier wiederum vor allem von Alfred H. Conrad, John R. Meyer, Douglas C. North, George G. S. Murphy, Robert W. Fogel und Albert Fishlow. Diese »Schule« nahm in diesem methodischen Diskurs und parallel dazu in der Präsenz in den referierten Fachjournalen seit den 1960er Jahren geradezu eine Monopolstellung in Anspruch.

Die Anwendung statistisch-quantitativer Methoden, die Betonung des Messens und die Anerkennung der engen Beziehung zwischen zahlenmäßiger Erfassung von wirtschaftlichen Daten und der Anwendung von Theorie, machen aber noch nicht die »Neue Wirtschaftsgeschichte«, wie sie den Kliometrikern vorschwebt, aus. Hier haben andere Gruppierungen sogar wesentlich Bedeutenderes geleistet: So wirkte etwa in Frankreich die École des Hautes Études am l'Institut de Sciences Mathématiques et Économiques Appliquées vor allem unter Leitung von Jean Marczewski und François Perroux als Protagonist einer »Histoire quantitative«, wie sie auch die Vertreter der Annales-Schule forderten. Zur quantitativen Wirtschaftsgeschichte zählen selbstverständlich auch retrospektive volkswirtschaftliche Gesamtrechnungen, Analysen der Entwicklung des Volkseinkommens, des Volksvermögens und deren Komponenten. Als Pionier dieser Forschungseinrichtung, die meist von empirisch ausgerichteten Wirtschaftsforschern betrieben wird, sind vor allem der Ökonomie-Nobelpreisträger Simon Kuznets sowie Ingvar Svenilsson, Phyllis Deane und Angus Maddison anzusehen. Um eine Entwicklung der verschiedenen Aggregate der Volkswirtschaft erklären zu können, geht man davon aus, dass die wachsende Interdependenz aller ökonomischen Phänomene sehr komplexe Verknüpfungen entstehen lässt, die am besten (zumindest im Prinzip) im Zuge einer volkswirtschaftlichen Gesamtrechnung erfasst werden können. Hobsbawm weist zu Recht auch darauf hin, dass die Umstellung auf die Kriegswirtschaft während der beiden Weltkriege u. a. auch planwirtschaftliche Elemente in die Wirtschaft eingeführt hat, wofür nicht zuletzt die Input-Output-Analyse und die Ökonometrie den nötigen methodischen Apparat geliefert haben. Zur Messung der Interaktion der einzelnen Teilgrößen wird ein ganzer Apparat von Definitionen, Berechnungsmethoden und Aggregaten der volkswirtschaftlichen Rechnungsführung eingesetzt. Neue technische Möglichkeiten der Datenverarbeitung und der Computertechnologie haben diese Aufgabe erleichtert, und sie wurde in zahlreichen Ländern in Angriff genommen. So bildete die Aufarbeitung alter und die Auffindung neuer Daten zum Zwecke der Konstruktion langer Zeitreihen über Produktion, Produktivität, Beschäftigung, Einkommen, Investitionen und dgl. ein wichtiges Forschungsvorhaben, das Ökonomen und Historiker gleichermaßen interessiert. Das ambitionierte Ziel dieser Bestrebungen ist die Verknüpfung dieser Reihe zu einer historischen Volkseinkommensrechnung, die möglichst weit zurück in die Vergangenheit reichen soll. Zugleich liefert man damit der Wirtschaftspolitik wertvolle Daten, die komparatistisch betrachtet werden können und damit auch ein wichtiges Prognoseelement verkörpern.

Was demgegenüber die amerikanischen Kliometriker auszeichnet, ist deren Verwurzelung in der neoklassischen Theorie, zu deren Gültigkeit sie historische Belege liefern möchten. Der »neuen« Wirtschaftsgeschichte ist es dabei gelungen, die traditionelle Disziplin in den USA nahezu vollkommen umzuformen und damit die »alte« Wirtschaftsgeschichte gleichsam zu »marginalisieren«. Die Kliometrie als jene Form der »neuen« Wirtschaftsgeschichte, wie sie vor allem in den USA betrieben wird, versucht Modelle zu entwickeln und geht dabei an eine systematische Verbindung von Messen und (neoklassischer) Theorie. Mit anderen Worten: Die ökonomische Theorie wird auf die zu erklärenden historischen Phänomene mit dem Ziel angewendet, ein Modell zu konstruieren und zu diesem Zweck geeignete Variablen zu identifizieren, die der zugrunde gelegten Theorie entsprechen. Das Modell soll die Beziehungen zwischen diesen einzelnen Variablen aufzeigen. Den Variablen, denen ein explanatorischer Charakter beigemessen wird, werden dabei Werte zugemessen, die der historischen Realität möglichst entsprechen. Schließlich werden die Werte der sich ergebenden abhängigen Variablen mit den tatsächlichen Werten dieser Variablen verglichen. In den Fällen, wo anbetracht des

Wahrscheinlichkeitscharakters ökonomischer Beziehungen die errechneten Werte der abhängigen Variablen wesentlich von ihren historischen Werten differieren, wird dann die zu Beginn angenommene theoretische Hypothese eben entsprechend modifiziert, und man sucht so lange nach anderen explanatorischen Variablen, bis schließlich die erreichte Erklärung der gemessenen Realität möglichst nahe genug kommt.

Die Anwendung und Verbindung von quantifizierenden Methoden und ökonomischer Theorie auf historische Tatbestände ist an sich nichts Neues und würde auch keinen Bruch mit der bisherigen Verfahrensweise der Wirtschaftsgeschichte signalisieren. Worin ist also der Anspruch der »Kliometriker« begründet, sie hätten einen wahren Umbruch in der Geschichtswissenschaft herbeigeführt? Was berechtigt sie, zu behaupten, die vorherige Geschichtsschreibung sei quasi als obsolet zu betrachten? Oder was lässt sie, wie es Donald McCloskey, einer der Protagonisten dieser Richtung, mit geradezu überwältigender Bescheidenheit ausdrückte, zum Urteil zu gelangen, dass die »prä-kliometrische Wirtschaftsgeschichte« als bloße Anhäufung ökonomischer Irrtümer und Unwissenheit betrachtet werden müsse? Abgesehen von ihrem zweifellos vorhandenen »rasanten Bilderstürmer-Enthusiasmus« (Hans-Ulrich Wehler) stellt sich somit die Frage, worin das eigentlich Neue in der »neuen Wirtschaftsgeschichte« liegen sollte: Die Kliometriker betrachten die ökonomische Modellanalyse in der neoklassischen Tradition als die angemessene Methode zur Erklärung historischer Prozesse und Tatbestände und lehnen z. B. alle sozioökonomischen Theorien der wirtschaftlichen Entwicklung etwa in der Tradition von Marx, Weber, Polanyi und Schumpeter oder der »Evolutionary Economics« ab. Ökonomische Tatbestände werden ausschließlich durch ökonomische Determinanten erklärt, selbst bisher außerhalb einer ökonomischen Betrachtung stehende Phänomene (Altruismus, Liebe, Ehe, Kindererziehung, Religion usw.) werden auf rein rationale ökonomische Wahlhandlungen reduziert. Institutionelle Rahmenbedingungen, Wirtschaftsordnung, Machtverhältnisse, politische, kulturelle und sozialpsychologische Faktoren haben demgegenüber keinen Stellenwert. Die Kliometriker verwenden Techniken der Ökonometrie, die weit über früher gebräuchliche mathematisch-statistische Methoden hinausgehen. Sie haben ferner bisher nicht angewandte Methoden der indirekten Messung (das ist der Schluss von vorhandenen auf nicht vorhandenen Zahlen) und der Rekonstruktion von real nicht existenten, somit rein fiktiven quantitativen Zusammenhängen eingeführt. Umstrittenste Neuerung auf dem Gebiet ist die »Messung« nicht stattgefundener Prozessabläufe in Form von kontra-faktischen deduktiven Modellen, die rein hypothetisch aus bestimmten Ausgangsbedingungen abgeleitet werden. Den Mangel an Daten versuchen die Kliometriker dadurch zu umgehen, dass sie verstärkt auch nichtnumerische Daten und Fakten quantifizierbar machen und dass sie umso aufwendigere mathematische Methoden einsetzen, je dürftiger die vorhandenen Daten sind. Die theoretische Überladung von begrenztem Material erfordert dann auf schmalster Datenbasis Schlüsse von atemberaubender Bravour.

Auf diese Weise kann der immer wieder eingeforderte Brückenschlag zwischen Ökonomie und Geschichte aber wohl nicht funktionieren. In diesem Zusammenhang erscheint das Eingeständnis eines der Hauptvertreter der »neuen Wirtschaftsgeschichte« bedeutungsvoll, dass deren Forschungen mehr destruktiv als konstruktiv gewirkt hätten, indem sie ältere Erklärungen und Interpretationen beseitigt, aber dafür keine Alternativen angeboten hätten. Wer die Forderung des deutschen Historikers Theodor Schieder an die Geschichtswissenschaft vor Augen hat, »hohe Abstraktion mit starker Anschauungskraft zu verbinden«, dem erscheint die »Kliometrie« der Gefahr angesetzt, die Anschauungskraft der Abstraktion zu opfern. Sie setzt sich dabei gleichzeitig der Gefahr aus, den Charakter eines esoterischen intellektuellen »Glasperlenspiels« anzunehmen.

Auch an den Grundannahmen ist Kritik zu üben: Die Kliometriker gehen, wie schon ausgeführt wurde, von der neoklassischen Theorie aus, die ihrerseits aber mit Prämissen operiert, deren Begrenztheit man sich stets vor Augen führen müsste. Dazu gehört etwa die Annahme einer atomistischen Marktstruktur mit vielen voll informierten Anbietern und Nachfragern (Markttransparenz). Hinzu kommen noch so spezifische Annahmen wie etwa die neoklassische Produktionsfunktion, die Gleichheit von Preisen und Grenzkosten, die weitgehende Negierung der sozialen Verflechtungen wirtschaftlicher Belange, die stillschweigende Annahme einheitlicher Wertvorstellungen als Grundlage wirtschaftlichen Handelns. All dies sind aber insbesondere für den Historiker ganz wesentliche Variablen. Das Konzept eines *homo oeconomicus* mit vollständiger Marktübersicht und wirtschaftlich-rationalem Handeln ist eben nur als kontra-faktisch wirkender »Idealtypus« zu verwenden. Auch muss hier die Vernachlässigung der Rolle institutioneller Faktoren im Wirtschaftsprozess kritisch angemerkt werden sowie eine Reihe weiterer Abstriche, die unter die ceteris-paribus Klausel fallen, darunter auch alle exogenen Variablen, die gerade den Historiker interessieren. Die Auffassung einer statischen Gleichgewichtstheorie widerspricht zwangsläufig dem spezifischen Interesse des Historikers am Wandel und der Veränderung des Bestehenden, wofür eher eine dynamische Wachstums- und Entwicklungstheorie in Anknüpfung an die Tradition der Klassik eine tragfähigere theoretische Basis abzugeben vermag. Die Dominanz der neoklassischen Gleichgewichtstheorie und der für sie grundlegenden Konzeptionen der Preisbildung und Allokation auf quasi geschichtslosen Märkten zwängt somit die Kliometriker in das Prokrustesbett einer zu kurz greifenden Theorie. Sehr häufig musste deshalb auch der Eindruck entstehen, viele Resultate der »neuen« Wirtschaftsgeschichte hielten nicht das, was ihre Methoden versprachen, und viele als neu angepriesene »Entdeckungen« entpuppten sich, wenn man sie des schmückenden Beiwerks neuer Begrifflichkeiten und beeindruckender mathematischer Formelsprache entkleidet, dann als alt vertraute Selbstverständlichkeiten.

Wenn also Eric J. Hobsbawm einen erneuten Versuch einer Annäherung zwischen Historikern und Ökonomen einmahnt und in diesem Zusammenhang auf die Defizite und Praxisferne der gegenwärtigen ökonomischen Theorie hinweist, so ist es nicht der Versuch der Kliometriker auf der Basis der geschichtslosen neoklassischen Theorie, der ihm dabei vorschwebt, als vielmehr ein bewusstes Wiederanknüpfen an die ökonomischen Entwicklungs- und dynamischen Wachstumstheorien und somit an die theoretischen Konzeptionen eines Adam Smith, Karl Marx, Max Weber, Josef A. Schumpeter, Karl Polanyi u. a., bei denen die Berücksichtigung der Raum- und Zeitperspektive sozusagen immanent ist.

Die Forschungsperspektiven der Ökonomen und Historiker würden dann leicht wieder eine symbiotische Annäherung erfahren.

Eric Hobsbawm

Historiker und Ökonomen

Ich bin kein Wirtschaftswissenschafter, und nach den Maßstäben einer bestimmten Schule unter meinen Kollegen nicht einmal ein richtiger Wirtschaftshistoriker, wenngleich nach diesen Maßstäben natürlich auch kein Werner Sombart, Max Weber oder Richard Tawney hätten bestehen können. Ich bin weder Mathematiker noch Philosoph, zwei Beschäftigungen, zu denen Ökonomen manchmal Zuflucht nehmen, wenn sie von der wirklichen Welt zu sehr bedrängt werden, und deren Theoreme ihnen vielleicht relevant erscheinen. Kurzum, hier steht ein Laie. Das einzige, was mir den Mut gibt, meinen Mund aufzumachen, ist die Überzeugung, dass Nationalökonomen im gegenwärtigen Zustand ihres Faches möglicherweise bereit sind, sich die Beobachtungen von Laien anzuhören, einfach deshalb, weil diese für die gegenwärtige Weltlage nicht irrelevanter sein können als manches von dem, was sie selbst zu Papier bringen. Vor allem steht zu hoffen, dass sie einem Laien ihr Ohr schenken, der für eine stärkere Integration oder vielmehr eine Reintegration der Geschichte in die Ökonomie eintritt.

Denn die Wirtschaftswissenschaft oder besser derjenige Teil von ihr, der von Zeit zu Zeit ein Monopol für sich beansprucht, das Fach zu definieren, war seit jeher das Opfer der Geschichte. Während ausgedehnter Perioden, in denen die Weltwirtschaft anscheinend mit oder ohne Ratschläge glücklich und zufrieden vor sich hin lebt, leistet die Geschichte der Selbstzufriedenheit kräftig Vorschub. Die anständige Ökonomie hat das Wort, die unanständige Ökonomie wird stillschweigend ausgeschlossen oder der zwielichtigen Welt vergangener und gegenwärtiger Irrlehren überantwortet, ähnlich wie das Gesundbeten oder die Akupunktur in der Medizin. Doch von Zeit zu Zeit erwischt die

Geschichte die Ökonomen bei ihren atemberaubenden Turnübungen und macht sich mit ihren Überziehern davon. Die früheren dreißiger Jahre waren eine solche Periode, und wir erleben gegenwärtig wieder eine. Zumindest einige Ökonomen sind mit dem Zustand ihrer Disziplin unzufrieden. Historiker sind möglicherweise in der Lage, hier zu einer Klärung oder gar Revision beizutragen.

Das von mir gewählte Thema »Historiker und Ökonomen« ist außerdem von besonderer Bedeutung für Cambridge und seine wirtschaftliche Fakultät, in der Wirtschaftsgeschichte und Nationalökonomie seit den Tagen Marshalls dauerhaft und für beide unerquicklich zusammengeschirrt waren. Die Beziehung war für beide Seiten ebenso komplex wie problematisch. Auf der einen Seite war Marshalls eigener theoretischer Apparat, wie immer wieder festgestellt wurde, im Wesentlichen statisch. Er konnte nur mit Mühe historischen Veränderungen und Weiterentwicklungen angepasst werden. Über den Anhang zu seinem Handbuch der Volkswirtschaftslehre, in der ursprünglichen englischen Ausgabe ein einleitendes Kapitel, das einen Überblick über die Wirtschaftsgeschichte gibt, hat Schumpeter mit Recht bemerkt, es lese sich wie »eine Reihe trivialer Bemerkungen«[1]. Tatsächlich tragen Marhalls eigene beträchtliche wirtschaftshistorische Kenntnisse kaum mehr als einige schmückende und illustrative Floskeln zu einer theoretischen Struktur bei, die für solche Zusätze wenig Spielraum lässt. Dennoch war er sich bewusst, dass die Nationalökonomie in einen historischen Wandel eingebettet war und sich ohne einen empfindlichen Verlust an Realismus aus diesem nicht herauslösen ließ. Er wusste zwar, dass die Nationalökonomie die Geschichte nötig hatte, aber nicht, wie er die Geschichte in seine Analyse integrieren sollte. In dieser Hinsicht war er nicht nur Marx, sondern auch Adam Smith unterlegen. Und während der Lehrplan in Cambridge wie der anderer Wirtschaftsfakultäten bislang (1980) schon immer einige Veranstaltungen der Wirtschaftsgeschichte vorsah, glich deren Stellenwert innerhalb des Lehrplans und der Stellenwert der Vertreter dieses Fachs in der Vergangenheit häufig dem des menschlichen Blinddarms. Sie war unbestritten Bestand des Gesamtorganismus, doch ihre genaue Aufgabe, wenn sie denn eine hatte, war alles anderes als klar.

Auf der anderen Seite führten die Wirtschaftshistoriker – und tun dies zum Teil heute noch – ein unbehagliches Doppelleben zwischen den beiden Disziplinen, deren Namen sie trägt. Zumindest in der angelsächsischen Welt gibt es normalerweise zwei Wirtschaftsgeschichten, ob wir sie als »alt« und »neu« bezeichnen oder, was realistischer erscheint, als Wirtschaftsgeschichte für Historiker und Wirtschaftsgeschichte für Nationalökonomen. Die zweite ist im Grunde genommen Theorie – hauptsächlich neoklassische Theorie –, die in die Vergangenheit projiziert wird. Ich werde auf diese New Economic History oder »Kliometrie« noch zurückkommen. Im Augenblick mag der Hinweis genügen, dass sie zwar Wissenschaftler mit großen Fähigkeiten und – im Fall mindestens eines von ihnen, Robert Fogel (der inzwischen einen Nobelpreis errungen hat) – einem erstaunlichen Einfallsreichtum im Hinblick auf die Erschließung und Nutzung historischer Quellen angezogen hat, bislang jedoch keineswegs revolutionär gewesen ist. Robert Fogel hat selbst eingeräumt, dass sogar in der amerikanischen Wirtschaftsgeschichte, auf die sich die meisten Kliometriker anfangs konzentriert haben, die neue Schule die grundlegenden Darstellungen vom Wachstum der Landwirtschaft, dem Aufkommen der industriellen Produktion, der Entwicklung des Bankwesens, der Ausdehnung des Handels und von manchem anderem, das mit herkömmlichen Methoden erforscht und dokumentiert worden ist, verändert, aber nicht ersetzt hat.[2]

Die alten Wirtschaftshistoriker haben selbst dann, wenn sie über solide Kenntnisse in Ökonomie und Statistik verfügten, im allgemeinen und aus guten Gründen der rein retrospektiven Bestätigung oder Widerlegung von Theoremen in der gegenwärtigen Wirtschaftstheorie und der bewussten Verengung des Gesichtsfeldes durch die New Economic History misstraut. Selbst der Inhaber des Lehrstuhls für Wirtschaftsgeschichte an der Universität Cambridge, J. H. Clapham, den Marshall wegen seiner Begabung für ökonomische Analyse persönlich ausgewählt hatte und der seinerseits eine Professur für Nationalökonomie bekleidete, war nicht der Meinung, dass die ökonomische Theorie in seinem Fach eine besondere Rolle spielte. Die Wirtschaftsgeschichte steht der Theorie nicht von vornherein misstrauisch gegenüber. Wenn ihr eine gewisse Skepsis gegenüber der neoklassischen Theorie innewohnt, dann liegt das an deren historischen Enthaltsamkeit und der äußerst eingeschränkten Natur ihrer Modelle.

Deshalb leben Nationalökonomen und Wirtschaftshistoriker in einer unersprießlichen Koexistenz, die meiner Meinung nach für beide Seiten unbefriedigt ist.

Die Nationalökonomen müssen die Geschichte in ihr Fach reintegrieren, und das lässt sich nicht einfach in der Weise erreichen, dass man aus ihr eine retrospektive Ökonometrie macht. Die Nationalökonomen brauchten diese Reintegration nötiger als die Historiker, weil die Nationalökonomie eine angewandte Sozialwissenschaft ist, so wie die Medizin eine angewandte Naturwissenschaft ist. Biologen, die ihre Hauptaufgabe nicht in einer Heilung von Krankheiten sehen, sind keine Ärzte, auch wenn sie an einer medizinischen Fakultät angestellt sind. Ökonomen, die nicht primär direkt oder indirekt mit den Wirkungsweisen realer Wirtschaften befasst sind, die sie umgestalten, verbessern oder vor einer Verschlechterung bewahren wollen, sollten eher als eine Unterart von Philosophen oder Mathematikern eingestuft werden, wenn sie es nicht sogar vorziehen, den Platz auszufüllen, der in unserer säkularen Gesellschaft durch den Niedergang der Theologie frei wird. Ich enthalte mich hier jeder Meinungsäußerung darüber, welchen Wert es haben mag, die Wege der Vorsehung (der des Marktes) gegenüber dem Menschen zu rechtfertigen. Wie auch immer, mit diesem Gebiet sind zwangsläufig – positive wie negative – politische Empfehlungen verbunden. Wäre das nicht der Fall, dann gäbe es das Fach Nationalökonomie gar nicht erst oder es hätte sich nicht halten können. Mit dem zahlenmäßigen Wachstum, der Professionalisierung und Akademisierung dieser wie so vieler anderer Disziplinen hat sich allerdings auch ein ausgedehnter Arbeitsbereich entwickelt, dessen Zweck weder darin besteht, die Welt zu interpretieren oder zu verändern, sondern Karrieren zu fördern und auf Kosten anderer Vertreter dieser Disziplin Punkte zu sammeln. Doch wir können diesen Aspekt der Entwicklung der Nationalökonomie beiseite lassen.

Die Geschichtswissenschaft als akademisches Fach, deren Gegenstand die Vergangenheit ist, kann allein schon deshalb keine angewandte Wissenschaft in diesem Sinne sein, weil bislang noch niemand eine Möglichkeit gefunden hat, etwas zu ändern, das bereits geschehen ist. Wir können bestenfalls Spekulationen über hypothetische Alternativen zum tatsächlichen Geschichtsverlauf anstellen. Natürlich sind Vergangenheit, Gegenwart und Zukunft Teil eines einzigen Kontinuums, und was Historiker zu sagen haben, könnte deshalb sowohl Vorhersagen als auch Empfehlungen für die Zukunft ermöglichen. Ich hoffe sogar, dass es so ist. Die Kenntnisse des Historikers sind für einen solchen Zweck sicherlich nicht unerheblich. Nichtsdestoweniger ist meine Disziplin so definiert, dass Historiker das Terrain der Gegenwartspolitik nur außerhalb ihres Faches betreten können oder nur insofern, als die Geschichte ein fester Bestandteil einer umfassenderen Konzeption von Sozialwissenschaft ist wie im Marxismus. In jedem Fall muss ein Großteil dessen, was wir tun, außerhalb bleiben, nämlich alles, was die unveränderliche Vergangenheit von der theoretisch veränderbaren Zukunft unterscheidet oder, wenn man so will, das Wetten auf bekannte Ergebnisse vom Wetten auf Ergebnisse, die erst noch eintreten werden.

Aber brauchen Nationalökonomen wirklich die Reintegration der Geschichte in ihr Fach? Zunächst einmal gibt es einige Wirtschaftswissenschaftler, die unverhohlen einen solchen Bedarf anmelden, »in der Hoffnung, dass die Vergangenheit Antworten liefern wird, die von der Gegenwart anscheinend nicht gegeben werden«[3]. Zu einer Zeit, da es zum Gesprächsstoff von Cocktailpartys gehört, die Probleme der britischen Wissenschaft auf das 19. Jahrhundert zurückzuführen, ist die Geschichte offenbar ein natürlicher Bestand jeder Diagnose der Krankheit unserer Wirtschaft und für eine Therapie vielleicht nicht völlig unerheblich. Nichts wäre lächerlicher als die Annahme (die zunehmend um sich greift), die Wirtschaftsgeschichte sei rein theoretisch, während notorische Pseudodisziplinen wie »Betriebsführung« oder »Management« bis zu einem gewissen Grad real und ernsthaft seien. Seit langem – gemessen an den amerikanischen Verhältnissen des Fachs, bei weitem das größte auf der Welt – geht das Interesse an der Geschichte unter den Nationalökonomen zurück, obwohl zutiefst historische Themen in den Mittelpunkt des Interesses gerückt sind.

Das ist umso verwunderlicher, als Geschichte und Ökonomie gemeinsam aufgewachsen sind. Wenn die klassische politische Ökonomie vor allem mit Großbritannien in Verbindung gebracht wird, dann liegt das in meinen Augen nicht einfach daran, dass England einer der Pioniere einer kapitalistischen Wirtschaft war. Schließlich hat Holland, der andere Pionier im 17. und 18. Jahrhundert, keine vergleichbare Zahl an Wirtschaftstheoretikern hervorgebracht. Es lag daran, dass die schottischen Denker, die so viel zur Disziplin beigetragen haben, es ganz besonders ablehnten, die Ökonomie vom restlichen Teil der historischen Transformation der Gesellschaft, an der sie teilhatten, abzutrennen. Männer wie Adam Smith sahen sich als beteiligte Zeitzeugen eines Übergangs von einem Zustand, den die Schotten vermutlich früher als jeder andere als ein »feudales System« der Gesellschaft bezeichneten, zu einer

Gesellschaft anderer Art. Sie wollten diesen Übergang beschleunigen und rational erklären, und sei es auch nur, um die vermuteten schädlichen politischen und gesellschaftlichen Ergebnisse zu vermeiden, wenn man das »natürliche Wachstum des Wohlstandes« sich selbst überließ, wenn er möglicherweise zu einer »unnatürlichen und rückschrittlichen Entwicklung« (Adam Smith) würde.[4] Man könnte sagen, während die Marxisten in der Barbarei ein mögliches alternatives Ergebnis der kapitalistischen Entwicklung erkannten, sah Smith darin eine mögliche Alternative der feudalen Entwicklung. Deshalb ist es ebenso irrig, die klassische politische Ökonomie von der historischen Soziologie abzutrennen, der Smith das 3. Buch seines Wealth of Nations widmete, wie sie von seiner Moralphilosophie zu trennen. Desgleichen bleiben Geschichte und Analyse bei Marx, dem letzten der großen klassischen Politökonomen, ungeteilt. Auf eine etwas andere und analytisch weniger befriedigende Weise blieben beide auch bei den deutschen Nationalökonomen ein Ganzes. Erinnern wir uns daran, dass Deutschland im späten 19. Jahrhundert wahrscheinlich mehr Lehrstühle der Ökonomie und eine umfangreichere Literatur auf diesem Gebiet hatte als England und Frankreich zusammengenommen.

Tatsächlich machte sich die Trennung zwischen Geschichte und Ökonomie erst mit der Durchsetzung der Grenznutzenschule voll bemerkbar. Sie wurde zu einem der Hauptstreitpunkte in dem heute weitgehend in Vergessenheit geraten »Methodenstreit« der Jahre nach 1880, der durch einen provozierenden Angriff Carl Mengers auf die so genannte »historische Schule« ausgelöst wurde, die damals in besonders extremer Form die deutsche Nationalökonomie beherrschte. Es darf hierbei allerdings nicht vergessen werden, dass die österreichische Schule, der Menger angehörte, gleichzeitig eine erbitterte Auseinandersetzung mit Marx führte.

In diesem Kampf der Methode war eine der beiden Seiten am Ende so erfolgreich, dass die Streitpunkte, die Argumente und selbst die Existenz der unterlegenen Seite weitgehend der Vergessenheit anheim gefallen sind. Marx überlebte insofern in den ökonomischen Schulen, als die Argumente gegen ihn im analytischen Stil des Neoklassizismus vorgetragen werden konnten: Er konnte als Wirtschaftstheoretiker behandelt werden, wenn auch als ein gefährlich missverstandener. Mit Schmoller und den übrigen Historisten wurde man ganz einfach dadurch fertig, dass man in ihnen keine vollwertigen Ökonomen im analytischen Sinne sah oder sie als bloße »Wirtschafthistoriker« abstempelte, wie es mit William Cunningham in Cambridge geschah. Überhaupt war das wohl in England der Ursprung der Wirtschaftsgeschichte als akademische Spezialdisziplin. Die britische Wirtschaftswissenschaft und insbesondere Marshall haben Geschichte und empirische Beobachtung – die übrigen Umstände, die in den seltensten Fällen konstant bleiben (und eine ceteris-paribus-Annahme rechtfertigen) niemals so systematisch aus der Analyse ausgeschlossen, wie die extremeren Österreicher es getan haben. Trotzdem hat auch sie deren Grundlage und deren Fragestellungen in einer Weise verengt, dass sie nur noch schwer oder höchstens auf eine triviale Weise in das Fach zu integrieren waren, und sei es auch nur, indem sie über mehrere Generationen hinweg dynamische Probleme wie eine wirtschaftliche Entwicklung und wirtschaftliche Schwankungen, ja sogar die statische Makroökonomie praktisch links liegen ließ. Wie Hicks bemerkt hat, war unter diesen Umständen selbst Marshalls Bedürfnis nach Realismus »zutiefst einäugig... Die Ökonomie Marshalls leistet ihr Bestes, wenn sie es mit dem einzelnen Unternehmen oder mit einer einzelnen ›Industrie‹ zu tun hat; sie ist weitaus weniger gut gerüstet für die Bewältigung der Gesamtwirtschaft oder gar der gesamten Volkswirtschaft.«[5] Es wäre sinnlos, den hundert Jahre zurückliegenden Methodenstreit erneut zu eröffnen, um so mehr, als dieser um methodische Streitfragen geführt wurde, die in dieser Form nicht mehr besonders interessant sind; es ging dabei um die

Vorzüge und Nachteile der induktiven gegenüber der deduktiven Methode. Lediglich drei Bemerkungen, die mir wichtig erscheinen, möchte ich noch machen. Erstens war der Sieg damals längst nicht so klar und eindeutig, wie er uns heute im Rückblick erscheint. Sowohl die deutsche als auch die amerikanische Wirtschaftswissenschaft sind der Führung Wiens, Cambridges und Lausannes keineswegs bereitwillig gefolgt. Zweitens, die Argumente für die obsiegende Seite stützten sich im Wesentlichen nicht auf den praktischen Wert der Wirtschaftstheorie, wie sie heute definiert wird. Und drittens, erst aufgrund des großen zeitlichen Abstands können wir heute feststellen, dass es überhaupt keinen signifikanten Zusammenhang zwischen dem Erfolg einer Wirtschaft und dem intellektuellen Rang und Prestige ihrer Wirtschaftstheoretiker gibt, gemessen an den retrospektiven Bewertungskriterien der neoklassischen Peer-group. Kurz gesagt, das Wohl und Wehe von Volkswirtschaften hat offenbar wenig mit dem unbeständigen Angebot an guten Wirtschaftswissenschaftlern zu tun – jedenfalls nicht in den Tagen, als ihre Meinungen international noch nicht so wohlfeil zu haben waren wie heute. Deutschland, das seit Thünen kaum irgendwelche Wirtschaftstheoretiker hervorgebracht hat, die sich einen besonderen Namen gemacht hätten, auch nicht in den Fußnoten außerdeutscher Lehrbücher, hat als eine dynamische Wirtschaft kaum unter diesem Mangel gelitten. Das Österreich vor 1938, wo es eine Fülle solcher Theoretiker gab, die einen Namen hatten und von den Regierungen konsultiert wurden, war keine Reklame für wirtschaftlichen Erfolg – bis in die Jahre nach 1945, als es zufälligerweise alle seine renommierten früheren Theoretiker verloren hatte, ohne dafür einen angemessenen Ersatz zu finden. Die Bedeutung von Anbietern einer guten Wirtschaftstheorie für eine erfolgreiche wirtschaftliche Praxis ist keineswegs erwiesen. Wir können uns nicht mit Mengers ursprünglicher Analogie begnügen, an der Schumpeter bis an sein Lebensende festhielt, zwischen einer reinen Theorie als der Biochemie und Physiologie der Ökonomie, auf der die Chirurgie und Therapie der angewandten Ökonomie aufbauen. Im Unterschied zu Ärzten können selbst Ökonomen, die über die Grundprinzipien der Ökonomie einer Meinung sind, diametral entgegen gesetzter Ansicht über eine Therapie sein. Außerdem, wenn eine erfolgreiche Behandlung durchgeführt werden kann, wie dies offensichtlich in Deutschland seit über einem Jahrhundert der Fall war, und zwar von Praktikern, die nicht notwendig die Auffassung teilen, sie seien auf die Biochemie und Physiologie der Theoretiker angewiesen, dann ist es an der Zeit, über die Beziehungen zwischen Wirtschaftstheorie und Praxis weiter nachzudenken.

Tatsächlich räumten die Neoklassiker, wie schon gesagt, gegenüber den Anhängern der historischen Schule ein, dass ihre eigene Theorie mit der Realität wenig zu tun hatte, während sie paradoxerweise gegen die Marxisten einwandten, dass deren reine Theorie (die Wertlehre) nichts über das Zustandekommen der realen Marktpreise aussage. Reine Theoretiker konnten nicht bestreiten, dass eine empirische (das heißt für die Vergangenheit eine historische) Untersuchung uns mehr über die Wirtschaft sagen konnte als den Grad ihrer Übereinstimmung mit einem theoretischen Modell. (Heute würden wir sogar sagen, dass die Bestätigung theoretischer Modelle durch Anhaltspunkte aus der realen Wirtschaft wesentlich schwieriger ist, als die positivistische Ökonomie geglaubt hat.) Was die Politik und die wirtschaftliche Praxis anging, so war für sie eingestandenermaßen die reine Theorie nur von untergeordneter Bedeutung. Böhm-Bawerk schloss sie bewusst aus dem Methodenstreit aus: »Nur (in der Theorie) steht die Methodenfrage zur Debatte. Im Bereich der praktischen Sozialpolitik ist die historisch-statistische Methode aus technischen Gründen so unstreitig überlegen, dass ich nicht anstehe zu erklären, dass eine rein abstraktdeduktive legislative Politik in ökonomischen und sozialen Angelegenheiten mir ebenso widerwärtig wäre wie jedem anderen.«[6] Es gibt Regierungen, die es vertragen könnten, daran erinnert zu werden. Und Schumpeter, der gelehrteste und realistischste Kopf der österreichischen Schule, fordert den »Mut zur Wahrheit«, als er erklärte, »dass unsere Theorie, soweit sie fest begründet ist, den wichtigsten Erscheinungen des modernen Wirtschaftslebens gegenüber versagt.«[7]

Hier sind meiner Meinung nach Schumpeter mit seiner Kritik an der eigenen Seite die Pferde durchgegangen. Die reine Theorie hat später eine praktische Seite entwickelt, nur stellte sich heraus, dass sie ganz anders aussah, als man es vor 1914 vermutet hätte.

Es ist hier nicht der Ort, die Gründe zu erörtern, warum die ökonomische Theorie sich nach 1870 in diese Richtung entwickelt hat, auch wenn wir nicht vergessen dürfen, dass die Front zwischen beiden Seiten im Methodenstreit überwiegend zwischen den Wirtschafts- oder Neoliberalen und den Anhängern eines Staatsinterventionismus verlief. Hinter der Unzufriedenheit der amerikanischen Institutionalisten mit der neoklassischen Nationalökonomie steckte die Überzeugung, dass eine stärkere soziale Kontrolle von Unternehmen, vor allem Großunternehmen, und mehr Staatsinterventionismus, als die meisten Neoklassiker zugestehen wollten, der richtige Weg sei. Die deutschen Historisten, denen der amerikanische Institutionalismus viele Anregungen verdankte, glaubten überwiegend an eine sichtbare statt eine unsichtbare Hand – an die Hand des Staates nämlich. Dieses weltanschauliche oder politische Element tritt in der Debatte offen zutage. Es bewog die ökonomischen Ketzer, im vorkeynesianischen Neoklassizismus kaum mehr zu sehen als eine PR-Übung für einen Laissez faire-Kapitalismus, eine unangemessene Sicht, die allerdings für Leser wie Mises und Hayek nicht jeder Plausibilität entbehrte.

Der springende Punkt ist vielmehr der, dass es einen ganz einfachen Grund dafür gab, dass die Weltanschauung in der Debatte eine so herausragende Rolle spielen, die reine Theorie und die Geschichte sich über eine wachsende Kluft hinweg erbittert anstarren und dass die eine Seite die Praxis und die andere die Theorie vernachlässigen konnte: weil beide die kapitalistische Marktwirtschaft als ein prinzipiell sich selbst regulierendes System ansahen. Beide (mit Ausnahme der Marxisten) konnten deren allgemeine und säkulare Stabilität als selbstverständlich unterstellen. Reine Theoretiker konnten praktische Anwendungen als zweitrangig einstufen, da die Theorie wenig beizutragen brauchte außer zustimmenden Glückwünschen, solange die Regierungen keine politischen Maßnahmen – in der Hauptsache fiskalischer oder monetärer Art – vorschlugen, die nachhaltige Eingriffe in die Wirkungsweise des Marktes bedeutet hätten. Auf dieser Stufe hatte ihr Verhältnis zur praktischen Umsetzung ihrer Theorien durch Privatunternehmen und den Staat große Ähnlichkeit mit dem von Filmkritikern und Kinotheoretikern gegenüber Filmemachern vor 1950. Umgekehrt brauchten Leute aus der Wirtschaft und – ausgenommen auf dem Gebiet der Finanz- und Steuerpolitik – der Regierungspolitik an Theorie nicht mehr als das, was im empirischen Hausverstand unausgesprochen enthalten war.

Was die Wirtschaftswelt und der Staat benötigten, waren Informationen und technisches Fachwissen, woran die reinen Theoretiker wenig Interesse zeigten und was sie auch nicht anbieten konnten. Deutsche Verwaltungsfachleute und wirtschaftliche Führungskräfte waren von ihrem Nutzen und ihrer Unentbehrlichkeit weit mehr überzeugt als ihre Pendants in England. Solange die deutsche Sozialwissenschaft sie mit einem massiven Zustrom von bewundernswert recherchierten empirischen Studien versorgte, besagte es für sie wenig, dass es keinen deutschen Marshall, Wicksell oder Walras gab. Selbst die Marxisten brauchten sich vorläufig keine Gedanken über die Probleme einer sozialistischen Wirtschaft oder überhaupt einer Wirtschaft, für die sie verantwortlich waren, zu machen. Abzulesen daran, dass es bis 1914 keine ernsthafte Erörterung der Probleme einer Vergesellschaftung der Produktionsmittel gegeben hat. Erst mit dem Ersten Weltkrieg begann sich die Situation zu ändern.

Paradoxerweise wurden die Grenzen eines historischen oder institutionalistischen Ansatzes, der die reine Theorie verwarf, genau zu dem Zeitpunkt sichtbar, als selbst kapitalistische Wirtschaften, die zunehmend von ihren staatlichen Sektoren abhängig waren oder von diesen beherrscht wurden, bewusst gelenkt oder geplant werden mussten.

Dazu waren theoretische Werkzeuge erforderlich, die von den Historisten und Institutionalisten nicht zu bekommen waren, auch wenn sie noch so sehr einem Staatsinterventionismus huldigten. Wir sehen eine theoretisch begründete Ökonomie der Lenkung und Planung in der Zeit der beiden Weltkriege aufkommen. Die Hoffnung auf eine Rückkehr zur »Normalität« von 1913 hat die Anpassung der neoklassischen Ökonomie etwas verzögert, doch nach der Depression von 1929 machte sie rasche Fortschritte. Die Anwendung der neoklassischen Theorie auf die Politik nahm zu, da die reinen Theoretiker ihren bislang ziemlich auffälligen Mangel an Interesse an der numerischen Formulierung und Überprüfung ihrer Konzepte aufgaben, zum Beispiel an den Möglichkeiten der Ökonometrie, die unter dieser Bezeichnung in den dreißiger Jahren institutionalisiert wurde. Zur selben Zeit kamen wichtige Instrumente zur Operationalisierung in Gebrauch, zum Teil abgeleitet aus der klassischen Politökonomie oder Makroökonomie vor der Grenznutzenlehre, über den Marxismus, wie die Input-Output-Analyse, die erstmals in Leontjews vorbereitender Untersuchung für den sowjetischen Plan von 1925 erscheint, zum Teil aus der Mathematik von Naturwissenschaftlern, die auf die militärische Operations Research angewandt wurde, zum Beispiel das lineare Programmieren. Obwohl der Einfluss der neoklassischen Wirtschaftstheorie auf die sozialistische Planung – aus historischen und ideologischen Gründen – ebenfalls verzögert wurde, sind in der Praxis seit dem Zweiten Weltkrieg seine Anwendungsmöglichkeiten auf nichtkapitalistische Wirtschaften ebenfalls erkannt worden.

Eine auf diese Weise operationalisierte und erweiterte reine Theorie hat sich somit für die Praxis als relevanter erwiesen, als Schumpeter 1908 noch geglaubt hatte. Man kann wirklich nicht länger behaupten, sie haben keinen praktischen Nutzen. Doch medizinisch gesprochen – um die einmal eingeführte Metapher noch weiter zu strapazieren – bringt sie weder Physiologen noch Pathologen oder Diagnostiker hervor, sondern Computertomographen. Wenn ich nicht völlig fehlgehe, erleichtert die ökonomische Theorie die Wahl zwischen Entscheidungen und entwickelt unter Umständen Techniken zur Findung, Ausführung und Kontrolle von Entscheidungen, sie bringt jedoch selbst keine konkreten Entscheidungen für den politischen Prozess hervor. Natürlich könnte man einwenden, dass das nichts Neues ist. Wann immer die ökonomische Theorie in der Vergangenheit anscheinend einhellig eine bestimmte Politik empfohlen hat, liegt da nicht der Verdacht nahe – von einigen Sonderfällen angesehen –, dass die Empfehlungen keinen anderen Zweck hatten, als die Richtigkeit der Theorie zu beweisen?

Während die neoklassischen Theoretiker bessere Hilfsmittel für die Politiker entwickelten, als sie ursprünglich selbst vermutet hatten, sind ihre historischen und institutionalistischen Gegner gerade in dem Punkt hinter den eigenen Erwartungen zurückgeblieben, in dem sie ihre größte Stärke gesehen hatten, nämlich in der Anleitung eines wirtschaftlichen Interventionsstaates. Hier erwiesen sich ihr altmodischer Positivismus und ihr Mangel an Theorie als verhängnisvoll. Das war auch der Grund, warum Schmoller, Wagner und John R. Commons heute ein Teil jener Historie sind, die sie so beharrlich betrieben haben. Dennoch gibt es zwei Aspekte, in denen ihre Beiträge bis heute von Bedeutung sind.

Zum ersten, ich habe es schon erwähnt, regten sie eine wirklich profunde konkrete Untersuchung jener wirtschaftlichen und gesellschaftlichen Realität an, die Marshall so sehr am Herzen lag. Bis 1914 waren die Deutschen immer wieder mit Recht verblüfft über das absolute Desinteresse britischer Ökonomen an den realen Daten ihrer Wirtschaft und über die daraus resultierende Unzulänglichkeit und Heterogenität ihrer quantitativen Wirtschaftsdaten. Tatsächlich war dort, wo britische und deutsche Wirtschaftswissenschaftler dasselbe Thema auf der Grundlage von empirischem Material behandelten, wie Schulze-Gaevernitz und Sydney Chapman im Hinblick auf die britische Baumwollindustrie, die Überlegenheit der Deutschen kaum zu bestreiten. Gelegentlich führte der Mangel an Forschungsarbeiten über das eigene Land zur Übersetzung deutscher Monographien zu britischen Themen. Außerdem kamen die wenigen empirischen Studien, die vor 1914 in England durchgeführt wurden, in aller Regel von den Außenseitern der Disziplin wie den Oxforder Ökonomen, die weitgehend in Vergessenheit geraten sind, weil sie sich zum Staatsdienst hingezogen fühlten, oder von den stark institutionalistischen Fabiern, deren Sympathie im Methodenstreit auf Seiten der historischen Schule lagen und deren London School of Economics als Zentrum gegen die von Marshall vertretene Richtung gegründet worden war. Die einzige ernsthafte britische empirische Untersuchung der wirtschaftlichen Konzentration vor 1914 war die Arbeit eines den Fabiern angehörenden Beamten, der außerdem maßgeblich daran beteiligt war, dass 1907 die erste Produktionszählung durchgeführt wurde.[8] Umgekehrt gab es kein Äquivalent zu der Fülle von Monographien, die der Deutsche Verein für Sozialpolitik zu praktischen ökonomischen und sozialen Fragen herausbrachte. Es gab auf lange Jahre hinaus kein Äquivalent zu jener institutionalistischen Initiative, dem American National Bureau of Economic Research. Seit dem Zweiten Weltkrieg haben wir notgedrungen einen Teil des Rückstandes aufgeholt, doch zwischen den Kriegern war es zweifellos zutreffend, dass ein Großteil der Auseinandersetzung innerhalb der britischen Nationalökonomen auf so genannter »suggestive statistics« beruhte, statt zumindest auf einem Teil der schon damals verfügbaren detaillierten Informationen. Kurzum, diese Debatten neigten dazu, alle Informationen über die Wirtschaft zu ignorieren bis auf das, was auch für den sprichwörtlichen Mann auf dem Claphamschen Omnibus zu sehen war, beispielsweise die Arbeitslosigkeit.

Zum zweiten hatten die Unorthodoxen eine wesentlich geschärftere Wahrnehmung für die sonstigen Bedingungen, die eben doch nie gleich bleiben, und für die konkreten historischen Veränderungen in der kapitalistischen Wirtschaft. In den letzten hundert Jahren hat diese Wirtschaft zwei tief greifende Wandlungen erfahren. Die erste, die zum Ende des vorigen Jahrhunderts einsetzte, wurde von den Zeitgenossen mit Begriffen gekennzeichnet wie »Imperialismus«, »Finanzkapitalismus«, »Kollektivismus«, wobei die verschiedenen Aspekte des Wandels als irgendwie zusammengehörig betrachtet wurden. Sie wurde relativ frühzeitig erkannt, wenn auch nicht zureichend analysiert, und zwar meiner Meinung nach ausschließlich von Wissenschaftlern, die nicht der herrschenden Lehre anhingen oder Außenseiter waren: von deutschen Historisten wie Schulze-Gaevernitz oder Schmoller, von J. A. Hobson in England und natürlich von Marxisten wie Kautsky, Hilferding, Luxemburg und Lenin. Die neoklassische Theorie hatte in dieser Phase nichts dazu zu sagen. Schumpeter behauptete 1908 sogar mit der von ihm gewohnten Klarheit, die »reine Theorie« könnte über den Imperialismus gar nichts anders äußern als Plattitüden und ungenaue philosophische Reflexionen. Als er sich schließlich selber an eine Erklärung wagte, ging er von der unwahrscheinlichen Annahme aus, dass der neue Imperialismus der Zeit keinen inneren Zusammenhang mit dem Kapitalismus aufweise, sondern vielmehr ein soziologisches Überbleibsel aus der vorkapitalistischen Gesellschaft sei. Marshall wusste zwar, dass manche Leute die wirtschaftliche Konzentration für das Produkt der kapitalistischen Entwicklung hielten und durch die Existenz von Trust und Monopolen beunruhigt waren. Aber bis zum Ende seines Lebens betrachtete er diese als Sonderfälle. Sein Glaube an die

Wirksamkeit des freien Handels und des ungehinderten Zustroms neuer Konkurrenten in die Industrie blieb anscheinend ungebrochen. Gewiss, als Realist ging er nie von der Annahme einer vollkommenen Konkurrenz aus, aber es sprach wenig dafür, dass er erkannt hätte, dass die kapitalistische Wirtschaft nicht mehr nach den Gesetzen der Jahre nach 1870 funktionierte. Doch als 1919 sein Buch Industry and Trade erschien, war die Annahme nicht mehr sinnvoll, diese Dinge seien vielleicht in Deutschland oder den Vereinigten Staaten von Bedeutung, nicht jedoch in England. Erst im Laufe der Großen Depression bequemte sich die neoklassische Theorie der »unvollkommenen Konkurrenz« als der wirtschaftlichen Norm an.

Die zweite tief greifende Veränderung entwickelte sich oder hatte ihre Wurzeln in dem Vierteljahrhundert, das auf den Zweiten Weltkrieg folgte. Zwar lag es jetzt auf der Hand, dass eine Rückkehr zur Welt der zwanziger Jahre weder möglich noch wünschenswert war, doch man kann nicht behaupten, dass die neue Phase der Weltwirtschaft von orthodoxen Ökonomen in ihren eigenen historischen Begriffen zureichend analysiert worden wäre. Man muss sogar sagen, dass selbst die Vertreter der stärksten noch bestehenden heterodoxen Schule, die Marxisten, weit abgeneigter waren, einen realistischen Blick auf den Nachkriegskapitalismus zu werfen als die Marxisten in den beiden Jahrzehnten vor und nach der Jahrhundertwende. Die nicht zu übersehende Wiederbelebung einer marxistischen Theoriebildung in abstracto kontrastierte ziemlich unglücklich mit der unsystematischen Art und Weise, wie Marxisten sich mit den Realitäten der sie umgebenden Welt auseinandersetzten oder bis 1970 einer solchen Auseinandersetzung aus dem Wege gingen. Dennoch, soweit eine historisch neuartige Wirklichkeit überhaupt erkannt wurde, geschah dies wiederum von den Rändern der Wirtschaftswissenschaft aus. J. K. Galbraith formulierte seine Sicht von der »modernen Industriegesellschaft«, die sich bereits in seinen früheren Büchern über den »amerikanischen Kapitalismus« und »die Überflussgesellschaft« angedeutet hatte, hauptsächlich in Begriffen einer Wirtschaft von Großunternehmen in den kapitalistischen Mutterländern, die weitgehend unabhängig vom »Markt« operierten. Nebenbei bemerkt fand er bei den Laien unter seinen Lesern, die verstanden, wovon er sprach, ein wesentlich positiveres Echo als bei seinen Kollegen. Von Santiago aus kritisierten die Ökonomen der UN-Wirtschaftskommission für Lateinamerika die Ansicht, die komparativen Kosten verurteilten die dritte Welt dazu, Grundstoffe zu produzieren und forderten ihre Industrialisierung. Es sollte jedoch nicht bis zur Zeit nach dem Ende des »Goldenen Zeitalters« zu Beginn der siebziger Jahre dauern, bis die beiden Phänomene – diesmal überwiegend von heterodoxen Neomarxisten – miteinander in Verbindung gebracht wurden, und zwar in der Vorstellung von einer transnationalen Phase des Kapitalismus, in der das multinationale Großunternehmen und nicht der Nationalstaat die Institution darstellt, in der die Dynamik der kapitalistischen Akkumulation zum Ausdruck kommt. (In den achtziger und neunziger Jahren sollte dies die gängige Münze eines wiederbelebten Neoliberalismus werden. Ob mit dieser Formulierung die Rolle der nationalen Wirtschaft unterschätzt wird, braucht uns hier nicht zu kümmern.)

Während die Unorthodoxen mit ihrer Identifizierung einer neuen Phase des Kapitalismus vielleicht nicht ganz so falsch lagen, zeigten die orthodoxen Ökonomen offenbar wenig Interesse an diesem Thema. Noch 1972 prophezeite der verstorbene Harry Johnson – ein äußerst kluger und hellsichtiger, wenn auch nicht besonders phantasievoller Kopf – ein ungebrochenes Anhalten der weltweiten wirtschaftlichen Expansion und Blüte bis zum Ende des Jahrhunderts unter jeder Voraussetzung mit Ausnahme eines Weltkrieges oder eines Zusammenbruchs der Vereinigten Staaten. Unter den Historikern gab es kaum jemanden, der seine Zuversicht geteilt hätte.

Ich bin grundsätzlich der Meinung, dass die Ökonomie ohne Geschichte ein steuerloses Schiff ist und Ökonomen ohne Geschichte keine genaue Vorstellung davon haben, wo dieses Schiff hinfährt. Ich behaupte jedoch nicht, diese Mängel ließen sich einfach in der Weise beheben, dass man sich ein paar Tabellen besorgt, das heißt, indem man die konkreten ökonomischen Realitäten und die historische Erfahrung mehr als bisher beachtet. In Wahrheit hat es immer zahlreiche Ökonomen gegeben, die bereit und darauf bedacht waren, ihre Augen offen zu halten. Das Problem ist, dass selbst in der orthodoxen Tradition ihre Theorie und Methode als solche ihnen nichts darüber sagen konnten, wo und wonach sie suchen sollten. Die Untersuchung der ökonomischen Mechanismen wurden von der Erforschung der sozialen und anderer Faktoren getrennt, die das Verhalten der Funktionsträger innerhalb dieser Mechanismen bedingen. Auf diesen Punkt hat schon vor langer Zeit Maurice Dobb in Cambridge hingewiesen.

Dagegen ist mein Vorbehalt gegenüber der orthodoxen Ökonomie radikaler. Solange diese wie bei Lionel Robbins allein als eine Sache von Wahlentscheidungen aufgefasst wird – und das Lehrbuch von Samuelson, die Bibel der Volkswirtschaftsstudenten, definiert sie immer noch so –, kann sie nur einen zufälligen Zusammenhang mit dem wirklichen Prozess der gesellschaftlichen Produktion, ihrem vorgeblichen Gegenstand, und dem aufweisen, was Marshall (der sich an seine eigene Definition nicht gehalten hat) als »die Untersuchung der Menschheit bei ihrem gewöhnlichen Geschäft des Lebens« genannt hat. Sie konzentriert sich zwar auf Tätigkeiten innerhalb dieses Bereichs, aber es gibt eine Fülle anderer Tätigkeiten, für die das Prinzip der wirtschaftlichen Entscheidungen gilt. Abgetrennt von einem bestimmten Bereich der Wirklichkeit, muss die Ökonomie zu etwas werden, das Ludwig von Mises als »Praxiologie« bezeichnet hat, zu einer Lehre und folglich zu einem Ensemble der Techniken zur Aufstellung von Programmen und/oder einem normativen

Modell, wie Homo oeconomicus handeln müsste bei gegebenen Zielen, über die sie als akademisches Fach jedoch nichts aussagen kann.

Die zweite Möglichkeit hat mit Wissenschaft überhaupt nichts zu tun. Sie hat einige Ökonomen dazu bewogen, den weißen Kragen des (weltlichen) Theologen anzulegen. Die erste ist, wie schon gesagt, eine wichtige Errungenschaft von enormer praktischer Bedeutung. Aber es ist nicht das, was die Sozial- oder die Naturwissenschaften tun. Der auch hier hellsichtige Schumpeter weigerte sich, sein Fach anders zu definieren als »eine Aufzählung der Haupt-Gebiete, die heute im akademischen Lehrbetrieb anerkannt sind«, weil sie in seinen Augen »keine Wissenschaft in dem Sinne, wie zum Beispiel die Akustik (war), sondern eher ein Konglomerat aus dürftig koordinierten, sich überschneidenden Forschungsgebieten«.[9] Fogel legte unfreiwillig den Finger auf dieselbe Schwäche, als er die Wirtschaftswissenschaft wegen ihrer »umfangreichen Bibliothek an ökonomischen Modellen« pries, die den Kliometrikern zur Verfügung stünden.[10] Bibliotheken folgen keinem Prinzip außer dem einer willkürlichen Klassifizierung. Was als der »Imperialismus« der Ökonomie seit den siebziger Jahren bezeichnet wurde, der Arbeiten über die Ökonomie des Verbrechens, der Eheschließung, des Bildungswesens, des Selbstmords, der Umwelt und was nicht alles auf ein Vielfaches anschwellen ließ, verweist lediglich darauf, dass die Ökonomie heute als eine universelle Dienstleistungsdisziplin betrachtet wird, aber nicht, dass sie zu einem Verständnis dessen verhelfen kann, was die Menschheit im gewöhnlichen Geschäft des Lebens tut oder in welcher Weise sich ihre Aktivitäten ändern. Dabei kommen die Ökonomen gar nicht darum herum, sich für die Analyse von empirischem Material der Vergangenheit oder Gegenwart zu interessieren. Das ist allerdings erst die eine Hälfte einer Übung, die Morishima einmal als das zweispännige Fahren der Methodologie bezeichnet hat. Die andere Hälfte gründet sich hauptsächlich auf statische Modelle, die auf verallgemeinerten und stark vereinfachten Annahmen beruhen, deren Konsequenzen anschließend erörtert werden, heutzutage in der Hauptsache in mathematischen Formeln. Wie müssen die beiden Hälften zusammengebracht werden? Natürlich ist in der Ökonomie ein Gutteil Arbeit auf die Entwicklung von Modellen verwendet worden, die sich aus der wirtschaftlichen Realität ableiten, das heißt aus der Produktion, und zwar in Form der tatsächlichen Produktionsfaktoren und nicht der Nutzengrößen; sie sind sogar aus Wirtschaften abgeleitet, deren einzelne Sektoren jeweils ihren eigenen gesellschaftlich und damit wirtschaftlich spezifischen Modus des Handelns haben.

Als Historiker halte ich natürlich viel von solchen auf historische Gegebenheiten zugeschnittenen Modellen, die auf einer Verallgemeinerung der empirischen Realität beruhen. Eine Theorie, welche die Koexistenz eines oligopolistischen zentralen Sektors der kapitalistischen Wirtschaft und einer Randzone mit freiem Wettbewerb unterstellt, ist offensichtlich einer Theorie vorzuziehen, die von einer völlig freien Marktwirtschaft ausgeht. Dennoch frage ich mich, ob selbst das eine Antwort auf die große Frage über die Zukunft ist, die der Historiker nie aus dem Auge verliert und die auch die Ökonomen nicht außer acht lassen dürfen, und sei es nur, weil eine langfristige Zukunftsplanung nicht nur von Staaten, sondern auch von Großunternehmen ständig betrieben werden muss – oder werden sollte. Wohin bewegte sich die Welt? Welches sind die Tendenzen ihrer dynamischen Entwicklung, ungeachtet unseres Vermögens, sie zu beeinflussen, das langfristig gesehen zweifellos sehr gering ist? [Als dies zum ersten Mal formuliert wurde, hatte die globale und transnationale Wirtschaft sich noch nicht so triumphal durchgesetzt, wie es Mitte der neunziger Jahre erscheint, und deshalb hat uns die einfache Ansicht, die Zukunft werde aus einem praktischen unkontrollierbaren weltweiten System der freien Marktwirtschaft bestehen, bislang nicht davon abgehalten, uns wirklich anzuschauen, was sie uns bescheren würde.]

Genau hier liegt der Wert von historisch verankerten Visionen der wirtschaftlichen Entwicklung wie denen von Marx oder Schumpeter: Beide haben sich auf sie spezifischen internen ökonomischen Mechanismen einer kapitalistischen Wirtschaft konzentriert, die sie in Gang halten und der sie eine Richtung aufzwingen. Ich werde hier nicht erörtern, ob die elegantere Version von Marx der von Schumpeter vorzuziehen ist, der beide Kräfte, die auf das System einwirken – die Innovationen, die es vorwärts treiben, die soziologischen Auswirkungen, die für sein Ende ursächlich sind – außerhalb des Systems verlegt. Schumpeters Vorstellung vom Kapitalismus als einer Kombination aus kapitalistischen und vorkapitalistischen Elementen hat für die Historiker des 19. Jahrhunderts zweifellos viel Erhellendes beigetragen.

Der Reiz eines solchen Zugangs zur historischen Dynamik liegt nicht darin, ob er uns die Möglichkeit erschließt, seine Prognosen zu überprüfen. So wie die Menschen und die Komplexitäten der realen Welt nun einmal sind, gleicht eine Prophezeiung einem Glücksspiel. Sowohl bei Marx wie bei Schumpeter ist sie durch Mangel an Informationen und ihre Wünsche, Befürchtungen und Werturteile eingefärbt. Das Interessante an solchen Ansätzen liegt vielmehr in dem Versuch, künftige Entwicklungen nicht einfach als lineare Fortsetzungen bestehender Tendenzen zu sehen, und selbst der bescheidenste Versuch in dieser Richtung wirft einen beträchtlichen Gewinn ab. Allein schon die auf Marx zurückgehende Erkenntnis der säkularen Tendenz des freien Wettbewerbs zu wirtschaftlicher Konzentration hat sich als überaus fruchtbar erwiesen. Die bloße Beobachtung, dass das weltweite Wirtschaftswachstum kein homogener oder linearer Prozess ist, der vom Theorem komparativer Kosten beherrscht wird, kann eine beträchtliche Aufklärung mit sich bringen. Allein schon anzuerkennen, dass es langfristig wirtschaftliche Zyklen gibt, die mit beträchtlichen Veränderungen in der Struktur und Stimmung der Wirtschaft und Gesellschaft einhergehen, auch wenn wir wie im Fall der Kondratjew-Wellen nicht die geringste Ahnung haben, wie wir sie erklären sollen, hätte die orthodoxen Ökonomen in den fünfziger und sechziger Jahren gegenüber ihren ungetrübt optimistischen Erwartungen misstrauisch machen können.

Wenn die Wirtschaftswissenschaft nicht das Opfer der Geschichte bleiben soll, das fortwährend bemüht ist, sein Instrumentarium – in der Regel mit einer zeitlichen Verzögerung – auf die Entwicklung von gestern anzuwenden, die genügend sichtbar geworden sind, um heute die Bühne zu beherrschen, muss sie diese historische Perspektive für sich entwickeln oder zurückgewinnen. Denn das kann einen Einfluss nicht nur auf die Probleme von morgen haben, über die wir uns nach Möglichkeit Gedanken machen sollten, bevor sie uns über den Kopf wachsen, sondern auch auf die Theorie von morgen. Das Zitat eines Vertreters einer anderen reinen Theorie möge den Abschluss bilden. »Wenn ich mir Fragen zur Bedeutung von Einsteins Ideen über die gekrümmte Raumzeit stelle«, schreibt Steven Weinberg, »dann denke ich nicht so sehr an ihre Anwendungen auf die allgemeine Relativität selbst, sondern eher an ihre Brauchbarkeit bei der Entwicklung der nächsten Theorien über die Schwerkraft. In der Physik sind Ideen immer mit dem Blick nach vorn in die Zukunft von Bedeutung«. Ich bin nicht imstande, die Theorie von Physikern zu verstehen oder mit ihr zu arbeiten, eben so wenig wie die meisten theoretischen Entwicklungen in der Ökonomie. Doch als Historiker mache ich mir ständig Gedanken über die Zukunft – die Zukunft, wie sie sich bereits aus einer früheren Vergangenheit entwickelt hat, oder wie sie sich wahrscheinlich aus dem Kontinuum von Vergangenheit und Gegenwart entwickeln wird. Ich werde einfach den Gedanken nicht los, dass die Nationalökonomen in dieser Hinsicht von uns ebenso lernen könnten wie von den Physikern.

Anmerkungen

[1] Joseph A. Schumpeter, *Geschichte der ökonomischen Analyse*, Bd. 2, Göttingen 1965, S. 1020.

[2] R. W. Fogel, »Scientific History and Traditional History", in R. W. Fogel und G. R. Elton, *Which Road to the Past?*, New Haven/London 1983, S. 68.

[3] A. G. Hopkins in einer Rezension von T. B. Birnberg und A. Resnick, Colonial Development: *An Economic Study*, London 1976, *Economic Journal 87* (Juni 1977). S. 351.

[4] Hans Medick, *Naturzustand und Naturgeschichte der bürgerlichen Gesellschaft*, Göttingen 1973, S. 264.

[5] J. R. Hicks in einer Rezension von *The Early Economic Writings of Alfred Marshall* (1867 – 1890), Hrsg. J. K. Whitaker, *Economic Journal 86* (Juni 1976), S. 368 f.

[6] E. von Böhm-Bawerk »The Historical vs. the Deductive Method in Political Economy", *Annals of the American Academy of Political and Social Science*, I (1980), S. 267.

[7] Joseph A. Schumpeter, *Das Wesen und der Hauptinhalt der theoretischen Nationalökonomie*, Leipzig 1908, S. 578. S. a. ders., Economic Doctrine and Method: An Historical Sketch, London 1954, S. 189.

[8] H. W. Macrosty, *The Trust Movement in British Industry*, London 1907.

[9] Joseph A. Schumpeter, *Geschichte der ökonomischen Analyse*, Bd. 1, S. 40.

[10] Fogel und Elton, *Which Road to the Past?*, S. 38.

Geschichte und Ökonomie im Spektrum der Sozialwissenschaften

*»Die Wirtschaft ist nach unserer Auffassung
ein institutionalisierter Prozeß, eine Folge
funktioneller Bewegungen, die in gesellschaftliche
Beziehungen eingebettet sind.«*
Karl Polanyi

Reinhard Pirker

Karl Marx oder der notwendige Zusammenhang von Geschichte und Ökonomie

1. Das Marxsche Postulat von der historischen Bedingtheit aller Ökonomie

In einer Festschrift für einen Historiker, noch dazu mit dem Titel »Wieviel Geschichte braucht die Ökonomie?« kann ein Beitrag über Marx nicht fehlen. Dieser große Gelehrte des 19. Jahrhunderts war – auch wenn man die Vertreter der *Historischen Schule* einbezieht[1] welche Marx pikanterweise nicht sehr goutiert hat – wohl einer derjenigen, der die historische Bedingtheit allen menschlichen (und damit ökonomischen) Handelns am deutlichsten herausgearbeitet hat. Im Vorwort zu seiner Schrift *Zur Kritik der politischen Ökonomie* fasst Marx seine wissenschaftliche Grundüberzeugung ein für alle Mal zusammen: »In der gesellschaftlichen Produktion ihres Lebens gehen die Menschen bestimmte, notwendige, von ihrem Willen unabhängige Verhältnisse ein, Produktionsverhältnisse, die einer bestimmten Entwicklungsstufe ihrer materiellen Produktivkräfte entsprechen. Die Gesamtheit dieser Produktionsverhältnisse bildet die ökonomische Struktur der Gesellschaft, die reale Basis, worauf sich ein juristischer und politischer Überbau erhebt und welcher bestimmte gesellschaftliche Bewusstseinsformen entsprechen. Die Produktionsweise des materiellen Lebens bedingt den sozialen, politischen und geistigen Lebensprozess überhaupt. Es ist nicht das Bewusstsein der Menschen, das ihr Sein, sondern umgekehrt ihr gesellschaftliches Sein, das ihr Bewusstsein bestimmt. Auf einer gewissen Stufe ihrer Entwicklung geraten die materiellen Produktivkräfte der Gesellschaft in Widerspruch mit den vorhandenen Produktionsverhältnissen oder, was nur ein juristischer Ausdruck dafür ist, mit den Eigentumsverhältnissen, innerhalb deren sie sich bisher bewegt haben. Aus Entwicklungsformen der Produktivkräfte schlagen diese Verhältnisse in Fesseln derselben um. Es tritt dann eine Epoche sozialer Revolution ein. (…) Eine Gesellschaftsformation geht nie unter, bevor alle Produktivkräfte entwickelt sind, für die sie weit genug ist, und neue höhere Produktionsverhältnisse treten nie an die Stelle, bevor die materiellen Existenzbedingungen derselben im Schoß der alten Gesellschaft selbst ausgebrütet worden sind. Daher stellt sich die Menschheit immer nur Aufgaben, die sie lösen kann, denn genauer betrachtet wird sich stets finden, dass die Aufgabe selbst nur entspringt, wo die materiellen Bedingungen ihrer Lösung schon vorhanden oder wenigstens im Prozess ihres Werdens begriffen sind. In großen Umrissen können asiatische, antike, feudale und modern bürgerliche Produktionsweisen als progressive Epochen der ökonomischen Gesellschaftsformation bezeichnet werden.«[2] Die Produktion des Lebensprozesses der Menschen bedingt also eine spezifische Organisation der Produktionsmittel, bestimmte Formen von Beziehungen der Menschen zueinander, die im historischen Prozess einem Wandel unterzogen sind. Im *Kapital*, seinem Hauptwerk, setzt Marx zunächst diesen Prozess der Herausbildung der modern bürgerlichen Produktionsweise (im *Kapital* nennt er sie »kapitalistische« Produktionsweise) voraus und beginnt mit der Ware als zentraler Strukturbedingung dieser Produktionsweise.[3] »Es wäre (…) unzumutbar und falsch, die ökonomischen Kategorien in der Folge aufeinander folgen zu lassen, in der sie historisch die bestimmenden waren. Vielmehr ist ihre Reihenfolge bestimmt durch die Beziehung, die sie in der modernen bürgerlichen Gesellschaft aufeinander haben und die gerade die umgekehrte von dem ist, was als ihre naturgemäße erscheint oder der Reihe der historischen Entwicklung entspricht. Es handelt sich nicht um den Platz, den die ökonomischen Verhältnisse in der Aufeinanderfolge verschiedener Gesellschaftsformen historisch einnehmen (...), sondern um ihre Gliederung innerhalb der modernen bürgerlichen Gesellschaft«.[4] Die gesellschaftlichen Beziehungen von Menschen in der gegenständlichen geschichtlichen Epoche, der kapitalistischen Produktionsweise, stellen sich gemäß Marx im Gegensatz zu vorkapitalistischen Gesellschaftsformationen nicht als unmittelbar persönliche dar, sondern sind strukturell über den Warenaustausch vermittelte. Deshalb beginnt die Marxsche Analyse mit der Ware, wobei die Tauschwertseite die zentrale Rolle spielt.

2. Die Ware als gesellschaftliche Form des Reichtums in der kapitalistischen Produktionsweise

Marx unterscheidet im ersten Kapitel des ersten Bandes von »Das Kapital«, die klassisch-traditionellen Bestimmungen aufnehmend, an der Ware Gebrauchswert und Tauschwert: »Die Nützlichkeit eines Dings macht es zum Gebrauchswert«, der sich nur in der (individuellen oder produktiven) Konsumtion verwirklicht. Doch vermittels des Gebrauchswertes kann eine bestimmte Gesellschaftsform nicht eindeutig bestimmt werden, denn Gebrauchswerte bildeten immer den stofflichen Reichtum, »welches immer seine gesellschaftliche Form sei«. Nützliche Dinge haben die Menschen immer, innerhalb einer gesellschaftlichen Form der Produktion, zur Reproduktion ihres materiellen Lebens produziert, doch »in der von uns zu betrachtenden Gesellschaftsform bilden sie zugleich die stofflichen Träger des – Tauschwerts«.[5] Die folgende Analyse der Tauschwertes legt die Vermitteltheit der gesellschaftlichen Beziehungen in der kapitalistischen Produktionsweise als eine über Waren sich vollziehende dar. Eine solche Bestimmung des Kapitalismus bedeutet nicht, dass die Gebrauchswertseite vernachlässigt werden könnte, jedoch im Gegensatz zu vorkapitalistischen Gesellschaftsformationen, die auf den Gebrauchswert orientiert waren, ist im Kapitalismus der Gebrauchswert nur

»stoffliches Vehikel« dafür, dass Warentausch stattfinden kann, Tauschwerte sich »realisieren«. Der Tauschwert macht Dinge zu Waren, macht die Ware zum Träger ganz bestimmter historisch-gesellschaftlicher Beziehungen. Die Darlegung der Funktionsweise des kapitalistischen Systems führt dann in der Folge dazu, dass eine besondere Ware aufgefunden werden muss, die im Gegensatz zu allen anderen Waren produktiv konsumiert werden kann, deren Gebrauchswert darin besteht, »Quelle von Wert zu sein, deren wirklicher Verbrauch also selbst Vergegenständlichung von Arbeit wäre, daher Wertschöpfung. Und der Geldbesitzer findet auf dem Markt eine solche spezifische Ware vor – das Arbeitsvermögen oder die Arbeitskraft«.[6] Dass das *Kapital* mit der Analyse der Ware (als Einheit von Gebrauchswert und Tauschwert) beginnt, begründet sich also daher, dass sie Träger historisch-gesellschaftlicher Beziehungen ist. Das Vorfinden einer spezifischen Ware, der Ware Arbeitskraft und die produktive Konsumtion ihres Gebrauchswerts im kapitalistischen Produktionsprozess, die mehr an Wertschöpfung liefern kann, als ihr Tauschwert kostet, ermöglicht es Marx, Mehrwertproduktion als eine in der Struktur des Kapitalismus liegende zu begreifen. Somit kann die Mehrwertproduktion als historisch vorherrschende Form der Ausbeutung lebendiger Arbeit unter kapitalistischen Bedingungen begriffen werden.[7]

3. Der Fetischcharakter der Ware als Chiffre für eine enthistorisierende Wahrnehmung von gesellschaftlichen Verhältnissen als natürlich gegebene

Marx unternimmt im *Fetischkapitel*[8] den Versuch, das im Kapitalismus vorherrschende Bewusstsein aus seiner Tauschwertorientierung zu erklären. Der »Fetischcharakter der Warenwelt entspringt (…) aus dem eigentümlichen gesellschaftlichen Charakter der Arbeit, welche Waren produziert«. Den Warenproduzenten »erscheinen (...) die gesellschaftlichen Beziehungen ihrer Privatarbeiten als das, was sie sind, d.h. nicht als unmittelbar gesellschaftliche Verhältnisse der Personen in ihren Arbeiten selbst, sondern vielmehr als sachliche Verhältnisse der Personen und gesellschaftliche Verhältnisse der Sachen«.[9]

Der Tauschwert ist jene Form, welche die gesellschaftlichen Beziehungen der Warenproduzenten sachlich verschleiert. Einer Ware ist unmittelbar nicht anzusehen, dass sie etwas Gesellschaftliches ist. »Bisher hat noch kein Chemiker Tauschwert in Perle oder Diamant entdeckt«.[10] Der »Mystizismus« der Ware entspringt daraus, dass den Menschen die gesellschaftlichen Bestimmungen ihrer Arbeiten als Naturbestimmtheiten der Arbeitsprodukte erscheinen, denn »es steht (...) dem Werte nicht auf die Stirn geschrieben was er ist«[11], nämlich ein gesellschaftliches Verhältnis von Personen, das notwendigerweise in dinglicher Form erscheinen muss.Die kapitalistische Form der Produktion, die die gesellschaftliche Vermitteltheit der bürgerlichen Individuen als über den Warenaustausch sich herstellende impliziert, verstellt somit die unmittelbare Einsicht in die gesellschaftlichen Zusammenhänge. Auch den »besten Repräsentanten« der klassischen politischen Ökonomie, Adam Smith und David Ricardo, wirft Marx ein fetischisiertes Bewusstsein vor. »Die Wertform (=Tauschwert, Anm. R.P.) des Arbeitsproduktes ist die abstrakteste, aber auch allgemeinste Form der bürgerlichen Produktionsweise, die hiedurch als eine besondere Art gesellschaftlicher Produktion und damit zugleich historisch charakterisiert wird. Versieht man sie daher für die ewige Naturform gesellschaftlicher Produktion, so übersieht man notwendig auch das Spezifische der Wertform, also der Warenform«.[12] Damit ist zugleich gesagt, dass das bürgerliche Bewusstsein, welches gesellschaftliche Verhältnisse als natürlich gegeben begreift, ein verkehrtes ist, jedoch ein notwendig verkehrtes, da es aus dem Warenverkehr selbst resultiert. Marx beendet das *Fetischkapitel* mit einem Shakespeare-Zitat aus *Viel Lärm um nicht*s, welches das verkehrte Bewusstsein gekonnt ironisiert. Dogberry belehrt den Nachtwächter Seacoal: »Ein gut aussehender Mann zu sein, ist eine Gabe der Umstände, aber lesen und schreiben zu können, kommt von Natur«.[13] Die Bewusstseinsverkehrung, gegen die Marx anschreibt, kenntlich zu machen, ist Voraussetzung dafür, um überhaupt eine andere Organisation von Gesellschaft – die Zurücknahme des über »Warendinge« sich herstellenden gesellschaftlichen Zusammenhanges – theoretisch in den Blick zu bekommen. Für mich tritt gerade im *Fetischkapitel*, so rudimentär es auch scheinen mag, der emanzipatorische Charakter Marxscher Theorie zutage: die Analyse des kapitalistischen Systems zielt auf seine mögliche Überwindung.

4. Die Wahl von Auszügen aus dem ersten Kapitel des ersten Bandes des Marxschen Kapital aus gegebenem Anlass

Ich habe nicht zufällig aus dem umfangreichen Schrifttum von Marx Auszüge aus dem ersten Kapitel des ersten Bandes des *Kapital* ausgewählt. Nicht deshalb, weil man den Anfang von (voluminösen) Büchern am besten kennt, sondern weil Marx hierin unmissverständlich die historische Bedingtheit allen (ökonomischen) Handelns klar macht. Marx-Kenner werden einwenden, man hätte ja auch beispielsweise seine Schrift *Zur Kritik der politischen Ökonomie* heranziehen können. Ich selbst zitiere ja anfänglich in meinem Kommentar aus dem Vorwort zu dieser Schrift. Doch mein Gegenargument zu diesem Einwand ist, dass in dieser Schrift Marx sich weniger mit den subjektiven, den gesellschaftlich produzierten Bewusstseinszwängen beschäftigt, als er das im *Kapital* tut. Ich bin nicht der Ansicht, dass das *Fetischkapitel* eine rundum überzeugende »Theorie bürgerlichen Bewusstseins« ist – dazu ist es wohl viel zu rudimentär und weist selbst auch einige »theologische Mucken« auf – doch der theoretische Versuch, den Blick auf die

Möglichkeit einer anders organisierten Gesellschaftsform frei zu bekommen und gegen rein affirmative Sichtweisen, von denen es im Wissenschaftsbetrieb auch heutzutage nur so wimmelt, aufzutreten, halte ich nach wie vor für eine zentrale intellektuelle Aufgabe. Mein Kommentar wird gemeinsam mit dem Textauszug von Marx in einer Festschrift für einen von mir hochgeschätzten Kollegen erscheinen, von dem ich weiß, dass er diesen von mir oben formulierten Anspruch ebenso niemals aus den Augen verloren hat. Ohne im Rahmen dieses Kurzkommentars auf die Schriften von Karl Bachinger eingehen zu können, bin ich von folgendem vollständig überzeugt: Wenn Marx den in der vorliegenden Festschrift Gewürdigten und seine Arbeiten gekannt hätte, hätte er ihm jedenfalls alle die Eigenschaften, von denen Dogberry zu Seacoal spricht, zuerkannt, und das ohne jede Ironie.

Anmerkungen

[1] Vgl. dazu: Pirker, Reinhard; Rauchenschwandtner, Hermann (2006): Historical School. In: Beckert, Jens, Zafirovsky, Milan (Eds.), International Encyclopedia of Economic Sociology. London and New York, S. 328 ff.

[2] Marx, Karl; Engels; Friedrich (1984): Werke (im folgenden zitiert als MEW), Band 13. S. 8 f.

[3] Im Kapitel über die »ursprüngliche Akkumulation« (vgl. MEW 23, S. 741 ff.) löst Marx dann diese anfängliche Voraussetzung zumindest partiell auf.

[4] Marx, Karl, Zur Kritik der politischen Ökonomie, 1859, Vorwort, S. LIV-LV, zit. in: Sweezy, Paul M. (1976): Theorie der kapitalistischen Entwicklung. Frankfurt/Main, S. 29.

[5] MEW 23, 1984, S. 50.

[6] MEW 23, 1984, S. 181.

[7] Um ein Missverständnis auszuschließen: Klarerweise wurde in vorkapitalistischen Gesellschaftsformationen auch Mehrarbeit von Nicht-Produzenten angeeignet. Doch Marx geht es hier um die besondere historisch-gesellschaftliche Form von Ausbeutung. Mehrwertaneignung setzt bei Marx immer den

Tausch der Ware Arbeitskraft voraus (vgl. dazu beispielsweise die Marxsche Unterscheidung zwischen Fabrikant und Bojar: MEW 23, 1984, S. 249 ff).

[8] MEW 23, 1984, S. 85 ff.
[9] MEW 23, 1984, S. 87.
[10] MEW 23, 1984, S. 98.
[11] MEW 23, 1984, S. 88.
[12] MEW 23, 1984, S. 95, Anm. 32.
[13] MEW 23, 1984, S. 98.

Literatur

Marx, Karl (1984): Zur Kritik der politischen Ökonomie (MEW 13). Berlin.

Marx, Karl (1984): Das Kapital, 1. Band (MEW 23). Berlin.

Pirker, Reinhard, Rauchenschwandtner, Hermann (2006): Historical School, in: Jens Beckert, Milan Zafirovsky (Eds.): International Encyclopedia of Economic Sociology. London and New York.

Sweezy, Paul M. (1976): Theorie der kapitalistischen Entwicklung. Frankfurt/Main.

Karl Marx

Ware und Geld

Erstes Kapitel: Die Ware

Die zwei Faktoren der Ware: Gebrauchswert und Wert (Wertsubstanz, Wertgröße)

Der Reichtum der Gesellschaften, in welchen kapitalistische Produktionsweise herrscht, erscheint als eine »ungeheure Warensammlung«[1], die einzelne Ware als seine Elementarform. Unsere Untersuchung beginnt daher mit der Analyse der Ware.

Die Ware ist zunächst ein äußerer Gegenstand, ein Ding, das durch seine Eigenschaften menschliche Bedürfnisse irgendeiner Art befriedigt. Die Natur dieser Bedürfnisse, ob sie z. B. dem Magen oder der Phantasie entspringen, ändert nichts an der Sache.[2] Es handelt sich hier auch nicht darum, wie die Sache das menschliche Bedürfnis befriedigt, ob unmittelbar als Lebensmittel, d. h. als Gegenstand des Genusses, oder auf einem Umweg, als Produktionsmittel.

Jedes nützliche Ding, wie Eisen, Papier usw., ist unter doppeltem Gesichtspunkt zu betrachten, nach Qualität und Quantität. Jedes solches Ding ist ein Ganzes vieler Eigenschaften und kann daher nach verschiedenen Seiten nützlich sein. Diese verschiedenen Seiten und daher die mannigfachen Gebrauchsweisen der Dinge zu entdecken ist geschichtliche Tat.[3] So die Findung gesellschaftlicher Maße für die Quantität der nützlichen Dinge. Die Verschiedenheit der Warenmaße entspringt teils aus der verschiedenen Natur der zu messenden Gegenstände, teils aus Konvention.

Die Nützlichkeit eines Dings macht es zum Gebrauchswert.[4] Aber diese Nützlichkeit schwebt nicht in der Luft. Durch die Eigenschaften des Warenkörpers bedingt, existiert sie nicht ohne denselben. Der Warenkörper selbst, wie Eisen, Weizen, Diamant usw., ist daher ein Gebrauchswert oder Gut. Dieser sein Charakter hängt nicht davon ab, ob die Aneignung seiner Gebrauchseigenschaften dem Menschen viel oder wenig Arbeit kostet. Bei Betrachtung der Gebrauchswerte wird stets ihre quantitative Bestimmtheit vorausgesetzt, wie Dutzend Uhren, Elle Leinwand, Tonne Eisen usw. Die Gebrauchswerte der Waren liefern das Material einer eignen Disziplin, der Warenkunde.[5] Der Gebrauchswert verwirklicht sich nur im Gebrauch oder der Konsumtion. Gebrauchswerte bilden den stofflichen Inhalt des Reichtums, welches immer seine gesellschaftliche Form sei. In der von uns zu betrachtenden Gesellschaftsform bilden sie zugleich die stofflichen Träger des – Tauschwerts.

Der Tauschwert erscheint zunächst als das quantitative Verhältnis, die Proportion, worin sich Gebrauchswerte einer Art gegen Gebrauchswerte anderer Art austauschen[6], ein Verhältnis, das beständig mit Zeit und Ort wechselt. Der Tauschwert scheint daher etwas Zufälliges und rein Relatives, ein der Ware innerlicher, immanenter Tauschwert (valeur intrinseque) also eine contradictio in adjecto.[7] Betrachten wir die Sache näher.

Eine gewisse Ware, ein Quarter Weizen z.B. tauscht, sich mit x Stiefelwichse oder mit y Seide oder mit z Gold usw., kurz mit andern Waren in den verschiedensten Proportionen. Mannigfache Tauschwerte also hat der Weizen statt eines einzigen. Aber da x Stiefelwichse, ebenso y Seide, ebenso z Gold usw. der Tauschwert von einem Quarter Weizen ist, müssen x Stiefelwichse, y Seide, z Gold usw. durch einander ersetzbare oder einander gleich große Tauschwerte sein. Es folgt daher erstens: Die gültigen Tauschwerte derselben Ware drücken ein Gleiches aus. Zweitens aber: Der Tauschwert kann überhaupt nur die Ausdrucksweise, die »Erscheinungsform« eines von ihm unterscheidbaren Gehalts sein.

Nehmen wir ferner zwei Waren, z. B. Weizen und Eisen. Welches immer ihr Austauschverhältnis, es ist stets darstellbar in einer Gleichung, worin ein gegebenes Quantum Weizen

Ware und Geld

irgendeinem Quantum Eisen gleichgesetzt wird, z. B. 1 Quarter Weizen = a Ztr. Eisen. Was besagt diese Gleichung? Daß ein Gemeinsames von derselben Größe in zwei verschiednen Dingen existiert, in 1 Quarter Weizen und ebenfalls in a Ztr. Eisen. Beide sind also gleich einem Dritten, das an und für sich weder das eine noch das andere ist. Jedes der beiden, soweit es Tauschwert, muß also auf dies Dritte reduzierbar sein.

Ein einfaches geometrisches Beispiel veranschauliche dies. Um den Flächeninhalt aller gradlinigen Figuren zu bestimmen und zu vergleichen, löst man sie in Dreiecke auf. Das Dreieck selbst reduziert man auf einen von seiner sichtbaren Figur ganz verschiednen Ausdruck – das halbe Produkt seiner Grundlinie mit seiner Höhe. Ebenso sind die Tauschwerte der Waren zu reduzieren auf ein Gemeinsames, wovon sie ein Mehr oder Minder darstellen.

Dies Gemeinsame kann nicht eine geometrische, physikalische, chemische oder sonstige natürliche Eigenschaft der Waren sein. Ihre körperlichen Eigenschaften kommen überhaupt nur in Betracht, soweit selbe sie nutzbar machen, also zu Gebrauchswerten. Andererseits aber ist es grade die Abstraktion von ihren Gebrauchswerten, was das Austauschverhältnis der Waren augenscheinlich charakterisiert. Innerhalb desselben gilt ein Gebrauchswert grade so viel wie jeder andre, wenn er nur in gehöriger Proportion vorhanden ist. Oder, wie der alte *Barbon* sagt: »Die eine Warensorte ist so gut wie die andre, wenn ihr Tauschwert gleich groß ist. Da existiert keine Verschiedenheit oder Unterscheidbarkeit zwischen Dingen von gleich großem Tauschwert.«[8]

Als Gebrauchswerte sind die Waren vor allem verschiedner Qualität, als Tauschwerte können sie nur verschiedner Quantität sein, enthalten also kein Atom Gebrauchswert.

Sieht man nun vom Gebrauchswert der Warenkörper ab, so bleibt ihnen nur noch eine Eigenschaft, die von Arbeitsprodukten. Jedoch ist uns auch das Arbeitsprodukt bereits in der Hand verwandelt. Abstrahieren wir von seinem Gebrauchswert, so abstrahieren wir auch von den körperlichen Bestandteilen und Formen, die es zum Gebrauchswert machen. Es ist nicht länger Tisch oder Haus oder Garn oder sonst ein nützlich Ding. Alle seine sinnlichen Beschaffenheiten sind ausgelöscht. Es ist auch nicht länger das Produkt der Tischlerarbeit oder der Bauarbeit oder der Spinnarbeit oder sonst einer bestimmten produktiven Arbeit. Mit dem nützlichen Charakter der Arbeitsprodukte verschwindet der nützliche Charakter der in ihnen dargestellten Arbeiten, es verschwinden also auch die verschiedenen konkreten Formen dieser Arbeiten, sie unterscheiden sich nicht länger, sondern sind allzusamt reduziert auf gleiche menschliche Arbeit, abstrakt menschliche Arbeit.

Betrachten wir nun das Residuum der Arbeitsprodukte. Es ist nichts von ihnen übriggeblieben als dieselbe gespenstige Gegenständlichkeit, eine bloße Gallerte unterschiedsloser menschlicher Arbeit, d. h. der Verausgabung menschlicher Arbeitskraft ohne Rücksicht auf die Form ihrer Verausgabung. Diese Dinge stellen nur noch dar, daß in ihrer Produktion menschliche Arbeitskraft verausgabt, menschliche Arbeit aufgehäuft ist. Als Kristalle dieser ihnen gemeinschaftlichen gesellschaftlichen Substanz sind sie Werte – Warenwerte.

Im Austauschverhältnis der Waren selbst erschien uns ihr Tauschwert als etwas von ihren Gebrauchswerten durchaus Unabhängiges. Abstrahiert man nun wirklich vom Gebrauchswert der Arbeitsprodukte, so erhält man ihren Wert, wie er eben bestimmt ward. Das Gemeinsame, was sich im Austauschverhältnis oder Tauschwert der Ware darstellt, ist also ihr Wert. Der Fortgang der Untersuchung wird uns zurückführen zum Tauschwert als der notwendigen Ausdrucksweise oder Erscheinungsform des Werts, welcher zunächst jedoch unabhängig von dieser Form zu betrachten ist.

Ein Gebrauchswert oder Gut hat also nur einen Wert, weil abstrakt menschliche Arbeit in ihm vergegenständlicht oder materialisiert ist. Wie nun die Größe seines Werts messen? Durch das Quantum der in ihm enthaltenen »wertbildenden

Ware und Geld

Substanz«, der Arbeit. Die Quantität der Arbeit selbst mißt sich an ihrer Zeitdauer, und die Arbeitszeit besitzt wieder ihren Maßstab an bestimmten Zeitteilen, wie Stunde, Tag usw.

Es könnte scheinen, daß, wenn der Wert einer Ware durch das während ihrer Produktion verausgabte Arbeitsquantum bestimmt ist, je fauler oder ungeschickter ein Mann, desto wertvoller seine Ware, weil er desto mehr Zeit zu ihrer Verfertigung braucht. Die Arbeit jedoch, welche die Substanz der Werte bildet, ist gleiche menschliche Arbeit, Verausgabung derselben menschlichen Arbeitskraft. Die gesamte Arbeitskraft der Gesellschaft, die sich in den Werten der Warenwelt darstellt, gilt hier als eine und dieselbe menschliche Arbeitskraft, obgleich sie aus zahllosen individuellen Arbeitskräften besteht. Jede dieser individuellen Arbeitskräfte ist dieselbe menschliche Arbeitskraft wie die andere, soweit sie den Charakter einer gesellschaftlichen Durchschnitts-Arbeitskraft besitzt und als solche gesellschaftliche Durchschnitts-Arbeitskraft wirkt, also in der Produktion einer Ware auch nur die im Durchschnitt notwendige oder gesellschaftlich notwendige Arbeitszeit braucht. Gesellschaftlich notwendige Arbeitszeit ist Arbeitszeit, erheischt, um irgendeinen Gebrauchswert mit den vorhandenen gesellschaftlich-normalen Produktionsbedingungen und dem gesellschaftlichen Durchschnittsgrad von Geschick und Intensität der Arbeit darzustellen. Nach der Einführung des Dampfwebstuhls in England z. B. genügte vielleicht halb so viel Arbeit als vorher, um ein gegebenes Quantum Garn in Gewebe zu verwandeln. Der englische Handweber brauchte zu dieser Verwandlung in der Tat nach wie vor dieselbe Arbeitszeit, aber das Produkt seiner individuellen Arbeitsstunde stellte jetzt nur noch eine halbe gesellschaftliche Arbeitsstunde dar und fiel daher auf die Hälfte seines frühern Werts.

Es ist also nur das Quantum gesellschaftlich notwendiger Arbeit oder die zur Herstellung eines Gebrauchswerts gesellschaftlich notwendige Arbeitszeit, welche seine Wertgröße bestimmt.⁹ Die einzelne Ware gilt hier überhaupt als Durchschnittsexemplar ihrer Art.¹⁰ Waren, worin gleich große Arbeitsquanta enthalten sind oder die in derselben Arbeitszeit hergestellt werden können, haben daher dieselbe Wertgröße. Der Wert einer Ware verhält sich zum Wert jeder andren Ware wie die zur Produktion der einen notwendigen Arbeitszeit zu der für die Produktion der andren notwendigen Arbeitszeit. »Als Werte sind alle Waren nur bestimmte Maße festgeronnener Arbeitszeit.«¹¹

Die Wertgröße einer Ware bliebe daher konstant, wäre die zu ihrer Produktion erheischte Arbeitszeit konstant. Letztere wechselt aber mit jedem Wechsel in der Produktivkraft der Arbeit. Die Produktivkraft der Arbeit ist durch mannigfache Umstände bestimmt, unter anderen durch den Durchschnittsgrad des Geschickes der Arbeiter, die Entwicklungsstufe der Wissenschaft und ihrer technologischen Anwendbarkeit, die gesellschaftliche Kombination des Produktionsprozesses, den Umfang und die Wirkungsfähigkeit der Produktionsmittel, und durch Naturverhältnisse. Dasselbe Quantum Arbeit stellt sich z.B. mit günstiger Jahreszeit in 8 Bushel Weizen dar, mit ungünstiger in nur 4. Dasselbe Quantum Arbeit liefert mehr Metalle in reichhaltigen als in armen Minen usw. Diamanten kommen selten in der Erdrinde vor, und ihre Findung kostet daher im Durchschnitt viel Arbeitszeit. Folglich stellen sie in wenig Volumen viel Arbeit dar. Jacob bezweifelt, daß Gold jemals seinen vollen Wert bezahlt hat. Noch mehr gilt dies vom Diamant. Nach Eschwege hatte 1823 die achtzigjährige Gesamtausbeute der brasilischen Diamantgruben noch nicht den Preis des 1½jährigen Durchschnittsprodukts der brasilischen Zucker- oder Kaffeepflanzungen erreicht, obgleich sie viel mehr Arbeit darstellte, also mehr Wert. Mit reichhaltigeren Gruben würde dasselbe Arbeitsquantum sich in mehr Diamanten darstellen und ihr Wert sinken. Gelingt es, mit wenig Arbeit Kohle in Diamant zu verwandeln, so kann sein Wert unter den von Ziegelsteinen fallen. Allgemein: Je größer die Produktivkraft der Arbeit, desto kleiner die zur Herstellung eines Artikels erheischte Arbeitszeit, desto kleiner die in ihm kristallisierte Arbeitsmasse, desto kleiner sein Wert. Umgekehrt, je kleiner die Produktivkraft der Arbeit, desto größer die zur Herstellung eines Artikels notwendige Arbeitszeit, desto größer sein Wert. Die Wertgröße einer Ware wechselt also direkt wie das Quantum und umgekehrt wie die Produktivkraft der sich in ihr verwirklichenden Arbeit.[12]

Ein Ding kann Gebrauchswert sein, ohne Wert zu sein. Es ist dies der Fall, wenn sein Nutzen für den Menschen nicht durch Arbeit vermittelt ist. So Luft, jungfräulicher Boden, natürliche Wiesen, wildwachsendes Holz usw. Ein Ding kann nützlich und Produkt menschlicher Arbeit sein, ohne Ware zu sein. Wer durch sein Produkt sein eigenes Bedürfnis befriedigt, schafft zwar Gebrauchswert, aber nicht Ware. Um Ware zu produzieren, muß er nicht nur Gebrauchswert produzieren, sondern Gebrauchswert für andre, gesellschaftlichen Gebrauchswert. {Und nicht nur für andre schlechthin. Der mittelalterliche Bauer produzierte das Zinskorn für den Feudalherrn, das Zehntkorn für den Pfaffen. Aber weder Zinskorn noch Zehntkorn wurden dadurch Ware, daß sie für andre produziert waren. Um Ware zu werden, muß das Produkt dem andern, dem es als Gebrauchswert dient, durch den Austausch übertragen werden.}[13] Endlich kann kein Ding Wert sein, ohne Gebrauchsgegenstand zu sein. Ist es nutzlos, so ist auch die in ihm enthaltene Arbeit nutzlos, zählt nicht als Arbeit und bildet daher keinen Wert. (....)

Der Fetischcharakter der Ware und sein Geheimnis

Eine Ware scheint auf den ersten Blick ein selbstverständliches, triviales Ding. Ihre Analyse ergibt, daß sie ein sehr vertracktes Ding ist, voll metaphysischer Spitzfindigkeit und theologischer Mucken. Soweit sie Gebrauchswert, ist nichts Mysteriöses an ihr, ob ich sie nun unter dem Gesichtspunkt betrachte, daß sie durch ihre Eigenschaften menschliche Bedürfnisse befriedigt oder diese Eigenschaften erst als Produkt menschlicher Arbeit erhält. Es ist sinnenklar, daß der Mensch durch seine Tätigkeit die Formen der Naturstoffe in einer ihm nützlichen Weise verändert. Die Form des Holzes z. B. wird verändert, wenn man aus ihm einen Tisch macht. Nichtsdestoweniger bleibt der Tisch Holz, ein ordinäres sinnliches Ding. Aber sobald er als Ware auftritt, verwandelt er sich in ein sinnlich übersinnliches Ding. Er steht nicht nur mit seinen Füßen auf dem Boden, sondern er stellt sich allen andren Waren gegenüber auf den Kopf und entwickelt aus seinem Holzkopf Grillen, viel wunderlicher, als wenn er aus freien Stücken zu tanzen begänne.[14]

Der mystische Charakter der Ware entspringt also nicht aus ihrem Gebrauchswert. Er entspringt ebensowenig aus dem Inhalt der Wertbestimmungen. Denn erstens, wie verschieden die nützlichen Arbeiten oder produktiven Tätigkeiten sein mögen, es ist eine physiologische Wahrheit, daß sie Funktionen des menschlichen Organismus sind und daß jede solche Funktion, welches immer ihr Inhalt und ihre Form, wesentlich Verausgabung von menschlichem Hirn, Nerv, Muskel, Sinnesorgan usw. ist. Was zweitens der Bestimmung der Wertgröße zugrunde liegt, die Zeitdauer jener Verausgabung oder die Quantität der Arbeit, so ist die Quantität sogar sinnfällig von der Qualität der Arbeit unterscheidbar. In allen Zuständen mußte die Arbeitszeit, welche die Produktion der Lebensmittel kostet, den Menschen interessieren, obgleich nicht gleichmäßig auf verschiedenen Entwicklungsstufen.[15] Endlich, sobald die Menschen in irgendeiner Weise füreinander arbeiten, erhält ihre Arbeit auch eine gesellschaftliche Form.

Woher entspringt also der rätselhafte Charakter des Arbeitsprodukts, sobald es Warenform annimmt? Offenbar aus dieser Form selbst. Die Gleichheit der menschlichen Arbeiten erhält die sachliche Form der gleichen Wertgegenständlichkeit der Arbeitsprodukte, das Maß der Verausgabung menschlicher

Ware und Geld

Arbeitskraft durch ihre Zeitdauer erhält die Form der Wertgröße der Arbeitsprodukte, endlich die Verhältnisse der Produzenten, worin jene gesellschaftlichen Bestimmungen ihrer Arbeiten betätigt werden, erhalten die Form eines gesellschaftlichen Verhältnisses der Arbeitsprodukte.

Das Geheimnisvolle der Warenform besteht also einfach darin, daß sie den Menschen die gesellschaftlichen Charaktere ihrer eignen Arbeit als gegenständliche Charaktere der Arbeitsprodukte selbst, als gesellschaftliche Natureigenschaften dieser Dinge zurückspiegelt, daher auch das gesellschaftliche Verhältnis der Produzenten zur Gesamtarbeit als ein außer ihnen existierendes gesellschaftliches Verhältnis von Gegenständen. Durch dies Quidproquo werden die Arbeitsprodukte Waren, sinnlich übersinnliche oder gesellschaftliche Dinge. So stellt sich der Lichteindruck eines Dings auf den Sehnerv nicht als subjektiver Reiz des Sehnervs selbst, sondern als gegenständliche Form eines Dings außerhalb des Auges dar. Aber beim Sehen wird wirklich Licht von einem Ding, dem äußeren Gegenstand, auf ein andres Ding, das Auge, geworfen. Es ist ein physisches Verhältnis zwischen physischen Dingen. Dagegen hat die Warenform und das Wertverhältnis der Arbeitsprodukte, worin sie sich darstellt, mit ihrer physischen Natur und den daraus entspringenden dinglichen Beziehungen absolut nichts zu schaffen. Es ist nur das bestimmte gesellschaftliche Verhältnis der Menschen selbst, welches hier für sie die phantasmagorische Form eines Verhältnisses von Dingen annimmt. Um daher eine Analogie zu finden, müssen wir in die Nebelregion der religiösen Welt flüchten. Hier scheinen die Produkte des menschlichen Kopfes mit eignem Leben begabte, untereinander und mit den Menschen in Verhältnis stehende selbständige Gestalten. So in der Warenwelt die Produkte der menschlichen Hand. Dies nenne ich den Fetischismus, der den Arbeitsprodukten anklebt, sobald sie als Waren produziert werden, und der daher von der Warenproduktion unzertrennlich ist.

Dieser Fetischcharakter der Warenwelt entspringt, wie die vorhergehende Analyse bereits gezeigt hat, aus dem eigentümlichen gesellschaftlichen Charakter der Arbeit, welche Waren produziert.

Gebrauchsgegenstände werden überhaupt nur Waren, weil sie Produkte voneinander unabhängig betriebner Privatarbeiten sind. Der Komplex dieser Privatarbeiten bildet die gesellschaftliche Gesamtarbeit. Da die Produzenten erst in gesellschaftlichen Kontakt treten durch den Austausch ihrer Arbeitsprodukte, erscheinen auch die spezifisch gesellschaftlichen Charaktere ihrer Privatarbeiten erst innerhalb dieses Austausches. Oder die Privatarbeiten betätigen sich in der Tat erst als Glieder der gesellschaftlichen Gesamtarbeit durch die Beziehungen, worin der Austausch die Arbeitsprodukte und vermittelst derselben die Produzenten versetzt. Den letzteren erscheinen daher die gesellschaftlichen Beziehungen ihrer Privatarbeiten als das, was sie sind, d. h. nicht als unmittelbar gesellschaftliche Verhältnisse der Personen in ihren Arbeiten selbst, sondern vielmehr als sachliche Verhältnisse der Personen und gesellschaftliche Verhältnisse der Sachen.

Erst innerhalb ihres Austauschs erhalten die Arbeitsprodukte eine von ihrer sinnlich verschiednen Gebrauchsgegenständlichkeit getrennte, gesellschaftlich gleiche Wertgegenständlichkeit. Diese Spaltung des Arbeitsprodukts in nützliches Ding und Wertding betätigt sich nur praktisch, sobald der Austausch bereits hinreichende Ausdehnung und Wichtigkeit gewonnen hat, damit nützliche Dinge für den Austausch produziert werden, der Wertcharakter der Sachen also schon bei ihrer Produktion selbst in Betracht kommt. Von diesem Augenblick erhalten die Privatarbeiten der Produzenten tatsächlich einen doppelten gesellschaftlichen Charakter. Sie müssen einerseits als bestimmte nützliche Arbeiten ein bestimmtes gesellschaftliches Bedürfnis befriedigen und sich so als Glieder der Gesamtarbeit, des naturwüchsigen Systems der gesellschaftlichen Teilung der Arbeit, bewähren. Sie befriedigen andrerseits

Ware und Geld 71

nur die mannigfachen Bedürfnisse ihrer eignen Produzenten, sofern jede besondre nützliche Privatarbeit mit jeder andren nützlichen Art Privatarbeit austauschbar ist, also ihr gleich gilt. Die Gleichheit toto coelo[16] verschiedner Arbeiten kann nur in einer Abstraktion von ihrer wirklichen Ungleichheit bestehn, in der Reduktion auf den gemeinsamen Charakter, den sie als Verausgabung menschlicher Arbeitskraft, abstrakt menschliche Arbeit, besitzen. Das Gehirn der Privatproduzenten spiegelt diesen doppelten gesellschaftlichen Charakter ihrer Privatarbeiten nur wider in den Formen, welche im praktischen Verkehr, im Produktenaustausch erscheinen – den gesellschaftlich nützlichen Charakter ihrer Privatarbeiten also in der Form, daß das Arbeitsprodukt nützlich sein muß, und zwar für andre – den gesellschaftlichen Charakter der Gleichheit der verschiedenartigen Arbeiten in der Form des gemeinsamen Wertcharakters dieser materiell verschiednen Dinge, der Arbeitsprodukte.

Die Menschen beziehen also ihre Arbeitsprodukte nicht aufeinander als Werte, weil diese Sachen ihnen als bloß sachliche Hüllen gleichartig menschlicher Arbeit gelten. Umgekehrt. Indem sie ihre verschiedenartigen Produkte einander im Austausch als Werte gleichsetzen, setzen sie ihre verschiednen Arbeiten einander als menschliche Arbeit gleich. Sie wissen das nicht, aber sie tun es.[17] Es steht daher dem Werte nicht auf der Stirn geschrieben, was er ist. Der Wert verwandelt vielmehr jedes Arbeitsprodukt in eine gesellschaftliche Hieroglyphe. Später suchen die Menschen den Sinn der Hieroglyphe zu entziffern, hinter das Geheimnis ihres eignen gesellschaftlichen Produkts zu kommen, denn die Bestimmung der Gebrauchsgegenstände als Werte ist ihr gesellschaftliches Produkt so gut wie die Sprache. Die späte wissenschaftliche Entdeckung, daß die Arbeitsprodukte soweit sie Werte, bloß sachliche Ausdrücke der in ihrer Produktion verausgabten menschlichen Arbeit sind, macht Epoche in der Entwicklungsgeschichte der Menschheit, aber verscheucht keineswegs den gegenständlichen Schein der gesellschaftlichen Charaktere der Arbeit. Was nur für diese besondre Produktionsform, die Warenproduktion, gültig ist, daß nämlich der spezifisch gesellschaftliche Charakter der voneinander unabhängigen Privatarbeiten in ihrer Gleichheit als menschliche Arbeit besteht und die Form des Wertcharakters der Arbeitsprodukte annimmt, erscheint, vor wie nach jener Entdeckung, den in den Verhältnissen der Warenproduktion Befangenen ebenso endgültig, als daß die wissenschaftliche Zersetzung der Luft in ihre Elemente die Luftform als eine physikalische Körperform bestehn läßt.

Was die Produktenaustauscher zunächst praktisch interessiert, ist die Frage, wieviel fremde Produkte sie für das eigne Produkt erhalten, in welchen Proportionen sich also die Produkte austauschen. Sobald diese Proportionen zu einer gewissen gewohnheitsmäßigen Festigkeit herangereift sind, scheinen sie aus der Natur der Arbeitsprodukte zu entspringen, so daß z. B. eine Tonne Eisen und 2 Unzen Gold gleichwertig, wie ein Pfund Gold und ein Pfund Eisen trotz ihrer verschiednen physikalischen und chemischen Eigenschaften gleich schwer sind. In der Tat befestigt sich der Wertcharakter der Arbeitsprodukte erst durch ihre Betätigung als Wertgrößen. Die letzteren wechseln beständig, unabhängig vom Willen, Vorwissen und Tun der Austauschenden. Ihre eigne gesellschaftliche Bewegung besitzt für sie die Form einer Bewegung von Sachen, unter deren Kontrolle sie stehen, statt sie zu kontrollieren. Es bedarf vollständig entwickelter Warenproduktion, bevor aus der Erfahrung selbst die wissenschaftliche Einsicht herauswächst, daß die unabhängig voneinander betriebenen, aber als naturwüchsige Glieder der gesellschaftlichen Teilung der Arbeit allseitig voneinander abhängigen Privatarbeiten fortwährend auf ihr gesellschaftlich proportionelles Maß reduziert werden, weil sich in den zufälligen und stets schwankenden Austauschverhältnissen ihrer Produkte die zu deren Produktion gesellschaftlich notwendige Arbeitszeit als regelndes Naturgesetz gewaltsam durchsetzt, wie etwa das Gesetz der Schwere,

Ware und Geld

wenn einem das Haus über dem Kopf zusammenpurzelt.[18] Die Bestimmung der Wertgröße durch die Arbeitszeit ist daher ein unter den erscheinenden Bewegungen der relativen Warenwerte verstecktes Geheimnis. Seine Entdeckung hebt den Schein der bloß zufälligen Bestimmung der Wertgrößen der Arbeitsprodukte auf, aber keineswegs ihre sachliche Form.

Das Nachdenken über die Formen des menschlichen Lebens, also auch ihre wissenschaftliche Analyse, schlägt überhaupt einen der wirklichen Entwicklung entgegengesetzten Weg ein. Es beginnt post festum und daher mit den fertigen Resultaten des Entwicklungsprozesses. Die Formen, welche Arbeitsprodukte zu Waren stempeln und daher der Warenzirkulation vorausgesetzt sind, besitzen bereits die Festigkeit von Naturformen des gesellschaftlichen Lebens, bevor die Menschen sich Rechenschaft zu geben suchen nicht über den historischen Charakter dieser Formen, die ihnen vielmehr bereits als unwandelbar gelten, sondern über deren Gehalt. So war es nur die Analyse der Warenpreise, die zur Bestimmung der Wertgröße, nur der gemeinschaftliche Geldausdruck der Waren, der zur Fixierung ihres Wertcharakters führte. Es ist aber ebendiese fertige Form – die Geldform – der Warenwelt, welche den gesellschaftlichen Charakter der Privatarbeiten und daher die gesellschaftlichen Verhältnisse der Privatarbeiter sachlich verschleiert, statt sie zu offenbaren. Wenn ich sage, Rock, Stiefel usw. beziehen sich auf Leinwand als die allgemeine Verkörperung abstrakter menschlicher Arbeit, so springt die Verrücktheit dieses Ausdrucks ins Auge. Aber wenn die Produzenten von Rock, Stiefel usw. diese Waren auf Leinwand – oder auf Gold und Silber, was nichts an der Sache ändert – als allgemeines Äquivalent beziehn, erscheint ihnen die Beziehung ihrer Privatarbeiten zu der gesellschaftlichen Gesamtarbeit genau in dieser verrückten Form.

Derartige Formen bilden eben die Kategorien der bürgerlichen Ökonomie. Es sind gesellschaftlich gültige, also objektive Gedankenformen für die Produktionsverhältnisse dieser historisch bestimmten gesellschaftlichen Produktionsweise, der Warenproduktion. Aller Mystizismus der Warenwelt, all der Zauber und Spuk, welcher Arbeitsprodukte auf Grundlage der Warenproduktion umnebelt, verschwindet daher sofort, sobald wir zu andren Produktionsformen flüchten.

Da die politische Ökonomie Robinsonaden liebt[19], erscheine zuerst Robinson auf seiner Insel. Bescheiden, wie er von Haus aus ist, hat er doch verschiedenartige Bedürfnisse zu befriedigen und muß daher nützliche Arbeiten verschiedner Art verrichten, Werkzeuge machen, Möbel fabrizieren, Lama zähmen, fischen, jagen usw. Vom Beten u. dgl. sprechen wir hier nicht, da unser Robinson daran sein Vergnügen findet und derartige Tätigkeit als Erholung betrachtet. Trotz der Verschiedenheit seiner produktiven Funktionen weiß er, daß sie nur verschiedne Betätigungsformen desselben Robinson, also nur verschiedne Weisen menschlicher Arbeit sind. Die Not selbst zwingt ihn, seine Zeit genau zwischen seinen verschiednen Funktionen zu verteilen. Ob die eine mehr, die andre weniger Raum in seiner Gesamttätigkeit einnimmt, hängt ab von der größeren oder geringeren Schwierigkeit, die zur Erzielung des bezweckten Nutzeffekts zu überwinden ist. Die Erfahrung lehrt ihn das, und unser Robinson, der Uhr, Hauptbuch, Tinte und Feder aus dem Schiffbruch gerettet, beginnt als guter Engländer bald Buch über sich selbst zu führen. Sein Inventarium enthält ein Verzeichnis der Gebrauchsgegenstände, die er besitzt, der verschiednen Verrichtungen, die zu ihrer Produktion erheischt sind, endlich der Arbeitszeit, die ihm bestimmte Quanta dieser verschiednen Produkte im Durchschnitt kosten. Alle Beziehungen zwischen Robinson und den Dingen, die seinen selbstgeschaffnen Reichtum bilden, sind hier so einfach und durchsichtig, daß selbst Herr M. Wirth sie ohne besondre Geistesanstrengung verstehn dürfte. Und dennoch sind darin alle wesentlichen Bestimmungen des Werts enthalten.

Versetzen wir uns nun von Robinsons lichter Insel in das finstre europäische Mittelalter. Statt des unabhängigen Mannes finden wir hier jedermann abhängig – Leibeigne und Grundherrn, Vasallen und Lehngeber, Laien und Pfaffen. Persönliche Abhängigkeit charakterisiert ebensosehr die gesellschaftlichen Verhältnisse der materiellen Produktion als die auf ihr aufgebauten Lebenssphären. Aber eben weil persönliche Abhängigkeitsverhältnisse die gegebne gesellschaftliche Grundlage bilden, brauchen Arbeiten und Produkte nicht eine von ihrer Realität verschiedne phantastische Gestalt anzunehmen. Sie gehn als Naturaldienste und Naturalleistungen in das gesellschaftliche Getriebe ein. Die Naturalform der Arbeit, ihre Besonderheit, und nicht, wie auf Grundlage der Warenproduktion, ihre Allgemeinheit, ist hier ihre unmittelbar gesellschaftliche Form. Die Fronarbeit ist ebensogut durch die Zeit gemessen wie die Waren produzierende Arbeit, aber jeder Leibeigne weiß, daß es ein bestimmtes Quantum seiner persönlichen Arbeitskraft ist, die er im Dienst seines Herrn verausgabt. Der dem Pfaffen zu leistende Zehnten ist klarer als der Segen des Pfaffen. Wie man daher immer die Charaktermasken beurteilen mag, worin sich die Menschen hier gegenübertreten, die gesellschaftlichen Verhältnisse der Personen in ihren Arbeiten erscheinen jedenfalls als ihre eignen persönlichen Verhältnisse und sind nicht verkleidet in gesellschaftliche Verhältnisse der Sachen, der Arbeitsprodukte.

Für die Betrachtung gemeinsamer, d.h. unmittelbar vergesellschafteter Arbeit brauchen wir nicht zurückzugehn zu der naturwüchsigen Form derselben, welche uns an der Geschichtsschwelle aller Kulturvölker begegnet.[20] Ein näherliegendes Beispiel bildet die ländlich patriarchalische Industrie einer Bauernfamilie, die für den eignen Bedarf Korn, Vieh, Garn, Leinwand, Kleidungsstücke usw. produziert. Diese verschiednen Dinge treten der Familie als verschiedne Produkte ihrer Familienarbeit gegenüber, aber nicht sich selbst wechselseitig als Waren. Die verschiednen Arbeiten, welche diese Produkte erzeugen, Ackerbau, Viehzucht, Spinnen, Weben, Schneiderei usw. sind in ihrer Naturalform gesellschaftliche

Funktionen, weil Funktionen der Familie, die ihre eigne, naturwüchsige Teilung der Arbeit besitzt so gut wie die Warenproduktion. Geschlechts- und Altersunterschiede, wie die mit dem Wechsel der Jahreszeit wechselnden Naturbedingungen der Arbeit regeln ihre Verteilung unter die Familie und die Arbeitszeit der einzelnen Familienglieder. Die durch die Zeitdauer gemeßne Verausgabung der individuellen Arbeitskräfte erscheint hier aber von Haus aus als gesellschaftliche Bestimmung der Arbeiten selbst, weil die individuellen Arbeitskräfte von Haus aus nur als Organe der gemeinsamen Arbeitskraft der Familie wirken.

Stellen wir uns endlich, zur Abwechslung, einen Verein freier Menschen vor, die mit gemeinschaftlichen Produktionsmitteln arbeiten und ihre vielen individuellen Arbeitskräfte selbstbewußt als eine gesellschaftliche Arbeitskraft verausgaben. Alle Bestimmungen von Robinsons Arbeit wiederholen sich hier, nur gesellschaftlich statt individuell.

Alle Produkte Robinsons waren sein ausschließlich persönliches Produkt und daher unmittelbar Gebrauchsgegenstände für ihn. Das Gesamtprodukt des Vereins ist ein gesellschaftliches Produkt. Ein Teil dieses Produkts dient wieder als Produktionsmittel. Er bleibt gesellschaftlich. Aber ein anderer Teil wird als Lebensmittel von den Vereinsgliedern verzehrt. Er muß daher unter sie verteilt werden. Die Art dieser Verteilung wird wechseln mit der besondren Art des gesellschaftlichen Produktionsorganismus selbst und der entsprechenden geschichtlichen Entwicklungshöhe der Produzenten. Nur zur Parallele mit der Warenproduktion setzen wir voraus, der Anteil jedes Produzenten an den Lebensmitteln sei bestimmt durch seine Arbeitszeit. Die Arbeitszeit würde also eine doppelte Rolle spielen. Ihre gesellschaftlich planmäßige Verteilung regelt die richtige Proportion der verschiednen Arbeitsfunktionen zu den verschiednen Bedürfnissen. Andrerseits dient die Arbeitszeit zugleich als Maß des individuellen Anteils des Produzenten an der Gemeinarbeit und daher auch an dem individuell verzehrbaren Teil des Gemeinprodukts. Die gesellschaftlichen Beziehungen der Menschen zu ihren Arbeiten und ihren Arbeitsprodukten bleiben hier durchsichtig einfach in der Produktion sowohl als in der Distribution.

Für eine Gesellschaft von Warenproduzenten, deren allgemein gesellschaftliches Produktionsverhältnis darin besteht, sich zu ihren Produkten als Waren, also als Werten, zu verhalten und in dieser sachlichen Form ihre Privatarbeiten aufeinander zu beziehn als gleiche menschliche Arbeit, ist das Christentum mit seinem Kultus des abstrakten Menschen, namentlich in seiner bürgerlichen Entwicklung, dem Protestantismus, Deismus usw., die entsprechendste Religionsform. In den altasiatischen, antiken usw. Produktionsweisen spielt die Verwandlung des Produkts in Ware, und daher das Dasein der Menschen als Warenproduzenten, eine untergeordnete Rolle, die jedoch um so bedeutender wird, je mehr die Gemeinwesen in das Stadium ihres Untergangs treten. Eigentliche Handelsvölker existieren nur in den Intermundien der alten Welt, wie Epikurs Götter oder wie Juden in den Poren der polnischen Gesellschaft. Jene alten gesellschaftlichen Produktionsorganismen sind außerordentlich viel einfacher und durchsichtiger als der bürgerliche, aber sie beruhen entweder auf der Unreife des individuellen Menschen, der sich von der Nabelschnur des natürlichen Gattungszusammenhangs mit andren noch nicht losgerissen hat, oder auf unmittelbaren Herrschafts- und Knechtschaftsverhältnissen. Sie sind bedingt durch eine niedrige Entwicklungsstufe der Produktivkräfte der Arbeit und entsprechend befangene Verhältnisse der Menschen innerhalb ihres materiellen Lebenserzeugungsprozesses, daher zueinander und zur Natur.

Diese wirkliche Befangenheit spiegelt sich ideell wider in den alten Natur- und Volksreligionen. Der religiöse Widerschein der wirklichen Welt kann überhaupt nur verschwinden, sobald die Verhältnisse des praktischen Werkeltagslebens den Menschen tagtäglich durchsichtig vernünftige

Beziehungen zueinander und zur Natur darstellen. Die Gestalt des gesellschaftlichen Lebensprozesses, d.h. des materiellen Produktionsprozesses, streift nur ihren mystischen Nebelschleier ab, sobald sie als Produkt frei vergesellschafteter Menschen unter deren bewußter planmäßiger Kontrolle steht. Dazu ist jedoch eine materielle Grundlage der Gesellschaft erheischt oder eine Reihe materieller Existenzbedingungen, welche selbst wieder das naturwüchsige Produkt einer langen und qualvollen Entwicklungsgeschichte sind.

Die politische Ökonomie hat nun zwar, wenn auch unvollkommen[21], Wert und Wertgröße analysiert und den in diesen Formen versteckten Inhalt entdeckt. Sie hat niemals auch nur die Frage gestellt, warum dieser Inhalt jene Form annimmt, warum sich also die Arbeit im Wert und das Maß der Arbeit durch ihre Zeitdauer in der Wertgröße des Arbeitsprodukts darstellt?[22] Formeln, denen es auf der Stirn geschrieben steht, daß sie einer Gesellschaftsformation angehören, worin der Produktionsprozeß die Menschen, der Mensch noch nicht den Produktionsprozeß bemeistert, gelten ihrem bürgerlichen Bewußtsein für ebenso selbstverständliche Naturnotwendigkeit als die produktive Arbeit selbst. Vorbürgerliche Formen des gesellschaftlichen Produktionsorganismus werden daher von ihr behandelt wie etwa von den Kirchenvätern vorchristliche Religionen.[23]

Wie sehr ein Teil der Ökonomen von dem der Warenwelt anklebenden Fetischismus oder dem gegenständlichen Schein der gesellschaftlichen Arbeitsbestimmungen getäuscht wird, beweist u. a. der langweilig abgeschmackte Zank über die Rolle der Natur in der Bildung des Tauschwerts. Da Tauschwert eine bestimmte gesellschaftliche Manier ist, die auf ein Ding verwandte Arbeit auszudrücken, kann er nicht mehr Naturstoff enthalten als etwa der Wechselkurs.

Da die Warenform die allgemeinste und unentwickeltste Form der bürgerlichen Produktion ist, weswegen sie früh auftritt, obgleich nicht in derselben herrschenden, also charakteristischen Weise wie heutzutag, scheint ihr Fetischcharakter noch relativ leicht zu durchschauen. Bei konkreteren Formen verschwindet selbst dieser Schein der Einfachheit. Woher die Illusionen des Monetarsystems? Es sah dem Gold und Silber nicht an, daß sie als Geld ein gesellschaftliches Produktionsverhältnis darstellen, aber in der Form von Naturdingen mit sonderbar gesellschaftlichen Eigenschaften. Und die moderne Ökonomie, die vornehm auf das Monetarsystem herabgrinst, wird ihr Fetischismus nicht handgreiflich, sobald sie das Kapital behandelt? Seit wie lange ist die physiokratische Illusion verschwunden, daß die Grundrente aus der Erde wächst, nicht aus der Gesellschaft?

Um jedoch nicht vorzugreifen, genüge hier noch ein Beispiel bezüglich der Warenform selbst. Könnten die Waren sprechen, so würden sie sagen, unser Gebrauchswert mag den Menschen interessieren. Er kommt uns nicht als Dingen zu. Was uns aber dinglich zukommt, ist unser Wert. Unser eigner Verkehr als Warendinge beweist das. Wir beziehn uns nur als Tauschwerte aufeinander. Man höre nun, wie der Ökonom aus der Warenseele heraus spricht:

»Wert« (Tauschwert) »ist Eigenschaft der Dinge, Reichtum« (Gebrauchswert) »des Menschen. Wert in diesem Sinn schließt notwendig Austausch ein, Reichtum nicht.«[24] »Reichtum« (Gebrauchswert) »ist ein Attribut des Menschen, Wert ein Attribut der Waren. Ein Mensch oder ein Gemeinwesen ist reich; eine Perle oder ein Diamant ist wertvoll... Eine Perle oder ein Diamant hat Wert als Perle oder Diamant.«[25]

Bisher hat noch kein Chemiker Tauschwert in Perle oder Diamant entdeckt. Die ökonomischen Entdecker dieser chemischen Substanz, die besondren Anspruch auf kritische Tiefe machen, finden aber, daß der Gebrauchswert der Sachen unabhängig von ihren sachlichen Eigenschaften, dagegen ihr Wert ihnen als Sachen zukommt. Was sie hierin bestätigt, ist der sonderbare Umstand, daß der Gebrauchswert der Dinge sich für den Menschen ohne Austausch realisiert, also im unmittelbaren

Verhältnis zwischen Ding und Mensch, ihr Wert umgekehrt nur im Austausch, d. h. in einem gesellschaftlichen Prozeß. Wer erinnert sich hier nicht des guten Dogberry, der den Nachtwächter Seacoal belehrt: »Ein gut aussehender Mann zu sein, ist eine Gabe der Umstände, aber lesen und schreiben zu können, kommt von Natur.«[26]

Anmerkungen

[1] *Karl Marx,* »Zur Kritik der Politischen Oekonomie«, Berlin 1859, p. 3. [Siehe Band 13 unserer Ausgabe, S.15]

[2] »Verlangen schließt Bedürfnis ein; es ist der Appetit des Geistes, und so natürlich wie Hunger für den Körper ... die meisten (Dinge) haben ihren Wert daher, daß sie die Bedürfnisse des Geistes befriedigen.« *(Nicholas Barbon,* »A Discourse on coining the new money lighter. In answer to Mr. *Locke's* Considerations etc.«, London 1696, p.2. 3.)

[3] »Dinge haben einen intrinsick vertue« (dies bei Barbon die spezifische Bezeichnung für Gebrauchswert), »der überall gleich ist, so wie der des Magnets, Eisen anzuziehen« (l.c.p.6). Die Eigenschaft des Magnets, Eisen anzuziehn, wurde erst nützlich, sobald man vermittelst derselben die magnetische Polarität entdeckt hatte.

[4] »Der natürliche worth jedes Dinges besteht in seiner Eignung, die notwendigen Bedürfnisse zu befriedigen oder den Annehmlichkeiten des menschlichen Lebens zu dienen.« *John Locke,* »Some Considerations on the Consequences of the Lowering of Interest«, 1691, in »Works«, edit. Lond. 1777, v.II, p.28.) Im 17. Jahrhundert finden wir noch häufig bei englischen Schriftstellern »Worth« für Gebrauchswert und »Value« für Tauschwert, ganz im Geist einer Sprache, die es liebt, die unmittelbare Sache germanisch und die reflektierte Sache romanisch auszudrücken.

[5] In der bürgerlichen Gesellschaft herrscht die fictio juris, daß jeder Mensch als Warenkäufer eine enzyklopädische Warenkenntnis besitzt.

[6] »Der Wert besteht in dem Tauschverhältnis, das zwischen einem Ding und einem anderen, zwischen der Menge eines Erzeugnisses und der eines anderen

Ware und Geld

besteht.« (Le Trosne, »De l'Interet Social«, [in] »Physiocrates«, ed. Daire, Paris 1846, p.889.)

7 »Nichts kann einen inneren Tauschwert haben« *(N.Barbon, l.c.* p.6), oder wie *Butler* sagt: »Der Wert eines Dings ist grade so viel, wie es einbringen wird.«

8 »One sort of wares are as good as another, if the value be equal. There is no difference or distinction in things of equal value... One hundred pounds worth of lead or iron, is of as great a value as one hundred pounds worth of silver and gold.« [»... Blei oder Eisen im Werte von einhundert Pfund Sterling haben gleich großen Tauschwert wie Silber und Gold im Werte von einhundert Pfund Sterling.«] *(N.Barbon,* l.c. p.53 u. 7.) .

9 Note zur 2. Ausg. »The value of them (the necessaries of life) when they are exchanged the one for another, is regulated by the quantity of labour necessarily required, and commonly taken in producing them.« »Der Wert von Gebrauchsgegenständen, sobald sie gegeneinander ausgetauscht werden, ist bestimmt durch das Quantum der zu ihrer Produktion notwendig erheischten und gewöhnlich angewandten Arbeit.« (»Some Thoughts on the Interest of Money in general, and particularly in the Public Funds etc.«, London, p.36, 37.) Diese merkwürdige anonyme Schrift des vorigen Jahrhunderts trägt kein Datum. Es geht jedoch aus ihrem Inhalt hervor, daß sie unter Georg II., etwa 1739 oder 1740, erschienen ist.

10 »Alle Erzeugnisse der gleichen Art bilden eigentlich nur eine Masse, deren Preis allgemein und ohne Rücksicht auf die besonderen Umstände bestimmt wird.« (Le Trosne, l.c. p.893.)

11 K. Marx, l.c. p.6. [Siehe Band 13 unserer Ausgabe. S.18]

12 1.Auflage folgt: Wir kennen jetzt die *Substanz* des Werts. Es ist die *Arbeit.* Wir kennen sein *Größenmaß.* Es ist die *Arbeitszeit.* Seine *Form,* die den *Wert* eben zum *Tausch-Wert* stempelt, bleibt zu analysieren. Vorher jedoch sind die bereits gefundenen Bestimmungen etwas näher zu entwickeln.

13 Note zur 4. Aufl. – Ich schiebe das Eingeklammerte ein, weil durch dessen Weglassung sehr häufig das Mißverständnis entstanden, jedes Produkt, das von einem andern als dem Produzenten konsumiert wird, gelte bei Marx als Ware. – F.E.

14 Man erinnert sich, daß China und die Tische zu tanzen anfingen, als alle übrige Welt still zu stehn schien – pour encourager les autres.

[15] Note zur 2. Ausg. Bei den alten Germanen wurde die Größe eines Morgens Land nach der Arbeit eines Tages berechnet und daher der Morgen Tagwerk (auch Tagwanne) (jurnale oder jurnalis, terra jurnalis, jornalis oder diurnalis), Mannwerk, Mannskraft, Mannsmaad, Mannshauet usf. benannt. Sieh Georg Ludwig von Maurer, »Einleitung zur Geschichte der Mark-, Hof-, usw. Verfassung«, München 1854, p.129 sq.

[16] völlig

[17] Note zur 2. Ausg. Wenn daher Galiani sagt: Der Wert ist ein Verhältnis zwischen Personen – »La Ricchezza e una ragione tra due persone« –, so hätte er hinzusetzen müssen: unter dinglicher Hülle verstecktes Verhältnis. (Galiani, »Della Moneta«, p.221, t. III von Custodis Sammlung der »Scrittori Classici Italiani di Economia Politica«. Parte Moderna, Milano 1803.)

[18] »Was soll man von einem Gesetze denken, das sich nur durch periodische Revolutionen durchsetzen kann? Es ist eben ein Naturgesetz, das auf der Bewußtlosigkeit der Beteiligten beruht.« (Friedrich Engels, »Umrisse zu einer Kritik der Nationalökonomie« in »Deutsch-Französische Jahrbücher«, herausg. von Arnold Ruge und Karl Marx, Paris 1844. [Siehe Band 1 unserer Ausgabe, S.515])

[19] Note zur 2. Ausgabe. Auch Ricardo ist nicht ohne seine Robinsonade. »Den Urfischer und den Urjäger läßt er sofort als Warenbesitzer Fisch und Wild austauschen, im Verhältnis der in diesen Tauschwerten vergegenständlichten Arbeitszeit. Bei dieser Gelegenheit fällt er in den Anachronismus, daß Urfischer und Urjäger zur Berechnung ihrer Arbeitsinstrumente die 1817 auf der Londoner Börse gangbaren Annuitätentabellen zu Rate ziehn. Die Parallelogramme des Herrn Owen scheinen die einzige Gesellschaftsform, die er außer der bürgerlichen kannte.« (Karl Marx, »Zur Kritik etc.«, p.38, 39. [Siehe Band 13 unserer Ausgabe, S.46])

[20] Note zur 2. Ausgabe. »Es ist ein lächerliches Vorurteil in neuester Zeit verbreitet, daß die Form des naturwüchsigen Gemeineigentums spezifisch slawische, sogar ausschließlich russische Form sei. Sie ist die Urform, die wir bei Römern, Germanen, Kelten nachweisen können, von der aber eine ganze Musterkarte mit mannigfachen Proben sich noch immer, wenn auch zum Teil ruinenweise, bei den Indiern vorfindet. Ein genaueres Studium der asiatischen, speziell der indischen Gemeineigentumsformen würde nachweisen, wie aus den verschiednen Formen des naturwüchsigen Gemeineigentums sich ver-

schiedne Formen seiner Auflösung ergeben. So lassen sich z. B. die verschiednen Originaltypen von römischem und germanischem Privateigentum aus verschiednen Formen des indischen Gemeineigentums ableiten.« (Karl Marx, »Zur Kritik etc.«, p. 10. [Siehe Band 13 unserer Ausgabe, S.21])

21 Das Unzulängliche in Ricardos Analyse der Wertgröße – und es ist die beste – wird man aus dem dritten und vierten Buch dieser Schrift ersehn. Was aber den Wert überhaupt betrifft, so unterscheidet die klassische politische Ökonomie nirgendwo ausdrücklich und mit klarem Bewußtsein die Arbeit, wie sie sich im Wert, von derselben Arbeit, soweit sie sich im Gebrauchswert ihres Produkts darstellt. Sie macht natürlich den Unterschied tatsächlich, da sie die Arbeit das einemal quantitativ, das andremal qualitativ betrachtet. Aber es fällt ihr nicht ein, daß bloß quantitativer Unterschied der Arbeiten ihre qualitative Einheit oder Gleichheit voraussetzt, also ihre Reduktion auf abstrakt menschliche Arbeit. Ricardo z.B. erklärt sich einverstanden mit Destutt de Tracy, wenn dieser sagt: »Da es sicher ist, daß unsere körperlichen und geistigen Fähigkeiten allein unser ursprünglicher Reichtum sind, ist der Gebrauch dieser Fähigkeiten, eine gewisse Art Arbeit, unser ursprünglicher Schatz; es ist immer dieser Gebrauch, welcher alle jene Dinge schafft, die wir Reichtum nennen... Zudem ist es gewiß, daß alle jene Dinge nur die Arbeit darstellen, die sie geschaffen hat, und wenn sie einen Wert haben, oder sogar zwei unterschiedliche Werte, so können sie dies doch nur haben aus dem« (dem Wert) »der Arbeit, der sie entspringen.« (Ricardo, »The principles of Pol. Econ.«, 3.ed., Lond. 1821, p.334. [Vgl. Destutt de Tracy, »Éléments d'idéologie.« 4e et 5e parties, Paris 1826, p.35, 36]) Wir deuten nur an, daß Ricardo dem Destutt seinen eignen tieferen Sinn unterschiebt. Destutt sagt in der Tat zwar einerseits, daß alle Dinge, die den Reichtum bilden, »die Arbeit repräsentieren, die sie geschaffen hat«, aber andrerseits, daß sie ihre »zwei verschiedenen Werte« (Gebrauchswert und Tauschwert) vom »Wert der Arbeit« erhalten. Er fällt damit in die Flachheit der Vulgärökonomie, die den Wert einer Ware (hier der Arbeit) voraussetzt, um dadurch hinterher den Wert der andren Waren zu bestimmen. Ricardo liest ihn so, daß sowohl im Gebrauchswert als Tauschwert sich Arbeit (nicht Wert der Arbeit) darstellt. Er selbst aber scheidet so wenig den zwieschlächtigen Charakter der Arbeit, die doppelt dargestellt ist, daß er in dem ganzen Kapitel: »Value and Riches, their Distinctive Properties« [»Wert und Reichtum, ihre unterscheidenden Eigenschaften«] sich mühselig mit den Trivialitäten eines J. B. Say herumschlagen muß. Am Ende ist er daher auch ganz

erstaunt, daß Destutt zwar mit ihm selbst über Arbeit als Wertquelle und dennoch andrerseits mit Say über den Wertbegriff harmoniere.

22 Es ist einer der Grundmängel der klassischen politischen Ökonomie, daß es ihr nie gelang, aus der Analyse der Ware und spezieller des Warenwerts die Form des Werts, die ihn eben zum Tauschwert macht, herauszufinden. Grade in ihren besten Repräsentanten, wie A. Smith und Ricardo, behandelt sie die Wertform als etwas ganz Gleichgültiges oder der Natur der Ware selbst Äußerliches. Der Grund ist nicht allein, daß die Analyse der Wertgröße ihre Aufmerksamkeit ganz absorbiert. Er liegt tiefer. Die Wertform des Arbeitsprodukts ist die abstrakteste, aber auch allgemeinste Form der bürgerlichen Produktionsweise, die hierdurch als eine besondere Art gesellschaftlicher Produktion und damit zugleich historisch charakterisiert wird. Versieht man sie daher für die ewige Naturform gesellschaftlicher Produktion, so übersieht man notwendig auch das Spezifische der Wertform, also der Warenform, weiter entwickelt der Geldform, Kapitalform usw. Man findet daher bei Ökonomen, welche über das Maß der Wertgröße durch Arbeitszeit durchaus übereinstimmen, die kunterbuntesten und widersprechendsten Vorstellungen von Geld, d. h. der fertigen Gestalt des allgemeinen Äquivalents. Dies tritt schlagend hervor z. B. bei der Behandlung des Bankwesens, wo mit den gemeinplätzlichen Definitionen des Geldes nicht mehr ausgereicht wird. Im Gegensatz entsprang daher ein restauriertes Merkantilsystem (Ganilh usw.), welches im Wert nur die gesellschaftliche Form sieht oder vielmehr nur ihren substanzlosen Schein. – Um es ein für allemal zu bemerken, verstehe ich unter klassischer politischer Ökonomie alle Ökonomie seit W. Petty, die den innern Zusammenhang der bürgerlichen Produktionsverhältnisse erforscht im Gegensatz zur Vulgärökonomie, die sich nur innerhalb des scheinbaren Zusammenhangs herumtreibt, für eine plausible Verständlichmachung der sozusagen gröbsten Phänomene und den bürgerlichen Hausbedarf das von der wissenschaftlichen Ökonomie längst gelieferte Material stets von neuem wiederkaut, im übrigen aber sich darauf beschränkt, die banalen und selbstgefälligen Vorstellungen der bürgerlichen Produktionsagenten von ihrer eignen besten Welt zu systematisieren, pedantisieren und als ewige Wahrheiten zu proklamieren.

23 »Die Ökonomen verfahren auf eine sonderbare Art. Es gibt für sie nur zwei Arten von Institutionen, künstliche und natürliche. Die Institutionen des Feudalismus sind künstliche Institutionen, die der Bourgeoisie natürliche. Sie

Ware und Geld

gleichen darin den Theologen, die auch zwei Arten von Religionen unterscheiden. Jede Religion, die nicht die ihre ist, ist eine Erfindung der Menschen, während ihre eigene Religion eine Offenbarung Gottes ist. – Somit hat es eine Geschichte gegeben. aber es gibt keine mehr.« (Karl Marx, »Misere de la Philosophie. Réponse à la Philosophie de la Misere de M. Proudhon«, 1847, p.113. [Siehe Band 4 unserer Ausgabe, S.139]) Wahrhaft drollig ist Herr Bastiat, der sich einbildet, die alten Griechen und Römer hätten nur von Raub gelebt. Wenn man aber viele Jahrhunderte durch von Raub lebt, muß doch beständig etwas zu rauben da sein oder der Gegenstand des Raubes sich fortwährend reproduzieren. Es scheint daher, daß auch Griechen und Römer einen Produktionsprozeß hatten, also eine Ökonomie, welche ganz so die materielle Grundlage ihrer Welt bildete wie die bürgerliche Ökonomie die der heutigen Welt. Oder meint Bastiat etwa, daß eine Produktionsweise, die auf der Sklavenarbeit beruht, auf einem Raubsystem ruht? Er stellt sich dann auf gefährlichen Boden. Wenn ein Denkriese wie Aristoteles in seiner Würdigung der Sklavenarbeit irrte, warum sollte ein Zwergökonom, wie Bastiat, in seiner Würdigung der Lohnarbeit richtig gehn? Ich ergreife diese Gelegenheit, um einen Einwand, der mir beim Erscheinen meiner Schrift »Zur Kritik der Pol. Oekonomie«, 1859, von einem deutsch-amerikanischen Blatte gemacht wurde, kurz abzuweisen. Es sagte, meine Ansicht, daß die bestimmte Produktionsweise und die ihr jedesmal entsprechenden Produktionsverhältnisse, kurz »die ökonomische Struktur der Gesellschaft die reale Basis sei, worauf sich ein juristischer und politischer Überbau erhebe und welcher bestimmte gesellschaftliche Bewußtseinsformen entsprächen«, daß »die Produktionsweise des materiellen Lebens den sozialen, politischen und geistigen Lebensprozeß überhaupt bedinge« [siehe Band 13 unserer Ausgabe, S.8/9], – alles dies sei zwar richtig für die heutige Welt, wo die materiellen Interessen, aber weder für das Mittelalter, wo der Katholizismus, noch für Athen und Rom, wo die Politik herrschte. Zunächst ist es befremdlich, daß jemand vorauszusetzen beliebt, diese weltbekannten Redensarten über Mittelalter und antike Welt seien irgend jemand unbekannt geblieben. Soviel ist klar, daß das Mittelalter nicht vom Katholizismus und die antike Welt nicht von der Politik leben konnte. Die Art und Weise, wie sie ihr Leben gewannen, erklärt umgekehrt, warum dort die Politik, hier der Katholizismus die Hauptrolle spielte. Es gehört übrigens wenig Bekanntschaft z.B. mit der Geschichte der römischen Republik dazu, um zu wissen. daß die Geschichte des Grundeigentums ihre Geheimgeschichte bildet. Andrerseits hat schon Don Quixote den Irrtum gebüßt, daß er die fahrende Ritterschaft mit allen ökonomischen Formen der Gesellschaft gleich verträglich wähnte.

[24] »Value is a property of things, riches of man. Value, in this sense, necessarily implies exchanges, riches do not.« (»Observations on some verbal disputes in Pol. Econ., particularly relating to value, and to supply and demand«, Lond. 1821, p.16.)

[25] »Riches are the attribute of man, value is the attribute of commodities. A man or a community is rich, a pearl or a diamond is valuable ... A pearl or a diamond is valuable as a pearl or diamond.« (S. Bailey, l.c. p.165 sq.)

[26] Der Verfasser der »Observations» und S. Bailey beschuldigen Ricardo, er habe den Tauschwert aus einem nur Relativen in etwas Absolutes verwandelt. Umgekehrt. Er hat die Scheinrelativität, die diese Dinge, Diamant und Perlen z. B., als Tauschwerte besitzen, auf das hinter dem Schein verborgene wahre Verhältnis reduziert, auf ihre Relativität als bloße Ausdrücke menschlicher Arbeit. Wenn die Ricardianer dem Bailey grob, aber nicht schlagend antworten, so nur, weil sie bei Ricardo selbst keinen Aufschluß über den inneren Zusammenhang zwischen Wert und Wertform oder Tauschwert fanden.

Hansjörg Klausinger

Zu Böhm-Bawerks
»Historische und theoretische Nationalökonomie«

Als im Jahre 1889 der hier einzuleitende Essay erschien, hatte Eugen von Böhm-Bawerk, Professor für Politische Ökonomie an der Universität Innsbruck, gerade sein Hauptwerk über *Kapital und Kapitalzins* mit dem zweiten Band abgeschlossen und stand damit im Zenit seiner akademischen Karriere. Begonnen hatte seine wissenschaftliche Laufbahn mit dem Studium an der Universität Wien, wo er dem späteren Anführer der Österreichischen Grenznutzenschule, Carl Menger, erst bei der letzten Doktoratsprüfung begegnet war, anschließend hatte er zwei weitere Ausbildungsjahre an deutschen Universitäten (Heidelberg, Leipzig und Jena) verbracht. Nach seiner Rückkehr habilitierte sich Böhm-Bawerk, als erster Habilitand Mengers, 1880 an der Universität Wien und wurde noch im gleichen Jahr nach Innsbruck berufen. Dort arbeitete er an seinem magnum opus, der Kapitalzinstheorie, in der er den Ursprung und die Notwendigkeit eines positiven Zinssatzes auf der Grundlage der Mengerschen Werttheorie abzuleiten versuchte. Gleichzeitig trug er – gemeinsam mit Friedrich von Wieser – als Schüler Mengers wirkungsvoll zur Verbreitung von dessen Lehre bei. Deren Erfolg war zu jener Zeit noch keineswegs gesichert, wie Böhm-Bawerk in eigener Sache erfahren musste, als 1887 für die Nachfolge Lorenz von Steins an der Universität Wien weder er selbst noch ein anderer Gefolgsmann Mengers, sondern der deutsche Nationalökonom Lujo Brentano zum Zuge kam, der allerdings Wien schon nach einem Jahr verließ und ins Deutsche Reich zurückkehrte. Brentanos Wiener Antrittsrede über »Die klassische Nationalökonomie« verfiel naturgemäß Böhm-Bawerks scharfer Kritik. Auch als Nachfolger Brentanos bestellte das Ministerium nicht den vom

Kollegium erstgereihten Böhm-Bawerk, sondern einen weniger stark theoretisch orientierten Ökonomen. Kurz danach wurde Böhm-Bawerk in den Staatsdienst berufen und wandte sich mehr als ein Jahrzehnt – auf Kosten seiner wissenschaftlichen Arbeiten – der Lösung praktischer Probleme zu, unter anderem im Zusammenhang mit der Einführung der Einkommenbesteuerung. Die Wertschätzung, die er nun in der Praxis erfuhr, wird dadurch bestätigt, dass er während dieser Zeit dreimal das Amt des Finanzministers ausübte, ehe er 1904 nach seinem Ausscheiden eine für ihn geschaffene Professur an der Universität Wien übernahm.

Als Anhänger und Mitstreiter Mengers verfasste Böhm-Bawerk seinen Essay als einen Beitrag zum sog. Methodenstreit zwischen den Anhängern der Österreichischen und der jüngeren historischen Schule der Nationalökonomie, personifiziert in deren Führern, Carl Menger und Gustav Schmoller. Ausgelöst worden war diese Kontroverse, in der es verkürzt formuliert um die Vorrangstellung von theoretischer oder historischer Methode in der Nationalökonomie ging, durch Mengers 1883 erschienene *Untersuchungen über die Methode der Sozialwissenschaften und der Politischen Ökonomie insbesondere*, in denen er sich kritisch gegen den Historismus wandte. Schmoller reagierte mit einer Rezension (»Zur Methodologie der Staats- und Sozial-Wissenschaften« im *Jahrbuch für Gesetzgebung, Verwaltung und Volkswirtschaft im Deutschen Reich*, 1883), deren polemische Schärfe die Kontroverse erst recht anfachte. Mengers umgehende Replik, *Die Irrtümer des Historismus in der deutschen Nationalökonomie* (1884), wurde von Schmoller dem Autor ungeöffnet mit einem Absagebrief zurückgeschickt, den er statt einer Rezension veröffentlichte. Damit war der Bruch zwischen den beiden Schulen markiert. Als Schmoller im Jahre 1888 aus Anlass des 50-jährigen Doktorjubiläums eine Festschrift für Wilhelm Roscher, *Zur Literaturgeschichte der Staats- und Sozialwissenschaften*, herausgab, sammelte er darin eine Reihe eigener Abhandlungen, darunter auch, in abgemilderter Diktion, seine Menger-Rezension. Böhm-Bawerk besprach diese Festschrift 1889 in den *Jahrbüchern für Nationalökonomie und Statistik* und nutzte die Gelegenheit, ein Resümee zum Methodenstreit vorzulegen. 1891 wurde der Essay in englischer Übersetzung unter dem Titel »The Historical vs. the Deductive Method in Political Economy« publiziert. Der im Anschluss wiedergegebene Text folgt dem Nachdruck (dort als »Historische und theoretische Nationalökonomie«), wie er in dem von Franz X. Weiss 1924 herausgegebenen ersten Band der *Gesammelten Schriften* Böhm-Bawerks enthalten ist.

Worum ging es nun in diesem Methodenstreit und wodurch waren die einander gegenüber stehenden Schulen charakterisiert?

Beginnen wir mit der Österreichischen Schule der Nationalökonomie, deren Gründung rückblickend mit 1871, dem Erscheinen von Mengers erstem und wichtigstem Werk, *Grundsätze der Volkswirtschaftslehre*, datiert wird. Die hierin vorgetragene subjektive Werttheorie als *die* Grundlage wirtschaftlicher Erkenntnis ist allerdings zunächst weder revolutionär noch spezifisch »österreichisch«, sondern steht zum Gutteil in der Tradition der deutschen Volkswirtschaftslehre – die Widmung des Buches an Wilhelm Roscher, den wohl wichtigsten Vertreter der älteren historischen Schule ist ein erster Hinweis. Gemeinsamkeiten zwischen Menger und seinen deutschen »Vorläufern« finden sich unter anderem in der Vorwegnahme der Nutzwerttheorie und des Konzepts des sinkenden Grenznutzens, in der gemeinsamen Wendung gegen die klassische (und Marxsche) Arbeitswertlehre, in der Wertschätzung Adam Smiths und in der Ablehnung Ricardos. Auch Böhm-Bawerks Essay enthält diesbezüglich einige (nun stärker verklausulierte) Andeutungen. Er erwähnt Bruno Hildebrands Idee des »Gattungsnutzens« (in diesem Band S. 121) und die auf Knies zurückgehende, von Menger fortgeführte (und von Böhm-Bawerk bestrittene) Erklärung des Kapitalzinses als

Entgelt für die »Nutzung von verbrauchlichen und vertretbaren Gütern« (in diesem Band S. 117). An eben jenen Carl Knies, wie Roscher und Hildebrand der älteren historischen Schule zugehörig, hatte Menger ja noch 1875 Böhm-Bawerk für ein Ausbildungsjahr an die Universität Heidelberg empfohlen. Im Sinne dieser Tradition war Menger in seinem Selbstverständnis bis zum Ausbruch des Methodenstreits durchaus ein »deutscher Nationalökonom«.[1]

Die Frontstellung zwischen Wien und Berlin spitzte sich erst zu, als beide Seiten in den 1880er-Jahren ihre methodologische Position einer »theoretischen« bzw. »historischen« Nationalökonomie kompromisslos bekräftigten. Mit dem Aufstieg Schmollers zum Anführer der historischen Schule war freilich auch eine Abkehr von den Menger in manchem verwandten Positionen der deutschen Volkswirtschaftslehre verbunden, die die älteren Autoren (Roscher, Knies, Hildebrand) noch in ihre Ansätze einzubinden bereit gewesen waren. Nun jedenfalls organisierten sich die beiden Schulen als feindliche Lager, auch mit dem akademischen Nebeneffekt, dass fortan dank Schmollers Einfluss Mitglieder der Österreichischen Schule von der Konkurrenz um Lehrstühle an deutschen Universitäten ausgeschlossen waren.

Den Ausgangspunkt von Mengers methodologischer Position, und gleichzeitig eine Kampfansage an die historische Schule, bildet seine Gleichsetzung von theoretischer Erkenntnis mit der Erklärung von Phänomenen auf der Grundlage von allgemein gültigen, insbesondere raum-zeitlich ungebundenen Gesetzen.[2] Mit der Darstellung der »empirisch-realistischen Methode« versucht Menger zunächst aufzuzeigen, welche Möglichkeiten aus seiner Sicht einer von der Erfahrung ausgehenden Methode offen stehen. Dabei macht er klar, dass aus der Erfahrung keine allgemein gültigen Gesetze, sondern bloß Regelmäßigkeiten abgeleitet werden können, denen außerhalb der ihnen zugrunde liegenden Beobachtungen kein Anspruch auf Wahrheit, sondern nur Wahrscheinlichkeit zukommen könne. Die Möglichkeit, mit dieser Vorgangsweise »zu strengen (exakten) theoretischen Erkenntnissen zu gelangen« (S. 37),[3] schließt Menger aus. Theoretische Erkenntnis sei vielmehr nur mit der (dem Vorbild der theoretischen Naturwissenschaften folgenden) »exakten Methode« möglich. Diese geht von einem von Menger als unproblematisch erachteten Induktionsprinzip aus, wonach »auf streng typische Erscheinungen bestimmter Art unter den nämlichen Umständen stets, und zwar in Rücksicht auf unsere Denkgesetze geradezu *notwendig*, streng typische Erscheinungen eben so bestimmter anderer Art folgen müssen« (S. 39ff.), d.h. die gleichen Ursachen immer die gleichen Wirkungen ausüben müssen. Die Kombination dieses Prinzips mit einer wahren, der Allgemeinheit halber aber auf möglichst einfache, »typische« Elemente reduzierten Beobachtung ergibt ein »exaktes Gesetz«. Die Gesetze, auf denen Menger seine Werttheorie und damit die Erklärung des Wirtschaftens überhaupt aufbaut, sind in diesem Sinn »exakt«.

Aus der unterschiedlichen Herleitung von empirischen Regelmäßigkeiten und exakten Gesetzen folgt auch die unterschiedliche Bedeutung, die für sie jeweils die Konfrontation mit der Erfahrung hat. Empirische Gesetze sind im Wesentlichen denkökonomische Zusammenfassungen einer Reihe von Beobachtungen. Als solche sind sie, wenn korrekt formuliert, wahr, und können, da ihnen nur der Status einer Wahrscheinlichkeit zukommt, durch neue Beobachtungen nicht widerlegt werden. Exakte Gesetze sind demgegenüber allgemein gültig, und sie sind wahr, sofern sie aus dem gültigen Induktionsprinzip und einer wahren Beobachtung abgeleitet wurden. Insofern verweist eine Divergenz von Erfahrung und den Aussagen eines exakten Gesetzes bloß darauf, dass für die Ableitung des exakten Gesetzes vorausgesetzte Bedingungen in der Realität nicht erfüllt wurden – die Ursache des Widerspruchs liegt somit in der Unvollkommenheit der zugrunde gelegten Beobachtung, die »empirischen Komplikationen«

nicht gerecht wird, nicht aber in der Falschheit des Gesetzes. »Die Ergebnisse der exakten Forschung« finden, so Menger, »an der Erfahrung eben nicht ihren Prüfstein« (S. 57). Ob empirisch-realistisch oder exakt, die Ableitung von Gesetzen aus der Erfahrung, die den methodischen Anspruch der historischen Schule ausmacht, ist aus Mengers Sicht jedenfalls unzulässig und der Beitrag der historischen Methode zur wissenschaftlichen Erkenntnis erscheint daher notwendiger Weise beschränkt.

In seiner Gegenposition anerkennt Schmoller zwar die Leistungen der »abstrakten Theorie«, wie sie die klassische Nationalökonomie erbracht habe, stellt aber fest, dass nun die Zeit gekommen sei, den Erkenntnisfortschritt nicht länger von theoretischen Forschungen, sondern von historischen und statistischen Untersuchungen zu erwarten, die die empirischen Grundlagen künftiger Theoriebildung legen sollten: »In der Zukunft wird für die Nationalökonomie eine neue Epoche kommen, aber nur durch Verwertung des ganzen historisch-deskriptiven und statistischen Materials, das jetzt geschaffen wird, nicht durch weitere Destillation der hundert mal destillierten abstrakten Sätze des alten Dogmatismus« (S. 163).[4] Aus der Fülle des empirischen Materials ließen sich dann (induktiv) die wahren die Wirtschaft bestimmenden Gesetze ableiten: »Sobald die Beobachtung quantitativ und qualitativ vollendet ist, nötigt uns unser Denkgesetz anzunehmen, daß die gleichen quantitativen und qualitativen Ursachen die auch nur einmal beobachtete Folge immer wieder erzeugen« (ibid.). Die Gesetze, um die es Schmoller geht, sind aber nicht ökonomische Gesetzmäßigkeiten in einem engeren Sinne, sondern die einer universalen Sozialtheorie, ja mehr noch Gesetze der gesellschaftlichen und wirtschaftlichen Entwicklung, der Veränderung der Formen des Wirtschaftens in Abhängigkeit von sich herausbildenden, nach Raum und Zeit verschiedenen Institutionen und Werthaltungen. Seien diese Gesetze einmal ergründet, hätten sie den Charakter »feststehender Wahrheiten«, während die aus der Mengerschen Methode erfließenden Ergebnisse doch nichts andres zu liefern vermöchten als »wechselnde Theorien«, mit ihrer nur je auf eine besondere Stufe der Entwicklung beschränkten Gültigkeit (so Schmoller in seiner Rektoratsrede von 1897). Insbesondere daher rührt Schmollers Vorwurf an die Wiener Grenznutzenschule, sie betrachte Wirtschaft durch die Brille einer spezifischen Konstellation – wie etwa jener des zeitgenössischen Englands – und mache sich daher durch ihre Parteinahme für den Liberalismus einer unzulässigen Verallgemeinerung schuldig. Demgemäß komme Mengers Methode nur »ein Eckchen des großen Gebäudes unserer Wissenschaft« zu, auch wenn er dieses »für das ganze Gebäude, jedenfalls für den besten und anständigsten Salon in demselben« halte (S. 174f.). Insofern empfiehlt Schmoller seinem Kontrahenten zum Schluss größere Bescheidenheit in seinen Ansprüchen. Die Invektive, Menger möge »sich das Goethe'sche Wort, daß nur die Lumpe bescheiden seien, noch mehr zu Herzen« (S. 175) nehmen, ist aus dem Wiederabdruck von 1888 immerhin getilgt.

Aus heutiger Sicht sei hier in Parenthese angemerkt, dass letztlich beide methodische Ansätze, wenn auch auf je eigene Weise, am Induktionsproblem scheitern. Menger flüchtet mit der »exakten Methode« ins Reich der Logik und macht so deren Sätze für die empirische Erfahrung unangreifbar. Schmoller, so scheint es hingegen, »löst« das Induktionsproblem durch dessen Leugnung, indem er schlicht die logische Möglichkeit eines Wahrheit vermehrenden Schlusses vom Besonderen aufs Allgemeine behauptet.

Ein anderer Aspekt des Methodenstreits, in Böhm-Bawerks Stellungnahme weniger artikuliert, aber dennoch bedeutend, ist die Rolle des methodologischen Individualismus (im zeitgenössischen Sprachgebrauch »Atomismus«). Paradigmatisch hiefür ist eine individualistische Erklärung für das Entstehen von Institutionen als unintendierte Ergebnisse zielgerichteten menschlichen Handelns (»the products of human action, but not human design«, wie es schon bei dem schottischen Moralphilosophen Adam Ferguson hieß). Als ein Beispiel dient Menger die Herausbildung von Geld als allgemein akzeptiertes Tauschmittel aus der absatzfähigsten Ware. Mit diesem Erklärungsansatz lehnt Menger zugleich sowohl eine »ganzheitlich« organische als auch eine »pragmatische« Deutung ab, insbesondere wendet er sich damit gegen die Idee der »Machbarkeit« von Institutionen.

Damit und generell mit der klassisch-liberalen Ausrichtung in Fragen staatlicher Aktivität steht Menger im Gegensatz zum sozialreformatorischen Anspruch Schmollers, der sich auch im Namen des von ihm gegründeten »Vereins für Socialpolitik« ausdrückt. Die Durchsetzung (mancher) liberaler Doktrinen (wie der Gewerbefreiheit und abgeschwächt des Freihandels) mochte einer spezifischen Epoche (oder Stufe) des Wirtschaftens adäquat gewesen sein. Nun aber, da es um die Lösung der »sozialen Frage« geht, dürfe diese nicht dem Wirken der Marktkräfte allein anvertraut werden, sondern sei der Eingriff des Staates gefordert, auf dessen Weisheit – symbolisiert durch das preußische Beamtentum – Schmoller setzt. (Von Kritikern bringt dies seiner Schule die Bezeichnung »Kathedersozialismus« ein.) Dem Staat fällt aber in diesem Programm nicht bloß die Rolle eines, wie wir heute sagen würden, »technokratischen Problemlösers« zu, tatsächlich ist seine Aufgabe viel umfassender und besteht darin, zu einer Vervollkommnung der die Wirtschaft prägenden Institutionen, ja zu einer zunehmenden »Versittlichung« des menschlichen Handelns beizutragen. Der dahinter steckende Glaube nicht bloß an einen ökonomischen, sondern einen »sittlichen« Fortschritt manifestierte sich zwei Jahrzehnte später auch in Schmollers Stellungnahme zum von Max Weber initiierten zweiten Methodenstreit, um die wissenschaftliche Begründbarkeit von Werturteilen. Hiezu bemerkt Schmoller (im *Handwörterbuch der Staatswissenschaften*, 1911): »Es gibt neben den subjektiven objektive Werturteile, an denen nicht bloß einzelne Personen und

Gelehrte, sondern große Gemeinschaften, Völker, Zeitalter, ja die ganze Kulturwelt teilnehmen. ... Wer an den zunehmenden Sieg objektiver Urteile über die einseitigen, sittlichen und politischen Ideale in der Wissenschaft und im Leben glaubt, wird nicht so verächtlich, wie er [Max Weber], von ihrem Hineinragen in die Wissenschaft denken« (S. 352f.). Von daher wird Schmoller die Übereinstimmung in den sittlichen Urteilen ein Gradmesser für »die sittliche und intellektuelle Bildung eines Volkes« (S. 356), die Nichtübereinstimmung zum Zeichen für »starke gesellschaftliche Umbildung« oder gar »allgemeine Verhetzung, Verwilderung und Auflösung« (ibid.).

Nach dieser Kurzcharakteristik der zeitgenössischen Debatte soll ein kurzer Blick auf das Kommende noch die beiden Positionen inhärenten Gefährdungen verdeutlichen.

Für die Schmollersche Richtung gilt, dass Böhm-Bawerks Forderung, sie an ihren Früchten zu messen, wohl das Urteil theoretischer Sterilität rechtfertigt, da sie ihr Versprechen, durch historische und statistische Untersuchungen endlich zur Ableitung von Gesetzen zu gelangen, wenn schon nicht zu »feststehenden Wahrheiten«, keineswegs einlösen konnte. Die Ratlosigkeit, mit der die in der Tradition der historischen Schule ausgebildeten deutschen Ökonomen dem Phänomen der Hyperinflation in den 1920er-Jahren gegenüberstanden, wird häufig als eine zentrale Ursache für den dramatischen Bedeutungsverlust der Schule nach dem Kriege angesehen. Zuvor schon war allerdings Schmollers Utopie der versittlichenden Wirkung des im Kaiserreich inkarnierten deutschen Volksgeistes an den Realitäten des Weltkriegs zuschanden geworden.

Die aus der Sicht der Nachwelt im Methodenstreit obsiegende (oder ihn zumindest überlebende) Österreichische Schule vermochte in den auf Menger folgenden Generationen gewichtige Beiträge zur Entwicklung der neoklassischen Theorie zu liefern und wurde damit auch zum Teil in dieses Gedankengebäude assimiliert, das noch heute als »mainstream« die Wirtschaftstheorie dominiert. Was als Spezifikum der

Österreichischen Schule übrig blieb und sie unter der Ägide von Ludwig Mises zu einer Bastion eines radikalen Liberalismus machte, war zum einen die Ausformung von Mengers exakter Methode im Mises'schen Apriorismus. Demnach können die durch Erfahrung nicht widerlegbaren Grundgesetze der Ökonomie aus dem selbstevidenten Axiom des zielgerichteten menschlichen Handelns gewonnen werden – eine Zielgerichtetheit, die sich ohne weiteres vom individuellen Handeln auf dessen gesellschaftliches Resultat überträgt. Zum anderen konnten sich die Österreicher wohl der Überlegenheit ihrer Analyse der Hyperinflation gegenüber jener der historischen Schule rühmen, doch standen sie bald – kaum ein Jahrzehnt später – dem Phänomen der Weltwirtschaftskrise mit ähnlichem Unverständnis und mit ähnlich misslichen wirtschaftspolitischen Empfehlungen gegenüber.

Auch wenn im 20. Jahrhundert beide konkurrierenden Schulen als solche aus dem Hauptstrom der Wirtschaftstheorie verschwunden sind – die historische Schule mit dem Tode Gustav Schmollers im Jahre 1917, die Österreichische Schule teils durch Auflösung, teils durch Integration in die herrschende »Neoklassik« –, so bleiben sie doch, wenn auch am Rande dieses Hauptstroms, bis heute präsent. Auf Schmoller berufen sich – mit mehr oder weniger Recht – die Anhänger eines neu ausgeprägten Institutionalismus, und vor allem in den USA versammelt sich eine Gruppe von neo-österreichischen Ökonomen hinter der radikal-liberalen Tradition von Menger (und mehr noch von Hayek und Mises), die in der Forschungspraxis der heutigen Orthodoxie die Schmollerschen Irrtümer wiederzuerkennen glaubt. Manchem Beobachter springt allerdings am frappierendsten die Ähnlichkeit der heute praktizierten, mathematisierten Modellökonomie mit den Vorgaben von Mengers exakter Methode ins Auge: die Reduktion von Theorie auf eine Logik der Wahl und von Wahrheit auf logische Richtigkeit, die die Empirie nur noch als potentielle Abweichung vom »theoretisch als richtig Erkannten« wahrnimmt.

Anmerkungen

[1] Siehe Erich Streissler (1990): Carl Menger, der deutsche Nationalökonom. In: Bertram Schefold, Hg., *Studien zur Entwicklung der ökonomischen Theorie X* (*Schriften des Vereins für Socialpolitik* Band 115/X), Berlin, 153-195.

[2] Hier folge ich Karl Milford (1989): *Zu den Lösungsversuchen des Induktionsproblems und des Abgrenzungsproblems bei Carl Menger*, Veröffentlichungen der Kommission für Sozial- und Wirtschaftswissenschaften (Österreichische Akademie der Wissenschaften) Nr. 27. Wien.

[3] Die Seitenangaben hier und im Folgenden aus Carl Menger (1883): *Untersuchungen über die Methode der Sozialwissenschaften und der Politischen Ökonomie insbesondere*. Wien.

[4] Ich zitiere im Folgenden nach Gustav Schmoller (1998): *Historisch-ethische Nationalökonomie als Kulturwissenschaft. Ausgewählte methodologische Schriften*. Herausgegeben und eingeleitet von Heinrich Nau. Marburg.

Literatur

Böhm-Bawerk, Eugen von (1881): *Rechte und Verhältnisse vom Standpunkte der volkswirtschaftlichen Güterlehre*. Innsbruck; wieder abgedruckt in *Gesammelte Schriften*, Band 1, 1-126.

Böhm-Bawerk, Eugen von (1884): *Kapital und Kapitalzins*, Erste Abteilung: *Geschichte und Kritik der Kapitalzinstheorien*. 1. Aufl. Innsbruck (Faksimile-Nachdruck Düsseldorf 1994), 2. verm. u. verb. Aufl. 1900, 3. Aufl. 1914, 4. Aufl. Jena 1921 (Nachdruck Meisenheim/Glan 1961).

Böhm-Bawerk, Eugen von (1889): *Kapital und Kapitalzins*, Zweite Abteilung: *Positive Theorie des Kapitales*. 1. Aufl. Innsbruck (Faksimile-Nachdruck Düsseldorf 1991), 2. unv. Aufl. 1902, 3. erw. Aufl. in zwei Bdn. (1. Halbbd. 1909, 2. Halbbd. 1912), 4. Aufl. (in zwei Bdn.) Jena 1921 (Nachdruck Meisenheim/Glan 1961).

Böhm-Bawerk, Eugen von (1896): »Zum Abschluss des Marxschen Systems.« In *Staatswissenschaftliche Arbeiten. Festgabe für Karl Knies*, hgg. von O. von Bönigk. Berlin.

Böhm-Bawerk, Eugen von: »Macht oder ökonomisches Gesetz?« In *Zeitschrift für Volkswirtschaft, Sozialpolitik und Verwaltung*, Bd. 23 (1914), 205-271; wieder abgedruckt in *Gesammelte Schriften*, Band 1, 230-300 (separater Nachdruck Darmstadt 1975).

Böhm-Bawerk, Eugen von (1924/1926): *Gesammelte Schriften von Eugen von Böhm-Bawerk*, hgg. von Franz X. Weiss, Wien – Leipzig, Band 1, 1924, Band 2, 1926 (Nachdrucke jeweils Frankfurt/Main 1968).

Eugen von Böhm-Bawerk

Historische und theoretische Nationalökonomie

Es ist eine innige Festgabe, die der hervorragende Führer der jüngeren Generation der historischen Schule ihrem Gründer und Altmeister Wilhelm Roscher zum fünfzigjährigen Doktorjubiläum darbringt. Wie in einen beziehungsreichen Strauß gebunden, überreicht Schmoller dem Jubilar dessen eigenes geistiges Bildnis. Ein kerniger Aufsatz, der den Mittelpunkt des Buches bildet (S. 147-171), schildert das Wesen und die Bedeutung Roschers für die Nationalökonomie; und ringsumher hat Schmoller eine Reihe älterer Aufsätze gestellt, überwiegend ebenfalls literarische Porträts von Nationalökonomen enthaltend, die Schmoller während des Vierteljahrhunderts von 1863 bis 1888 bei verschiedenen Gelegenheiten entworfen, und zwar im Lichte der historischen Schule entworfen hatte. Dieses letztere Moment gibt dem ganzen Buche die innere Einheit. Es zieht in diesen Schriftstellerporträts gewissermaßen eine ganze literarische Epoche an uns vorüber, welche das Beginnen und Wachsen der von Roscher begründeten historischen Nationalökonomie, ihre Kämpfe und ihre Erfolge, und wieder neue Kämpfe in sich schließt; es wird uns so recht die Lebensbühne aufgewiesen, auf der die wissenschaftliche Mission Roschers sich vollzogen hat.

Es ist dem festlichen Anlaß nur angemessen, daß auch der Referent seine ersten Worte demjenigen Aufsatze widmet, der unmittelbar der Person des gefeierten Altmeisters gilt. Wie Schmoller ausdrücklich in einem an Roscher gewendeten Vorwort sagt, wollte er den Jubilar »nicht in der Form eines Panegyrikus, wie er bei solchen Festen wohl üblich ist«, feiern; und er hat dies auch nicht getan; sondern er sucht mit strenger Objektivität das Wesen und Wirken seines berühmten Meisters psychologisch zu analysieren. Er hat hiebei, wie begreiflich, alle Vorzüge und Verdienste desselben gebührend ins Licht gestellt, aber sich auch nicht gescheut, die schwächeren Züge wenigstens anzudeuten. So entstand ein Charakterbild, das vor allem wahr, und das trotz der paar Runzeln und Fältchen, die uns der Stift des Zeichners nicht verheimlicht hat, ungemein ehrenvoll für den Geschilderten und zugleich ehrend für den unparteiischen Schilderer ist.

Wie natürlich, feiert Schmoller in Roscher vor allem den Bahnbrecher der historischen Forschung in der Nationalökonomie. Er zeigt uns, wie Roscher als Philologe und Historiker beginnt, um später seine Lebensaufgabe darin zu finden, die abstrakte Nationalökonomie auf den historischen Boden zu versetzen. Er preist mit Recht seine ungemeine historische Begabung, seinen glücklichen Takt in der Auslegung und Beurteilung eines oft nur lückenhaften Tatsachenmateriales, sein enormes, vielseitiges Wissen; er verfehlt dabei nicht, anzudeuten, daß gewisse Eigenschaften, »durch welche historische Köpfe sich in der Regel nicht auszeichnen«, auch bei Roscher sich vermissen lassen. Er durchmustert die wichtigsten Schriften des Meisters, seine historisch-staatswissenschaftlichen Untersuchungen, seine Literaturgeschichte der Nationalökonomie und sein System der Volkswirtschaft, welches letztere seine verbreitetste, aber nicht seine bedeutendste Arbeit ist. Er zeigt uns, wie auch zwischen den einzelnen Bänden des Systems wieder bedeutende Unterschiede bestehen: wie in den beiden speziellen Teilen, die die Nationalökonomie des Ackerbaues und die des Handels- und Gewerbfleißes behandeln, sich die Eigenart und die historische Begabung Roschers am glücklichsten entfalten konnte, während der allgemeine Teil und die Finanzwissenschaft an innerem Wert zurückstehen. Er sucht die entworfene Schilderung noch durch Vergleiche zu beleben, indem er Roscher als Systematiker zu Rau, als Literarhistoriker zu Dühring in Gegensatz stellt, und er faßt endlich das Ergebnis seiner Detailschilderungen in die knapp und treffend charakterisierenden Worte zusammen: »Roscher hat den polyhistorischen Zug mit den älteren Göttinger

Historische und theoretische Nationalökonomie 101

Kulturhistorikern gemein, er hat von Rau und der ganzen älteren Generation den tiefen Respekt vor Adam Smith, Ricardo und Malthus übernommen; er ist eine feine, vornehm zurückhaltende Gelehrtennatur, die nirgends einstürzen, sondern langsam umbauen will. Er wollte ebenso sehr dogmatischer Nationalökonom bleiben als die Sätze der alten Schule historisch vertiefen. Er steht zwischen zwei wissenschaftlichen Epochen mitten inne, er schließt die ältere Zeit ab und eröffnet die neue...«

Es kann meine Aufgabe nicht sein, den Inhalt aller einzelnen im vorliegenden Buche vereinigten Aufsätze gesondert zu besprechen. Sie sind ja alle seit kurz oder lang dem Publikum bekannt. Ich erwähne also nur kurz, welche dieser alten Bekannten man wiederfindet. Es sind Aufsätze über Schiller (1863), Fichte (1864-1865), List (1884), Carey (1886), Lorenz von Stein (1866), Knies (1883), Schäffle (1879-1888), Funck-Brentano (1876), Henry George (1882), Hertzka (1886), weiter ein Aufsatz betreffend die neueren Ansichten über Bevölkerungs- und Moralstatistik (1869) und eine kritische Besprechung der Schriften von C. Menger und W. Dilthey zur Methodologie der Staats- und Sozialwissenschaften (1883).

Wohl aber möchte ich einige Bemerkungen über ein Thema aufzeichnen, welches, wie Roscher selbst den persönlichen, so gleichsam den sachlichen Mittelpunkt des ganzen Buches bildet; welches fast in allen Einzelabhandlungen berührt, aber am deutlichsten und entschiedensten in der letzten Abhandlung – der vielleicht nicht ohne Absicht die nachdrückliche Stelle des »letzten Wortes« eingeräumt wurde – behandelt ist: das Thema der *Methode der nationalökonomischen Forschung.*

Ich fühle mich hiezu durch einige Umstände ermuntert. Erstlich hat dieses Thema seit dem ersten Erscheinen des betreffenden Aufsatzes an Aktualität nichts eingebüßt; die Frage, wie man Nationalökonomie treiben soll, ob »exakt«, ob historisch, ist ja heute noch gerade so wichtig, gerade so brennend und auch noch gerade so ungelöst, als sie es vor Jahren war. Sodann scheint mir, als ob der Zeitpunkt des Wiederabdruckes jenes Aufsatzes zu einer fruchtbaren Erörterung seines Inhaltes in mehr als einer Beziehung sogar noch günstiger wäre, als der seines ersten Erscheinens. Bekanntlich war das Jahr 1883 ein etwas hitziges für die Erörterung methodischer Kontroversen, und Leidenschaft ist in wissenschaftlichen Fragen selten ein guter Berater. Heute ist die Hitze längst verraucht, und ich für meine Person will es am redlichsten Bemühen nicht fehlen lassen, die Sache sine ira et studio, mit der nüchternsten Objektivität zu behandeln. Übrigens ist mir hierin Schmoller selbst schon insofern mit einem anerkennenswerten Beispiel vorangegangen, als er, bei voller Aufrechthaltung der in seinem Aufsatze enthaltenen Grundsätze, durch eine leichte stilistische Änderung wenigstens die verletzendste persönliche Spitze gegen seinen damaligen Gegner herausgeschliffen hat. – Endlich hat sich in den letzten sechs Jahren so manches ereignet, was in sachlicher Beziehung eine fruchtbare Diskussion der Methodenfrage erleichtert. Nichts ist nämlich undankbarer, als über Methoden in abstracto zu streiten. Es ist ungemein schwer, sich von einer Methode ein richtiges Bild und weiter über sie ein richtiges Urteil zu verschaffen, wenn man sie nur in abstracto schildern hört, ohne sie am Werke zu sehen. Hierunter hat, wie ich glaube, die sogenannte »exakte« Methode vor sechs Jahren sehr gelitten. Man hatte sie nicht oder kaum noch arbeiten gesehen, und da hatte man die Freiheit, sich von ihr ein beliebiges Phantasiebild zu entwerfen, das man dann oft grau in grau zu malen liebte. Heute ist es anders. Heute liegt eine ganze Reihe nach jener Methode geschaffener Arbeiten vor. Wer nun will, kann jetzt an konkreten Beispielen sehen, wie sie vorgeht, was sich mit ihr erreichen läßt, was nicht; kurz: wenn es wahr ist, daß Probieren über Studieren geht – und für Fragen der Methode scheint mir dieser Satz in ganz ausnehmendem Maße zu gelten – so sind wir zu einer unparteiischen Würdigung der konkurrierenden Forschungsmethoden heute ungleich besser vorbereitet als letzthin.

Historische und theoretische Nationalökonomie 103

Als Freund einer klaren Sachlage will ich frischweg das Bekenntnis vorausschicken, daß ich ein Verteidiger der von Schmoller angegriffenen, von Menger sogenannten »exakten« Methode bin.[1] Und damit über die Tragweite dieses Bekenntnisses keine Mißverständnisse entstehen – die ich nach gewissen seltsamen Vorkommnissen der jüngeren und jüngsten Zeit allerdings zu besorgen Ursache habe – so will ich weiter durch einige ausdrückliche Erklärungen gegen jeden Zweifel sicherstellen, was eigentlich in der Methodenfrage im Streite liegt und was ich zu vertreten gedenke. Ich erkläre also ausdrücklich: Es ist meinerseits absolut keine Rede davon, die volle Berechtigung der historisch-statistischen Methode für weite und wichtige Gebiete der nationalökonomischen Forschung in Zweifel zu ziehen; es ist noch weniger die Rede davon, überhaupt den ungeheuren Nutzen zu leugnen oder zu verkleinern, den die historischen und statistischen Studien der Wirtschaftswissenschaft gebracht haben und bringen; und es ist endlich am allerwenigsten davon die Rede – was durch ein seltsames Mißverständnis schon öfters und erst ganz unlängst wieder den Vertretern der abstrakten Richtung imputiert worden ist – sich gegen sozialpolitische Reformen abwehrend oder auch nur teilnahmslos zu verhalten. Gerade unlängst wieder mußten wir von Brentano den Vorwurf hören, die »abstrakte« Schule lege den Gedanken nahe, als ob mit der Widerlegung gewisser sozialistischer Irrlehren »auch die Vollkommenheit der heutigen Wirtschaftsorganisation dargetan sei«; es entstehe durch ihr Benehmen die Vorstellung, »in der ökonomischen Welt sei alles in Ordnung, es gebe keine außer der selbstverschuldeten Not«; und »unbegreiflich« erscheinen ihm die Anhänger jener Schule, »die da glauben, durch neue Formulierungen altbekannter Wahrheiten, durch veränderte Zinsdefinitionen oder durch den Hinweis, daß Differenzen im Ertrage der Grundstücke und damit Grundrente auch im sozialistischen Staate sich finden würden, diese Gefahren beschwören zu können«[2]. Es gibt in dieser Sache in der Tat etwas Unbegreifliches; aber dieses

Unbegreifliche ist, wie Brentano auf die Idee kommen konnte, mir und meinen wissenschaftlichen Freunden Ansichten zu imputieren, die wir nicht allein nie und nirgends geäußert haben, sondern die im Gegenteil unseren wissenschaftlichen Überzeugungen diametral entgegengesetzt sind. Es sollte eigentlich ganz überflüssig sein, sich gegen die Zumutung solcher vorsündflutlicher Meinungen zu wehren; nachdem aber ein Nationalökonom vom Range Brentanos es nicht verschmäht hat, uns solche Dinge nachzusagen, darf auch ich es nicht verschmähen, einmal ausdrücklich zu widersprechen. Ich erkläre also ein für allemal, daß mir für meine Person – und ich bin sicher, in diesem Stück auch von meinen Kollegen in der »abstrakten« Richtung nicht verleugnet zu werden – solche Meinungen vollständig fremd, ja zuwider sind. Es fällt mir absolut nicht ein, das Dasein vieler beklagenswerter und reformbedürftiger Zustände in der heutigen Gesellschaft zu verkennen; ich halte ihnen gegenüber ein gleichgültiges laisser-faire laisser-passer für vollkommen übel angebracht; ich sympathisiere auf das wärmste mit wirksamen Reformbestrebungen zugunsten der wirtschaftlich schwachen und bedrängten Klassen und suche sie in meinem Kreise nach Kräften zu befördern: freilich habe ich noch kein Buch darüber geschrieben; aber kann das ein Grund sein, mir das gerade Gegenteil von dem zu imputieren, was ich glaube und als akademischer Lehrer stets auch lehrte?

Wenn wir also alle Mißverständnisse beiseite lassen, so läßt sich der status controversiae auf folgenden einfachsten Ausdruck zurückführen: die Streitfrage lautet nicht, ob die historische *oder* die exakte Methode die richtige ist, sondern lediglich, ob *neben* der unzweifelhaft berechtigten historischen *auch* die »isolierende« als andere Hauptmethode der nationalökonomischen Forschung anzuerkennen ist. Viele – darunter ich – behaupten dies, viele andere – die meisten Anhänger der historischen Richtung – verneinen es. Denn einer vollständigen Verneinung kommt es ja praktisch doch gleich, wenn z.B.

Schmoller das, was nach dieser Methode geleistet werden kann, in ein kümmerliches »Eckchen des großen Gebäudes unserer Wissenschaft« verweist (S. 293), oder wenn er mit Emphase betont, es werde für die Nationalökonomie eine neue Epoche kommen, »aber *nur* durch Verwendung des ganzen historisch-deskriptiven Materials, das jetzt geschaffen wird, *nicht* durch weitere Destillation der hundertmal destillierten abstrakten Sätze des alten Dogmatismus« (S. 279).[3]

Ich will nun im folgenden versuchen, zugunsten dieser von der historischen Richtung verweigerten Gleichberechtigung beider Methoden einige Erfahrungen und Eindrücke aufzuzeichnen, die sich mir im Laufe der Jahre aufgedrängt haben, und die mir im bisherigen Verlauf des Methodenstreites noch nicht kräftig genug berührt worden zu sein scheinen. Wenn die eine oder die andere meiner schlichten Bemerkungen einen polemischen Charakter annehmen sollte, so geschieht dies eigentlich ganz wider meinen Willen. Meine Absicht ist vielmehr, den Streit zu versöhnen als ihn weiter zu verschärfen. Gewisse Dinge mußten indes ausgesprochen werden, wenn nicht geflissentlich auf eine vollständige Klarlegung des Tatbestandes verzichtet werden sollte. Jedenfalls bitte ich auch die Andersdenkenden, überzeugt zu sein, daß ich sehr wohl die persönliche von der sachlichen Seite zu trennen weiß, und daß ich trotz der unvermeidlichen sachlichen Opposition, in die ich gegen einige Behauptungen der Führer der historischen Richtung zu treten gezwungen war, auf das bereitwilligste fortfahre, ihren bedeutenden wirklichen Verdiensten um unsere Wissenschaft alle Hochachtung zu zollen.

Bekanntlich steht die Deduktion, die ja überhaupt einen der beiden Wege darstellt, auf denen es dem menschlichen Geiste beschieden ist, seine Erkenntnisse zu erweitern, in fast allen Wissenschaften, auch in ausgesprochenen Erfahrungswissenschaften, wie die Physik oder Astronomie es ist, in erfolgreicher Anwendung. Wenn dieselbe daher gerade aus der Nationalökonomie ganz oder fast ganz verbannt werden soll, so müßten jedenfalls besondere positive Gründe nachgewiesen werden können, warum wir gerade hier einer sonst erprobten Methode mißtrauen sollen.

Wenn wir nun die Gründe überblicken, auf die sich die Abneigung der Historiker gegen den Gebrauch der »abstraktdeduktiven« Methode stützt (ich gebrauche diesen Namen, weil er als Name üblich ist, und ohne damit mein volles Einverständnis mit demselben erklären zu wollen), so treffen wir auf zwei Hauptargumente. Einerseits suchen sie aus der eigentümlich komplizierten Natur der volkswirtschaftlichen Erscheinungen zu *deduzieren*, daß zu ihrer Forschung jene Methode nicht adäquat sei: auf dieses Gebiet will ich ihnen heute nicht folgen, da ja über dasselbe nur schon allzu viel hin und her deduziert worden ist. Nur ganz im Vorbeigehen will ich ein Kuriosum anmerken: sonst wird die abstrakte Deduktion von den Historikern scheel angesehen; wenn es aber gilt, zu beweisen, daß man in der Nationalökonomie *nicht* abstrakt deduzieren dürfe, dann wissen sie sich der abstrakten Deduktion selbst ganz tapfer zu bedienen. – Anderseits und hauptsächlich aber bekämpfen sie die abstrakt-deduktive Methode durch ein aus der Erfahrung geschöpftes Argument: die klassische Nationalökonomie hat abstrakt-deduktiv operiert; sie hat dabei geirrt; und folglich, schließen sie, hat sich jene Methode als eine trügerische und für die nationalökonomische Forschung nicht geeignet erwiesen.

An dieser heutzutage so beliebten Argumentation darf der Unbefangene wohl eines sehr auffällig finden: das ist die außerordentliche Genügsamkeit in bezug auf die Anforderungen, die hier an die Strenge eines Erfahrungsbeweises gestellt werden. Sonst dürfte man kaum wohl wagen, irgendeinen allgemeinen Satz als aus der Erfahrung bewiesen anzusehen, wenn sich seine Richtigkeit nicht in einer ganzen Reihe von möglichst verschiedenen Einzelfällen übereinstimmend erprobt hat; und hier stützt man den angeblichen Erfahrungssatz, daß die abstrakte Deduktion nicht zum Ziele führe, auf den einzigen

Fall der klassischen Nationalökonomie! Und was ist das noch dazu für ein Fall? Es ist der Fall einer eben erst beginnenden, jugendlichen Wissenschaft. Wann ist nun jemals, frage ich, in irgend einer Wissenschaft schon auf den ersten Wurf die volle Wahrheit gefunden worden? Hat nicht jede, und auch die strengste Erfahrungswissenschaft, hat nicht die Astronomie, die Physik, die Geschichte Jahrtausende lang von einem Irrtum in den anderen geschwankt und dabei nur spärliche Körnchen Wahrheit, eines um das andere, aus jeder Irrtumsphase herausgefischt und langsam, langsam zu einem emporwachsenden Wahrheitsbau zusammengetragen? Und was keiner anderen Methode je gelungen ist, das hätte die abstrakt-deduktive Methode in der Nationalökonomie leisten sollen? Gediegene Körner der Wahrheit hat ja auch sie gefunden, und zwar, wie auch die Gegner anerkennen, gewiß nicht wenige. Aber daß sie im ersten Anlauf nur die Wahrheit und die volle Wahrheit hätte finden sollen, das wäre geradezu ein Wunder gewesen; und weil sie dieses Wunder nicht gewirkt hat, soll sie für jetzt und immer alles Zutrauen verwirkt haben?

Die Raschheit dieses Urteiles ist nicht der einzige befremdliche Zug, der uns in der Auffassung der klassischen durch die historische Nationalökonomie entgegentritt. Es gesellt sich ihm ein eigentümlicher Widerspruch in der Wertschätzung der Klassiker hinzu, eine seltsam kontrastierende Verbindung von Unterschätzung und Überschätzung ihres Könnens. Auf der einen Seite wird nämlich die klassische Lehre ziemlich kurz und trocken als ein Gemenge von verhängnisvollen Irrlehren bezeichnet und verworfen; auf der anderen Seite aber wird denselben Männern, deren Leistungen so herb getadelt werden, eine geradezu übermenschliche Anerkennung gespendet. Es wird nämlich vorausgesetzt, daß sie alles, was sich auf ihre Weise überhaupt an Erkenntnissen gewinnen ließ, dem ihnen zugänglichen Stoffe bereits auf das vollkommenste abgewonnen hätten, so daß »ein weiteres Destillieren der hundertmal destillierten abstrakten Sätze des alten Dogmatismus« absolut keine Aussicht auf eine weitere Ausbeute mehr biete. Sie werden so gleichsam in einem Atem als höchst fehlbare und als fast unfehlbare Leute hingestellt: höchst fehlbar in der Wahl der Methode, fast unfehlbar in der Durchführung des einmal gewählten Forschungsweges.

Ich glaube, daß mit einer solchen Auffassung die wissenschaftliche Sachlage doch gründlich verkannt wird. Die klassischen Nationalökonomen haben wahrscheinlich nach einer Seite mehr geleistet, als die Historiker zugestehen wollen – darüber will ich heute nicht weiter rechten; ganz gewiß aber haben sie nach einer anderen Seite sehr viel weniger geleistet. Sie haben entfernt nicht alles, was auf ihre Weise überhaupt zu gewinnen war, aus den ihnen geläufigen Tatsachen und Hypothesen herausdestilliert, sondern ganz im Gegenteil: sie haben herzlich mangelhaft destilliert und in zahllosen Fragen den besten Kern aus ihren Prämissen nicht herauszulösen verstanden. Die Theorie wimmelt von solchen sachlich – nicht oder nicht nur methodisch – vergriffenen Lehren der Klassiker. Ich will ein Beispiel statt vieler vorführen und wähle dazu das populärste und wohl auch wichtigste, die Lehre vom *Wert*. Die Lebenserfahrungen, aus denen die allgemeine Theorie des Wertes abzuleiten ist, waren den klassischen Nationalökonomen ziemlich ebenso vollständig bekannt als uns. Was machten nun jene aus diesem Material? Ein Teil von ihnen erklärte als das schöpferische Prinzip und als den Maßstab des Güterwertes die menschliche Arbeit, ein anderer, etwas allgemeiner, die Produktionskosten. Beide Erklärungen sind, wie man heute weiß, falsch. Aber – und darauf kommt es mir hier wesentlich an – sie werden Lügen gestraft nicht etwa durch irgendwelche neue oder überraschende Tatsachen, deren Aufdeckung erst der vorgeschrittenen empirischen Forschung unserer Tage beschieden gewesen wäre, sondern durch die alltäglichsten Erfahrungen von der Welt, die den klassischen Nationalökonomen ganz ebenso geläufig sein mußten und geläufig waren, als sie uns sind. Nicht ihre empirischen

Historische und theoretische Nationalökonomie 109

Kenntnisse also waren in diesem Falle unzureichend, sondern sie haben einfach – hier und unzählige Male sonst – falsch »destilliert«.

Wenn es sich bei diesen Bemerkungen nur darum handeln würde, das ohnedies ziemlich platonische nachträgliche Urteil darüber zu berichtigen, welcher Grad persönlicher Wertschätzung den klassischen Heroen zuzuerkennen sei, so wäre es kaum der Mühe wert gewesen, sie hier überhaupt vorzubringen. Ich glaube aber, daß die Bedeutung derselben viel tiefer geht. Ich glaube geradezu, daß hier der Schlüssel liegt, der uns einerseits das Verständnis der methodischen Haltung der historischen Schule, anderseits aber auch das Verständnis der großen damit begangenen Irrung eröffnet. Hätten nämlich die Klassiker das, was sich auf ihre Weise tun ließ, wirklich schon vollkommen geleistet, dann hätten die Historiker in der Tat ganz recht, wenn sie behaupten, daß ein weiterer Fortschritt nur durch einen Wechsel der Methode sich erreichen lasse. Ihnen stellt sich der heutige Zustand unserer Wissenschaft beiläufig unter dem Bilde eines Bergwerkes dar, aus dem man seinerzeit eine gewisse Menge Erz herausgeschafft, dieses letztere aber schon vollständig ausgebeutet hat: will man hier neues Metall gewinnen, dann darf man natürlich die tauben Schlacken nicht noch einmal durchläutern wollen, sondern es hilft nichts, als neues Roherz gewinnen; um mit Schmoller zu reden: nicht das hundertmal Destillierte zum hundert und ersten Male destillieren, sondern neues empirisches Material aus dem Schacht der historischen und statistischen Erfahrung zusammentragen.

So steht aber nach dem Gesagten die Sache in unserer Wissenschaft nicht. Sie ist richtiger unter folgendem Bilde vorzustellen. Aus der gemeinen Lebenserfahrung, aus der Geschichte und der Statistik ist schon vor unseren Tagen ein ungeheurer Schatz von empirischem Rohmaterial auf die Aufbereitungsstätten der Wissenschaft geliefert worden. Die klassische Nationalökonomie, die trotz des voreilig erteilten Namens der »klassischen«, eine beginnende, unreife Wissenschaft war, hat mit ihrer genialen, aber primitiven und ungeschulten Kunst so manches Goldkorn daraus gewonnen, aber den größten Teil des Feingehaltes vermochte sie nicht auszubringen. Was sollen nun wir Späteren tun? Das ist sowohl für das Gleichnis als für die ernste Lebenspraxis sehr einfach zu beantworten. Wir haben augenscheinlich ein Doppeltes zu tun: wir haben durch ein verbessertes, sorgfältigeres Verfahren, durch eine strengere »Destillation« die zahllosen im alten Erze noch enthaltenen Goldkörner der Erkenntnis herauszuläutern; und wir haben, neben dieser Tätigkeit fortlaufend, aus den Schachten des Lebens immerfort neues empirisches Rohmaterial für künftiges Läuterungswerk herbeizuschaffen, je reichlicher, desto besser. Was will aber die historische Schule? Sie will zunächst eine Ära überwiegender Materialiensammlung eröffnen. Sie will, daß wir zu dem ungeheuren Berge rohen Erzes, der schon von früher her unverarbeitet daliegt, vor allem erst einen zweiten, womöglich noch viel größeren Berg hinzugewinnen, ehe wir überhaupt wieder zu destillieren beginnen.[4]

Das könnte, wie dargelegt, unter gewissen *anderen* Umständen ganz richtig sein: unter den tatsächlich gegebenen Voraussetzungen scheint es mir aber herzlich unzweckmäßig. Aus mehr als einem Grunde. Erstlich soll man, in der Wissenschaft so gut wie im Leben, nicht auf morgen verschieben, was sich schon heute tun läßt. Zweitens hilft jeder, wenn auch nur dämmernde Lichtstrahl, den die Theorie schon aus den alten Tatsachen zu gewinnen weiß, das Finden der neuen zu erleichtern. Das empirische Forschen, und selbst die niedrigste Stufe desselben, das Zusammentragen und Aufzeichnen der Tatsachen ist ja doch weit davon entfernt, eine mechanische Handlangerarbeit zu sein, die man auch mit geschlossenen Augen tastend verrichten könnte. Sondern wer erfolgreich auch nur Tatsachen sammeln will, der muß ein Sehender sein, der sich bewußt ist, was er finden will, wo er es und wie er es finden kann. Bewußt auf ein zeitliches Vorarbeiten einer destillie-

Historische und theoretische Nationalökonomie

renden Theorie verzichten, heißt bewußt vorziehen, die empirische Sammelarbeit im Dunkeln statt im Dämmerlicht, oder im Dämmerlicht statt im vollen Lichte zu verrichten! – Und endlich drittens kann ich die ernstesten Zweifel nicht unterdrücken ob die historische Schule den theoretischen Wechsel, den sie uns heute auf die Zukunft ausstellt, dann, wenn diese Zukunft Gegenwart geworden sein wird, wird einlösen können oder wollen. Sie verspricht uns, künftig einmal einen theoretischen Bau zu errichten, wenn nur erst das von ihr notwendig erachtete breitere empirische Fundament geschaffen sein wird. Das wäre ganz schön, wenn es nur gewiß wäre, daß die historische Schule wirklich durch nichts anderes daran verhindert wird, den theoretischen Neubau schon heute aufzurichten, als durch den Mangel an empirischen »Bausteinen«. Es gibt viele Leute, die der Ansicht sind, daß an der theoretischen Sterilität, die heute notorisch in den Schriften der historischen Richtung sich bemerkbar macht, ein ganz anderer Umstand die Schuld trägt, daß es nicht an der *Masse des Baustoffes*, sondern an der *Art seiner Behandlung* durch die Historiker fehlt. Geradezu gesagt: daß, um die allgemeine Theorie aus dem empirischen Material zu ziehen, eben doch jenes Maß von Abstraktion und jener Gebrauch der Deduktion unerläßlich ist, den die Historiker prinzipiell verwerfen. Zugunsten dieser Ansicht ließe sich gar manches sagen, worauf ich, um nicht zu weitläufig zu werden, hier nicht weiter eingehen will; ich werde ohnedies noch weiter unten in einem anderen Zusammenhang einige Bemerkungen vorzutragen haben, die dieser Ansicht eine gewisse Stütze bieten können. Gesetzt nun, diese Ansicht wäre die richtige – und sie ist durch die bisherigen Erfahrungen zum allermindesten nicht ausgeschlossen: was dann? Dann werden natürlich die Historiker, so lange sie überhaupt der Art nach dasselbe zu treiben fortfahren, was sie heute tun, auch nach zwanzig oder fünfzig Jahren empirischer Sammelarbeit zu einer allgemeinen Theorie nicht kommen. Sie werden sich ihr theoretisches Versprechen von Jahrzehnt zu Jahrzehnt prolongieren lassen müssen, so lange bis man endlich, des fruchtlosen Wartens müde, die Erfüllung auf anderen Wegen suchen wird; dann aber werden kostbare Jahre und Jahrzehnte für den Fortschritt der deutschen Nationalökonomie unwiederbringlich verloren sein! Es liegt mir vollständig ferne, durch diese Bemerkungen überhaupt eine Geringschätzung gegen die empirische Forschung auszudrücken. Um jedes Mißverständnis auszuschließen, will ich meine Meinung nach einer gewissen Seite hin noch genauer präzisieren. Auch nach meiner Meinung nämlich kann nicht der mindeste Zweifel darüber bestehen, daß die Bereicherung des empirischen Materials der Entwicklung der Wissenschaft überhaupt Vorteil bringt. Eine Meinungsverschiedenheit kann nur über den *verhältnismäßigen Grad* bestehen, in welchem unter *den ganz konkreten Umständen, in denen sich im Moment unsere Wissenschaft befindet*, einerseits die Zuleitung neuen empirischen Materials, anderseits die »abstrakt-deduktive« Verarbeitung des alten die Entwicklung befördern kann. Über diese Frage nun, die nicht so sehr eine Prinzipienfrage als eine quaestio facti ist, scheint mir die historische Richtung zu irren, mißleitet durch ihre oben besprochene Verkennung des tatsächlichen Zustandes unserer Wissenschaft. Sie überschätzt erheblich den Anteil der Empirie. Indem sie nämlich von der optimistischen Vorraussetzung ausgeht, daß die »Destillation« das derzeit Mögliche schon geleistet hat, und daß dem ferneren Fortschritt unserer Wissenschaft hauptsächlich nur der mangelhafte Zustand unseres »deskriptiven Erfahrungsmaterials« im Wege steht, kann sie natürlich von der abermaligen Destillation des Alten nichts, und muß von der Bereicherung des empirischen Materials alles erwarten: die Bereicherung der Empirie gilt ihr nicht bloß unbedingt als wertvoll, sondern unter den jetzigen Umständen unserer Wissenschaft geradezu als der einzige Weg, der zum Ziele führt.

Diese Auffassung scheint mir den tatsächlichen Verhältnissen nicht zu entsprechen. Mir scheint die Sache vielmehr folgendermaßen zu liegen. Die Probleme der Nationalökonomie scheiden sich aus dem Gesichtspunkt der Forschungstechnik in zwei Klassen. Der einen Klasse sind die Ansichten der historischen Schule in der Tat vollkommen auf den Leib geschnitten. Auch ich würde gewiß nicht anders als nach der historisch-statistischen Methode arbeiten, wenn ich z.b. die Frage nach dem Einfluß des Detailhandels auf die Preise, oder nach den volkswirtschaftlichen Wirkungen der Zersplitterung des Grundbesitzes zu untersuchen hätte. Ganz ohne Deduktion würde es freilich auch hier nicht abgehen können, wie sich denn auch viele der tüchtigsten in diese Richtung einschlagenden Arbeiten, Arbeiten z.B. wie die von Nasse, Conrad, Miaskowski, Schanz, Schönberg u.a., sich gerade durch die meisterhafte Verbindung von scharfsinniger Deduktion mit solider Empirie auszeichnen. Jedenfalls gilt aber für diese Klasse von Problemen der Satz, daß, wenn man sie fördern will, man vor allem damit beginnen muß, die Tatsachenerkenntnis zu bereichern: jeder Zuwachs des empirischen Materials, der *hier* erfolgt, ist in der Tat wertvoll und fruchtbar. – Ohne eine auf Genauigkeit Anspruch machende Abgrenzung geben zu wollen, möchte ich bemerken, daß in diese Klasse die meisten *praktischen* oder *sozialpolitischen* Probleme, und aus den theoretischen überwiegend die *Detailfragen* gehören.

Anders steht es aber bei einer zweiten Klasse von Problemen. Für sie hat die Erfahrung alles, was sie überhaupt leisten kann, schon oder fast schon geleistet. Sie hat uns gewisse grobe äußerliche Zusammenhänge tausendmal oder millionenmal vorgeführt, und eine weitere Fortsetzung der empirischen Forschung würde nur den Erfolg haben, daß uns *dieselben* sattsam bekannten äußerlichen Zusammenhänge vielleicht zehntausend- oder zehnmillionenmal vorgeführt würden. Die Schwierigkeit und zugleich die wissenschaftliche Aufgabe liegt hier nicht darin, die empirischen Tatsachen zu erlangen, sondern die längst erlangten zu begreifen, zu deuten, richtig auszulegen. Ein paar Beispiele werden die Sache rascher klar machen, als eine allgemeine Auseinandersetzung dies tun könnte. Menschliche Werturteile über wirtschaftliche Güter z.B. sind millionenmal beobachtet worden. Die Wissenschaft hat nun die Frage zu lösen, was denn das letzte Prinzip und der Maßstab unserer Güterschätzungen sei: ob die aufgewendete Arbeit, oder die Produktionskosten, oder die Größe eines geleisteten »Dienstes«, oder der erwartete »Grenznutzen« usf. Ich glaube nun nicht, daß irgend jemand erwarten wird, daß wir der Lösung jener Frage dadurch im mindesten näher kommen, daß wir eine zweite oder dritte oder zehnte Million von Werturteilen aufzeichnen; daß wir alle Arsenale der Geschichte und Statistik leeren, um allenfalls auch noch zu erfahren, wie die Bürger von Elberfeld im 15. Jahrhundert das Fleisch oder Getreide geschätzt haben, oder wie heute die Baumwolle in England, in Schweden, in der Türkei und in Ostindien geschätzt wird (wobei ich durchaus nicht in Abrede stellen will, daß für gewisse *Detailfragen* der Werttheorie diese Kenntnisse immerhin ihren Wert haben). Sondern alle Elemente, aus denen die Lösung zu gewinnen ist, sind in der ersten Million, vielleicht selbst im ersten Tausend der beobachteten Fälle schon ganz ebenso enthalten wie in allen späteren. Die Kunst ist nur, sie herauszulösen, und dazu kann nicht Verbreitung, sondern nur Vertiefung helfen. – Oder, ein gewisser empirischer Zusammenhang zwischen Kosten und Marktpreis ist längst außer Zweifel gestellt. Die Wissenschaft hat nun unter anderem die Frage zu lösen, auf welcher Seite die Ursache und auf welcher die Wirkung zu erblicken ist; ob ein hoher Wert der Kostengüter die Ursache eines hohen Produktenpreises, oder aber seine Wirkung ist? Hier hilft die Häufung des empirischen Materials wiederum nicht. Eine Menge der beobachteten Fälle legt den ersten Gedanken nahe, z.B. wenn nach einer Preissteigerung des Hopfens der Bierpreis steigt. Andere Fälle legen den zweiten Gedanken nahe, z.B. wenn nach einer Preissteigerung der Ziegel die Ziegelöfen im Preise steigen. Und in jedem Tausend und in jeder Million von Beobachtungsfällen werden sich die Fälle beider Art beiläufig im gleichen Verhältnis mischen, so daß man aus dem zehnten Tausend nicht klüger wird, als man schon aus dem ersten hätte werden können. Hier kann abermals nicht eine noch breitere Anhäufung des empirischen Stoffes, sondern nur eine tiefere geistige Durchdringung desselben helfen. Und wieder nicht anders steht es bei einer ganzen Reihe theoretischer Probleme, z.B. bei der Frage nach dem wahren Wesen des Einflusses von Angebot und Nachfrage auf den Preis; nach dem wahren Wesen der Funktion des Kapitals in der Produktion; nach dem Ursprung des Kapitalzinses, nach dem Zusammenhang zwischen Ersparung und Kapitalbildung usf. Im großen und ganzen gehören überhaupt, wie mir scheint, die *allgemeinsten* und *fundamentalsten* Fragen der Theorie in diese Klasse von Problemen.

Hieraus leitet sich aber, wie ich glaube, eine doppelte Folgerung ab; erstens, daß durchaus nicht auf der ganzen Linie der nationalökonomischen Forschung gleichmäßig alles Heil von der weiteren Häufung empirischen Materials zu erwarten ist, daß vielmehr in wichtigen Bezirken der Forschung eine solche Häufung unnütz und zwecklos, und ein Fortschritt nur durch eine erfolgreichere Destillation der schon bekannten Tatsachen zu gewärtigen ist; und zweitens, daß in allen diesen letzteren Bezirken jedes Zuwarten und jedes Vertrösten auf die Zukunft verfehlt ist. Was hier überhaupt geschehen kann, kann heute ebenso gut und besser geschehen, als nach zwanzig weiteren Jahren empirischen Sammelfleißes. Diese würden uns nichts einbringen als einen Haufen überflüssigen Materials und eine Enttäuschung; und wir müßten dann doch mit dem beginnen, was ich und meine wissenschaftlichen Freunde heute schon tun und die Historiker uns heute noch verwehren wollen: mit der geistigen Ausbeutung der Erfahrungsschätze auf allen Wegen, die unsere Geistesanlage uns überhaupt gestattet, auch auf dem Wege von abstrakt-deduktiven Destillationen!

Wenn es lehrreich ist, zu hören, was jemand über eine Frage praktischen Benehmens *sagt*, so ist es gewiß noch viel lehrreicher, zu sehen, wie er in ebenderselben Frage tatsächlich *han-*

delt. In dieser Beziehung gibt das Benehmen der Anhänger der historischen Richtung Stoff zu einer sehr merkwürdigen Beobachtung. Es läßt sich nämlich beobachten, daß in jenen Fragen, die nach dem von mir oben Gesagten ihrer forschungstechnischen Natur nach eine abstrakt-deduktive Behandlung erfordern, *die Historiker selbst sich eben dieser abstrakten Deduktion, die sie mit Worten verleugnen, tatsächlich jederzeit bedient haben und noch bedienen.* Für die ältere Generation der Historiker ist dies ungemein leicht nachzuweisen, ja eigentlich notorisch. Die älteren Historiker haben eben streng theoretische Probleme überhaupt noch bearbeitet oder wenigstens besprochen, und wo sie dies taten, fühlten sie sich durch die Natur der Sache auf die jenen Problemen angemessene Methode gedrängt. Jedermann weiß, daß Roscher seine berühmten »Grundlagen der Nationalökonomie« zum guten Teile mit den verpönten Lehren der klassischen Nationalökonomie gefüllt hat; Knies' hochgeschätzte Arbeiten über den »Wert« und über »Geld und Kredit« sind ganz überwiegend abstrakt-deduktiv gehalten[5], und auch Hildebrand schlägt dieselben Bahnen ein, wo immer ihn gelegentliche Exkurse auf ein ähnliches Thema, z.B. auf das des Wertes, oder auf die Erklärung der Erscheinung führen, daß nützliche Dinge oft einen geringen, und daneben ziemlich unnütze Dinge einen hohen Wert besitzen.

Weniger auffällig tritt uns auf den ersten Blick derselbe Zug bei der jüngeren Generation der Historiker entgegen. Heutzutage vermeidet man eben in ihren Kreisen beinahe ganz, theoretische Probleme allgemeinerer Natur zu behandeln, und wenn man – ich beabsichtige nicht im mindesten irgendeine geringschätzige Nebenbedeutung in meine Worte zu legen – die Entwicklungsgeschichte dieser oder jener städtischen Zunft, oder die Getreidepreise an einem bestimmten Orte, oder die Bevölkerungszahl einzelner mittelalterlicher Städte u.dgl. bearbeitet, so bietet sich allerdings herzlich wenig Anlaß zu einer Vertiefung in allgemeine theoretische Probleme. Aber ganz kann man die Berührung mit letzteren doch nicht vermeiden. Es ist absolut nicht möglich, über wirtschaftliche Dinge zu referieren, und natürlich noch weniger, über sie zu räsonnieren, ohne gelegentlich sich auf irgendwelche allgemeine Begriffe oder Lehrsätze der Theorie zu berufen. Wer z.B. gelegentlich zur Erklärung der gestiegenen Fleischpreise sich auf die gestiegenen Produktionskosten des Viehes beruft, erkennt indirekt den Satz an, daß zwischen dem Preis der Güter und ihren Produktionskosten – gleichviel mit wie vielen einschränkenden Klauseln – ein Kausalzusammenhang besteht; oder wer gelegentlich das Sinken des Zinsfußes in der Redeform bespricht, daß der »Preis der Kapitalnutzungen« billiger geworden sei, bekennt sich implicite als ein Anhänger der Ansicht, daß es eine reale selbständige Nutzung auch an verbrauchlichen und vertretbaren Gütern gebe und daß die Existenz des Kapitalzinses eben aus der Existenz jenes selbständig zu honorierenden Elementes »Nutzung« zu erklären sei. In dieser Weise entschlüpfen nun auch den Historikern der jüngeren Generation unscheinbare, verhüllte, aber vielleicht gerade wegen ihrer Unabsichtlichkeit nur desto bezeichnendere theoretische Kundgebungen.

Das Lehrreiche daran aber ist, *daß der Inhalt dieser Kundgebungen fast ganz der abstrakt-deduktiven älteren Lehre entlehnt ist.* »Naturam expellas furca, tamen usque redibit.«[6] Die Historiker haben gut die abstrakte Deduktion verwerfen; aber man kann auch im historischen Stile über Wirtschaftsdinge nicht drei Seiten schreiben ohne allgemeine Theorie; und man kann eine allgemeine Theorie absolut nicht erlangen ohne eine tüchtige Dosis abstrakter Deduktion. Denn die Tatsachen sind nicht so gefällig, sich von selbst Glied für Glied in einem übersichtlich geordneten Stufenbau, der von den speziellsten bis zu den letzten allgemeinsten Tatsachen hinaufleiten würde, dem Blicke des Forschers zu präsentieren. Sondern wenn auch freilich jener geordnete Stufenbau in der Wirklichkeit stets vorhanden ist, so ist er selten oder nie in seiner Vollständigkeit unmittelbar sichtbar. Einzelne Zwischenglieder, einzelne Stufen sind uns fast immer vorerst verborgen und ihre Existenz muß erst durch deduktive Operationen erschlossen werden, deren Ergebnis dann durch Verifikation an der Erfahrung sichergestellt werden mag. Wiederum ein Beispiel statt vieler. Wenn man nur die Tatsachen, die äußerlich wahrnehmbar sind, für sich sprechen läßt, so wird man niemals erfahren, ob der Wert der Kostengüter die Ursache oder die Wirkung des Wertes ihrer Produkte ist. Man sieht leicht, daß ein Zusammenhang zwischen ihnen besteht; aber durch die Komplikation der Verhältnisse ist der ganze Aufbau für unser Auge so verdrückt und verschoben, daß man nicht ohne weiteres erkennen kann, welche der beiden Tatsachen die niedrigere und welche die höhere Stufe des kausalen Baues einnimmt. Was hier das körperliche Auge nicht sieht, muß erst das geistige Auge durch eine Reihe verwickelter abstrakter Schlüsse rekonstruieren. Dies hat bekanntlich die Theorie des »Grenznutzens«, und erst sie, in einer Weise getan, daß die innere Ordnung der Gedanken hier wirklich vollständig hergestellt und zugleich die Probe der Erfahrung vollständig bestanden ist.

Wie verhalten sich nun die Historiker[7] in diesen und ähnlichen Fragen? Sie müssen, wie schon angedeutet, über sie überhaupt eine Ansicht haben; eine solche läßt sich nicht anders gewinnen als als Ergebnis von abstrakt-deduktiven Operationen; solche selbst vorzunehmen, verweigern die Historiker aus prinzipiellen Gründen: also bleibt ihnen nichts anderes übrig, als bewußt oder unbewußt sich das anzueignen, was andere vor ihnen über jene Fragen abstrakt deduziert haben, mit anderen Worten, sich die Lehren der alten klassischen Nationalökonomie anzueignen. Durch das Haupttor haben sie diese aus der Wissenschaft hinausgewiesen, durch Hinterpförtchen schlüpfen sie in die eigenen Werke der Historiker wieder ein. Wer darauf einmal aufmerksam ist, wird mit leichter Mühe imstande sein, aus den Schriften der letzteren eine stattliche Blumenlese von Aussprüchen zusammenzustellen, die nicht anders zu deuten sind, als ein – wahrscheinlich unfreiwilliges – Bekenntnis zu den offiziell verpönten klassischen Lehren.

Dieses Verfahren hat nun begreiflicherweise seine mißlichen Folgen. Das geringste, weil nur die Personen berührend, ist, daß die Historiker sich Inkonsequenz vorwerfen lassen müssen. Viel ernster aber ist ein sachlicher Nachteil. Indem nämlich die Historiker für die Gegenwart und Zukunft die abstrakte Deduktion, das »neuerliche Destillieren der hundertmal destillierten alten Sätze« verpönen, *bleiben sie an den letzteren in derjenigen mangelhaften Gestalt kleben, welche sie durch die ersten unvollkommenen Versuche der älteren Nationalökonomie erlangt haben.* Das Verleugnen hindert natürlich ein Verbessern. Wenn sie die neueren Fortschritte der Theorie des Wertes oder des Kapitals ablehnen, weil sie auf abstrakt-deduktivem Wege gewonnen seien, dabei aber doch nicht vermeiden können, selbst vom Wesen des Wertes, vom Einfluß der Kosten auf den Preis, von der Produktivität des Kapitals u.dgl. zu sprechen, so bleiben sie eben bei denjenigen widerspruchsvollen, halbverstandenen oder mißverstandenen Auffassungen stehen, welche die klassische Nationalökonomie über jene Themata zutage gefördert hat. Daß die Historiker diese Lehren gelegentlich selbst kritisieren, kann die Sache natürlich nicht besser machen: denn durch das Tadeln allein wird eine schlechte Lehre noch nicht besser, und wer einen von ihm selbst getadelten Satz anwendet, hat eben doch auch einen tadelnswerten Satz angewendet!

Es scheint mir in der Tat mit einer gewissen Variante vom Verhältnis der historischen Schule zur abstrakt-deduktiven Theorie dasselbe zu gelten, was bekanntlich für das Verhältnis der theorielosen und theorieverachtenden Routine zur Theorie überhaupt gilt. Der Routinier, der hochmütig die Theorie verwirft, verwirft damit in der Tat nur die neue, fortgeschrittene Theorie, hängt aber unbewußt in den Banden der veralteten Theorie, die mittlerweile ins praktische Leben, in die Urteile und Vorurteile des »Hausverstandes« hinübergesickert ist. Und die Historiker, die die abstrakte Deduktion überhaupt zu verwerfen vorgeben, verwerfen tatsächlich nur die verbesserte neue Forschung dieser Art, stehen aber dafür – je ahnungsloser, um desto fester – im Banne der schlechten alten Deduktionen.[8] Wenn eine methodische Richtung sich in ihren Werken treuer spiegelt als in ihren Worten, können wir für die unbefangene Klarstellung der Sache augenscheinlich nichts Besseres tun, als daß wir jenen Spiegel nun auch noch der anderen Partei vorhalten. Was tun und treiben denn in Wirklichkeit diejenigen Nationalökonomen, die man mit dem Namen der »abstraktdeduktiven Schule« zu bezeichnen liebt?

Unterstützt durch einige etwas verfänglich klingende Worte Mengers[9] – die von diesem freilich gewiß nicht in dem Sinne gemeint waren, der ihnen dann von den Gegnern unterlegt wurde, die aber zu einer solchen Unterstellung einen bequemen Anlaß boten –, hat sich in weiten Kreisen die Meinung festgestellt, als ob die sogenannte abstrakt-deduktive Richtung eine *unempirische* Richtung wäre, die von gewissen in der realen Welt nicht verwirklichten Hypothesen ausgehe, aus ihnen ihre abstrakten Folgerungen spinne und sich dabei um die empirische Wirklichkeit nicht kümmere.[10] Nichts kann irriger sein als diese Vorstellung. Die sogenannte abstrakt-deduktive Richtung, wie sie in der deutschen Literatur etwa durch C. Menger, Wieser, Sax, den Referenten selbst und andere vertreten wird, ist ihrem innersten Wesen nach gleichfalls *eine echt empirische Richtung*. Sie ist durchaus nicht ausschließlich oder bis ans Ende abstrakt-deduktiv – weshalb ich auch diesen Namen nur mit Reserve gelten lassen kann; es fällt ihr nicht ein, ihre Folgerungen an aprioristisch gewonnene Axiome anzuknüpfen, oder überhaupt sich auf Folgerungen, auf Deduktionen zu beschränken, sondern sie geht ganz ebenso, wie die Historiker es fordern, von der empirischen Beobachtung des wirklichen Lebens aus und sucht diesem empirischen Materiale allgemeine Sätze abzugewinnen. Nur findet sie es dabei zweckmäßig – aus forschungstechnischen Gründen, die ich oben schon berührt

Historische und theoretische Nationalökonomie

habe – den Kausalzusammenhang nicht bloß in der Richtung vom Besonderen zum Allgemeinen, sondern auch versuchsweise in der Richtung vom Allgemeinen zum Besonderen zu verfolgen. Sie gewinnt dadurch oft wichtige Glieder der Kausalkette, die in den komplizierten empirischen Tatsachen zwar natürlich gleichfalls enthalten, aber in einer so verwickelten Hülle enthalten sind, daß man sie auf rein induktivem Wege schwer oder nie hätte aufdecken können, während man sie, durch die vorbereitende Deduktion darauf aufmerksam gemacht, wo und wie man sie in der Tatsachenwelt zu suchen hat, hier viel leichter aufzufinden und zu verifizieren imstande ist – ähnlich wie in dem viel zitierten, aber dadurch nicht schlechter gewordenen Beispiel der Astronom Leverrier aus einer gewissen empirischen Prämisse, den Störungen der Bahn des Uranus, auf deduktivem Wege die Existenz, die Bewegung und die Bahn des Planeten Neptun erschloß und dann auf der vorausberechneten Bahn diesen Planeten in der Tat auffand.

Übrigens wollen wir ja nicht Worte machen, sondern auf Werke sehen. Ich verweise also auf ein praktisches Beispiel. Unter den von der abstrakt-deduktiven Richtung gewonnenen Lehren ist die bekannteste die Werttheorie vom »Grenznutzen«. Wie ist diese gewonnen worden? Aus einer in den Wolken schwebenden aprioristischen Spekulation? Gewiß nicht! Sondern man beobachtete einfach, wie die Menschen im praktischen Leben sich den Gütern gegenüber benehmen. Und da fand man, daß die Menschen die Güter eben nicht, wie die Theorie des abstrakten Gattungswertes lehrte, nach der der ganzen Gattung anhaftenden Nützlichkeit, auch nicht, wie die Arbeitstheorie lehrte, nach der Menge der in den Gütern verkörperten Arbeit, auch nicht nach den aufgewendeten Produktionskosten, sondern einfach nach dem effektiven Zuwachs an Wohlfahrt schätzen, den sie durch den Besitz des zu schätzenden Gutes oder Güterkomplexes erlangen. Eine weitere durch Deduktionen unterstützte und auf den richtigen Weg geleitete empirische Prüfung ergab, daß als abhängiger effektiver Nutzzuwachs allemal diejenige Nutzverwendung oder Bedürfnisbefriedigung gilt, zu deren Unterlassung man sich erforderlichenfalls am leichtesten entschließen könnte, d.i. diejenige Nutzverwendung, die unter allen durch den Gütervorrat des betreffenden Individuums noch bedeckten Nutzverwendungen, die *mindest wichtige* oder der sogenannte »Grenznutzen« ist. Und mit diesem Schlüssel in der Hand durchmusterte man unermüdlich alle Wechselfälle und Verwicklungen des praktischen Lebens, die banalsten wie die exotischesten, und rastete nicht, ehe die Probe auf die Wirklichkeit überall bestanden war. Sah sich doch selbst ein der abstrakten Richtung sonst durchaus nicht freundlicher Führer der historischen Richtung unlängst zu der Anerkennung veranlaßt, daß die Werttheorie vom Grenznutzen der »unmittelbaren Beobachtung der Vorgänge des Lebens« entsprungen sei! – Einen ähnlichen, echt empirischen Ursprung darf ich auch für meine Forschungen auf dem Gebiete der Kapitaltheorie, z.B. für meine Untersuchungen über die produktive Funktion des Kapitals, über die Beziehung der Kapitalbildung zur Ersparung, über die Existenz und die Gründe einer Minderschätzung künftiger Güter gegenüber gegenwärtigen in verschiedenen Lebenslagen, über die Ausnahmen von dieser Regel, über die Entstehung des Kapitalzinses u.dgl. in Anspruch nehmen. Und wenn Schmoller mit vollem Recht fordert, daß die Nationalökonomie sich eine gesicherte *psychologische* Grundlage hätte verschaffen sollen (S. 282), so wird er diese seine Forderung gewiß nirgends in so hohem Grade erfüllt finden, als gerade in den Schriften der sogenannten abstrakt-deduktiven Richtung, in den Schriften eines Jevons oder Sidgwick, eines Menger oder Wieser; ja, es würde mich gar nicht wundernehmen, wenn für diese Richtung in Zukunft einmal geradezu der Name der »psychologischen Schule der Nationalökonomie« in Schwung kommen sollte.

Ferner ist es irrig, wenn behauptet wird, daß wir alles aus einer einzigen Prämisse, der Herrschaft eines erleuchteten Egoismus, erklären wollen und uns um andere hochwichtige Faktoren des Wirtschaftslebens, Gewohnheit, Sitte, Humanität, Nationalität usw. nicht kümmern. Wer unsere Arbeiten unbefangen durchforscht, wird finden, daß wir zwar mitunter nur die Wirkungen einer erleuchtet egoistischen Handlungsweise ausdrücklich erforschen und bis ins einzelne klarlegen, daß wir aber auch den Einfluß jener anderen Faktoren doch nie vergessen und noch weniger ihn verleugnen. Bisweilen widmen wir ihm gleichfalls eine ausführliche Darstellung, aber – das Leben ist kurz und die Kunst ist lang; und da es uns nicht möglich ist, alles zu erschöpfen, so müssen wir uns oft begnügen, die Existenz solcher andersartiger Einflüsse und die Notwendigkeit, auch sie zu beachten und die einstweilen gelassene Lücke auszufüllen, zu signalisieren. Als typisches Beispiel darf ich vielleicht meine den Lesern dieser Zeitschrift bekannten Auseinandersetzungen über die Preislehre anführen, deren ersten allgemeinen Teil ich ausführte, und deren zweiten Teil ich als notwendige Ergänzung postulierte.[11]

Wahrscheinlich würde eine sorgfältige Erforschung zum Resultat führen, daß auch schon die in besonders hohem Grade als abstrakt-deduktiv verrufenen Lehren der klassischen Nationalökonomie durchaus nicht von Haus aus abstraktdeduktiv, sondern ihrem letzten Ursprung nach empirische Lehren waren. Mir kommt es im höchsten Grade wahrscheinlich vor, daß die Theorie von Angebot und Nachfrage, die Arbeitswerttheorie oder die Kostentheorie usw. nicht ursprünglich aus einer Spekulation entstanden, sondern das Produkt einer groben empirischen Beobachtung waren. Wie dem übrigens auch sei, jedenfalls haben wir Lebenden ein Recht, daß wir nicht beurteilt werden nach dem, was ein altes Vorurteil über uns fabelt, sondern nach dem, was wir tatsächlich tun; und unserem tatsächlichen Verhalten gegenüber wird der Vorwurf eines Verleugnens oder Übersehens der lebendigen Wirklichkeit doch endlich verstummen müssen.

»An ihren Früchten sollt ihr sie erkennen.« Diese Worte hat Schmoller jetzt bei dem Wiederabdruck seines Aufsatzes über

Menger an dessen Schluß gestellt. Ich akzeptiere sie mit Freuden. Für die Zweckmäßigkeit einer Methode gibt es in der Tat kein richtigeres, aber auch kein für uns wünschenswerteres Kennzeichen, als was man mit jener Methode praktisch ausrichtet. Natürlich müssen wir aber fordern, daß man die Probe über *unsere* Methode an dem macht, was *wir* damit ausrichten. Diese Worte richten sich gegen ein ebenso seltsames als gebräuchliches Verfahren, das erst unlängst noch Brentano in seiner Antrittsrede über »die klassische Nationalökonomie« im großen Stile gegen uns in Anwendung gebracht hat. Man liebt es nämlich, die Untersuchung an der abstrakt-deduktiven Nationalökonomie der Vergangenheit zu führen, wobei freilich nichts leichter ist, als Irrtümer und Mißgriffe aufzuweisen, die von unseren Voreltern in der Kindheit unserer Wissenschaft vor 100 oder 80 Jahren begangen worden sind; dann aber das Urteil ohne weiteres auf die abstrakt-deduktive Nationalökonomie der Gegenwart auszudehnen. Das ist nicht gerecht. Wenn man über uns urteilen will, mache man uns den Prozeß und nicht unseren Voreltern. Für *unsere* Fehler wollen wir gerne einstehen; aber uns für Fehler verurteilen zu lassen, die andere vor uns begangen haben, und die wir selbst oft nicht minder lebhaft bekämpft haben als die historische Richtung selbst, das dürfen wir wohl ablehnen.

Zieht man aber die Bilanz dessen, was auf dem Gebiete der Theorie in unserer Zeit von der historischen Richtung und von uns geleistet worden ist, so scheint mir, daß wir keine Ursache haben, den Vergleich zu scheuen. Ich sage ausdrücklich: auf dem Gebiet der *Theorie*. Denn nur dieses steht bei dem ganzen Methodenstreit in Frage. Auf dem Gebiet der praktischen Sozialpolitik überwiegt aus forschungstechnischen Gründen die historisch-statistische Forschungsweise mit Recht so sehr, daß ich nicht anstehe, zu erklären, daß ein lediglich abstrakt-deduktiver Sozialpolitiker auch mir ein Greuel wäre. Wenn aber Schmoller dieselbe Superiorität auch für das Gebiet der eigentlichen Theorie zugunsten der historischen Forschung in Anspruch nimmt,[12] so scheint mir das mit den Tatsachen doch

Historische und theoretische Nationalökonomie 125

nicht ganz in Einklang zu stehen. Ein Überblick über das, was auf dem Felde der Theorie im Laufe der letzten 30-40 Jahre in Deutschland überhaupt geleistet worden ist, scheint mir vielmehr das folgende Resultat zu ergeben. Die historische Schule hat sich unleugbare Verdienste auf dem Gebiet der *theoretischen Kritik* erworben, obschon allerdings der Löwenanteil an der kritischen Revolution, die die Herrschaft der klassischen Nationalökonomie gestürzt hat, nicht so sehr den eigentlichen Historikern, als vielmehr den Sozialisten und Kathedersozialisten, den Rodbertus und Lassalle, den Wagner und Schäffle zu verdanken ist. Auf dem Gebiet der *positiven Theorie* beschränken sich jedoch die Errungenschaften der historischen Schule bis jetzt fast ausschließlich auf *Detailfragen*. Sie besitzt z.B. ganz ausgezeichnete Untersuchungen über den Einfluß des Detailhandels auf die Preise, über die Verschiebungen, welche die Preise verschiedener Gruppen von Waren gegeneinander im großen historischer Verlauf erfahren, weiter über zahlreiche Detailfragen aus der Lehre vom Gelde, vom Agio, vom Bankwesen u.dgl. Dagegen sind die großen Fragen der allgemeinen Theorie von den Historikern entweder gar nicht oder (wie z.B. von Knies) nicht mit den Mitteln der historischen Methode in positiver Weise gefördert worden. Alle wichtigen positiven Fortschritte, die die allgemeine Theorie in jüngster Zeit gemacht hat, sind vielmehr notorisch anderen Forschungsmethoden zu verdanken. Ich erinnere an die Forschungen von Knies und Wagner über Geld und Kredit; ich erinnere an die reiche deutsche Literatur über die Lehre vom Werte, die in jüngster Zeit in der Theorie vom Grenznutzen gipfelt; ich erinnere an die mit Hilfe dieser Theorie vollzogene Verbesserung des so viel verrufenen alten Gesetzes von »Angebot und Nachfrage«; ich erinnere an die eben damit zusammenhängende endgültige Aufhellung des bis dahin immer unverstandenen oder mißverstandenen Kostengesetzes; und vielleicht darf ich auch einige neueste Forschungen über die Lehren vom Kapital, vom Arbeitslohn, von der wirtschaftlichen

»Zurechnung« unter denjenigen nennen, durch welche die allgemeine Theorie um einen Schritt vorwärts gebracht worden ist.

Lassen wir es also ruhig auch in Zukunft weiter auf die Probe ankommen. Ich stelle ja gar kein anderes als dieses gewiß sehr bescheidene Verlangen. Ich verlange ja nichts weniger als eine blinde Anerkennung für die abstrakten Deduktionen, sondern nur, daß die zur Mode gewordene blinde Verwerfung derselben wieder aufhöre; daß die historische Richtung endlich einmal aufhöre, etwas zu tun, was dem empirischen Prinzip, in dessen Namen es geübt wird, in Wahrheit gerade zuwider ist: nämlich die Ergebnisse unserer Forschungsweise *apriori* zu verwerfen auf Grund der vorgefaßten Meinung, daß auf diesem Wege nichts Richtiges herauskommen könne. Ich verlange insbesondere nicht, was man mit einer schwer begreiflichen Hartnäckigkeit uns noch immer zu imputieren liebt, daß die »abstrakt-deduktive« Methode zur einseitigen oder ausschließlichen Herrschaft gebracht werden solle; ich wehre mich nur gegen ihre einseitige Ausschließung, gegen die Fortdauer einer methodischen Intoleranz, die zum Schaden der deutschen Wissenschaft nun schon allzu lange geübt worden ist. Ich wünsche überhaupt nicht irgendeinen Kampf zwischen beiden Methoden, sondern ihre Versöhnung und ihr fruchtbares Zusammenarbeiten. Ich möchte das Gefühl erwecken, daß auf dem ungeheuren Felde der Nationalökonomie nicht nur Raum für uns alle, sondern auch Not ist nach uns allen, nach allen Arten von Gaben und Forschungswegen; daß wir, statt unsere geistigen Waffen gegeneinander zu kehren und eigensinnig abzulehnen, was auf einem anderen als unserem eigenen Wege an Erkenntnishilfe uns geboten wird, besser tun, unsere Kräfte zu vereinigen und gegen unseren gemeinsamen Feind zu kehren: gegen die ungezählten Probleme einer der schwierigsten Wissenschaften.

Ich wage zu hoffen, daß dieser Versöhnungsruf nicht mehr ganz ungehört verhallen wird. Ich begrüße mit Freuden, daß Schmoller selbst in der jüngsten Zeit einige Äußerungen getan hat, die eine Annäherung an den von mir vertretenen Standpunkt bedeuten. »Freilich« – schreibt Schmoller in seiner Besprechung der Finanzwissenschaft Roschers[13] – »ein großer Teil der heutigen finanziellen Fragen verträgt die historische Behandlung nicht. Das Problem der Steuerüberwälzung ist bis jetzt so wenig einer empirischen Untersuchung zugänglich gemacht worden, daß die zusammenfassende Theorie darüber sich auf deduktive Erwägungen und Mitteilungen der Ansichten der Autoren beschränken muß.« Und in seiner Charakteristik Roschers sagt er einmal: »So sehr die empirische Preisgeschichte und Statistik viele ältere Irrtümer beseitigt hat, die Grundtatsachen der Preisbewegung wiederholen sich überall ziemlich gleichmäßig, sind daher historischer Untersuchung nicht so sehr bedürftig. Ähnlich verhält es sich mit vielen elementaren psychologischen und natürlichen Tatsachen, die das Wirtschaftsleben konstituieren und beeinflussen. Über vieles versagt so sehr jede historische Überlieferung, daß aus diesem Grunde andere Betrachtungen vorherrschen oder ausreichen müssen.«[14] Man hat eigentlich nur nötig, das, was Schmoller hier für einige namentlich genannte Probleme anerkannt hat, auf eine etwas größere Zahl von Problemen auszudehnen, und man kommt auf denjenigen Standpunkt, den ich in meinen obigen Auseinandersetzungen vertreten habe.

Meine Hoffnung verstärkt sich durch die Wahrnehmung, daß derselbe Ruf nach einträchtigem Zusammenwirken der Methoden in jüngster Zeit wiederholt von sehr berufener Seite und, was mir besonders wichtig scheint, auch von Männern erhoben worden ist, die der historischen Richtung angehören oder nahestehen. Ich erinnere die Leser dieser Zeitschrift unter anderem an die höchst bemerkenswerten Ausführungen Wagners an diesem Orte,[15] an die ruhigen und klaren Darlegungen von Philippovich,[16] an das besonnene Urteil Conrads, der seinen Forschungsgenossen mit rühmenswerter Objektivität die Mahnung vorhält, nicht in den entgegengesetzten Fehler zu verfallen, wie einst die alte klassische Schule. Habe diese sich zu sehr an die allgemeinen Regeln gehalten und zu wenig die Ausnahmen beachtet, so zeige sich in der jetzigen wissenschaftlichen Richtung umgekehrt die Tendenz zu einer »*Überschätzung der Ausnahmen und einer Unterschätzung des großen Durchschnittes*«; und indem Conrad dieses jetzige Stadium, »wo wir geneigt sind, in dem Studium des Details die Bedeutung der großen Züge zu unterschätzen und uns durch die vorhandenen Ausnahmen blenden zu lassen«, als ein unvollkommenes und zu überwindendes Stadium hinstellt, gibt dieser Meister der empirischen Forschung seinen Genossen einen Hinweis auf die Berechtigung und Pflege der allgemeinen Theorie, der nicht milder in der Form, aber auch nicht deutlicher in der Sache hätte ausfallen können.[17] Und jenseits des Weltmeeres, wo derselbe Streit zwischen abstrakt-deduktiver und historischer Methode tobt, sehen wir einen der begabtesten jüngeren Forscher, Prof. Simon N. Patten, der die empirische Lehre in Deutschland an der Quelle eingesogen und nach Amerika hinübergetragen hat, gleichwohl eine Lanze für die Unentbehrlichkeit und volle Gleichberechtigung der abstrakt-deduktiven Forschung brechen.[18]

Meine stärkste Hoffnung stütze ich aber auf den unleugbaren erfreulichen Aufschwung, den die eigentlich theoretische Forschung bei so vielen Nationen in jüngster Zeit wieder genommen hat. Wenn durch unleugbare praktische Erfolge dargetan sein wird, daß sich auch durch abstrakt-deduktive Forschung Wahrheit gewinnen läßt, dann wird ihr auch der hartnäckigste Gegner den ihr gebührenden Platz nicht länger versagen können, und ein Kampf wird aufhören, von dem eine spätere Generation wahrscheinlich gar nicht mehr begreifen wird, daß er jemals hat geführt werden können. Und dann wird endlich eintreten, was ich schon für heute aufs innigste wünschen würde: man wird wenig oder nichts mehr über Methode *schreiben* und dafür um so tüchtiger mit allen Methoden *arbeiten*!

Anmerkungen

[1] Wo noch so viel an der Sache zu klären ist, ist es kaum der Mühe wert, auch noch über den Namen zu streiten. Ich erwähne also ganz kurz, daß die in Rede stehende Methode von manchen, zumal von ihren Gegnern, als »aprioristische«, von anderen als »abstrakt-deduktive« Methode bezeichnet wird, was beides, wie wir noch sehen werden, nicht ganz richtig ist. Menger nannte sie, nicht ohne scharfen Widerspruch zu erfahren, »exakte« Methode. Ich möchte sie am liebsten als »isolierende« Methode bezeichnen. Denn, wie ich unlängst bei anderer Gelegenheit ausführte (Göttingische Gelehrte Anzeigen, 1. Juni 1889, Besprechung von Lujo Brentanos »Klassische Nationalökonomie«), besteht ihr Wesen einfach darin, die einzelnen Seiten verwickelter Erscheinungen zunächst gesondert zu betrachten, aber wohlgemerkt – was oft übersehen wird – nicht um sich mit einem gesonderten Stückwerk zu begnügen oder wohl gar das in Gedanken abgesonderte Teilstück für die volle Wirklichkeit auszugeben, sondern um dann aus den einzeln klar erfaßten Teilen soweit als möglich das volle Ganze zusammenzusetzen.

[2] Lujo Brentano, »Über die Ursachen der heutigen sozialen Not«, Leipzig 1889, S. 28, 4 und 5.

[3] Vgl. auch Lujo Brentano, »Die klassische Nationalökonomie«, Leipzig 1888, passim, besonders S. 4ff., 28f.

[4] Vgl. Schmoller, »Zur Literaturgeschichte«, S. 278f.; Brentano, »Die klassische Nationalökonomie«, S. 28f.

[5] Schmoller selbst sagt von Knies, daß dieser »in einer Jugendarbeit wohl die historische Methode gefordert, in seinen reifen Manneswerken über Geld und Kredit, die immer zum besten gehören, was die deutsche theoretische Nationalökonomie geschaffen, diese Methode aber in der Hauptsache verlassen, mehr oder weniger in ähnlich abstrakter Weise wie Menger selbst gearbeitet hat«. (»Zur Literaturgeschichte«, S. 293.)

[6] [»Die Natur weicht der Hacke, aber sie kehrt zurück« (Horaz, Briefe 1, X, 24). – H.K.]

[7] Unter diesem Namen verstehe ich – wie sich übrigens aus dem Zusammenhang von selbst ergibt – hier und öfters lediglich die Historiker »strengster Observanz« oder die *methodisch exklusiven* Historiker, nicht auch jene zahlreichen Nationalökonomen, die, obschon sich ihre eigene Tätigkeit

vorwiegend auf dem Gebiete historischer oder statistischer Forschung bewegt, doch auch mit der »dogmatischen« Nationalökonomie sympathische Fühlung bewahrt haben.

8 Bis zu welch kompromittierendem Grade das Genügenlassen an den alten Plattheiten und Unrichtigkeiten und die Unvertrautheit mit den – gleichwohl kühn beurteilten – theoretischen Aufgaben und Stoffen in einzelnen Fällen aus methodischer Verbissenheit getrieben werden kann, dafür gibt die jüngst erschienene Kritik Werner Sombarts über Wiesers »Natürlichen Wert« (in Schmollers Jahrbuch, 13. Jahrgang [1889], 4. Heft, S. 238ff.) ein lehrreiches Beispiel. Ich wünsche dieser Kritik die größte Publizität. Denn ihre kritische Lektüre wird die Unbefangenen dem Geiste, in dem sie geschrieben ist, noch viel rascher abwendig machen, als ich es durch die Vorführung der überzeugendsten Gründe bewirken könnte. Übrigens bin ich weit davon entfernt. die ganze Richtung an dem Maßstabe solcher extremer Ausschreitungen messen zu wollen.

9 »Nichts ist so sicher, als daß die Ergebnisse der exakten Richtung der theoretischen Forschung, mit dem Maßstabe des Realismus gemessen ... als unzureichend und *unempirisch* erscheinen.« (»Methode der Sozialwissenschaften«, S. 54, ähnlich S. 59.)

10 »Menger ... meint, die Nationalökonomie sei eine exakte Wissenschaft, d.h. sie wolle einseitig aus dem, was sie für erste Elemente halte, eine Anzahl sicherer deduktiver Schlüsse ziehen, *denen gegenüber die empirische Wirklichkeit als etwas Gleichgültiges verächtlich beiseite gestoßen werden könne.*« (Schmoller, »Zur Literaturgeschichte«, S. 283.)

11 »Grundzüge einer Theorie des Güterwerts«, Jahrbücher für Nationalökonomie und Statistik, N.F. 13. Band [1886], S. 477ff., besonders 486-488.

12 »Wo gesunde Ansätze zu neuen theoretischen Gestaltungen uns heute entgegentreten, zeigt sich schlagend die Wahrheit dieser Bemerkung« (daß alles Heil nur von der empirischen Richtung zu erwarten sei) (»Zur Literaturgeschichte«, S. 280).

13 Jahrbuch für Gesetzgebung, Verwaltung und Volkswirtschaft, 12. Jahrgang (1888), S. 256.

14 »Zur Literaturgeschichte«, S. 156.

15 Adolph Wagner, »Systematische Nationalökonomie«, Jahrbücher für

Nationalökonomie und Statistik, N.F. 12. Band (1886), S. 197ff., besonders S. 241.

[16] Eugen von Philippovich, »Über Aufgabe und Methode der politischen Ökonomie«, Freiburg 1886.

[17] Johannes Conrad, »Referat über den Einfluß des Detailhandels auf die Preise«, erstattet in den Verhandlungen des Vereines für Sozialpolitik von 1888; siehe die Schriften dieses Vereines, Band XXXVIII (1889), S. 152f.

[18] »The ultimate laws of a science cannot be investigated in any other way.« »The consumption of wealth«, Philadelphia 1889, Introduction, p. VII. Vgl. auch den Aufsatz desselben Autors über Malthus und Ricardo, verlesen in der dritten Jahresversammlung der American Economic Association in Boston am 29. Dezember 1888, S. 12ff.; ferner die mir erst nach Vollendung dieses Artikels bekannt gewordene geistvolle Besprechung des Schmollerschen Buches »Zur Literaturgeschichte« in den »Göttingischen Gelehrten Anzeigen« vom 1. September 1889 aus der Feder Heinrich Dietzels.

Gerhard Senft

»Making History« –
Rudolf Goldscheid und die *aktivistische Weltsicht*

Die Gestaltung des öffentlichen Haushaltes ist nicht erst seit heute mit einem unübersehbaren Dilemma verbunden: Auf der einen Seite haben sich die Ansprüche an das moderne Staatswesen enorm vervielfacht. Industrieunternehmen verlangen von den Regierungen höhere Investitionen im Bereich der Infrastruktur, Bankenvertreter wünschen eine stärkere Förderung des Anleihengeschäftes, der selbständig tätige Mittelstand ruft nach mehr Anerkennung seiner Leistungen in Form von steuerlichen Maßnahmen oder Subventionen. Für alles und jenes wird der Staat zudem heute haftbar gemacht: Sitzt jemand einem Aktienschwindel auf oder er wird das Opfer eines Bankenkrachs – die öffentliche Hand soll das Erlittene kompensieren. Im Gefolge des 11. September 2001 meldeten sich ins Trudeln geratene Fluggesellschaften und Versicherungen, um die mit den Anschlägen in New York im Zusammenhang stehenden Verluste aus öffentlichen Töpfen ausgeglichen zu bekommen. Auf der anderen Seite ist jedoch festzustellen, dass offenbar kaum jemand mehr bereit ist, dem staatlichen Gemeinwesen mehr als das Allernotwendigste an Mitteln zukommen zu lassen. Von allen Seiten ertönt die Klage über eine angeblich zu hohe Staatsquote, die Widerstände gegen das Steuersystem mehren sich und renommierte Ökonomen versuchen uns vorzurechnen, ab welcher Höhe sich eine Steigerung der Abgaben kontraproduktiv im Staatshaushalt auswirkt.

Der Pionier einer kritischen Fiskalwissenschaft, Rudolf Goldscheid (1870-1931), versuchte eine Annäherung an solche Widersprüche, indem er grundsätzliche Überlegungen zur *gesellschaftlichen Bedingtheit des Staatshaushaltes* voranstellte. Seine Diagnose lautete knapp und kompakt: »Stets hatte das

Privatkapital innerhalb des Bestehenden die Neigung, den Staat als die goldene Eier legende Henne zu betrachten, der man das nötige Futter nicht zu gönnen braucht.« Der Staat wurde mehr und mehr mit Aufgaben überfrachtet, da das Marktgeschehen allein keine zufrieden stellenden Lösungen hervorbrachte.

Rudolf Goldscheid entstammte einer wohlhabenden Kaufmannsfamilie, er wandte sich zunächst dem Fach Philosophie zu, um später ein Studium der Soziologie anzuschließen. 1907 gründete Goldscheid gemeinsam mit Max Adler, Michael Hainisch, Wilhelm Jerusalem u. a. die »Soziologische Gesellschaft«, in der auch Rosa Mayreder an führender Stelle mitwirkte. Etwa zur selben Zeit war Goldscheid beim Aufbau des österreichischen Zweiges des von Ernst Haeckel begründeten »Monistenbundes« beteiligt. Bekannt wurde Goldscheid vor allem durch seine sozialphilosophischen und finanzsoziologischen Schriften. Seine Publikationen widmen sich thematisch der Entwicklungstheorie, der Bevölkerungspolitik sowie besonders der Finanzpolitik und der Staatshaushaltsreform, wobei in den jeweiligen Zusammenhängen auch ethische und kulturpolitische Fragestellungen angesprochen werden. Politisch wirkte Goldscheid im Umfeld der österreichischen Sozialdemokratie, gemeinsam mit Otto Leichter, dessen späterer Ehefrau Käthe Pick und Franz Rothe zählte er zu den prominentesten Exponenten der »Neuen Linken«.

Goldscheids in Wien 1917 erschienenes Hauptwerk, mit dem er breite Anerkennung erlangte, trägt den Titel: »Staatssozialismus oder Staatskapitalismus«. In dieser Studie stellt Goldscheid zunächst die Frage nach der Rolle des Staates in der Geschichte. Er stellt fest, dass das moderne Staatswesen seit seiner Entstehung zugunsten der wirtschaftstreibenden Bourgeoisie aktiv geworden ist, die sich nie scheute, die Problemlösungskapazität des Staates gewinnbringend auszuschöpfen. Um allen den gestellten Anforderungen gerecht werden zu können, verschuldet sich die öffentliche Hand, mit der Folge, dass der Schuldenstaat an einer chronischen Unterversorgung mit

Geld zu leiden beginnt und seine politische Handlungsfähigkeit verliert. Inmitten wachsenden gesellschaftlichen Reichtums verarmt der Staat. Mit der Zielsetzung, einen finanzsoziologischen Beitrag zur Lösung des Staatsschulden-Problems zu liefern, untersucht Goldscheid nun verschiedene Modelle der Finanzierung des öffentlichen Haushaltes. Sein Urteil: sowohl die herkömmliche Steuerpolitik als auch die Staatsverschuldung hinterlassen unbefriedigende Effekte, denn jede *steuerliche Maßnahme* zieht das Problem der Steuerumwälzung nach sich, während der Staat zur »Durchgangsstation« für monetäre Transaktionen verkommt; jede *Schuldenpolitik* verursacht Abhängigkeiten vom Finanzkapital sowie entsprechende Zinskosten. Auch die Methode der autonomen Geldschöpfung, die der öffentlichen Hand ausreichend Mittel sichern soll, lehnt Goldscheid wegen der damit verbundenen Inflationsgefahr ab.

Das Grundübel der kapitalistischen Gesellschaft vermag Goldscheid nicht in der *Trennung der Arbeiterschaft von ihren Produktionsmitteln* zu erblicken, sondern in der *Trennung des Staates von den Produktionsmitteln*. In diesem Gedanken ist auch der Ursprung des Goldscheidschen Lösungsansatzes zu erblicken, der auf die Herstellung einer neuen staatlichen Einkommensquelle mittels Schaffung eines *fiskalisch begründeten Unternehmerstaates* zielt. Nur die »Repropriation des Staates« über den Weg einer großen Vermögensabgabe sei imstande, dem öffentlichen Sektor wieder eine gesunde finanzielle Basis zu verschaffen. Die Neuordnung der Besitzverhältnisse soll in der Weise geregelt werden, dass der Staat von der Gesamtheit des nationalen Privateigentums soviel in seinen Besitz überführt, als für die vollkommene Deckung seiner Schuldenlast erforderlich ist. Die Prinzipien des Privateigentums und des individuellen Wirtschaftens verlieren per Gesetz ihre Wirksamkeit, private Vermögen ab einer bestimmten Größenordnung werden an die öffentliche Hand abgetreten, wobei die partielle Expropriation im Verhältnis zur akkumulierten Nationalschuld steht. Die Vermögenstransaktionen erfolgen in natura (Aktien,

Grundstücke, Häuser sowie landwirtschaftliche, industrielle, Handels- und Verkehrsunternehmen), wobei der abgabepflichtige Teil auch in Form von Abschlagszahlungen eingebracht werden kann. Auf diese Art und Weise, ist Goldscheid überzeugt, gelangen die größten, ertragreichsten Produktionsstätten und Besitztümer in die Hände des Staates, der so seinen Haushalt auf einer neuen gemeinwirtschaftlichen Grundlage aufbauen kann. Goldscheid geht davon aus, dass zu diesem Zweck mindestens ein Drittel des Privateigentums in Staatsbesitz umgewandelt werden müsse. Verhältnismäßig einfach würden die Dinge zu bewerkstelligen sein, wenn es sich bei den Betrieben um Aktiengesellschaften handle. Es wären nur die Zusammensetzungen des Aktienbesitzes zu ändern, so dass der Staat mit neuem Mitspracherecht seinen Einfluss auf Leitung und Verwaltung geltend machen könne. Beim privaten Einzelbesitz hingegen sollte auf ein Kompanieverhältnis zwischen Staat und Einzelunternehmer hingewirkt werden.

Der Kapitalismus an sich würde – so Goldscheid – durch die Neuordnung des Staatshaushaltes nicht angetastet. Die Betriebe würden weiterhin auf gewinnorientierter Basis tätig sein, mit der vorgeschlagenen Reform wird der Staat lediglich Anteilseigner und er erhält einen Teil der Betriebserträge. Vom Verwalter »negativen Kapitals« wird der Staat so zu mächtigsten Bildner »positiven Kapitals« und damit zum Vorreiter einer kontrollierten Kapitalkonzentration. Mit anderen Worten: aus dem »Schuldnerstaat« wird ein »Gläubigerstaat«. Den Staat in die Lage zu versetzen, an geschäftlichen Aktivitäten teilzuhaben und Profite mit zu lukrieren, ist nach Goldscheid mit mehreren Vorteilen verbunden. Der öffentliche Sektor wird, da er nun ein gesteigertes Interesse am Gedeihen der Wirtschaft hat, für die erforderliche Kapitalakkumulation Sorge tragen, alle Maßnahmen zur Steigerung der Produktivität unterstützen und die betriebliche Konzentration sowie die Ausweitung der Produktionsgegebenheiten fördern. Eine Kapitalflucht sei nicht zu befürchten, da der private Sektor Mehrheitseigentümer im unternehmerischen Bereich bleibe und die Gefahr eines »fiskalischen Staatssozialismus« unter diesen Umständen nicht mehr gegeben sei. Seine Erträge ermöglichen es dem Staat, seinen Aufgaben unabhängig von den Anforderungen des Finanzkapitals nachzukommen. Zudem habe der öffentliche Sektor nun alle Mittel in der Hand, auch den ökonomischen Bereich mit mehr Demokratie zu durchfluten. In der Außenhandelspolitik will Goldscheid auf jeden Isolationismus verzichten, er plädiert jedoch für eine breit angelegte Regulierung der Austauschbeziehungen. Zu groß erscheint ihm – der die Blüteperiode des modernen Imperialismus hautnah miterlebt – die Gefahr, dass ein außenwirtschaftlicher Wildwuchs zu unnötigen Rivalitäten, zu politischen Spannungen und zu militärischen Konfliktaustragungen auf internationaler Ebene führt.

Zweifellos kann davon ausgegangen werden, dass Goldscheid bei der schriftlichen Niederlegung seiner Reformideen von jenen Bedingungen inspiriert wurde, die die Kriegswirtschaft zwischen 1914 und 1918 hervorbrachte. Der mit enormem Mittelaufwand finanzierte Erste Weltkrieg, die damit verbundenen ökonomischen Umbrüche und der inflationsbedingte Bedeutungsverlust des Geldsektors führten vor Augen, dass eine ganz andere Wirtschaftsform möglich ist. Dazu kam, dass die revolutionären Umwälzungen im Gefolge des großen Krieges und die Notwendigkeit eines Neuaufbaus der Wirtschaft in Österreich die Nachfrage nach alternativen Konzepten rasant anschwellen ließen. Goldscheid verarbeitete seine Reformvorschläge in ein Kurzprogramm, das er unter dem Titel »Sozialisierung der Wirtschaft oder Staatsbankerott« in mehreren Auflagen veröffentlichte. In dieser Phase bewies Goldscheid auch, dass er alles andere als einen blassen Stubengelehrten repräsentierte. Er zog es vor, sich mitten in das revolutionäre Geschehen zu begeben, als Arbeiterrat in Wien-Landstraße wirkte er beim Aufbau rätedemokratischer Organe mit. In seiner gesamten Vorstellungswelt war er zwar näher bei der Sozialdemokratie als beim Kommunismus angesiedelt, diese lehnte aber seine Sozialisierungsideen ab.

Bis heute werden die zentralen Thesen Goldscheids als eine interessante Theorie-Alternative zum Neoliberalismus angesehen. Besonders Rudolf Hickel und James O'Connor bemühten sich in der zweiten Hälfte des 20. Jahrhunderts, Goldscheids finanzsoziologische Betrachtungen wieder zu beleben und gedanklich weiter zu entwickeln. Im November 1999 fand an mehreren Veranstaltungsorten in Wien das Rudolf Goldscheid-Symposium statt. Von dauerhaftem Wert sind mit Sicherheit auch Goldscheids Schriften gegen den Krieg und seine Ausführungen zur Frauenfrage. Goldscheid im Originaltext: »Wir erbauen uns an dem Kennwort: ,Die Frau gehört ins Haus' und sehen nicht, daß dieses Haus von der Zeitströmung schon längst fortgeschwemmt wurde.« Im Rahmen von Gender Mainstreaming-Projekten wird heute unter Berufung auf Goldscheid die Geschlechtsneutralität von Steuersystemen und staatlichen Haushaltsplänen diskutiert.

Zum vorliegenden Text: Im Rahmen seiner Betrachtungen über die Funktion verschiedener Wissenschaften geht Goldscheid auch auf das Fach Geschichte ein, in dem er eine unverzichtbare Universalwissenschaft erblickt. Jenseits des Marxismus positioniert, erkennt er keine Gesetzmäßigkeiten im Ablauf der Geschichte, doch sein positives Menschenbild erlaubt ihm, auf die Lern- und Entwicklungsfähigkeit des Menschen zu rekurrieren. Besonders betont er die fruchtbringende Beziehung zwischen den Fächern Geschichte und Soziologie. Die Soziologie bezeichnet Goldscheid als den »Extrakt der Geschichte«, die Soziologie ermittle die Triebkräfte des gesellschaftlichen Handelns, die Geschichte hingegen beschreibe die Entwicklungslinien und erkunde die Dynamik des Prozessualen. Als »Gedächtnis der Menschheit« sei es die Geschichte, die die Grundlagen zu einer kulturkritischen Orientierung und zu einer aktivistischen Weltbetrachtung liefere. Goldscheid bekennt sich damit ausdrücklich zu einer Wissenschaftsauffassung, die nicht nur beschreibt was *ist*, sondern auch, was sein *soll*.

Literatur

Goldscheid, Rudolf (1906): *Verelendung – oder Meliorationstheorie.* Berlin.

Goldscheid, Rudolf (1919): *Sozialisierung der Wirtschaft oder Staatsbankerott. Ein Sanierungsprogramm.* Leipzig – Wien.

Goldscheid, Rudolf (1928): *Steuerverwendung und Interessenpolitik.* In: Schriften des Vereines für Sozialpolitik, Band 174, S. 7-74.

Goldscheid, Rudolf (1967): *A sociological Approach to Problems of Public Finance.* In: Classics in the Theorie of Public Finance, (hrsg. von Richard A. Musgrave; Allen T. Peacock). New York, S. 202-213.

Goldscheid, Rudolf (1976): *Die Finanzkrise des Steuerstaats.* Beiträge zur politischen Ökonomie der Staatsfinanzen, (hrsg. von Rudolf Hickel), Frankfurt/M. Enthält folgende Schriften: *Rudolf Goldscheid: Staatssozialismus oder Staatskapitalismus. Ein finanzsoziologischer Beitrag zur Lösung des Staatsschulden-Problems.* Wien 1917. *Rudolf Goldscheid: Finanzwissenschaft und Soziologie,* erschien zuerst in: Weltwirtschaftliches Archiv, Band IX, Jena 1917. *Rudolf Goldscheid: Staat, öffentlicher Haushalt und Gesellschaft. Wesen und Aufgabe der Finanzwissenschaft vom Standpunkte der Soziologie,* erschien zuerst in: Handwörterbuch der Finanzwissenschaft, Band I, Tübingen 1926. *Joseph Schumpeter: Die Krise des Steuerstaates.* Graz – Leipzig 1918.

O'Connor, James (1974): *Die Finanzkrise des Staates.* Frankfurt/M.

Oppenheimer, Franz (1927): *Soziologie und Geschichte.* In: Franz Oppenheimer: Soziologische Streifzüge. München, S. 1-14.

Rudolf Goldscheid

Soziologie und Geschichtswissenschaft

I.

Man hat in der letzten Zeit versucht, der Geschichte den Rang einer Wissenschaft abzusprechen, und zwar aus dem Grunde, weil sie nicht auf die Auffindung von Gesetzen ausgeht, sondern mit der Darstellung einmaliger Ereignisse sich begnügt. Ein merkwürdiges Unterfangen! Wenn man die Schriften vieler moderner Methodologen der Erkenntnis liest, könnte man wahrlich glauben, die gegebene Wirklichkeit liege in so sauber geordneter Einfachheit vor uns, daß es nur eines scharfen Striches bedürfe, um sie in ihre Hauptprovinzen klar sondern zu können. Welch zahllose unnütze Streitigkeiten sind daraus hervorgegangen, daß man wähnte, die Scheidung in Natur- und Geisteswissenschaften wäre mehr als ein bloß beiläufiges Einteilungsprinzip. Und das Gleiche ist der Fall bei der Gegenüberstellung von Ereignis- und Gesetzeswissenschaften. Wie dort, so sind auch hier die Grenzen fließend, bei genauerer Betrachtung zeigt sich nur allzu bald, daß man es dabei lediglich mit einem denkökonomischen Vorgang zu tun hat, bei dem beträchtliche Vorteile mit wesentlichen Nachteilen erkauft werden. Der Willkürakt erfährt schließlich nur durch das Überwiegen der ersteren seine wissenschaftliche Rechtfertigung. Doch nicht von diesen Einteilungsprinzipien will ich in diesem Aufsatze sprechen. Ich zog sie nur heran als Charakteristikum für die Art unseres Erkennens überhaupt. Jede Heraushebung eines einzelnen Erscheinungsgebietes zu einer Sonderwissenschaft ist ein Willkürakt, und zwar ein Willkürakt, der in dem einen Fall erkenntnispraktisch zulässig oder notwendig ist, in dem anderen Falle nicht. Die Geschichte macht hievon ebensowenig eine Ausnahme wie etwa die Soziologie. Man kann mit gutem Recht eine Definition der Geschichte geben, nach welcher der Versuch, ihr den Rang einer Wissenschaft streitig zu machen, geradezu als weltgeschichtliche Lächerlichkeit erscheint. *Die Geschichte läßt sich definieren als die Wissenschaft von der Sukzession.* Sie ist die Lehre von dem Geschehen, sie hat es zu tun mit dem Nacheinander des Nebeneinander. Damit erweist sie sich als eine allumfassende Disziplin. Sie umfängt ebenso die Naturgeschichte wie die Menschheitsgeschichte und entschließt man sich, etwa nur die Menschheitsgeschichte als Weltgeschichte zu begreifen, so ist die Willkür, die in dieser Abgrenzung liegt, ohne weiteres klar. Ist nicht, genau genommen, auch die *Kant-Laplace'sche* Theorie eine geschichtliche Lehre und in noch ausgesprochenerer Weise die Entwicklungstheorie? Und wo immer die genetische Methode angewendet wird, hat man nicht eine historische Methode vor sich? Ja, man kann noch weiter gehen und sagen: *Eigentlich ist der psychische Akt des Erinnerns bereits historische Forschung in primitivster Form.* Das Gedächtnis jedes einzelnen Menschen ist Organ gewordene historische Funktion. Nun scheint es sich freilich bei dem Streit um den wissenschaftlichen Charakter der Geschichte hauptsächlich darum zu handeln, ob die Geschichte mehr eine getreue Wiedergabe des *Nacheinander* oder eine exakte Darstellung des *Auseinander* zu bieten habe. Und zu diesem Problem spitzt sich schließlich auch das Verhältnis von Geschichtswissenschaft und Soziologie zu, wie wir später noch sehen werden. Aber ist dieser Konflikt eine Besonderheit, die etwa einzig und allein in der Geschichtswissenschaft auftritt? Keineswegs! Die Frage nach dem Verhältnis von Sukzession und Kausalität gehört vielmehr zu den ungelösten und vielleicht unlösbaren Grundproblemen der Philosophie überhaupt. Hat doch bereits *Hume* die Kausalität einfach als eine durch Gewohnheit verhärtete Sukzession bezeichnet und erst *Kant* glaubt, dieser den apriorisch-transzendentalen Charakter der Kausalität entgegensetzen zu müssen. Welche Stellung immer man aber zu diesem Widerstreit der

Meinungen nehmen möge, soviel ist sicher: Unsere einzelnen inhaltlich erfüllten Kausalurteile bauen sich auf der Summe unserer Sukzessionserfahrungen auf, mit anderen Worten: die Gesetzeswissenschaften haben ihr Fundament in den Ereigniswissenschaften. Aus der historischen Erkenntnis der Einzelfälle und ihrer Sukzession abstrahieren wir schließlich jene Erkenntnisregeln, welche wir willkürlich und damit ungesetzlich genug Gesetze des Geschehens nennen. Aber hier macht sich auch gleich der relativistische Charakter unseres Erkennens geltend. Jene Gesetzmäßigkeiten, welche wir erst aus der Sukzession der Ereignisse entnehmen, werfen sich zu Kontrollapparaten unserer historischen Erkenntnisse auf. Aus dem wiederholt beobachteten gleichmäßigen Nacheinander erschlossen wir ein Auseinander und schließlich prüfen wir die Wahrscheinlichkeit des Nacheinander an den abstrakten Regeln des Auseinander. So ergibt sich aus der Eigenheit unseres relativistischen Erkennens das Faktum, daß in der Wirklichkeit die Dinge so verankert sind, daß sie wechselseitig als Fundament für einander dienen. Dieses Verhältnis des gegenseitig Aufeinanderangewiesenseins, dieses Verhältnis, wo, wie bei der Gravitation, das unendlich Große im selben Maße von dem unendlich Kleinen abhängig ist, wie das unendlich Kleine von dem unendlich Großen, weil das Gesetz eben in der wechselseitigen Beziehung besteht, verbindet auch Soziologie und Geschichtswissenschaft.

Bevor ich auf dieses Verhältnis näher eingehe, will ich gleich sagen, was ich unter Soziologie verstehe. Nach meiner Auffassung ist die *Soziologie die Lehre von den sozialen Zusammenhängen, die Lehre von den typischen Sukzessionen im sozialen Geschehen.* Ihre Aufgabe ist das Studium der Entstehung und Entwicklung der Gesellschaft, beziehungsweise des *Gesellschaftlichen.* Durch tiefstes Eindringen in die Struktur der sozialen Gebilde soll sie dazu zu gelangen suchen, *Theorie der sozialen Erscheinungen* zu sein. Sie hat sich auszusprechen über das Verhältnis von Staat und Gesellschaft, hat zu zeigen, in welchen Punkten Staat und Gesellschaft zusammenfallen, in welchen sie auseinandergehen, und aus diesen Differenzen und Divergenzen die entsprechenden soziologischen, sozialökonomischen und staatswissenschaftlichen Konsequenzen zu ziehen. Und damit ich bei dieser Gelegenheit auch gleich sage, wodurch sich die Soziologie von dem unterscheidet, was man als Sozialwissenschaften begreift, betone ich: die Soziologie ist die zusammenfassende und vereinheitlichende Oberwissenschaft der Sozialwissenschaften in ähnlicher Weise, wie etwa die Biologie die zusammenfassende Oberwissenschaft der organischen Naturwissenschaften ist. Daraus wird zugleich auch das Verhältnis zwischen Soziologie und Sozialpolitik klar. Die Sozialpolitik ist angewandte Soziologie, wie die Medizin angewandte Biologie ist. Angesichts alles dessen wird es wohl nicht verwunderlich erscheinen, wenn ich erkläre: für mich steht und fällt die Soziologie keineswegs etwa mit der Entscheidung der Frage nach der Auffindbarkeit und Existenz sozialer oder historischer Gesetze. Nach meiner Überzeugung kommt der Soziologie vielmehr bereits die größte Bedeutung zu, wenn sich nachweisen läßt, daß es im sozialen Geschehen Koordinationen und Sukzessionen verschiedenen Wahrscheinlichkeitsgrades gibt. Aus der Gesamtheit alles historisch Erfahrenen und Aufgezeichneten abstrahieren wir eine Anzahl *von typischen sozialen Koordinationen und Sukzessionen*, von sozialen Koordinationen und Sukzessionen relativ hohen Wahrscheinlichkeitsgrades. Diese bilden den Stoff der Soziologie, deren eigentliche Aufgabe dann weiter in der Verarbeitung derselben zu einem einheitlichen, in sich widerspruchsfreien System und in dem Ziehen aller aus demselben sinngemäß erwachsenden Konsequenzen besteht. Dieses System von einheitlich verarbeiteten sozialen Tatsachen und daraus gezogenen, möglichst eindeutigen Konsequenzen, einerseits für die Erkenntnis des kausalen Zusammenhanges des Ganzen, anderseits für die Stellung des Einzelnen in diesem, bietet aber dem Historiker den Kontrollapparat sowohl zur Prüfung des Nacheinander, wie zur verhältnismäßig richtigsten Ausgestaltung des Nacheinander in ein Auseinander. Ich meine darum auch: gerade derjenige, der den Ausbau der Soziologie als selbständiger Wissenschaft fordert, darf konsequenterweise nicht das Verlangen an die Geschichte richten, Gesetze des Geschehens zu suchen. Daß aber etwa nur eine Gesetzeswissenschaft den Namen Wissenschaft verdient, widerstreitet allen Tatsachen der Naturforschung, widerstreitet schon der Methode der Naturforschung selber, die sich ja vor allem auf Induktion aufbaut. Die Geschichte liefert nun das Induktionsmaterial für die Soziologie. Überdies bin ich auch der Ansicht, daß selbst in der Naturwissenschaft oft richtiger von Gesetzmäßigkeiten als von Gesetzen gesprochen würde. Der zu starre Gesetzesbegriff stammt aus den Geisteswissenschaften.

II.

Vergegenwärtigen wir uns nun, um über das Verhältnis von Soziologie und Geschichtswissenschaft Klarheit zu gewinnen, wie der Historiker arbeitet. Aus einer kleineren oder größeren Anzahl nicht unmittelbar miteinander verbundener Bestimmungsstücke, quellenmäßiger Aufzeichnungen, eventuell mündlicher Überlieferungen konstruiert er eine kontinuierliche Reihe. Er ist unausgesetzt genötigt auf geeigneter Kombination beruhende *Interpolationen* vorzunehmen, damit das diskontinuierlich Lückenhafte zu einem einheitlichen lebendigen Ganzen sich gestaltet. Aus welcher Quelle fließt nun jenes Material, das der Historiker in seinen rein historischen Quellen nicht findet und aus dem er seine Interpolationen herstellt? Es stammt aus der Summe von allem überhaupt im Leben Erfahrenen und Gelernten, es ist, könnte man sagen, der gesunde Menschenverstand des Gebildeten, der ihm bei seiner wissenschaftlich-künstlerischen Arbeit zu Hilfe eilt. Gleichsam zufälliges Wissen ist es also, welches dem Historiker für sein wissenschaftliches Wissen und Können zustatten kommt, ja welches ihm hiefür unentbehrlich ist. Dieses zufällige Wissen sucht nun derjenige zu bereichern und auf ein höheres Niveau zu heben, in dieses zufällige Wissen sucht derjenige Ordnung und System hineinzubringen, der vom Historiker verlangt, er möge mit dem Studium der Soziologie sich eifrig beschäftigen. Man wird nun fragen: In welcher Weise kann die Soziologie dem Historiker die vorgegebenen Dienste leisten? Darauf ist zu antworten: Die Soziologie ist der Extrakt der Geschichte, die Quintessenz aller bisherigen Erfahrung in bezug auf die soziale Kontinuität und Kausalität, in bezug auf das soziale Nebeneinander und Auseinander, in bezug auf die wahrscheinlichsten sozialen Koordinationen und Sukzessionen. *Ernst Mach* definiert gelegentlich einmal das Naturgesetz als Einschränkung der Erwartung. Das Gleiche enthalten jene sozialen Gesetzmäßigkeiten, die einen Teil des Inhalts der Soziologie bilden. Nur daß bei diesen eine so weit gehende Einschränkung der Erwartung sich noch nicht erzielen ließ, wie sie die Naturwissenschaft bei den sogenannten Naturgesetzen vollbrachte. Von Exaktheit läßt sich bei der Soziologie darum in eben dem Sinne reden, wie sich von Exaktheit in den anorganischen Naturwissenschaften reden ließe, wenn diese zum großen Teile bloß auf den Prinzipien der Wahrscheinlichkeitsrechnung basieren würden. Die Soziologie ist also soziale Wahrscheinlichkeitslehre, aber sie erhebt sich dadurch ganz wesentlich über der bloß formalen Wahrscheinlichkeitsrechnung, daß sie auch feststellt, kraft welcher Ursachen die von ihr ermittelten Wahrscheinlichkeiten die Geschichte in so großem Umfange beherrschen.

Ich will versuchen, an einem absichtlich drastischen Beispiele den Unterschied zwischen historischem Gesetz und historischer Wahrscheinlichkeit und die Bedeutung der letzteren für das Erkennen zu demonstrieren. Wenn A dem B öffentlich sagt, daß er ein Schurke, ein Halunke, ein Schuft ist, dann ist es sehr unwahrscheinlich, daß B ihm darauf eine Liebenswürdigkeit antworten wird. Sehr wahrscheinlich hingegen, daß er mit einer

Soziologie und Geschichtswissenschaft

gesprochenen oder wirklichen Ohrfeige reagiert und der betreffende A würde sich äußerst komisch ausnehmen, wenn er erzählte: was einem manchmal für merkwürdige Zufälle begegnen: nenne ich da letzthin jemanden einen Halunken, und er appliziert mir als Antwort eine Ohrfeige. Hier haben wir etwas vor uns, was sicher kein purer Zufall, also keine rein zufällige Sukzession ist und doch werden wir es ablehnen müssen, es als ein historisches Gesetz zu bezeichnen, daß, wenn jemand ein Halunke genannt wird, er darauf mit einer Ohrfeige reagiert. Was besagt dieses gewagt drastische Beispiel? *Es zeigt, daß es zwischen dem rein Zufälligen und dem ausnahmslosen Gesetz Zwischenformen gibt, soziale Wahrscheinlichkeiten, die auf verhältnismäßig konstanten Relationen beruhen.* In dem von mir angeführten Fall haben wir es mit einer Erscheinung zu tun, deren Hinausgehen über das rein Zufällige, auf Tatsachen beruht, die man vielleicht psychologische Gesetze nennen könnte. Aber ich hätte ebensogut aus dem Bereich der wirtschaftlichen Tatsachen Beispiele anführen können, wo nicht von psychologischen Gesetzen die Rede sein kann, sondern bloß gleichsam von dem Eigenwillen der sozialen Maschinerie und wo doch im weiten Umfange derartige Zwischenformen zwischen Zufall und Gesetz anzutreffen sind. Diese typischen sozialen Sukzessionen, diese *relativ konstanten Relationen*, welche allen individuellen und sozialen historischen Zufälligkeiten zugrunde liegen, aufzusuchen, das nun macht eine der wesentlichsten Aufgaben der Soziologie aus. Und gelingt es ihr, diese Aufgabe auch nur im bescheidensten Maße zu erfüllen, so ist sie bereits geeignet, dem Historiker die wertvollsten Dienste zu leisten.

Der Historiker muß sich vor Augen halten: es ist in letzter Analyse seit Tausenden von Jahren immer dasselbe Stück, das auf der Weltbühne gespielt wird; der Titel des Stückes wechselt, andere Personen führen es auf, in neuen Worten wird gesprochen, aber der Stoff hat sich nicht allzusehr geändert. Die lebendigen Kräfte und ihr Verhältnis zueinander variieren im letzten Grunde äußerst wenig. Man könnte die menschliche Geschichte mit einer Riesenuhr vergleichen, an der nur das Zifferblatt wechselt, oder mit einem enorm komplizierten Triebwerk, das zwar immer wieder andere Apparate in Bewegung setzt, dessen innere Maschinerie aber stets mehr oder weniger die gleiche bleibt. Es ist mir wohl gestattet, das sich im Grunde stets gleich Bleibende und sich nur kontinuierlich Komplizierende und Differenzierende aller Geschichte die *Armatur der Gesellschaft* zu nennen. Dann könnte ich sagen: Die Soziologie ist die Lehre von dem *relativ Konstanten im sozialen Wechsel,* ist die Lehre von der *Armatur der Gesellschaft* und von deren Entwicklung. Was die Statistiker als die Gesetze der großen Zahlen bezeichnen, ist damit verwandt. Aber man begeht vielfach den Fehler, diese Gesetze in ihrem Inhalt für unabänderlich zu halten, während sie nur in dem Sinne den Namen von Gesetzen verdienen, daß es immer bestimmt gruppierte Zahlenverhältnisse in den Ereignissen des gesellschaftlichen Lebens geben wird, weil eben unter allen Umständen bestimmte relativ konstante Relationen bestehen. Diese selbst aber sind nicht unabänderlich, weil sie eben nur *relativ* konstante Relationen zum Ausdruck bringen, denen letzten Endes wohl vielleicht absolute Konstanzen zugrunde liegen mögen, welche wir in den sogenannten Naturgesetzen vor uns zu haben scheinen. Und von hier aus sieht man gleich eine weitere, überaus wichtige Beziehung zwischen Soziologie und Geschichtswissenschaft. Die Geschichtswissenschaft berichtet über die Veränderungen, die sich im Laufe der Jahrtausende *wirklich* vollzogen haben. Die Soziologie hingegen untersucht die Variabilität als Problem, und zwar in viel weiterem Sinne als die Naturwissenschaft, indem sie festzustellen sucht, in welchem Umfang die Menschen durch ihre Umgebung und in welchem Umfang die Umgebung der Menschen durch deren planbewußte Arbeit umgeformt zu werden vermag. Die Soziologie ist demnach die Lehre von den sozialen Triebkräften, von der sozialen Statik und Dynamik und den hierauf sich aufbauenden Entwicklungsmöglichkeiten, also die *Lehre vom sozialen*

Können, während eben die Geschichte es nur zu tun hat mit der einen Entwicklungslinie, welche historische Wirklichkeit wurde.

III.

Ich habe eingangs dieses Aufsatzes meine Verwunderung darüber ausgesprochen, daß man es wagen konnte, der Geschichte den Rang einer Wissenschaft abzustreiten. Es ist dies in der Tat ein wahnwitziges Beginnen. Aber es läßt sich historisch begreifen. Als nämlich die Soziologie mit dem Anspruch ins Leben trat, eine selbständige Wissenschaft zu repräsentieren, war es vor allem die auf dem Gipfelpunkt ihrer Macht angelangte historische Schule, die ihr jede Existenzberechtigung bestritt. Kann es angesichts dessen verwundern, wenn der verlöschende Glanz der historischen Schule begleitet wird von dem Zweifel, ob die Geschichte eine Wissenschaft genannt zu werden verdient, ja wenn wir heute eine Phase erleben, wo dem Historismus sogar in der Geschichtsforschung selbst die Anerkennung versagt wird? Vom Historismus ist tatsächlich die Ächtung der Soziologie ausgegangen. Und wenn wir heute angesichts der allgemeinen Wertschätzung der soziologischen *Betrachtungsweise,* angesichts der ungeheuren Fortschritte der Soziologie diese Ächtung teilweise noch aufrecht erhalten sehen, so läßt sich dies nur so erklären: die historische Schule, die genötigt war, über den Einbruch der Naturwissenschaften in die Geisteswissenschaften zur Tagesordnung überzugehen, wollte wenigstens den der Soziologie zu verhüten suchen. So entstand das Schlagwort: die Soziologie ist keine Wissenschaft. Man klagte über die Verschwommenheit, über die Verschiedenheit der Anschauungen der einzelnen Vertreter, über den Mangel einer eindeutigen Definition. Aber läßt sich dieser Mangel einer eindeutigen Definition etwa nur bei der Soziologie beobachten, ist er nicht in eben dem gleichen Maße anzutreffen bei allen zusammenfassenden Grundwissenschaften, bei der Philosophie ebenso wie bei der Biologie, bei der Anthropologie ebenso wie bei der – Geschichte? Aus diesem Grunde bin ich auch der Meinung: ebenso ungerechtfertigt es ist, der Geschichte den Rang einer Wissenschaft abzustreiten, ebenso willkürlich ist es, dies der Soziologie gegenüber zu tun. Soziologie und Geschichtswissenschaft sind aufeinander angewiesen, eine ist die unentbehrliche Stütze der anderen, ja es liegt sogar im Relativismus unseres Denkens, ebenso wie in dem Faktum, daß alles mit allem zusammenhängt, begründet, daß unsere sämtlichen Wissenschaften, daß alle Einzelerkenntnisse sich wechselseitig als Fundament tragen. Ein gefährlicher Luftbau allerdings, aber unser ganzes Wissen und unser ganzes Sein ist ein gefährlicher Luftbau. Ein Stützpunkt im Absoluten, ein absoluter Stützpunkt wird vergebens gesucht.

Nun wird man aber vielleicht fragen: Wie kommt es, daß, wenn die Soziologie eine unentbehrliche Stütze der Geschichtswissenschaft sein soll, bedeutende historische Leistungen geschaffen wurden, lange bevor es eine Soziologie gab? Darauf antworte ich: lange bevor es das Wort Soziologie gab; denn ebenso wie sich, wo Begriffe fehlen, oft zur rechten Zeit ein Wort einstellt, so sind oft längst tatsächliche Relationen vorhanden, ja sogar zum Teil berücksichtigt, ohne daß sich immer zur rechten Zeit die entsprechenden Begriffe und noch weniger das erlösende Wort für dieselben findet. Und weil es immer eine Soziologie gegeben hat – wenn auch stets unter einem anderen Namen und weder zentralisiert noch entsprechend systematisiert – mutet es so ungeheuer komisch an, wenn man heute, wo nur der zusammenfassende Begriff und die streng wissenschaftlich exakte Methode gefordert wird, darüber diskutiert, ob die Soziologie Existenzberechtigung hat oder nicht. Darum sei betont: d i e *Soziologie hat viel mehr als Existenzberechtigung, sie hat Existenznotwendigkeit.* Es ist deshalb auch kein Beweis gegen die Soziologie, daß großzügige Geschichtswerke geschaffen wurden, schon bevor das W o r t

Soziologie und Geschichtswissenschaft 151

Soziologie existierte. Dagegen läßt sich ganz offensichtlich beobachten, und die anfängliche Verkennung der ungeheuren Bedeutung der umwälzenden Lehren von *Karl Marx* beweist es aufs deutlichste: die Geschichtswissenschaft hat äußerst schwer darunter gelitten, daß es früher keine zentralisierte, systematisch bearbeitete Soziologie gab, und sie wird in Hinkunft noch schwerer darunter leiden, wenn sie sich nicht um die Ergebnisse dieser nunmehr bereits zentralisierten, systematisch bearbeiteten, exakt fundierten Soziologie kümmert.

IV.

Simmel sagt einmal in seinen Problemen der Geschichtsphilosophie: »Die Geschichte ist mehr als Geschichte.« Und ich gebe ihm hierin vollkommen Recht. Denn wie ich bereits bemerkte, erblicke ich in der Geschichte eine Universalwissenschaft. Sie ist das Gedächtnis der Menschheit, und als solches das, was das Gedächtnis überhaupt für den Menschen ist. Aber wie das menschliche Erkennen nicht nur Gedächtnis ist, so ist die Geschichte auch nicht nur Geschichte. Der Historiker ergänzt das Gedächtnis der Menschheit durch sein individuelles Gedächtnis, wie durch seine besonderen Denkoperationen. Er kann nicht anders. Wie man behauptet hat, daß, wenn wir auch die Bewegung der einzelnen, das menschliche Gehirn konstituierenden Atome bis ins kleinste Detail kennen würden, wir doch über das Psychische nichts auszusagen wüßten, ohne die innere Erfahrung, so läßt sich auch sagen: Der Historiker kann aus den überlieferten Quellen, auch bei noch so gründlicher Kenntnis derselben, den wirklichen geschichtlichen Verlauf nicht in seiner ganzen Fülle begreifen und begreiflich machen, wenn er nicht aus sich das geistige Band zu den Teilen, die er in der Hand hat, hergibt. Und das hat nicht nur in den unentbehrlichen Interpolationen, die er einfügen muß, seinen Grund, sondern auch in der *Auswahl*, die er zu treffen genötigt ist, wenn er gerade bestimmte Tatsachenreihen als die Geschichte einer Zeit, eines Volkes oder eines Individuums herausgreift. Da alles mit allem zusammenhängt, da die Geschichte der Psyche jedes einzelnen organischen Wesens etwas Unendliches ist, wie rechtfertigt er die Auslese, die er vornimmt? Man hat viel darüber gestritten, ob der Historiker seine subjektive Auffassung in die Darstellung einfließen lassen dürfe, aber es ist heute wohl die allgemeine Meinung, daß schon die Auswahl des Materials eine *Wertung* enthält. Und wenn auch selbst keine Auswahl erfolgte – der Historiker käme um die Wertung nicht herum. Da das, was nun im engeren Sinne Weltgeschichte ist, die Geschichte von wertenden Lebewesen ist, geschrieben von eben solchen, hat es nur die Bedeutung eines Versteckenspielens, einer Vogelstraußpolitik, wenn man glauben machen will, es könne schlechthin objektive Geschichte geschrieben werden. Freilich Gradunterschiede in der Subjektivität der Darstellung wird es immer geben. Aber täuschen wollen wir uns nicht darüber, daß sehr vieles von dem, was man heute in der Geschichtsschreibung als Objektivität zu bezeichnen beliebt, nichts ist, als die Übereinstimmung mit der gerade herrschenden Hauptströmung. Man merkt eben die Tendenz dessen am allerwenigsten, der mit dem Strom schwimmt.

Was wollte ich nun mit diesem Hinweis auf die Bedeutung des Wertgesichtspunktes für die Geschichtswissenschaft? Es soll damit auf eine weitere Berührungsfläche zwischen Geschichtswissenschaft und Soziologie aufmerksam gemacht werden. Die Soziologie ist nicht nur die Lehre von den sozialen Tatsachen, von den sozialen Zusammenhängen, von der Struktur der sozialen Gebilde und deren Entwicklung, von den wahrscheinlichen sozialen Sukzessionen, von der Dynamik der sozialen Triebkräfte, von dem Bleibenden im Wechsel, von dem Wechsel der verhältnismäßig konstantesten Relationen, von den Ursachen dieser relativen Konstanz, die Soziologie ist also nicht nur die Lehre *von der Entwicklung des Gesellschaftlichen im Geschichtlichen*, sie ist auch die Lehre von den sozialen *Werten*.

So wäre denn die Soziologie, wird man vielleicht fragen, neben der Geschichte eine zweite Universalwissenschaft? Zweifellos! Denn jede große wirkliche Wissenschaft, die bis zu den letzten Problemen vordringt, ist Universalwissenschaft, und die Soziologie ist dies ebenso wie die Physik, die Chemie, die Biologie, die Anthropologie, ja wie die Psychologie, die Erkenntnistheorie und Philosophie. Nur die Fragestellung ist bei allen diesen Wissenschaften überall eine durchwegs verschiedene; in der Universalität aber unterscheiden sie sich nicht voneinander. Zahlreiche Wissenschaften haben, genau genommen, denselben Gegenstand, sie treten aber von verschiedenen Standpunkten an ihn heran, untersuchen ihn jede auf etwas anderes hin. Die ästhetische Analyse eines Bildes wendet andere Methoden an und kommt zu anderen Ergebnissen als etwa die chemische Analyse.

Nun scheint ja nach allem bisher Angeführten für meine Auffassung die Soziologie weit mehr eine synthetische Wissenschaft zu sein, als eine analytische. Das ist sie allerdings auch, insofern sie in großem Umfang bereits von anderen Wissenschaften bearbeiteten Stoff zu ihrer Arbeit verwendet. Wie der Mensch in der vegetabilischen und tierischen Nahrung bereits organisierte Materie für den Aufbau seines Organismus benützt, so ist ähnliches auch bei der Soziologie der Fall. Aber sie erschöpft sich keineswegs in dieser Betätigung. Indem sie sich bestrebt, alle auf das Soziale bezüglichen Daten zu vereinigen, miteinander zu konfrontieren und zu einer widerspruchslosen Einheit zu verbinden, ist sie genötigt, auf möglichste Vollzähligkeit der zur Einheit erforderlichen sozialen Daten hinzuwirken und damit stellt sie der Wissenschaft neue Aufgaben, deren Lösung unsere Erkenntnis ganz ungeheuer bereichern muß. Diese Arbeit, speziell diese Anregung zu neuen sozialen Analysen im Dienste der erforderten sozialen Synthese kann nur von der Soziologie geleistet werden, keine andere Einzelwissenschaft, auch keine einzelne Sozialwissenschaft muß auf Ähnliches hindrängen.

Hat zum Beispiel die Psychologie gefunden, daß die Vorstellungen der Menschen sich in gewissen Assoziationen zu kombinieren tendieren, ergibt die Erkenntnistheorie, daß unserem Erkennen gewisse Grenzen und Bedingungen gesetzt sind, zeigt die Willenstheorie typische, aktive und passive Willensdeterminationen und klärt sie über die Natur unserer Zweckstrebigkeit auf, offenbart die Anthropologie, Ethnologie und Rassentheorie gewisse naturgemäße Völkereigentümlichkeiten auf bestimmten Kultur- und Naturstufen, belehrt die Entwicklungstheorie über die Kausalität der Umwandlung und der wachsenden Organisationskompliziertheit der Individuen und Arten, stellt die Biologie, Physiologie, organische Chemie, Medizin und Sozialhygiene eine Reihe von konstanten Relationen des Organismus, eine Reihe von konstanten Beziehungen zwischen den verschiedenen chemischen Stoffen, zwischen Organismus und Umwelt fest usw., so ist es die Soziologie, welche ermittelt, wo hier wichtige Zwischenglieder fehlen, die zur Erkenntnis des Kausalzusammenhanges des sozialen Ganzen unbedingt erforderlich sind, so ist es die Soziologie, welche neben der Mechanik des Unbelebten, neben der Biomechanik, der Psychomechanik, gleichsam die *Soziomechanik* darstellt.

Aber sie ist auch soziale *Teleomechanik*. Man vergegenwärtige sich nur etwa folgendes: die Entwicklungslehre behauptet, scharfe Selektion sei die unentbehrliche Voraussetzung organischer Höherentwicklung, die Ethik aber erklärt, Schutz der Schwachen stelle ein Postulat gereifter Sittlichkeit dar; in welcher Wissenschaft sollen denn diese miteinander nicht in Übereinstimmung befindlichen Aussagen gegeneinander abgewogen, durch gegenseitige Konfrontation geprüft, auf Grund letzter Wertkriterien in einen geordneten Zusammenhang gebracht werden? Welche Wissenschaft soll der Ort sein, wo etwa die Voraussetzungen und Bedingungen kultureller Höherentwicklung zur Prüfung gelangen, welche Wissenschaft soll der Ort sein, wo das Problem der Kultur erörtert wird? Ist dies vielleicht nur ein Gegenstand der Kulturgeschichte? Doch keineswegs! Oder, um ganz praktisch zu reden: heute ist allerorten die Sozialpolitik das Zentrum des sozialen Interesses, ein Kapitel welcher Wissenschaft bildet aber die Sozialpolitik, wenn nicht eines der Soziologie, weil in der Soziologie allein objektiv untersucht wird, sowohl was der praktische Gesamtzweck unseres sozialen Wirkens sein muß, wie wo die Grenzen unseres menschlichen Könnens auf sozialem Gebiete liegen. Nun wird man vielleicht sagen, der Historiker braucht nicht erst die Vorarbeit der Soziologie, wenn er aus allen Wissenschaften, die auf das Soziale bezüglichen Daten zusammentragen will, er kann dies allein besorgen. Das ist aber durchaus kein in der Wissenschaft übliches Verfahren. Man denke doch nur beispielsweise an die Statistik. Da könnte man auch sagen: ja, wozu braucht man eine Statistik als selbständige Wissenschaft, die statistischen Daten könne sich jeder selbst zusammentragen, ohne daß es eine zusammenfassende Theorie der Statistik gäbe. Man sagt dies aber nicht, und zwar deshalb nicht, weil man weiß, daß umfangreiche Vorkenntnisse dazu gehören, um statistische Zahlen richtig aufarbeiten zu können, und ebenso ist es bezüglich der Soziologie. Es gehören große Vorkenntnisse, ausdauernde soziologische Lebenstätigkeit dazu, um die auf das Soziale bezüglichen Daten der einzelnen Wissenschaften systematisch zu einem einheitlichen Ganzen verarbeiten zu können. Übrigens könnte man ja gegen den Historiker genau den gleichen Einwand machen, da doch seine Arbeit gewiß vor allem in einem Zusammentragen und Zusammenstellen der historischen Daten beruht. Es wäre dies aber ein ganz unsinniger Vorwurf.

V.

Vielleicht wird man mir aber vorhalten: wenn man der Soziologie eine so weite Definition gibt, wie dies hier von meiner Seite geschehe, so sei die Soziologie allerdings eine notwendige Wissenschaft, aber sie falle dann eigentlich vollkommen mit der Philosophie zusammen. Freilich, bei der anerkannten Universalität der Philosophie kann mit Leichtigkeit jede Disziplin zugleich als ein Zweig der Philosophie reklamiert werden. Aber wenn man sich nicht auf diese ganz large Definition beruft, ist doch ein ganz erheblicher Unterschied zwischen der Soziologie, wie wir ihr Gebiet abstecken, und der Philosophie zu konstatieren. Die Philosophie hat viel abstraktere und vor allem wesentlich allgemeinere Aufgaben als die Soziologie. Und wenn man darum die Soziologie mit der Philosophie identifizieren will, so wird man dadurch nur bewirken, daß die Soziologie zu einer Wissenschaft wird, die mit der konkreten Wirklichkeit nur sehr lose Beziehungen aufweist. Während es der Soziologie in der Hauptsache obliegt, alle Ergebnisse der einzelnen Wissenschaften, soweit sie sich auf das soziale Leben beziehen, zu sammeln, zu einer widerspruchslosen Einheit systematisch zu verarbeiten, zu einer Theorie der gesellschaftlichen Erscheinungen zu vertiefen, die soziale Kausalität und die soziale Teleologie zu begreifen und auf Grund alles dessen neue Fragen und neue Fragestellungen zu gewinnen, ist das Amt der Philosophie ein völlig anderes, viel weiteres. Die Philosophie hat nämlich vor allem die Aufgabe, nicht bloß die Ergebnisse der einzelnen Wissenschaften zu verarbeiten, sondern die Voraussetzungen zu prüfen, auf denen sie aufgebaut sind, und die Methoden, kraft welcher sie gewonnen wurden, auf ihre wissenschaftliche Zulässigkeit zu untersuchen. Die Philosophie ist also in erster Linie *Voraussetzungslehre*. Es war zweifellos ganz falsch, wenn man die exakten Wissenschaften für voraussetzungslose Wissenschaften hielt. Gerade das Gegenteil ist der Fall. Die exakten Wissenschaften sind Wissenschaften, die auf ganz bestimmten Voraussetzungen beruhen und sich dieser ihrer Voraussetzungen voll bewußt sind, indem sie darauf achten, daß sie zu ihrer Grundlage nur Voraussetzungen nehmen, die jeder Kritik standzuhalten vermögen. Angesichts dessen kann man sagen: relativ voraussetzungslose Wissenschaft zu treiben, ist das Sonderamt der Philosophie, alle anderen Wissenschaften haben bloß die Aufgabe, widerspruchslose Erkenntnis im Rahmen bestimmter kritisch geprüfter Voraussetzungen zu vermitteln. Die Philosophie ist freilich nicht nur Voraussetzungs- und Methodenlehre, sie ist auch Weltanschauungslehre und in dieser letzteren Gestalt hat sie mannigfache Beziehungen zur Soziologie. Aber sie geht so sehr über sie hinaus und ist darum in ihren einzelnen Teilen so allgemein und undetailliert, daß man keineswegs sagen kann, sie fällt mit ihr zusammen. Selbst die Sozialphilosophie unterscheidet sich von der Soziologie noch so, wie etwa eine rein topographische Landkarte von Europa sich von der oro- oder hydrographischen Landkarte einer einzelnen Provinz unterscheidet.

Ich glaube aus allen meinen Darlegungen geht mit wünschenswertester Deutlichkeit hervor, daß man gerade, um die verschiedenen Einzelwissenschaften davor zu bewahren, daß sie immer wieder durch Untersuchungen über soziologische Grundprinzipien, die nicht in sie hineingehören, in ihrer Reinheit getrübt werden, wünschen muß, die Soziologie möge nicht länger wie bisher obdachlos bleiben. Man sage doch, wo in aller Welt sollen die Probleme der sozialen Entwicklung, die Fragen nach den Ursachen der Blüte und des Verfalls der Völker, nach dem Verhältnis des Einzelnen zur Gesellschaft und der Gesellschaft zum Einzelnen, die Frage nach der Bedeutung des Kampfes für den Fortschritt, das Verhältnis von Sozialhygiene und individueller Freiheit, von Wirtschaft und Recht, das Problem, inwieweit das historische Geschehen durch individuelle oder staatliche planbewußte Eingriffe beeinflußt werden kann, das Problem der Bedeutung der großen Persönlichkeit für die Geschichte, und zwar als Richtungstransformator, nicht nur als Blüte der Zeit, wo soll alles das und noch vieles andere erörtert werden, wenn man die Soziologie ablehnt. Will man etwa all das in eine Sozialpsychologie verweisen und damit die Triebkräfte, in denen die Sozialpsychologie ihrerseits selbst wieder wurzelt, aus der soziologischen Erörterung verbannen? *Ich glaube wirklich, man kann sagen, wenn es keine Soziologie gäbe, sie müßte erfunden werden und sie ist sicherlich auch erfunden worden, weil sie eine Notwendigkeit war.* Denn wie die Geschichte die Lehre von den historischen Wirklichkeiten ist, so ist die *Soziologie die Lehre von den sozialen Möglichkeiten* und nicht nur dies, die Geschichte ist der Längsschnitt, die Soziologie der Querschnitt durch das soziale Sein.

VI.

Man braucht sich nur die ganze Bedeutung der historischen Betrachtungsweise, der historischen Methode, kurzum dessen, was man im guten Sinne Historismus nennt, zu vergegenwärtigen, um am besten auch die ungeheure Bedeutung der *soziologischen* Betrachtungsweise und damit der Soziologie würdigen zu können. Wieviel ist gewonnen, wo es gelingt, ein Ereignis, ein Phänomen, eine Einrichtung historisch zu begreifen. Man hat die Erscheinung damit auf ihre Wurzel zurückgeführt und aus dieser heraus versteht man sie dann in allen ihren Einzelheiten. Eine ähnliche Leistung, nur in einer anderen Richtung, bringt die soziologische Betrachtungsweise mit sich. Sie zeigt das scheinbar historisch Zufällige in seiner tiefsten sozialen Verankerung auf. Die Geschichte erforscht vor allem das Nacheinander, die Soziologie ganz wesentlich auch das Nebeneinander. Es ist die Soziologie, welche zeigt; wie in der Gesellschaft alles mit allem zusammenhängt und wie es deshalb aufs Schlimmste oberflächlich denken heißt, wenn man eine einzelne soziale Erscheinung, losgelöst aus dem sozialen Gesamtzusammenhang betrachten will. Die Soziologie, die das Gesellschaftliche im Geschichtlichen zu ihrem Gegenstand hat, lehrt uns, welche Hauptmomente für die Erkenntnis des Lebens der Gesellschaft in Betracht kommen. *Der schwerste Vorwurf, den man heute dem 18. Jahrhundert macht, ist der, es habe unhistorisch gedacht. Soll etwa die Ächtung der Soziologie schließlich zur Folge haben, daß man dereinst dem 20. Jahrhundert vorwerfen kann, es habe unsoziologisch gedacht?* Natürlich darf keinesfalls etwa soziologisches Denken ohne weiteres mit sozialem Empfinden identifiziert werden. Soziologisch denken heißt einfach, dem sozialen Zusammenhang gerecht werden, wie historisch denken der geschichtlichen Kontinuität gerecht werden heißt. Die einzelnen sozialen Wissenschaften studieren nun die verschiedenen Faktoren des gesellschaftlichen Lebens als einzelne Faktoren; wie sich diese aber wechselseitig bedingen, welche Bedeutung ihnen zukommt, sobald sie in ihrem Einfluß auf das Sein und das Wohl der Gesamtheit abgewogen werden, das muß den Gegenstand einer besonderen Wissenschaft bilden, sollen die Sozialwissenschaften nicht bloß einen ungeordneten Haufen widersprechender Tatsachensammlungen darstellen. Und diese besondere allgemeine Wissenschaft ist eben die Wissenschaft vom Logos des Sozialen, die Soziologie.

Sollte es etwa keinen Wert für den Historiker haben, wenn die Soziologie ihn aufmerksam macht: in allem gesellschaftlichen Leben spielen, losgelöst von Ort und Zeit der Begebenheiten, die und die Faktoren eine ganz bestimmte Rolle, wenn die Soziologie ihm sagt: du hast zu achten auf Boden, Klima, Rasse, Wirtschaft, Technik, Bevölkerungsbewegung, Wohnweise, Familienverfassung, Recht und vieles andere. Aber die Soziologie begnügt sich keineswegs mit diesen ganz allgemeinen Hinweisen. Sie belehrt aufs genaueste über die typische Wirkungsweise der einzelnen Faktoren, sie klärt darüber auf, wie es mit den relativ konstanten Relationen dieser untereinander beschaffen ist, welches die typischen Sukzessionen bei ihrer wechselseitigen Berührung sind.

Man hat heute nur deshalb vielfach nicht das richtige Gefühl für den speziellen Gegenstand und die Unentbehrlichkeit der Soziologie, weil ganz ungerechtfertigter Weise bis nun das meiste dessen, was das Gebiet der Soziologie ausmacht, in der

Nationalökonomie behandelt wurde. Es ist aber ein ganz unsinniger Zustand, daß die Soziologie gegenwärtig im Rahmen der Nationalökonomie behandelt wird, wo es doch ganz zweifellos ist: die Nationalökonomie stellt einen Zweig der Soziologie dar, aber nicht umgekehrt kann die Soziologie aufgefaßt werden als Zweig der Nationalökonomie. Denn die Wirtschaft bedeutet bloß eine der Voraussetzungen des Wohles der Gesellschaft, *während es eben das Wesen der Soziologie ausmacht, daß sie alle Voraussetzungen des Gedeihens der Gesellschaft festzustellen, zu analysieren und zu einer geordneten Synthese zusammenzufassen sucht.* Man denke etwa an ein Werk, wie den ersten Band von *Schmollers* »Grundriß der allgemeinen Volkswirtschaftslehre«. Ist das nur Nationalökonomie? Keineswegs! Das ist eine soziologische Einführung. Und das Gleiche ist bei zahlreichen anderen Arbeiten, die sich als nationalökonomisch ausgeben, zu konstatieren. Sie alle sind Arbeiten über Soziologie, aber ohne die erforderliche Systematik. Auch hinsichtlich zahlreicher Geschichtswerke läßt sich Ähnliches sagen. Brauche ich übrigens mehr als nur die Namen *Marx* und *Engels* auszusprechen, damit die grundlegende Bedeutung der Soziologie mit Evidenz offenbar wird?

VII.

Was nun die spezielle Bedeutung der Soziologie für die Geschichte anlangt, so sei noch auf ein ganz konkretes Beispiel verwiesen. Man blicke etwa auf die aus den Tatsachen des *Völkerverhältnisses* erwachsenden Konsequenzen. Eine rein soziologische Untersuchung des Völkerverhältnisses ergibt eine Reihe feststehender Beziehungen; diese bilden den Untergrund dessen, was dann als rein individuelles Schicksal der einzelnen Staaten in den verschiedenen Zeiten erscheint. Eine Unzahl der interessantesten Momente erwachsen alle aus dem Einfluß der wirtschaftlichen und kriegerischen Konkurrenz auf die Bevölkerungsbewegung. Wir wissen, vielfach wird angenommen, es sei der unauslöschliche Rassenhaß, der die kriegerischen Konflikte der Nationen hervorruft. Würde nun etwa eine soziologische Untersuchung des Völkerverhältnisses ergeben, daß es die Ungleichheit der nationalen Besitzverteilung, die Disproportion zwischen nationaler Tüchtigkeit und nationalem Privateigentum ist, was die Völker feindlich gegeneinander treibt, würde weiter etwa die soziologische Untersuchung wahrscheinlich machen, daß die zu rasche Bevölkerungsvermehrung, die man vielfach für die Ursache der Kriegsnotwendigkeit hält, genau genommen, eine Folge der kriegerischen und wirtschaftlichen Konkurrenz ist, weil innerhalb des bestehenden Völkerverhältnisses rascher Generationswechsel die Voraussetzung der Konkurrenzfähigkeit bildet, so wären dies Tatsachen, die dem Historiker keineswegs gleichgültig erscheinen könnten.

Die Soziologie kann eben einfach dem Historiker schon deshalb nicht gleichgültig sein, weil sie über das Typische aufklärt, das dem scheinbar Individuellen zugrunde liegt. Man vermengt die Aufgaben des Historikers mit denen des Soziologen, wenn man, wie dies von Seiten der extrem kulturhistorischen Richtung geschieht, dem Historiker die Verpflichtung auferlegt, er habe vor allem das Gesetzliche im Geschichtlichen aufzusuchen. Davon kann keine Rede sein. Der Historiker hat genug geleistet wenn er möglichst exakt berichtet, was sich tatsächlich zugetragen hat und aus welchen besonderen Ursachen das Geschehene im Einzelnen hervorgegangen ist. Die soziologische Orientierung muß ihn dabei hauptsächlich insofern leiten, daß er nicht den zufälligen Motiven der einzelnen Individuen mehr Einfluß zuschreibt, als ihnen angesichts der relativ konstanten Relationen, auf deren Ermittlung die Soziologie ausgeht, zukommt. Meine Meinung ist also klipp und klar die: der Historiker muß soziologisch orientiert sein; man darf aber die Geschichte ebensowenig in Soziologie auflösen wollen, wie etwa die Soziologie in Geschichte.

Auch hinsichtlich eines anderen Konfliktes, zwischen der politischen und der Kulturgeschichtsschreibung ist es die Soziologie, die die Bedingtheit des kulturgeschichtlichen Standpunktes offenbar macht. Wenn man nämlich der politischen Geschichtsschreibung heute so vielfach zum Vorwurf macht, sie interessiere sich vorwiegend für kriegerische Ereignisse, für diplomatische Vorgänge, also für sogenannte Haupt- und Staatsaktionen und wende der Kulturentwicklung nur ganz nebenbei ihre Aufmerksamkeit zu, so ist dieser Vorwurf nicht ohne weiteres zu billigen. Gerade die Soziologie kann den Satz bestätigen, daß die Geschichte eines Landes die Geschichte seiner Nachbarvölker ist. In der Tat, der ungeheure Einfluß der äußern Politik auf die innere und nicht nur auf die innere Politik, sondern auch auf die innere Kulturentwicklung kann gar nicht überschätzt werden. Schon die Urgeschichte, die Entwicklung von der Horde zum Stamm und alle Stadien der primitiven Verfassung hindurch bis zum nationalen Gemeinwesen hinauf, zeigt, daß kontinuierlich die äußeren Verhältnisse es waren, die die inneren schufen. Die Klassenscheidung ist darum auch kein rein wirtschaftlich zu begreifendes Phänomen, sondern vielmehr hervorgegangen aus kriegerischer Unterwerfung. *Und wie von den Uranfängen her die äußere Politik die innere bestimmt hat, so ist es geblieben bis auf den heutigen Tag.* Alle meine soziologischen Forschungen haben mich zu der Überzeugung geführt, daß in der Ungleichheit des nationalen Privateigentums einer der Schlüssel zur Lösung der sozialen Probleme der Gegenwart zu finden ist. Weil dies aber der Fall ist, ist innerhalb des Bestehenden der Kampf um nationale Besitzerweiterung Voraussetzung der Höherentwicklung der Kultur. Im wirtschaftlichen Kampfe nun und ebenso im kriegerischen Wettbewerb kommt alles auf die Gewinnung eines Vorsprunges an. Und es bleibt sich, genau genommen, gleich, ob man einen Vorsprung gewinnt, indem man den anderen vorauseilt, oder die anderen daran hindert, gleichen Schritt zu halten. Dies bewirkt, daß heute vielfach vor allem an der gegenseitigen Entwicklungshemmung gearbeitet werden muß. Eines der wichtigsten soziologischen Probleme ist es jedenfalls, neben der sozialen Bedingtheit der Einzelnen die *internationale Bedingtheit der Sozietät* zu untersuchen. Schon dieses Problem allein zeigt die Bedeutung der Soziologie für den Historiker. Es ist also der Kampf um die Vorherrschaft, der die Kräfte der einzelnen Völker im Kampf um die Kultur unterbindet. Ja, die Kultur ist gegenwärtig ebenso wie in aller bisherigen Geschichte eigentlich beinahe bloß ein Nebenprodukt im Machtkampf. So sehr sind wir durch die Verhältnisse genötigt, in den Mitteln unsere Zwecke zu negieren. Ich kann diesen Gedankengang hier nicht weiter ausspinnen.[1] Das Angeführte genügt aber vielleicht, um wenigstens Eines zu zeigen: mag es auch höchst unerfreulich sein, wenn die Kulturgeschichte bloß ein Anhängsel der Staatengeschichte bildet und ist es unzweifelhaft, daß die Geschichte der Erweiterung des sozialen Könnens weitaus interessanter ist als die Geschichte der nationalen Grenzverschiebungen, man muß einsehen: es ist ein Problem der Soziologie, zu untersuchen, warum die Kulturaufgaben neben dem Machtkampf zu allen Zeiten eine so untergeordnete Rolle gespielt haben, aber man darf nicht in den Fehler verfallen, es der Geschichtsforschung zum Vorwurf zu machen, daß das, was ihren Inhalt bildet, so namenlos nichtssagend ist. Damit will ich natürlich nicht gegen die Kulturgeschichtsschreibung Stellung genommen haben, sondern mich nur gegen die Aufsaugung der Soziologie durch die Geschichtsforschung wenden und darauf verweisen, wie notwendig es ist, sie beide auch als durchaus selbständige Disziplinen mit verschiedenen Methoden anzuerkennen.

VIII.

Meint man aber trotz alledem, gegen die Soziologie einwenden zu können, wenn ihr Gegenstand das Leben der Gesellschaft ist, und zwar dieses nicht nur historisch, sondern vorerst funktionell begriffen, so müße sie naturgemäß eine uferlose Wissenschaft sein, so möchte ich darauf entgegnen: Allerdings ist der Umfang der Soziologie ein äußerst großer, denn es ist schwer, etwas Umfassenderes zu finden als die menschliche Gesellschaft, deren innerstes Wesen zu erforschen die Soziologie trachtet. Aber der Vorwurf der Uferlosigkeit darf uns nicht beirren. Es liegt ja nicht in unserer Willkür, ob wir das Leben der Gesellschaft erforschen wollen oder nicht, wir müssen vielmehr zu möglichst exakten Erkenntnissen über diesen Gegenstand zu gelangen suchen, weil unsere Stellung in der Natur davon abhängt. *Es ist die Uferlosigkeit des sozialen Seins, deren Spiegelbild die Soziologie wiedergibt.* Und die Geschichte namentlich ist ganz in demselben Sinne uferlos, wie die Soziologie, denn wie ausnahmslos alles den Gegenstand soziologischer Betrachtung bilden kann, so kann ausnahmslos alles auch den Gegenstand historischer Betrachtung bilden. Und jede einzelne Wissenschaft benötigt auch sämtliche anderen als Hilfswissenschaften. Die Ergebnisse der einzelnen Sozialwissenschaften aber müssen in einer Zentraldisziplin konfrontiert und vereinheitlicht werden, sollen wir ein Bild vom sozialen Ganzen gewinnen, und deshalb müssen wir auf das hohe Meer der Soziologie hinaus, ob uns auch die Größe der Aufgabe niederdrückt. Es ist angesichts dessen, von einem höheren Standpunkt aus gesehen, auch ganz gleichgültig, ob man die Lehre vom sozialen Ganzen nun Soziologie oder Sozialphilosophie nennt. Ebenso wie die Psychologie sich von der Philosophie losgelöst hat und heute ein selbständiges Dasein führt, weil sie eine möglichst konkrete und detaillierte Behandlung erforderte, ebenso wie dies bei einer Reihe anderer Wissenschaften der Fall war, die alle die Philosophie zur gemeinsamen Mutter haben, so wird es auch bei der Soziologie geschehen. *Ich warne aber nachdrücklichst davor, das Gebiet der Soziologie willkürlich einzuengen. Gerade wenn man die Soziologie nur zur Sozialpsychologie oder nur zur Völkerpsychologie oder nur zur Geschichtsphilosophie machen will, wird sie zu einer Gefahr.* Gewährt man ihr freien Entfaltungsraum, unterstützt man sie von allen Seiten in ihrer überaus schweren Aufgabe, dann steht zu erwarten, daß sie ihr bedeutungsvolles Amt als neue Zentralwissenschaft in glänzender Weise erfüllt und namentlich der Geschichte jenen wissenschaftlichen Kontrollapparat schafft, ohne den ein exakter Wissenschaftsbetrieb in der Gegenwart nun einmal nicht mehr möglich ist.

Auch ein Blick auf die Lebensarbeit *Rankes* [Leopold von Ranke (1795-1886), Begründer der modernen Geschichtswissenschaft, G. S.] kann uns die ganze Bedeutung der Soziologie offenbaren. Wie immer man zu *Ranke* seiner Richtung nach steht, ob man das besondere ideologische Fundament seiner Geschichte für brauchbar hält oder nicht, ob man mit der Einseitigkeit, in der vorzüglich die ideellen Faktoren betont werden, einverstanden ist oder nicht, man kann sich der Empfindung nicht entziehen, hier liegt eine große, von einheitlicher Weltanschauung getragene, künstlerische Schöpfung vor. Ich bin sicherlich der letzte, der Sympathie dafür hat, wenn *Ranke* immer wieder in den einzelnen historischen Ereignissen die sichtbare Hand der Vorsehung erkennt, es scheint mir dies eine längst überlebte Metaphysik. Aber ich muß gestehen, er hat damit wenigstens einen festen Orientierungspunkt und das halte ich für einen ungeheuren Vorteil. Es ist nicht richtig, daß wir Geschichte einzig und allein zu dem Zwecke treiben, die Wahrheit zu ermitteln; wenn das der Fall wäre, dann wäre für uns die Geschichte der Maikäfer als individueller Persönlichkeiten ebenso wichtig, wie die Geschichte der Menschen. Wir treiben Geschichte vielmehr in erster Linie wie alle anderen Wissenschaften als bestimmt wollende Wesen, zu dem Zwecke, jene Erkenntnisse zu gewinnen, welche uns zur Höherentwicklung unserer Art befähigen. Indem nun die Soziologie uns über die Tatsachen des sozialen Seins aufklärt, und damit den Boden für die Lehre vom sozialen Sollen vorbereitet, schafft sie der Geschichte jene *kulturkritische Orientierung,* deren sie bedarf, nachdem sie die metaphysische Orientierung verworfen hat, die die Lebensarbeit Rankes zu einem einheitlichen, wenn auch heute nur mehr historisch wertvollen Kunstwerk gemacht.

Die ins Extrem verzerrte materialistische Geschichtsauffassung, die heute die ideologische *gänzlich* zu verdrängen sucht, ist hingegen nichts als der Ausdruck der Überschätzung der Nationalökonomie als Wissenschaft, welche noch aus der zweiten Hälfte des vorigen Jahrhunderts fortwirkt. Hat man erst eingesehen, daß die Nationalökonomie nicht jene soziale Universalwissenschaft ist, als die sie sich geberdete, begreift man vielmehr die Nationalökonomie als einen Zweig der Soziologie, dann wird naturgemäß die *soziologische Geschichtsauffassung* die allzu eng begriffene ökonomische ersetzen und die Einseitigkeiten der ideologischen, der materialistischen, wie auch der Darwinistischen Geschichtsauffassung zu einer neuen Synthese zusammenschweißen.

Die soziologische Geschichtsauffassung wird aber brechen sowohl mit dem Passivismus, der vielfach der ideologischen, wie mit dem Fatalismus, der der zu einseitig begriffenen materialistischen Geschichtsauffassung innewohnt, sie wird uns zu einer *aktivistischen Weltbetrachtung* führen und damit die Geschichte zu jener großen Lehrmeisterin machen, die sie zu allen Zeiten der Menschheit sein wollte. Denn wahrlich, die Geschichte darf nicht nur die Flamme des Weltgerichts bedeuten, sie hat vielmehr vor allem als hellstrahlende Fackel unserem Fortschrittswillen voranzuleuchten!

Anmerkungen

[1] Inzwischen bereits ausführlicher dargelegt in meinen Schriften: »*Friedensbewegung und Menschenökonomie,*« Zürich 1912 und »*Das Verhältnis der äußeren Politik zur innern,*« Wien 1914.

Hermann Rauchenschwandtner

Konstellationen der Lust – Otto Neuraths Optimierungen der Gesellschaft

Sind die Spuren einer männlichen Person mit vielfältigen Betätigungen offenzulegen, drängt sich gelegentlich das Bild eines »Mannes mit vielen Eigenschaften« auf, ein Bild, das sich von seiner literarischen Vorlage im lebensweltlichen Gemeinsinn nicht eben günstig emanzipierte. Finden wir in Robert Musils Roman einen umtriebigen Unternehmer in Person von Arnheim jun. mit Anspruch auf Geld *und* Geist vor, eine Person, die auf eine eigentümliche Art und Weise das Leben Walther Rathenaus phantasmatisch in den Blick zu bringen verspricht – so dass Musil eben das Lustmaximum Rathenaus nur teilweise erhöhte –, so hebt sich demgegenüber Otto Neurath (1882-1945) mehrfach ab. Zwar war Neurath ein Mann mit vielen Eigenschaften, die aber, seinen wissenschaftlichen Vorstellungen entsprechend, wohl *integriert* waren. So besteht kein Anlass über den Geist oder die Seele Neuraths zu sprechen – »Geist ist, in Verbindung mit irgendetwas, das Verbreitetste, das es gibt« (Musil) – und auf algebraische Reihen und Ordnungsrelationen zu verzichten. Neuraths Selbst-verständnis appelliert demnach nicht auf die Fülle eines einzig hermeneutisch oder dramatisch zu erschließenden Reichtums an Gefühlen, die ein diffuses Insgesamt des Lebens prätendieren, sondern er ist Ökonom, Philosoph und Historiker und behandelt Menschen schlicht als das, was sie sind: als Lustmaschinen, deren Kräfterelation erstens so zu beschreiben ist wie die Kräfte der Physik. Er steht mithin auch in der Tradition von Jevons und befindet sich mit dem Apologeten der Lust – Edgeworth – im gleichen Raum. Zweitens beschreibt Neurath nicht nur faktische Relationen und Zustände der Lust, sondern er stellt *mögliche* soziale

Zukunftspfade in Aussicht, die den Zustand aller verbessern werden und nicht bloß sollen.

Die Klammer, mathematisch eindeutig: die Integration seiner lebensweltlichen Elemente, die (strengen) Ordnungsrelationen seiner Lustsensationsmengen und daraus folgernd die Permutationen seiner Glücksvermehrungen oder -verminderungen beschreibe folgenden Vektor zwischen den Extremwerten Geburt-Leben-Arbeit-Tod: Als Sohn eines Professors für Nationalökonomie an der Hochschule für Bodenkultur in Wien 1882 geboren, studierte Neurath anfangs Naturwissenschaften und Mathematik in Wien. Eine bloß naturwissenschaftlich-theoretische Ausrichtung wurde aber ergänzt durch seine Studien der antiken Wirtschaft. Auf Vorschlag Ferdinand Tönnies', den er anlässlich der Salzburger Hochschultage, über die Neurath der Zeitung »Arbeiterfreund« berichtete, 1903 kennen lernte, schloss er seine Studien bei Eduard Meyer und Gustav Schmoller mit der Arbeit »Zur Anschauung der Antike über Handel, Gewerbe und Landwirtschaft« 1906 in Berlin ab. Die frühen Jahre sind somit geprägt durch naturwissenschaftlich-theoretische und empirisch-geschichtliche Arbeiten, deren systematische Verklammerung die Textur von Neuraths Leben sind.

Nach einem Hungerleiden in Berlin – das er nicht zur Kunst ausbauen konnte und deshalb nachhaltig geschwächt war – und der Rückkehr nach Wien wurde Neurath 1907 Lehrer für Volkswirtschaft an der Neuen Wiener Handelsakademie. Seinem Anspruch gemäß, mathematische Kalküle Wirklichkeit werden zu lassen, den er 1908 in dem Publikationsorgan »Kultur und Fortschritt« mitteilte, namentlich: die Herbeiführung einer *allgemeinen staatsbürgerlichen Aufklärung*, wo es zu einer *Demokratisierung des staatlichen Willens* durch die Einführung eines *volkswirtschaftlichen und staatsbürgerlichen Schulunterrichts* kommen soll, also gemäß seines früh artikulierten Anspruchs einer Fortführung der Aufklärung, stellte er für den Schulunterricht gemeinsam mit seiner früh verstorbenen ersten Frau Anna ein »Lesebuch der Volkswirtschaftslehre« zusammen. Da nun der Eingang in die selbstverschuldete Mündigkeit mit Selbstdenken beginnt, wurden dort teils übersetzte Originaltexte der Nationalökonomie versammelt, also *Volkswirtschaft für die Allgemeinheit*. Da Bildung mitunter mit Reisen verbunden ist, nahm Neurath die auf Vermittlung von Böhm-Bawerk und Philippovich an ihn herangetragene Einladung der *Carnegie Foundation for International Peace* an und erforschte die wirtschaftlichen Organisations- und Lebensformen des Balkans. Als Ergebnis seiner Reise publizierte er mehr als drei Dutzend Artikel über die Wirtschaftsverfassung und -politik des Balkans, Arbeiten über Zoll- und Wechselkursregimes Serbiens und Bosniens, das Eisenbahnsystem Bulgariens, die Nationalbankpolitik Serbiens und Bulgariens und die konfessionelle Struktur in Österreich-Ungarn.

Die Resultate dieser empirischen Studien verschoben den Vektor seines Lebens- und Koordinatensystems in Richtung der Kriegswirtschaftslehre *vor* Beginn des Ersten Weltkrieges. Nach Beginn des Ersten Weltkriegs organisierte Neurath als Verpflegungsoberleutant sein Quartier nach Maßgabe der »Abortologie« neu und drängte insgesamt auf die Einrichtung einer Planungsstelle für die Kriegswirtschaft, d.h. dass die von ihm früh offen gelegten Mängel einer systematischen Betrachtungsweise über die Kriegwirtschaftslehre endlich durch eine entsprechende staatliche Institution beseitigt werden sollten. Nach erfolgter Bewilligung durch das Kriegsministerium »Kakaniens« (Musil) wurde Neurath auch Direktor des Deutschen Kriegswirtschaftsmuseums in Leipzig. Diese beiden wirtschaftlichen Einrichtungen im Rahmen der Kriegsmaschine sollten die Wirkungen unterschiedlicher, organisatorischer Maschinen auf die Kriegsmaschine insgesamt analysieren, wobei er nicht metaphorisch über Maschinen sprach, sondern buchstäblich funktionelle Verknüpfungsregeln vor Augen hatte und Gesellschaftstechnik mit Händen betreiben wollte. Auf Einladung von Kurt Eisner und Eduard Jaffé präsentierte

Neurath Ende Januar 1919 dem Münchner Arbeiterrat seine Pläne über die Möglichkeiten einer Staatssozialisierung der Wirtschaft, wobei er weniger an Staat und Sozialisierung in deren politischer Einfärbung interessiert war, sondern die Wirkung dieser Organisationsform als Verwaltungsbeamter auf die Reichtumsverschiebung realisieren wollte. Nach der Niederschlagung der Räterepublik wurde Neurath zu eineinhalb Jahren Festungshaft verurteilt, die er aber nach Intervention unter anderem von Otto Bauer und Walther Rathenau nicht antreten musste. Er wurde ausgewiesen und Generalsekretär des »Forschungsinstituts für Gemeinwirtschaft« in Österreich, ferner 1921 Generalsekretär des »Österreichischen Verbandes für Siedlungs- und Kleingartenwesen«.

Obgleich seit 1918 Sozialist überwog im Hinblick auf die Gestaltung von Kleingärten bei Neurath auch hier ein technisches Interesse im Namen der Reichtumsvermehrung aller. Die funktionelle Darstellung von Lustkomplexen und deren Komplikationen – Neurath ist wohl einer der wenigen, die Carls Mengers Bestimmung der Volkswirtschaft als »complicirte sociale Form« ernst genommen haben –, also die *Vielfalt* möglicher Lustkombinationen führte zu nicht-kapitalistischen Organisationsformen mit beträchtlichem Erfolg. Anders als Friedrich von Wieser, der das Genie des In*genie*urs im »Gesetz der kleinen Zahl«, d.i. dass Einige führen und die meisten folgen, zu finden glaubte, versuchte Neurath, algebraische Reihen und Ordnungsrelationen für jedermann darzustellen, ohne dass eine Hermeneutik des Verstehens den je einzelnen Geist in einen gemeinsamen Horizont stellte. Mathematik konnte demnach nicht nur in der Kritik der reinen Vernunft abgehandelt werden, sondern mithilfe von Bildern, die eine gleichsam empirische Einbildungskraft beanspruchten, dargestellt werden. Die Methode, abstrakte Relationen bildlich vorzustellen, führte auf Initiative von Neurath 1925 zur Gründung des »Gesellschafts- und Wirtschaftsmuseums«. Die dort ausgestellte Bildstatistik – später unter dem Namen »ISOTYPE« – war gewiss eine

Revolution der Anschauung und Fortführung der Aufklärung, wo komplizierte Sachverhalte jedem und jeder vor Augen geführt werden konnten. Nebst diesen Tätigkeiten, reine Vernunft Wirklichkeit werden zu lassen, war Neurath ein betriebsamer Teil des Wiener Kreises mit dem Anspruch, Wissenschaft und nicht Metaphysik zu befördern. 1934 wurde sowohl der Wiener Kreis als auch das »Gesellschafts- und Wirtschaftsmuseum« aufgelöst, da nun in Österreich im Namen des Katholizismus Religion innerhalb der Grenzen der Vernunft und sozialistische Lust unstatthaft waren. Neurath musste also 1934 nach Holland emigrieren. Nach dem Einmarsch der Nationalsozialisten in Holland im Mai 1940 musste er mit seiner Familie auf abenteuerliche Art und Weise nach England fliehen. Am 23. 12. 1945 starb Otto Neurath mit einem Band Goethe in der Hand. Seine letzte Artikulation war – wie Marie Neurath berichtete – ein Röcheln, das kaum von einem Lachen zu unterscheiden war.

So bleibt zuletzt nur eine vorhersehbare Änderung – mit Verlaub – von Neuraths Rat an junge Leute, d. i. »Lest's kan Kant und kan Schopenhauer – treibts lieber Wissenschaft«, in »Lest's an Kant, an Neurath und treibt's Wissenschaft«.

Zum Text: Otto Neurath, Nationalökonomie und Wertlehre, eine systematische Untersuchung (Zeitschrift für Volkswirtschaft, Sozialpolitik und Verwaltung, Bd. 20, Wien/Leipzig, 1911, S. 52-114, abgedruckt in: Neurath, Otto (1998): Gesammelte ökonomische, soziologische und sozialpolitische Schriften. Hrsg. von Rudolf Haller und Ulf Höfer. Wien, Teil 1, S. 470-518).
Auf die Wiedergabe der einzelnen, wenigen Fußnoten wurde verzichtet. Neuraths Bezüge sind vielfältig und beanspruchen verschiedene Traditionen: die österreichische Tradition (Menger, Böhm-Bawerk, Wieser, Schumpeter), die deutsche (Knies, Roscher) und englische Tradition (Marshall), ferner greift er die Darstellung der Indifferenzkurven bei Pareto auf, wo er indes darauf hinweist, dass Pareto die Nutzen-

niveauabstände gelegentlich mit einer kardinalen Abbildung von Nutzenintensitäten verwechselt. Insgesamt ist festzustellen, dass Neurath eine Zuordnung zu einer bestimmten Schule – ohnehin bloß ein heuristisches Konstrukt, aber keine epistemologische Exposition – ablehnt, er vielmehr den Gegenstand der Nationalökonomie sachlich als spezifisch historische und zukünftig mögliche Organisationen von Reichtum deduziert und methodisch (historisch und theoretisch) darlegt.

Literatur

Nemeth, Elisabeth (1981): Otto Neurath und der Wiener Kreis. Revolutionäre Wissenschaftlichkeit als politischer Anspruch. Frankfurt/M – New York

Neurath, Paul; Nemeth, Elisabeth (Hg.) (1994): Otto Neurath oder die Einheit von Wissenschaft und Gesellschaft. Wien – Köln – Weimar.

Uebel, Thomas E.: Heterodoxer Neopositivismus als Antwort auf den »Methodenstreit«? – Die Philosophie der Sozialwissenschaften im langen Schatten einer alten Debatte. In: Bauer, Leonhard; Hamberger, Klaus (Hg.) (2002): Gesellschaft denken. Eine erkenntnistheoretische Standortbestimmung der Sozialwissenschaften. Wien – New York, S. 319-343.

Otto Neurath

Nationalökonomie und Wertlehre

Unter dem Namen Wertlehre werden vielfach Bestrebungen vereinigt, die mehr durch das ihnen gemeinsame Wort Wert, als durch einen ihnen gemeinsamen Gegenstand zusammengehören. Aber selbst wenn man eine bestimmte Richtung der Wertlehre herausgreift, trifft man keineswegs immer auf ein eindeutig bestimmtes Objekt der Untersuchung. Im folgenden soll festgestellt werden, in welcher Weise die *Wertlehre*, soweit sie sich mit *Lust* und *Unlust* beschäftigt, mit der *Nationalökonomie* systematisch zusammenhängt. Insbesondere sollen manche Beobachtungen vereinigt und ergänzt werden, welche auf die Bestrebungen der österreichischen Schule ein Licht werfen. Trotz der weiten Verbindung der österreichischen Wertlehre sind nicht nur ihre Grundlagen Gegenstand ernster Kontroversen, – dies Schicksal würde sie mit vollkommen gefestigten Disziplinen teilen – sondern sie wird auch vielfach als Ganzes in Frage gestellt.

Zunächst werden wir das Gebiet der Nationalökonomie abzugrenzen suchen. Dran anschließend, soll an einigen *einfacheren Beispielen* gezeigt werden, daß grundsätzlich die Möglichkeit besteht, die angedeuteten Probleme der Nationalökonomie in wissenschaftlicher Allgemeinheit systematisch zu behandeln. Es wird der Nachweis erbracht, daß die hier gegebene Begriffsbestimmung der Entwicklung der Nationalökonomie durchaus angemessen ist. Sobald der Gegenstand der Nationalökonomie genügend charakterisiert ist, läßt sich die Frage erörtern, wie man etwa zu werttheoretischen Beobachtungen gelangen könne und ob dieselben notwendige Voraussetzungen für nationalökonomische Untersuchungen seien.

Eine Begriffsabgrenzung der eben erwähnten Art ist zwar notwendig konventionell, doch ist eine derartige Konvention an die

Eigentümlichkeiten der Gegenstände gebunden, da die Gemeinsamkeit gewisser Merkmale nicht selbst Ergebnis einer Konvention ist. Im Interesse wissenschaftlicher Systematik wird man danach trachten, jeden Gegenstand in einer und nur in einer Wissenschaft unterzubringen. Wenn wir auch von einer befriedigenden Systematik noch weit entfernt sind, so können wir dennoch auf engerem Gebiet die traditionellen Abgrenzungen analysieren und – wenn möglich konsequenter als es bis dahin der Fall war, – die bisher benutzten Einteilungsprinzipien weiter verwenden. Es wird so die Verantwortung zwischen den verschiedenen Forschern erleichtert, da die Behandlung, welche man einem Gegenstand angedeihen läßt, selbst eine Art Sprache ist.

Wir treffen mit einer alten Tradition zusammen, wenn wir den *Reichtum* als den *Gegenstand der Nationalökonomie* bezeichnen. Unter Reichtum wollen wir den Inbegriff von Lust und Unlust verstehen, den wir bei Individuen und Individuengruppen antreffen. Der Ausdruck Lust hat den Vorteil, nach unserem Sprachgebrauch komplizierte und primitive Tatbestände gleichzeitig zu umfassen. Wir werden im folgenden sehen, daß es zweckmäßig ist, zunächst die Lust und nicht, wie dies oft geschieht, die Lusterreger in den Mittelpunkt der Betrachtung zu stellen. Man entgeht so der großen Gefahr, sich vorzeitig eine Theorie über die Beziehung zwischen Lusterregern, der Lust und den Bedürfnissen zu bilden.

Manche Nationalökonomen, so die Utopisten und Sozialreformer, untersuchen, welche Umstände unter gegebenen Voraussetzungen ein *Maximum an Reichtum* erzeugen. Andere wieder untersuchen den *Reichtum wirklicher Komplexe*; zu ihnen sind viele Wirtschaftshistoriker zu zählen, sowie jene Nationalökonomen, welche den Reichtum zukünftiger sozialer Ordnungen festzustellen suchen. Theoretische Nationalökonomen, welche die Wirklichkeit schematisch darzustellen sich bemühen, gehören ebenfalls hierher. Man kann aber auch den *Reichtum aller* unter irgendwie gegebenen Voraussetzungen konstruierbaren *Komplexe* zu untersuchen bereit sein. Soweit Betrachtungen dieser Art durchführbar sind, stellen sie für den Nationalökonomen den *Höhepunkt wissenschaftlicher Allgemeinheit* dar. Die Ergebnisse derartiger Untersuchungen schließen grundsätzlich die nationalökonomischen Resultate der vorher erwähnten Forschungsrichtungen ein, sei es, daß diese sich mit wirklichen oder gedachten Fällen beschäftigen.

Unter L wollen wir, wenn nicht ausdrücklich etwas anderes bemerkt wird, sowohl Lust als auch Unlust verstehen. Wir setzen voraus, daß wir über zwei gegebene L_k, L_1 immer aussagen können, ob: $L_k = L_1$, oder $L_k > L_1$ oder $L_k < L_1$. Sind mehrere voneinander unabhängige L gegeben, so können wir sie zu *Konstellationen* zusammenfassen; wir symbolisieren dieselben, indem wir L nebeneinanderschreiben, z.B. $L_k L_1$. Wir können auf Grund der bisherigen Voraussetzungen in vielen Fällen bereits sagen, daß eine Konstellation mehr Lust aufweise als eine andere.

(S. 470-471)

***

Im Folgenden entwickelt Neurath eine formale Axiomatik der Lust, die fest auf dem Boden der neoklassischen Ökonomie in der Tradition von W. St. Jevons und V. Pareto steht, d.h. dass Neuraths Ökonomie schlicht modern und verbindlich ist, und die Mathematik der Lust- und Unlustgefühle leichthin präsentiert und im Sinn möglicher zukünftiger Ordnungen des Sozialen auch erweitert wird. Ferner weiß er die epistemologischen Mängel der gleichgewichtstheoretischen Betrachtungsweisen des jungen Schumpeter souverän zu vermeiden. Der formale Lust-Kalkül, der sich von dem materialen calculus of pleasure and pain, d.i. die Klassifikation der feelings, passions and sentiments durch Jeremy Bentham, nahezu durch einen epistemologischen Bruch unterscheidet, wird anhand von achtzehn Tabellen dargestellt. Formal beschreibt der Kalkül

Strukturen der Lust, genauer: Ordnungsstrukturen. Neurath prägt mithin der Menge aller Lustgrößen – die Lustgrößen sind nur deshalb Elemente, weil sie als Elemente einer Menge notiert werden können – eine Ordnungsstruktur auf, weil (strenge) Ordnungsrelationen erklärt werden können: vor allem die Relationen > < prägen die Struktur der Lustgrößen (Präferenzen). Obgleich die Ordnungsrelationen nur streng sind, weil sie nicht reflexiv sind, werden ferner Konstellationen und Verschiebungen dieser Lustgrößen von Neurath präsentiert, die sich formal nicht von den Notationen der Mikroökonomie unterscheiden.

Reduzieren sich mikroökonomische Präferenzstrukturen aber auf ein Haushaltsgleichgewicht, so entwickelt Neurath umfassende Ordnungsstrukturen, die zugleich tatsächliche und mögliche soziale Ordnungen beschreiben. Entgegen einer dogmatischen Situierung der Ökonomie als bloß formale Wissenschaft behält aber Neurath die genuin epistemologische Fragestellung im Blick, ohne in das ontologische Gegenteil zu kippen: Was ist der Gegenstand der Nationalökonomie, und wie kann dieser nach Regeln gedacht werden? Ob der Gegenstand möglicher Erfahrung transzendentalphilosophisch auch erkannt werden kann, wird nicht exponiert. Der Reichtum als Gegenstand ökonomischer Ordnungsstrukturen besitzt demnach einerseits den formalen, theoretischen Kalkül, aber, und das hebt Neurath über eine verkürzte, platte Betrachtungsweise des Methodenstreits zwischen der Österreichischen Schule der Nationalökonomie und der Deutschen Historischen Schule hinaus, auch eine historische Dimension, die für den Entwurf zukünftiger Ordnungen unverzichtbar ist. Was Theorie und Geschichte aus der Perspektive Neuraths vereint, sind mithin die spezifischen Organisations- und Ordnungsstrukturen des Reichtums, welche historisch möglich waren und welche theoretisch möglich sein werden. Gelegentlich führt Neurath auch eine Stelle von O. Spann an, was wiederum zu einigen Plattitüden führen könnte, besonders der Merksatz über die

Differenz zwischen dem methodologischen Individualismus, der von Schumpeter als bloße Technik im Hinblick auf die Variationsrechnung vergeblich eingeführt wurde, und einer holistischen Betrachtungsweise vermag den Fortgang der wissenschaftlichen Untersuchungen erheblich zu behindern. Das Ganze ist bei Neurath schlicht die strenge Ordnungsstruktur des Sozialen, d.i. der formale Kalkül insgesamt.

***

Der wissenschaftliche Fortschritt auf nationalökonomischem Gebiet zeigt sich, indem bald empirische Komplexe Anregungen zu Abstraktionen geben, bald wieder diese Abstraktionen zu neuen Kombinationen führen, deren Realität oder Realisierbarkeit man untersuchen kann. Wenn wir mit Elementen, die uns aus der Empirie gegeben sind, alle möglichen Kombinationen herzustellen uns bemühen, gelangen wir zu Typen, welche eine größere oder geringere Annäherung an die Wirklichkeit darstellen. Also grundsätzlich empirisch sind bei unseren Untersuchungen nur die *Elemente* und die *Elementarbeziehungen*, die sich ergebenden komplizierteren Organisationen sind nur zum Teil realisiert. Welche Ergebnisse der theoretischen Forschung historisch vorhanden sind, ist nicht immer sofort festzustellen. Wir können keineswegs behaupten, daß durch *jede* theoretisch dargestellte Beziehung wirklicher Ereignisse auch nur annähernd beschrieben würden.

Grenzt man die Theorie in dem zuletzt erwähnten empirischen Sinne ab, wie dies manche tun, und gibt man sogar zu, daß die heutige Wirklichkeit durch die Theorie entsprechend beschrieben ist, so versagt die Theorie jedenfalls, wenn sie von einem *Sozialpolitiker*, von einem *Utopisten* oder von einem, der eine *Wirtschaftsordnung der zukünftigen Wirklichkeit* zu studieren unternimmt, in Anspruch genommen wird. Die Naturwissenschaften haben die Empirie nie so eng gefaßt. *Die Mechanik gibt dem Maschinenbauer auch Auskunft über*

Maschinen, die noch nie gebaut wurden, wenn nur deren Elementarbestandteile bekannt sind.
(S. 493-494)

***

Im Folgenden belegt Neurath seine Behauptungen, dass der Reichtum Gegenstand der Nationalökonomie ist, dogmenhistorisch. Auch hier sichtet Neurath die Transformationen des ökonomischen Archivs souverän. Beginnend mit den Klassikern, zeichnet Neurath die einseitige Verengung der ökonomischen Forschung nach: Obgleich sich bei Smith und Ricardo Ausführungen zur spezifischen Organisation des Reichtums finden, besonders die Analyse der Arbeitsteilung bei Smith, verschiebt sich infolge der Untersuchungsgegenstand oder kommt schlicht abhanden. Zunehmend dominieren Betrachtungsweisen über das Geld oder die Preise und fixieren dergestalt dogmatisch den Gegenstand der Ökonomie, so dass Fragen nach dem Realeinkommen, d.i. die soziale Axiomatik der Lust, dargestellt in historisch und theoretisch spezifischen Formen der Organisation von Reichtum, verdrängt werden. Selbst bei Marx finden sich – so Neurath – Lücken, nämlich, wie sich im Kapitalismus die unterschiedlichen Realeinkommen auf die Klassen verteilen, bleibt ein Desiderat. Hier scheint Neurath die metaphysischen Mucken der Werttheorie noch nicht genügend berücksichtigt zu haben. Von Bedeutung ist aber nun die Frage, ob denn der Reichtum einer Nation erhöht werden soll? Ist Ökonomie also ein Gegenstand einer normativen oder ethischen Erwägung? Neurath verweist auf die Verhandlung des Vereins für Sozialpolitik 1909 in Wien.

***

Goldscheid meinte in der gleichen Debatte: »Da haben sie also durch den Begriff »Nutzeffekt« in der Definition schon das

Wertmoment darin« und zog daraus den Schluß, daß neben der rein »kausal-deskriptiven Ökonomie« eine »normative« ihre Existenzberechtigung habe. Philippovich, der als Verfechter der Reichtumsbetrachtung auftrat, glaubte zugeben zu müssen, daß derartige Erwägungen berechtigt seien, wenn man vom »Nutzen« sprechen wolle. Die Gegner der Reichtumsbetrachtung wandten sich fast ausschließlich gegen die uns unwesentlich scheinenden Erörterungen über »Sollen«, »Zweck« und verloren das eigentliche Problem aus den Augen. *Sombart* ging sogar so weit, geradezu von einer Alternative zu sprechen, »ob wir Nationalökonomen als einzige Aufgabe uns stellen, festzustellen, daß etwas ist, oder ob wir uns gleichzeitig zur Aufgabe stellen oder überhaupt als einzige Aufgabe ansehen, festzustellen das, was sein soll«. Sombart übersieht dabei, daß die Lustmenge einer Gesellschaft eine ebenso objektive Größe ist, wie irgend eine andere. Auch scheint er die Empirie in einem allzu engen Sinne zu nehmen. Man ist Empiriker, auch wenn man die Eigentümlichkeiten der in der Wirklichkeit *möglichen* Maschinenkonstruktionen untersucht. Ebenso, wie die meisten Vertreter seiner Richtung, beschäftigt er sich vor allem mit dem Wort »Werturteile«, das Philippovich gebraucht hatte, statt sich an den Hauptinhalt des Begriffs »Volkswohlstand« zu halten. Statt dagegen zu protestieren, daß man es als die »Aufgabe« der Wirtschaft bezeichnet, das Leben zu erhalten, hätte er einfach dies Wort durch »Wirkung« ersetzen können. Es ist zweifellos ein vollkommen wissenschaftliches Problem, zu fragen: »Welche Wirkungen auf das Leben üben die verschiedenen Organisationen aus?« Man wird z.B. feststellen, daß unsere Organisation das Leben weniger gut erhalten hilft als andere denkbare Organisationen. Der Sozialpolitiker wird Organisationen angeben können, welche sogar nur wenig von unserer verschieden sind, und schon erheblich lebenserhaltender wirken. Ebenso wird man Organisationen finden, die noch mehr Leben vernichten, als unsere.
(S. 502-503)

***

Wollte man mit Cassirer übereinstimmen, dass der Übergang von Substanz- zu Funktionsbegriffen einen wesentlichen Fortschritt der wissenschaftlichen Untersuchungen bezeichnet, so liegt dieser Fortschritt in dem frühen Aufsatz von Neurath vor. Die Theorie ist keine Abbildung eines vermeintlich gegebene Faktums, keine Annäherung einer formalen Notation an die Fülle der Wirklichkeit, wie dies in naiven Abbildungs- oder Korrespondenztheorien behauptet oder implizit geglaubt wird. Theorie ermöglicht vielmehr die Sichtung möglicher Zustände als Wirkung unterschiedlicher funktionaler Verschiebungen, ohne an die Metaphysik des Möglichen, wie sie als Erbgut dem abendländischen Denken von Aristoteles mitgegeben wurde, zu appellieren. Ausgehend von dieser wissenschaftstheoretischen Erwägung, ist der Status der Ökonomie bei Neurath grundsätzlich von jedem ökonomischen Mainstream unterschieden: Kapitalismus, also in der Perspektive Neuraths: Geldrechung, Preistheorie und Liberalismus, »wo der Löwe neben dem Lämmchen wohnt«, ist kein finaler Zustand der geschichtlichen Entwicklung, wo eine »Idee« des wirtschaftlichen Zusammenlebens sich unveränderlich etabliert, sondern nur eine Möglichkeit, eine Möglichkeit aber, die »Leben« vernichtet.

So lässt sich Neuraths lebenslanges Bemühen, andere soziale Ordnungen theoretisch zu entwerfen und praktisch zu verwirklichen – Fragen der Sozialisierung, die Siedlerbewegung oder die isotypische Darstellung funktionaler Abhängigkeiten, um die Vernunft anderer in weltbürgerlicher Absicht zu befördern –, als Ausdruck spezifischer auch bedingter Verschieberegeln im Hinblick auf das Maximum von Reichtum für alle interpretieren. Er versucht historische, sozialpolitische und utopische Kenntnisse so zu vereinigen, dass sich auch unter gegebenen sozialen Beziehungen die einzelnen nicht der unsichtbaren Hand von spontanen Ordnungen unterwerfen müssen, sondern die Zukunft gestaltbar ist und bleibt. Die offe-

ne Gesellschaft ist nicht nur der gesellige Ort, wo keine Platoniker, Hegelianer oder Marxisten vorstellig werden, sondern sie ist offen für Möglichkeiten, die nicht Ausdruck eines metaphysischen Träumers oder Geistersehers sind, sondern historisch und theoretisch deduziert werden können, um verwirklicht zu werden.

***

Wir haben die einzelnen *Verschiebungen* zunächst als völlig willkürliche eingeführt. Wir wollen damit aber in keiner Weise der Untersuchung irgendwie bedingter Verschiebungen ausweichen. Bei historischen Forschungen stößt man häufig auf unanalysierte Komplexe. Die historische Analyse gibt dann oft Veranlassung zu allgemeinen Betrachtungen, während die theoretische Forschung ihrerseits die Einsicht in die *Organisationslehre* fördert und die historische Forschung anregt, bestimmte Einzelheiten genauer ins Auge zu fassen. Es liegt daher gar kein Grund vor, historische und theoretische Forschung als Gegensätze zu betrachten, ja es wäre nicht einmal zweckmäßig, sie als ganz unabhängig voneinander aufzufassen. Die gegenseitige Berührung ist von großem Vorteil für beide Forschungsrichtungen. Dies hängt zum Teil damit zusammen, daß wir nur wenige komplizierte Komplexe ganz deduzieren vermögen, meist sind nur kurze Strecken der Welt der Deduktion zugänglich, die dazwischen befindlichen Teile werden nicht selten rein empirisch erfaßt.

Besonders eng verbindet sich die *historisch-empirische* Forschung mit der *Theorie*, wenn man die zukünftige Entwicklung ins Auge faßt. Wer eine zukünftige Ordnung beschreiben will, muß sie konstruieren können. Wer eine Ordnung deduziert, welche mehr Lust erregt als unsere heutige, wird zum wissenschaftlichen *Utopisten*. Seine Anschauungen können ihn selbst oder andere anregen, diese Ordnung zu verwirklichen. Die *Prophezeiungen* auf sozialem Gebiet beeinflussen nämlich die Entwicklung. Sie unterscheiden sich so z.B. von astronomischen, welche auf den Lauf der Gestirne keinen Einfluß haben. Auf sozialem Gebiet ist eine bestimmte Prophezeiung häufig Mitbedingung ihrer eigenen Verwirklichung. So ist der Utopist Historiker der Zukunft; der Historiker der Zukunft, wenn diese besser ist als die Gegenwart, gleichzeitig Utopist. Die Zukunft *muß* deduziert werden, da wir sie empirisch nicht kennen; während wir Objekte der Vergangenheit und Gegenwart entweder deduzieren oder aber beschreiben können. Vereinigt, können Historiker und Sozialreformer vor allem wissenschaftlich jene Frage zu lösen suchen, die jener in Platos Staat gestellten entspricht: welche Mängel trennen den heutigen Staat von jenem, welcher am meisten Lust aufweist und wie kann man diesen durch möglichst geringe Veränderungen verwirklichen, falls eine nicht zureicht durch zwei, und wenn diese noch immer nicht genügen, durch mehr, jedenfalls aber durch solche, die möglichst wenig Kraftaufwand erfordern?

Wir sahen, daß die Nationalökonomie bei allen möglichen Untersuchungen von vornherein zweckmäßigerweise das Ganze ins Auge faßt und jeden Teil nur in Verbindung mit allen übrigen betrachtet. Wir sahen weiter, daß wir eine Reichtumslehre exakt durchzuführen in der Lage sind, und daß wir dabei keiner *meßbaren* Größen bedürfen, daß wir vielmehr mit *vergleichbaren* Größen unser Auslangen finden. Die Bestrebungen der Wertlehre sind dadurch bedeutsam, daß *Lustgrößen* als Verschiebungsbedingungen immer wieder untersucht wurden, daß *Lustgrößen* als Ergebnis der Verschiebungen ebenfalls in Rechnung gezogen wurden. Wir suchten zu zeigen, wie bereits mit Hilfe der bisherigen sicheren Erkenntnisse die exakte Nationalökonomie als Reichtumslehre sich entfalten kann, und wie sie sich von noch ungeklärten Problemen der Wertlehre freizuhalten vermag.
(S. 517-518)

Charlotte Natmeßnig/Fritz Weber

Gemeinsam Reisen: Wirtschaftsgeschichte und Ökonomie. – Joseph A. Schumpeter, ein Mann mit Eigenschaften

>»... *auf unserem Gebiet wie auf allem Geistigen ist nur eine langfristige Betrachtung sinnvoll.*«
>
>*Joseph A. Schumpeter*[1]

Es war einmal eine Zeit – und sie war keine unproduktive –, in der die Sozialwissenschaften ein Bewusstsein davon hatten, dass es vor dem Heute ein Gestern und nach ihm ein Morgen, kurz: dass es Geschichte gibt, Gewordenes, Vergangenes, Werdendes; dass nichts nur das ist, was es scheint, sondern dass es mehr enthält: die Male des Abgestorbenen, Absterbendes und Keime des im Entstehen Begriffenen. In diesem Sinn sind wohl auch Schumpeters einleitende Bemerkungen zu dem 1947 erschienenen Artikel *Schöpferisches Reagieren in der Wirtschaftsgeschichte (The Creative Response in Economic History)* zu verstehen: »Wirtschaftshistoriker und ökonomische Theoretiker können eine interessante und sozial wertvolle Reise gemeinsam antreten, wenn ihnen der Sinn danach ist. Es wäre ein Vorstoß in das sträflich vernachlässigte Gebiet des ökonomischen Wandels.«[2]

Verbunden mit der Zeit der letzten Jahrzehnte vor dem Ersten Weltkrieg sind Namen wie Max Weber, Werner Sombart, Gustav Schmoller und Karl Bücher auf der einen, John Hobson, Rudolf Hilferding und Rosa Luxemburg auf der anderen Seite. Zu den Ökonomen, die in diesem Zusammenhang unbedingt genannt werden müssen, zählt insbesondere der Österreicher Joseph Alois Schumpeter, der zwar aus der Grenznutzenschule hervorging, aber bald eine so eigenständige Position einnahm, dass man ihn als Mann *mit* Eigenschaften – ohne Vorbild, ohne Nachfolger und ohne wissenschaftliche Parallelläufer – bezeichnen muss.

Wie groß sein Einfluss auf seine Studenten war, zeigt die Tatsache, dass einer der wichtigsten österreichischen Wirtschaftshistoriker der Zeit nach dem Zweiten Weltkrieg, Eduard März, der in Harvard sein Schüler war, sich unter seinem Einfluss vom historisch orientierten Ökonomen zum ökonomisch gebildeten Historiker wandelte. Nicht zufällig beginnt März' Studie über die Geschichte der Creditanstalt bis zum Ersten Weltkrieg mit einer Referenz auf Schumpeter. »Josef Alois Schumpeter«, heißt es im ersten Satz des Buches, »hat einmal, gegenüber dem Autor dieser Zeilen, den Pariser Credit-Mobilier der Brüder Emile und Isaac Pereire als eine der *explosivsten Erfindungen des 19. Jahrhunderts* gekennzeichnet.«[3]

Der Bezug auf die Geschichte – und im besonderen auf die Wirtschaftsgeschichte – zieht sich wie ein roter Faden durch Schumpeters gesamtes Œuvre. Immer wieder wies er in seinen Werken – so auch in der Bonner Abschiedsrede im Frühjahr 1932, aus der das einleitende Zitat stammt – auf deren Wichtigkeit und Unverzichtbarkeit für die Ökonomie als Wissenschaft hin. In seinem letzten, 1954 posthum veröffentlichten Werk *History of Economic Analysis* erklärt er die Wirtschaftsgeschichte schließlich zur wichtigsten der für eine profunde ökonomische Analyse notwendigen Teildisziplinen. Auch wenn Schumpeter immer wieder die Bedeutung der Statistik hervorhob – in seiner letzten Studie rangiert sie noch vor der »Theorie« an zweiter Stelle in der Hierarchie der für die ökonomische Analyse notwendigen Teildisziplinen –, ließ er keinen Zweifel daran, dass sich ökonomische Phänomene nicht allein mit Hilfe mathematischer Methoden erklären und analysieren lassen, sondern vielmehr des Rückgriffs auf historisches Wissen bedürfen. Allerdings nicht im Sinn eines Bezugs auf Einzelphänomene, sondern einer profunden Kenntnis der langfristigen, *nachhaltig* wirksamen Entwicklungstendenzen. Damit bezieht sich Schumpeter nicht nur auf Max Webers Sozialökonomik, sondern auch auf Fragen, die von Karl Marx bei der Formulierung des historischen Materialismus aufgeworfen worden waren. Ähnlich wie Marx interessieren ihn nicht *ewige*, für alle Zeiten gültige ökonomische und soziale Gesetzmäßigkeiten, sondern historisch *spezifische* Gesetze der Gesellschaft.

Schumpeter, den das *Wallstreet Journal* anlässlich seines hundertsten Geburtstags als den wohl wichtigsten Ökonomen des 20. Jahrhunderts pries, wurde 1883 in Trešt/Mähren geboren. Er absolvierte in Wien das Theresianum, eine der Eliteschulen der österreichisch-ungarischen Monarchie. Diese Ausbildung soll, wie sein Studienkollege Felix Somary (der übrigens in seinen Werken auch sehr stark historisch argumentierte[4]) später berichtete, wesentlich dazu beigetragen haben: »dass Schumpeter ... es virtuos (verstand), jedes Spiel von der äußersten Linken bis zur äußersten Rechten zu spielen.«[5] Dies bezieht sich wohl auf Schumpeters Ausflüge in die Politik – er war 1919 für kurze Zeit österreichischer Staatssekretär für Finanzen – und die Wirtschaft, auf die wenig ruhmreiche Präsidentschaft bei der ehemaligen Hausbank des österreichischen Kaiserhauses, dem Bankhaus M. L. Biedermann & Co, in den frühen 1920er Jahren.

Umso erfolgreicher war er als Wirtschaftswissenschaftler. Nach dem Abschluss seines Studiums der Rechts- und Staatswissenschaft – ein eigenes wirtschaftswissenschaftliches Curriculum bot die Wiener Universität damals noch nicht an – begann er während seiner Aufenthalte in London (u.a. Besuch wirtschaftswissenschaftlicher Seminare an der London School of Economics und Studium der Klassiker der Nationalökonomie) und Kairo (Finanzberater und Tätigkeit am Gemischten Gerichtshof) mit dem 1908 erschienenen und im selben Jahr als Habilitationsschrift an der Wiener Universität eingereichten Buch *Das Wesen und Hauptinhalt der theoretischen Nationalökonomie*.

Im Rahmen seines Studiums hatte er eine breit gefächerte Auswahl an Vorlesungen und Seminaren, von den Rechtswissenschaften, der Politologie, Ökonomie, Mathematik bis hin zu den Sozialwissenschaften, Geschichte und Soziologie, besucht. Unter anderem nahm er kurz vor Ende seines Studiums an dem legendären Seminar Eugen Böhm-Bawerks teil; seine Mitkollegen waren neben Ludwig von Mises und Emil Lederer auch die Austromarxisten Rudolf Hilferding und Otto Bauer.

Erst *nach* seinem Studium konzentrierte er sich auf die »reine« Ökonomie. In seinem Erstlingswerk, das nicht nur auf dem Boden der Wiener Schule fußte, sondern ihn gleichzeitig mit der Habilitation zum jüngsten Privatdozenten der Donaumonarchie machte, vertritt er noch die Vorstellung, die Ökonomie könne sich im Gegensatz zur Wirtschaftsgeschichte mit Hilfe der Mathematik zu einer exakten Wissenschaft entwickeln. Damit zähle sie zu den reinen Naturwissenschaften und dürfe in keiner Weise zu politischen Aussagen herangezogen werden. Die in dem Buch enthaltene Abhandlung zur ökonomischen Methodenlehre reflektiert einerseits die Auseinandersetzung zwischen der Historischen Schule und den führenden Ökonomen der österreichischen Grenznutzenschule (Carl Menger, Eugen Böhm-Bawerk), greift aber andererseits schon ein wesentliches Element seiner späteren Werke auf: die Dynamik des Entwicklungsprozesses, jene Veränderungen des ursprünglichen Gleichgewichts, die nach dem Durchlaufen des Stadiums des Ungleichgewichts verhindern, dass die Wirtschaft zum früheren Gleichgewichtszustand zurück tendiert, sondern einem Gleichgewicht auf gleichsam höherer Ebene zustrebt.

Noch im Erscheinungsjahr des Buches wird Schumpeter als außerordentlicher Professor für Wirtschaftswissenschaften an die Universität von Czernowitz berufen – als jüngster außerordentlicher Professor an einer, wenn auch damals noch sehr jungen, Universität des Habsburgerreichs. Nur drei Jahre später erhält er einen Ruf an die Universität Graz und wird damit zum jüngsten ordentlichen Professor in der Donaumonarchie. Im selben Jahr, 1911, erscheint sein wohl wichtigstes, richtungweisendes Werk *Theorie der Wirtschaftsentwicklung*. Darin legt er gleichermaßen den Grundstein für alle seine späteren Publikationen. 1926 erscheint das Buch – nachdem es mehr als zehn Jahre vergriffen war – in der zweiten Auflage. An einem Neudruck von *Hauptinhalt und Wesen der theoretischen Nationalökonomie* – zeigt er im Gegensatz dazu kein Interesse. In der *Theorie der wirtschaftlichen Entwicklung*, das in Anfragen an Schumpeter nicht zufällig als »Buch über Wirtschaftsgeschichte« bezeichnet wurde, unternimmt er den Versuch, den gesamten Wirtschaftsprozess mit Hilfe der ökonomischen Theorie in Verbindung mit den anderen Sozialwissenschaften – insbesondere der Wirtschaftsgeschichte – zu analysieren. Mit anderen Worten, er verlässt den Boden der »reinen« Ökonomie: Das statische und stationäre Modell von Léon Walras bildet den Ausgangspunkt seiner Überlegungen. Es ließ jedoch, nach Schumpeters Meinung, Aussagen über Änderungen im Prozess der wirtschaftlichen Entwicklung nicht zu, da sich gemäß diesem Modell kein ökonomischer Prozess aus sich heraus ändern könne. Schumpeter gelangte daher zur Überzeugung, dass die kapitalistische Wirtschaft nicht mit der statischen Theorie analysiert werden könne. Diese sei vielmehr nur auf nichtkapitalistische Formen der Produktion anwendbar und verliere zunehmend an Aussagekraft, je fortgeschrittener eine Gesellschaft in ihrer Entwicklung sei:

»Überblicken wir nun den zurückgelegten Weg, so sehen wir, dass der Kreislauf der Wirtschaftsperioden soweit nichts enthält, was auf eine Möglichkeit der Entwicklung aus sich selbst heraus hindeuten würde. Er ist beherrscht von gewissen Notwendigkeiten und bleibt so lange sich selber gleich, als diese Notwendigkeiten sich nicht verändern.«[6]

Wohl kennt dieser Kreislauf nach Schumpeter Veränderungen, doch diese ändern nicht die Bahn des Kreislaufs an sich. Daher konstruiert er ein Bewegungssystem, mit dem die substantiellen, für eine dynamische Ökonomie typischen Veränderungen ausschließlich durch innere Mechanismen erklärt werden können. Zum Primum agens dieses dynamischen Entwicklungsprozesses erklärt er den *Unternehmer*, der neue Kombinationen vorhandener ökonomischer Elemente durchsetzt. Diese neuen Kombinationen werden nicht als Neuschöpfung, sondern als Kombination in neuartiger und überraschender Form verstanden. Der Unternehmer erzeugt neue oder bessere Produkte, führt neue Produktions-, Transport- oder Kommunikationsmethoden ein und erschließt neue Märkte im In- und Ausland. Dies mag ein schmerzhafter Prozess für die traditionellen Produzenten sein, jedoch vollzieht sich in dem dynamischen Prozess der »schöpferischen Zerstörung«[7] und dem sie begleitenden Konjunkturzyklus die Entwicklung der kapitalistischen Wirtschaft.

Die *Theorie der wirtschaftlichen Entwicklung* ist Schumpeters bedeutendstes Werk. Es enthält bereits alle wesentlichen Aussagen zum wirtschaftlichen Entwicklungsprozess, die er in seinen späteren, in Harvard entstandenen Büchern *Business Cycles* (1939), *Capitalism, Socialism and Democracy* (1942) und *History of Economic Analysis* (1954) wieder aufgriff. In diesen verdichtet er seine Argumente und erweitert sie um die historische und soziologische Dimension.

1914 veröffentlichte Schumpeter als junger Professor an der Grazer Universität sein Buch *Epochen der Dogmen- und Methodengeschichte*, in der er sein nahezu enzyklopädisches Wissen[8] über englische, deutsche, französische und italienische Ökonomen und deren Theorien unter Beweis stellte. Mit der Abfassung von Memoranden zu wirtschaftspolitischen Fragen begann er sich im Lauf der darauffolgenden Kriegsjahre zunehmend aus dem wirtschaftswissenschaftlichen Feld zurückzuziehen, um auf politischem und wirtschaftlichem Terrain Fuß zu fassen. Er war dabei – wie bereits angedeutet – wenig erfolgreich. Insbesondere seine rasche, erzwungene Demission als Finanzminister entsprach wohl keineswegs den ehrgeizigen Erwartungen, die er hegte, als er über Empfehlung Otto Bauers im Frühjahr 1919 in das Staatssekretariat für Finanzen berufen wurde.

Ebensowenig erfolgreich war sein Ausflug in das Wirtschaftsleben als Präsident des Verwaltungsrates der Biedermannbank. Das renommierte Bankhaus zählte zu den alteingesessenen Wiener Mittelbanken. Konservativ geführt bis 1918, ließ sich die Bank – wie viele andere auch – im Zuge der Nachkriegsinflation und der Börsenhausse, die 1923 der Sanierung der österreichischen Staatsfinanzen folgte, auf undurchsichtige Spekulationsgeschäfte ein. Wenn Schumpeter auch an diesen Geschäften nicht in seiner Funktion als Präsident der Bank beteiligt war, so machte er doch als Privatmann von dem Kreditrahmen, der ihm auf Grund seiner Stellung zur Verfügung stand, für persönliche Spekulationen ausgiebig Gebrauch. Konnte er in den ersten drei Jahren seiner Präsidentschaft äußerst lukrative Gewinne einstreifen, so änderte sich dies schlagartig mit dem Wiener Börsenkrach im Frühjahr 1924. Noch im Herbst des Jahres veranlasste der Verwaltungsrat der Bank die Amtsenthebung Schumpeters von seinem Präsidentenposten. Die Biedermannbank selbst konnte gerade noch eine Goldbilanz erstellen (die allerdings einen Verlust auswies), ehe die Generalversammlung Ende 1926 ihre Liquidation beschloss.[9] Zum Unterschied von vielen anderen Banken, die damals auf Grund unsauberer Geschäftspraktiken ihre Schalter schließen mussten, scheiterte die Biedermannbank an der Wirtschaftskrise, die der Genfer Sanierung und dem Börsenkrach folgte.

Schumpeter hat diesen letzten Akt der Tragödie nur noch aus der Entfernung mitverfolgen können. Er hatte nach dem abrupten Ende seines Ausflugs in die Bankenwelt nicht nur keine regelmäßigen Einkünfte mehr, sondern musste überdies der Tatsache ins Auge blicken, dass er vor dem Ruin stand: Er hatte sein Vermögen verloren, musste aber seinen finanziellen Verpflichtungen – unter anderen auch enormen Steuerschulden – nachkommen. Ohne Zögern folgte er daher 1925 dem Ruf an den Lehrstuhl für öffentliche Finanzwirtschaft an der Bonner Universität, als Nachfolger Heinrich Dietzels. Schumpeter lehrte – abgesehen von einer Gastprofessur in Harvard und zahlreichen Vortragsreisen – bis 1932 in Bonn und kehrte, nachdem seine Versuche, an der Universität Berlin Fuß zu fassen, gescheitert waren, Europa den Rücken. Noch im Jahr 1932 nahm er den Ruf an die Harvard University an.

Hier entstanden seine letzten drei großen Werke *(Business Cycles, Capitalism, Socialism and Democracy* und, posthum veröffentlicht, *History of Economic Analysis*), in denen er die Fäden zu den in seiner *Theorie der wirtschaftlichen Entwicklung* bereits formulierten entwicklungstheoretischen Vorstellungen wieder aufnahm.

In seinem 1939 erschienenen Buch *Business Cycles*, das lange Zeit im Schatten von Keynes' *General Theory*[10] stand, bezieht er sich in seinen konjunkturanalytischen und -geschichtlichen Überlegungen auf die Forschungen von Clément Juglar (Juglar-Zyklus: 7 bis 11 Jahre), Joseph Kitchin (kurze Wellen von 40 Monaten) und Nikolai Kondratieff (lange Wellen von 47 bis 60 Jahren) und verflicht sie zu seinem bekannten Drei-Zyklen-Schema. Mit diesem analysiert und erklärt er die wirtschaftliche Entwicklung der führenden kapitalistischen Länder für den Zeitraum von 1787 bis 1938. Im Gegensatz zu Keynes, der in der Weltwirtschaftskrise der 1930er Jahre das Symptom einer altersschwachen kapitalistischen Wirtschaft sieht, und die an chronischer Unterkonsumtion und mangelnden Investitionsmöglichkeiten leidet, erklärt Schumpeter diese mit dem zeitlichen Zusammenfallen der Tiefpunkte aller drei Zyklen und vertritt die Meinung, dass Fehler in der Geldpolitik zu ihrer außergewöhnlichen Intensität geführt hätten.[11]

Besonders interessant an Schumpeters Buch über die Konjunkturzyklen war seine Beschäftigung mit der Theorie der Langen Wellen, einer Theorie, die bis heute so faszinierend wie umstritten ist. Schumpeter war nicht der erste Ökonom, der sich mit den Langen Wellen der Konjunktur auseinandersetzte, aber er war der erste nicht-marxistische Forscher, der – auf Grund seines starken historischen Interesses – auf dieses Phänomen stieß. Schon am Ende des 19. Jahrhunderts, im Jahr 1896, kam der russische Marxist Parvus (A. Helphand) in einen Artikel in der *Sächsischen Arbeiterzeitung*, den er 1901 zu einer Broschüre ausbaute, darauf zu sprechen.[12] Kurz vor Ausbruch des Ersten Weltkrieges veröffentliche J. van Gelderen unter dem Pseudonym J. Fedder in der Zeitschrift *De Nieuwe Tijd* eine Artikelserie, in der er die eher skizzenhaften Theoreme von Parvus vertiefte und mit wirtschaftsstatistischem Material untermauerte.[13] Und nach Kondratieff, der sich in seiner Argumentation vor allem auf Preisreihen stützte, ging zur Zeit der Weltwirtschaftskrise Otto Bauer, der führende theoretische Kopf der österreichischen Sozialdemokratie, der – wie erwähnt – vor 1914 gemeinsam mit Schumpeter am Seminar bei Böhm-Bawerk teilgenommen hatte, im Zusammenhang mit der Debatte um die *Arbeitsbeschaffung* auf die Langen Wellen der Konjunktur ein. Er war der erste, der – in Weiterentwicklung der Marxschen Idee des Konjunkturzyklus als Investitionszyklus[14] – die massenhafte Anwendung technischer Innovationen ins Spiel brachte.

Otto Bauer führte die Weltwirtschaftskrise – ähnlich wie Schumpeter – auf das Zusammentreffen eines Kondratieff-Zyklus und eines normalen konjunkturellen Wellentals zurück und vertrat – wiederum eine Parallele zu Schumpeter, der ein Gegner des *New Deal* war – unter Verweis auf die »Illusionen der inflationistischen Theorien« die Ansicht, »daß ... der kapitalistische Staat überhaupt nicht fähig ist, den Geschäftsgang zu regulieren.« Nicht durch die Politiker, sondern nur durch die Ingenieure, »durch Anstöße ... aus der technischen Entwicklung«, könne die Krise überwunden werden.[15] Ähnlich wie Schumpeter legte auch der Sozialist Bauer das Schwergewicht auf die durch technologische Innovationen schubweise hervorgerufenen Umwälzungen des gesellschaftlichen Produktionsapparates.

Nur drei Jahre nach Erscheinen der *Business Cycles* erschien das wohl berühmteste Buch Schumpeters, *Capitalism, Socialism and Democracy*, das erst nach dem Erscheinen der zweiten Auflage auf weltweite Resonanz stieß und 1950, dem Todesjahr

Schumpeters, in seiner dritten und letzten von ihm selbst durchgesehenen Auflage herauskam. Das Buch traf – wegen seiner Auseinandersetzung mit dem Ende des Kapitalismus – den intellektuellen Nerv der Zeit und wurde ein durchschlagender Erfolg.

Die letzten Jahre seines Lebens arbeitete Schumpeter an der *History of Economic Analysis,* einem Buch, das er nicht mehr selbst veröffentlichen konnte und das erst vier Jahre nach seinem Tod erschien. Es bietet nicht nur die umfassendste Erklärung der Schumpeterschen Sozialökonomik und ihrer Verbindung zu den anderen Sozialwissenschaften, sondern stellt sich auch dem enormen Anspruch, die gesamte Dogmengeschichte seit der griechischen Antike darzustellen. Zugleich versucht Schumpeter, die Synthese all seiner wissenschaftlichen Erkenntnisse zu ziehen.[16] Diese aber enthielten von Anfang an den interessierten Blick des Historikers, der sich – ganz so, wie Walter Benjamin den *Engel der Geschichte* beschreibt – umwendet, weil ihm der Wind des Fortschritts so vehement ins Gesicht bläst.

Schumpeters *formative years* fielen in jene Phase vor dem Ersten Weltkrieg, in der das 19. Jahrhundert noch lebendige Vergangenheit war. Es war, wenn man so will, die letzte Blüte eines Zeitalters, das erlebt hatte, wie aus agrarischen oder noch halbagrarischen Gesellschaften das moderne Industriesystem hervorwuchs, das nicht nur die Ökonomie, sondern mit ihr das soziale Gefüge einem grundlegenden Wandel unterzog.

Dieser Transformationsprozess wirkte stark auch in die nationale oder politische Wissenschaft von der Ökonomie hinein: Nicht nur die so genannte *Historische Schule* ist in diesem Kontext in Erwägung zu ziehen, auch andere Theorien der Wirtschaftswissenschaft sind ohne ihren – expliziten wie impliziten – historischen Bezug nicht zu denken. Ein historischer Exkurs ins 18. und 19. Jahrhundert mag dies verdeutlichen: Bei Quesnay und anderen Vertretern der physiokratischen Schule dominiert noch der Rekurs aufs »Natürliche«. Aber schon bei

Adam Smith, der dem Begriff »natürlich« ebenfalls einen zentralen Stellenwert in seinen Überlegungen zum Funktionshintergrund des Marktes einräumt, kommt zur gleichsam ontologisch fixierten »natürlichen Neigung« des Menschen zum Tauschen die Einteilung der Wirtschaftsgeschichte in historisch aufeinander folgende Stufen der Entwicklung hinzu, die *neben* seinem didaktischen Exkurs zur Jägergesellschaft steht, an der er das Arbeitswertgesetz exemplifiziert. Am Ende der Entwicklung steht die *commercial society*, mit der das Wirtschaften seine historische Vollendung erfährt.[17]

Schon in diesem ersten großen Buch der modernen Volkswirtschaftslehre kommen »alte«, vom geschichtlichen Fortschritt gleichsam »mitgeschleppte« Klassen wie die Landbesitzer vor, die nur »ernten (möchten), wo sie niemals gesät haben«[18]. Ihnen stehen die produktiven Klassen gegenüber, die Bauern, die gewerblichen Unternehmer und die Arbeiter, denen die Zukunft gehört, auch wenn sie einen Teil des Arbeitsertrags dem »unproduktiven« Landeigentümer überlassen müssen, damit er den Boden zur Verfügung stellt, auf dem Landwirtschaft betrieben oder Fabriken errichtet werden können.

Smiths Geschichtsbewußtsein – die Vorstellung von der geschichtlichen Abfolge der Wirtschaftsstufen – hätte ohne die beginnende große Veränderung der Gesellschaft, die man nicht zufällig später mit dem schmückenden Hauptwort der industriellen *Revolution* bedacht hat, wohl nicht entstehen können.

Gewiss, Smith hat diese Erkenntnis auch der französischen Philosophie der Aufklärung zu verdanken. Und ebenso wenig zufällig ist es wohl, dass der junge Hegel seinen Smith las und als Denkhintergrund in seine Philosophie miteinwob.[19] Erst eine Zeit, die große Veränderungen miterlebte, die in einem sekulären Prozess der *schöpferischen Zerstörung* über das in Jahrhunderten Gewordene hinwegschritten, als hätte es das feste Gefüge der ständischen Gesellschaft nie gegeben, konnte dieses neue, geschärfte und radikale Geschichtsbewusstsein hervorbringen.

Während aber die »bürgerlichen« Weiterdenker der Lehre von Adam Smith sich immer stärker in Zahlenspiele und strenge logische Modelle – man lese nur einmal David Ricardo parallel zu Smith – vertieften, fand die »historische« Seite seiner Überlegungen in seinen kritischen Lesern ihre Erben: Nicht zufällig wird Friedrich List zu den Vorläufern der *Historischen Schule* gezählt, der zum ersten Mal die Frage nach der Gleichzeitigkeit des Ungleichzeitigen stellte und die nationale Ökonomie vom Standpunkt und Interesse eines unterentwickelten Landes her betrachtete. Die extreme Vorliebe der Vertreter der Historischen Schule (Bruno Hildebrand, Karl Bücher, Waldemar Mitscherlich) für das Unterteilen der Wirtschaftsentwicklung in *Wirtschaftsstufen* kann hier nur gestreift werden. Nicht unerwähnt bleiben soll in diesem Zusammenhang freilich, dass einer von ihnen – Waldemar Mitscherlich – eine Stufenfolge entwarf, an deren Ende die (globalisierte) *Weltwirtschaft* steht.[20] Nicht zufällig entstand dieses Theorem 1914, am Ende einer Periode der Internationalisierung und – wenn man so will – Globalisierung der ökonomischen Welt.

»Historisch« war auch die Methode von Karl Marx, auch wenn sich dies in seinen ökonomischen Schriften nur in vermittelter Weise niederschlägt. Die Idee vom Klassenkampf als dem permanenten Geburtshelfer des Neuen kommt in Marx' ökonomischer Theorie nur in Gestalt dessen vor, was Schumpeter als Prozess der *schöpferischen Zerstörung* beschrieben hat: als Veränderungsdruck, der vom Einsatz immer besserer Produktivkräfte ausgeht. Beide – Marx wie Schumpeter – argumentieren *historisch*, wenn sie die *langfristig* wirkenden Funktionsmechanismen des Kapitalismus analysieren. Das verbindet sie mit Adam Smith, dem nichts unwichtiger (und nicht zufällig so mechanisch abhandelbar) war wie die kurzfristige Reaktion des Marktes auf Veränderungen von Angebot und Nachfrage.

Die Einwirkung des geschichtlich Ablaufenden auf die Theorie von Marx geht weiter, als man im ersten Augenblick zu denken geneigt ist: Selbst sein umstrittenes, weil logisch auf schwachen Beinen stehendes Theorem vom *tendenziellen Fall der Profitrate* kann man sich nicht anders begründet vorstellen als historisch. Nur ein Zeitalter, das den großen Sprung von der agrarischen zur industriellen Gesellschaft, von der Postkutsche zur Eisenbahn, vom Spinnrad zur Spinnfabrik erlebte, konnte eine Theorie hervorbringen, die das Investieren riesiger Kapitalmassen ins Zentrum rückte, deren Wirken – in einer schiefen Optik – zu guter Letzt zur Stagnation führen müsste.[21]

Mag sein, dass hier der fromme kommunistische Wunsch zum Vater des Marxschen Gedankens wurde. Die Suche nach den »letzten« – gewissermaßen zwangsweise – zum Zusammenbruch führenden Krisen, die von den Marxisten in den 1890er Jahren aufgenommen wurde, hat jedenfalls hier ihre Wurzeln.[22] Das Amalgam von geschichtlichem Sendungsbewusstsein und Prophetie hat sich selbst bei religiösen Gruppen als wenig Ziel führend erwiesen. Auch Joseph A. Schumpeter hat dort, wo er historische Tendenzen in die Zukunft projizierte – wie in seinem Buch über *Kapitalismus, Sozialismus und Demokratie* – irrige Prophezeiungen über das absehbare Ende des Kapitalismus produziert.

Es wäre verführerisch, von den Krisen- zu den Unterkonsumtionstheorien zu wechseln, die seit Malthus und Sismondi im ganzen 19. Jahrhundert Hochkonjunktur hatten. Zwar gab es auch bei Marx derlei Überlegungen, doch standen diese nicht im Zentrum seiner Krisentheorie. Um die Krisenanfälligkeit des Kapitalismus auf die verbreitete Armut der unteren Klassen zurückzuführen, war es keineswegs notwendig, Marxist sein. Interessanter ist es, auf jene Sozialforscher Bezug zu nehmen, welche die Unterkonsumtionstheorie zum Ausgangspunkt weiterführender Überlegungen machten oder – anders formuliert – die Unterkonsumtion als historisches Phänomen zu Theorie gerinnen ließen.

In Rosa Luxemburgs *Imperialismustheorie* nehmen Überlegungen zum nahen Zusammenbruch des kapitalistischen

Systems einen prominenten Platz ein. Im Zentrum ihres Buches über die *Akkumulation des Kapitals* stand eine theoretische Frage: ein von ihr konstatierter Marxscher Irrtum bei der Analyse der erweiterten Reproduktion des Kapitals. Aus dem »unverbrauchten« Rest der Kapitalbildung, der nicht wieder in den »normalen« wirtschaftlichen Kreislauf eingehen kann, entsprang bei Luxemburg ein neuer Gedanke: den Kapitalismus nicht als »nationales« System zu betrachten, sondern ihn im *globalen* Zusammenhang zu sehen, also den Gedanken fortzuführen, den Marx bei der Analyse der *ursprünglichen Akkumulation* formuliert hatte. Im 24. Kapitel des 1. Bands des *Kapital* wird der Kolonialprofit als eine der Quellen der vorindustriellen Kapitalbildung analysiert, die aus der Ausplünderung der außereuropäischen Länder entstanden sei.[23]

Den Ausgangspunkt von Rosa Luxemburgs Überlegungen bildete das Marxsche Schema der erweiterten Reproduktion des Kapitals: Der »reine« Kapitalismus muss an der Unfähigkeit zugrunde gehen, die hergestellten Güter abzusetzen. Das kapitalistische Wachstum bedarf »externer« Faktoren – eines vor- bzw. nichtkapitalistischen Milieus –, um die zur Realisierung des Mehrwerts notwendige Gütermenge abzusetzen. Dieses *nicht-kapitalistische Milieu* sieht Rosa Luxemburg gegeben im Handwerk, in den selbständigen Bauern und – nicht zuletzt – in den Gesellschaftsformationen, die der Kapitalismus in den Kolonialländern vorfindet.[24]

Karl Marx hatte im 1. Band des *Kapital* den Stoffwechsel Europas mit den unterentwickelten Gesellschaften, besser: nicht-kapitalistischen Gesellschaften und Wirtschaftssystemen der anderen Kontinente vor allem in Bezug auf den »input« in Form von Rohstoffen und Edelmetallen analysiert. Rosa Luxemburg erweiterte diese Darstellung nach der Seite des kapitalistischen »outputs« hin. Das Ende des Kapitalismus ist nach ihrer Vorstellung gekommen, wenn sich das kapitalistische Wirtschaftssystem auf der ganzen Erde durchgesetzt hat[25] und es keine »dritten« Personen im Sinne von Robert

Malthus[26] mehr gibt, die den überschüssigen Rest an Waren kaufen können.

Ähnlich wie andere Marxisten ihrer Zeit stieß auch Rosa Luxemburg bei ihrer Untersuchung der aktuellen Entwicklungstendenzen der Wirtschaft auf jenes Phänomen, das man *Imperialismus* zu nennen begonnen hatte. Während aber Imperialismus-Theoretiker wie Hilferding oder Lenin sich auf die damit verbundenen Änderungen in den entwickelten Ländern konzentrierten und Nikolai Bucharin die Unterscheidung zwischen *Weltstädten* und *Weltdörfern*[27] herausarbeitete, interessierte sich die historisch gebildete Rosa Luxemburg stärker für die unterentwickelten Gegenden der Welt und die »unterentwickelten« Reste der vorkapitalistischen Gesellschaft in den europäischen Industriestaaten (wie Landwirtschaft und Handwerk), die ihrer Meinung nach für den Absatz der überschüssigen Waren sorgten und als Gebiet für Investitionen des modernen Kapitals dienten.

Damit ging sie einen Schritt weiter als der Engländer John Hobson, der um die Wende vom 19. zum 20. Jahrhundert die erste umfassende Analyse des *Imperialismus* vorgelegt hatte, bei der er sich – die Entwicklung der englischen Kolonialpolitik analysierend – auf die Kolonien und anderen unterentwickelten Gebiete der Erde konzentriert hatte, die als Anlagesphäre für das britische Kapital dienten.[28]

Wie Hobson argumentierte auch Rosa Luxemburg mit einer Fülle von historischen Beispielen, um die Mechanismen der imperialistischen Expansion zu demonstrieren.[29] Sie verfügte unter allen marxistischen Theoretikern wohl über die fundiertesten historischen Kenntnisse. Ihr Wissen und ihr Interesse gingen weit über die Gegenwart und die unmittelbare Vergangenheit hinaus. Nicht nur die souveräne kurze Darstellung der gesellschaftspolitischen Implikationen des Baus der *Großen Mauer* macht dies deutlich[30], sondern auch die vielen kenntisreich vorgebrachten Beispiele vorkapitalistischer Gesellschaftsformationen in der *Einführung in die Nationalökonomie.*[31]

Interessanterweise sind Hobson und Luxemburg die einzigen Imperialismustheoretiker, die mit statistischer und historischer Evidenz in Bezug auf die »Dritte Welt« argumentieren, den *konkreten* Beweis dafür liefern, was in den Beziehungen zwischen entwickelten und Entwicklungsländern um 1900 vor sich ging, und die *differentia specifica* dieses neuesten Stadiums auf der Seite der *Objekte* dieser Entwicklung herausarbeiten. Natürlich kannten auch Hilferding, Lenin und Bucharin Hobsons Studie. Denn dieser hatte als erster auf die neue Qualität der jüngsten Entwicklungsphase hingewiesen: Auf den Export von Kapital, der in England viel früher – nämlich schon im Zusammenhang mit dem amerikanischen und später dem indischen und lateinamerikanischen Eisenbahnbau – einsetzte.

Hobson – und in seiner Nachfolge die oben genannten Marxisten – wiesen nach, dass sich der Export von Kapital in weniger entwickelte Regionen der Welt um 1900 allgemein durchgesetzt hatte. In der Tat war der Absatz von *Waren* ein überholtes Phänomen. Aber kaum ein anderer hat das mit solcher Akribie exemplifiziert wie Hobson am Beispiel Chinas. Was in neuester Zeit unorthodoxe Forscher wie André Gunder Frank in Erinnerung gerufen haben – den hohen Entwicklungsstand Indiens und Chinas im 18. Jahrhundert –, lässt sich schon bei ihm nachlesen. Seine ganze Imperialismustheorie wäre ohne die Kenntnis der (auch im zeitlichen Sinn) größeren historischen Zusammenhänge überhaupt nicht denkbar.

Rosa Luxemburg hatte ein sehr konkretes (und für Marxisten seltenes) Bewusstsein für die Tatsache, dass die Ausbreitung des Kapitalismus über die Welt mit der Zerstörung funktionierender vorkapitalistischer Strukturen und Systeme erkauft wurde. Gewiss war das auch bei Marx in der Analyse der Zerstörung des indischen Baumwollgewerbes durch die englischen Textilexporte gegenwärtig; aber im *Kapital* wird das unter dem Aspekt des bedauerlichen, aber notwendigen Preises für den historischen Fortschritt abgehandelt[32], sozusagen als *schöpferische Zerstörung* auf der globalen Ebene.[33] Für Marx waren Indien und China Beispiele des »asiatischen« bzw. »orientalischen« Despotismus«.[34] Er kennzeichnete die *asiatische Produktionsweise* als stagnativ und entwicklungslos. Erst die Europäer, meinte er, hätten in Asien den Fortschritt der Produktivkräfte in Gang gesetzt.[35]

In der Konzeption von Marx (aber auch jener, die ihn zu widerlegen versuchten) bestand die Überlegenheit der Europäer (und später der USA) in der »Erfindung« des Kapitalismus. Spätere marxistische Autoren wie Samir Amin[36] und Paul Sweezy[37] und bürgerliche Entwicklungstheoretiker wie Walt W. Rostow[38], aber auch bekannte Wirtschaftshistoriker wie David Landes[39] und Carlo Cipolla[40] sind ihm dabei gefolgt.

Erst ein so unkonventioneller Wirtschaftshistoriker wie André Gunder Frank, ein Vertreter der *Dependenz*-Theorie, hat Asien zuletzt ein eigenes Buch gewidmet[41], das sich mit der Entwicklung Asiens vor 1800 auseinandersetzt. Darin plädiert er dafür, die Entwicklung der letzten Jahrhunderte – den Aufstieg des Westens – in einer *globalgeschichtlichen* Perspektive zu analysieren. In dieser Sicht existierte in Ostasien ein Wirtschaftssystem mit Indien und China als Mittelpunkt. Indiens starke Stellung in der Weltwirtschaft beruhte auf der (manufakturellen) Herstellung von Baumwollprodukten. Chinas vorteilhafte Position lag in der hohen Produktivität in Manufaktur und Landwirtschaft und im Wassertransport.[42] Asiens Anteil an der Weltbevölkerung machte 1750 insgesamt 66 % aus; sein Anteil am globalen BSP betrug 80 %. Dementsprechend lag auch das Pro-Kopf-Einkommen in Asien höher als in Europa.[43] Mit anderen Worten: China war – ebenso wie Indien – im 18. Jahrhundert in jeder Hinsicht eine »Supermacht«. Der Aufstieg Chinas und Indiens im 20. und 21. Jahrhundert erhält in dieser Sicht eine neue Dimension: die eines zyklischen Wiederaufstiegs.

Es ist hier nicht der Ort, die inneren Ursachen für den wirtschaftlichen Niedergang Chinas in der Zeit nach 1750 zu diskutieren.[44] Halten wir fest, dass »(a)n der Wende vom 18. zum 19.

Jahrhundert ... weder von einem besonders hohen Entwicklungsstand Europas noch von Asiens ›traditioneller‹ Rückständigkeit oder gar Stagnation die Rede sein (kann).«[45] 1793 war China die größte Volkswirtschaft der Welt und das Zentrum der Weltmanufaktur: Die kaiserlichen Porzellanmanufakturen in Jingdezhen beschäftigten 100.000 Arbeiter.[46] Die Wende setzte am Übergang vom 18. zum 19. Jahrhundert ein: Damals stieg England zum wichtigsten Handelspartner Chinas auf. Nach 1815 wurde Indien von einem Nettoexporteur zum Nettoimporteur von Baumwollwaren.

Um 1770 war das Quing-Reich außenpolitisch noch ein »agrarisches Imperium« gewesen.[47] Vierzig Jahre später diktierten die europäischen Großmächte China die ersten ungleichen Verträge. Und am Ende des 19. Jahrhunderts war das Land von einer ganzen Phalanx von imperialistischen Mächten belagert: Nicht nur von den westlichen (Frankreich und England), sondern auch vom Deutschen Reich, von Russland und – im Osten – von Japan, das nach der Meiji-Restauration (1868) innerhalb weniger Jahrzehnte in einen Prozess der Modernisierung und Industrialisierung eingetreten war.

Im 19. Jahrhundert führten ausländische Mächte (Großbritannien, Frankreich, Japan) vier große Kriege gegen China und fassten im Land Fuß. Die Niederlage im Krieg gegen Japan 1894/95 leitet den endgültigen Untergang ein. Am Beginn des Niedergangs standen die englischen Opium-Exporte nach China. Am Ende des Kaiserreichs waren die Schlüsselsektoren der chinesischen Volkswirtschaft in ausländischer Hand.[48]

Trotz zahlreicher Rivalitäten waren sich die Großmächte im Prinzip über die gemeinschaftliche Kontrolle und Ausbeutung Chinas einig: »Seit der Jahrhundertwende wurde China ... neben Afrika zum zweiten Schauplatz der Hochphase des Imperialismus ... mit der Konsequenz, daß das Land mehr oder weniger von den ausländischen Mächten in sog. Einflusssphären aufgeteilt wurde, in denen diese das exklusive Recht zur wirtschaftlichen Betätigung reklamierten.«[49]

Genau hier setzt John A. Hobsons 1902 erschienenes Buch *Imperialism* an. Es war die erste gründliche Studie, die sich mit dem Verhalten der europäischen Großmächte in den unterentwickelten Ländern auseinandersetzte. Im Zentrum seiner Überlegungen stehen die Aufteilung Afrikas und die Vereinnahmung Indiens durch England. China nimmt in der Analyse vor allem wegen des gemeinsamen Vorgehens der europäischen Staaten einen wichtigen Platz ein. China erscheint Hobson als *das* Beispiel der neuesten Stufe des Imperialismus:

»While India presents the largest and most instructive lessons in distinctively British Imperialism, it is in China that the spirit and methods of Western Imperialism in general are likely to find their most crucial test. The new Imperialism differs from the older, first in substituting for the ambition of a single growing empire the theory and the practice of competing empires ..., secondly, in the dominance of financial or investing over mercantile interests.«[50]

Auch Rosa Luxemburg erschien das China ihrer Gegenwart – gerade weil es zum Unterschied von Indien keine exklusive Kolonie irgendeines Landes war – als *das* Exempel für das neueste Stadium des Imperialismus[51]:

»Die imperialistische Phase der Kapitalakkumulation oder die Phase der Weltkonkurrenz des Kapitals umfaßt die Industrialisierung und kapitalistische Emanzipation der früheren Hinterländer des Kapitals, in denen es die Realisierung seines Mehrwertes vollzog. Die spezifischen Operationsmethoden dieser Phase sind: auswärtige Anleihen, Eisenbahnbauten, Revolutionen und Kriege. Das letzte Jahrzehnt, 1900-1910, ist besonders charakteristisch für die imperialistische Weltbewegung des Kapitals, namentlich in Asien und dem an Asien angrenzenden Teil Europas: Rußland, Türkei, Persien, Indien, Japan, China, sowie in Nordafrika. Wie die Ausbreitung der Warenwirtschaft an Stelle der Naturalwirtschaft und der Kapitalproduktion an Stelle der einfachen Warenproduktion sich durch Kriege, soziale Krisen und Vernichtung ganzer sozialer Formationen durchsetzte, so setzt sich gegenwärtig die kapitalistische Verselbständigung der ökonomischen Hinterländer und Kolonien inmitten von Revolutionen und Kriegen durch. Die Revolution ist in dem Prozess der kapitalistischen Emanzipation der Hinterländer notwendig, um die aus den Zeiten der Naturalwirtschaft und der einfachen Warenwirtschaft übernommene, deshalb veraltete Staatsform zu sprengen und einen für die Zwecke der kapitalistischen Produktion zugeschnittenen modernen Staatsapparat zu schaffen. Dahin gehören die russische, die türkische und die chinesische Revolution. Daß diese Revolutionen, wie namentlich die russische und die chinesische, gleichzeitig mit den direkten Anforderungen der Kapitalsherrschaft teils allerlei veraltete vorkapitalistische Rechnungen, teils ganz neue, sich bereits gegen die Kapitalsherrschaft richtende Gegensätze aufnehmen und an die Oberfläche zerren, bedingt ihre Tiefe und ihre gewaltige Tragkraft ... «[52]

Und in der *Einführung in die Nationalökonomie* schrieb sie, China müsse – wie die Türkei – alle für die Industrialisierung und Aufrüstung benötigten Anlagen importieren und dafür Anleihen in Europa aufnehmen. »(D)ie Anleihen sind häufig im voraus an solche Lieferungen geknüpft. China kriegt zum Beispiel von dem deutschen und österreichischen Bankkapital eine Anleihe nur unter der Bedingung, daß es ... bei den Skoda-Werken und bei Krupp für eine bestimmte Summe Rüstungen bestellt; andere Anleihen werden von vornherein an Konzessionen zur Ausführung von Eisenbahnen geknüpft.«[53]

In der historischen Perspektive sieht Luxemburg eine sozialistische bzw. antikolonialistische Revolution in China heraufdämmern. Hobson bezieht einen viel größeren Entwicklungshorizont in seine Erwägungen mit ein. Insoferne ist er für den heutigen Beobachter noch interessanter. Hobsons Weitsicht mag damit zusammenhängen, dass seine liberale Phantasie weniger von marxistischen Endzeiterwartungen und Festlegungen beengt war. Er entwirft das *grand design* eines asiatischen Zukunftsszenarios, in dem der Aufstieg Japans zur Industrienation ebenso vorhergesehen wird wie jener Chinas. Für das Interesse der imperialistischen Staaten an China hat er eine einleuchtende Erklärung:

»China seems to offer a unique opportunity to the Western business man. A population of some for hundred millions endowed with an extraordinary capacity of steady labour, with great intelligence and ingenuity, inured to a low standard of material comfort, in occupation of a country rich in unworked materials and destitute of modern machinery of manufacture or of transport, opens up a dazzling prospect of profitable exploitation.«[54]

In diesem Zusammenhang unterscheidet er drei Stadien der historischen Entwicklung der Beziehungen der industrialisierten Länder zu China:

1. den Austausch von Überschüssen («surplace produce«);

2. die Zeit um 1900, in der die entwickelten Nationen Eisenbahnen, Investitionsgüter etc, exportieren. (»This stage may continue long«);

3. und »(a) stage ... which in China at any rate may be reached at no distant period, when capital and organizing energy may be developed within the country ... Thus fully equipped for future internal development ... such a nation may turn upon her civilizer, untrammeled by need of further industrial aid, undersell him in his own market, take away his other foreign markets and secure for herself what further developing work remains to be done in other undeveloped parts of the earth. (...) It is at least conceivable that China might so turn the table upon the Western industrial nations, and, either by adopting their capital and organizers or, as is more probable, by substituting her own, might flood their markets with her cheap manufactures ... reversing the earlier process of investment until she gradually obtains financial control over her quondam patrons and civilizers. This is no idle speculation. If China ... possesses those industrial and business capacities with which she is com-

monly accredited, ... it seems extremely likely that this reaction will result.«[55]

In der Tat: Prophetische Voraussagen der aktuellen Position Chinas in der Welt! Wenn China, fährt er fort, sich entwickelt und mit billigen Produkten die Welt überschwemmt, »the greater part of Western Europe might ... assume the appearance and character already exhibited by tracts of country in the South of England, in the Riviera, and in the tourist-ridden or residential parts of Italy and Switzerland, little clusters of wealthy aristocrats drawing dividends and pensions from the Far East, with a somewhat larger group of professional retainers and tradesmen and a large body of personal servants and workers in transport trade and in the final stages of production of the more perishable goods: all the arterial industries would have disappeared, the staple foods and manufactures flowing in as tribute from Asia and Africa.«[56]

Ist das nicht eine Vorahnung des Stadiums des Kapitalismus, in dem Investgesellschaften und Couponschneider das Sagen haben, und nicht die Schumpeterschen Unternehmer?

Hobson wendet sich dann der künftigen Rolle Japans in Asien zu und spricht von der »occidentation of Japan«[57] und ihren Folgen:

»How far the advent of Japan into the status of a first rank political and industrial power will affect the problem of Imperialism in Asia is a question which presses ever more vigorously upon the consideration of Western nations. It is, however, impossible to deny that the recent manifestation of Japan as an Eastern nation equipped with all the effective practical arts of Western civilization is likely to alter profoundly the course of Asiatic history in the near future.«[58]

Der Vorteil Japans: Es »imitiert« den Westen, ist geostrategisch und kulturell in einer vorteilhafteren Position. Sein wirtschaftlicher Aufstieg eröffnet »ein neues Kapitel in der Weltgeschichte«[59]: »Should the future industrialization of Japan and China be conducted in the main out of their own resources of capital and organizing skill, ... the great industrial power of the Far East may quickly launch itself upon the world market as the biggest and most effective competitor in the great machine industries, taking to itself first the trade of Asia and the Pacific, and then swamping the markets of the West ...«[60]

Ähnlich wie Hobson und Luxemburg formuliert auch Rudolf Hilferding im *Finanzkapital* eine klare Idee der historischen Implikationen und Konsequenzen des Imperialismus für die unterentwickelten Länder: »Der Kapitalexport hat ... die Umwälzung aller alten sozialen Verhältnisse und die Einbeziehung der Erde in den Kapitalismus ungeheuer beschleunigt. Die kapitalistische Entwicklung erfolgt nicht autochthon in jedem einzelnen Lande, sondern mit dem Kapital wurden zugleich kapitalistische Produktion und Ausbeutungsverhältnisse importiert, und zwar stets auf der in dem fortgeschrittensten Land erreichten Stufe. (...) (D)er Kapitalismus (wird) ... auf seiner jeweils vollendeten Stufe in ein neues Land importiert und entfaltet daher seine revolutionierende Wirkung mit viel größerer Wucht und in viel kürzerer Zeit, als sie etwa die kapitalistische Entwicklung Hollands und Englands erfordert hat.«[61]

Hilferding erkennt auch sehr genau die gesellschaftspolitischen Konsequenzen dieses Vorgangs: In dem Augenblick, in dem »die neuen Märkte nicht mehr bloße Absatzgebiete, sondern Anlagesphären von Kapital« sind, müssen auch die politischen und sozialen Verhältnisse in den Kolonialländern grundlegend geändert werden. Dies wiederum »führt zu immer schärfer werdenden Konflikten zwischen den entwickelten kapitalistischen Staaten und der Staatsgewalt der rückständigen Gebieten ... (D)er importierte Kapitalismus ... (steigert) Gegensätze und erregt den immer wachsenden Widerstand der zu nationalem Bewußtsein erwachenden Völker gegen die Eindringlinge ... Diese Unabhängigkeitsbewegung bedroht das europäische Kapital gerade in seinen wertvollsten und aussichtsreichsten Ausbeutungsgebieten ...«[62]

Obwohl weniger rezipiert, zählte Nikolai Iwanowitsch Bucharin zu den wichtigen marxistischen Imperialismus-Theoretikern. Sein Buch *Imperialismus und Weltwirtschaft* beeinflusste Lenins Abhandlung zum Imperialismus. Er selbst wurde seinerseits von Hilferding beeinflusst. In seiner Imperialismus-Analyse spielt die Ebene der historischen Explikation der ökonomischen Expansion Europas nach Afrika und Asien keine entscheidende Rolle. Doch ist in seiner Sicht auf die globalen »Städte« und »Dörfer« der historische Bezug indirekt gegenwärtig.[63]

Lenin stellt – ähnlich wie Hilfering und Bucharin – die Analyse der Funktionsweise des imperialistischen Systems in den kapitalistischen Metropolen in den Mittelpunkt und geht nur im Kapitel VI (»Die Aufteilung der Welt unter die Großmächte«) summarisch auf Länder ein, die unter der imperialistischen Politik zu leiden hatten. Er führt dabei mehrere Tabellen an, welche die Einflusssphären der einzelnen Mächte dokumentieren.[64]

In diesem Zusammenhang ordnet er China und die Türkei, die zwei im Niedergang begriffenen nicht-europäischen Großmächte, der Kategorie der »Halbkolonien« zu, die im Begriff seien, zu Kolonien zu werden.[65] Er erwähnt die Abhängigkeit Argentiniens von englischem Kapital und geht auch auf die eigentümliche Rolle Portugals als rückständiger Kolonialmacht ein.[66] Er weist auf die Erschließung Amerikas und Asiens durch die Eisenbahnen hin, die im Eigentum der europäischen Großmächte seien.[67] Und er zitiert zustimmend jenen Passus aus Hobsons Buch, in dem vom Entstehen einer neuen parasitären Oberschicht in England die Rede ist, deren Existenz auf den Kolonialprofiten gründet.[68]

Weniger bekannt ist vielleicht, dass auch Joseph Alois Schumpeter einen (späten) Beitrag zur Imperialismustheorie geliefert hat. 1918/19 verfasste er gleichsam einen Nachruf auf die Periode des Hochimperialismus, den er als ein Phänomen der inneren soziologischen und politischen Widersprüche der industrialisierten Länder Europas interpretiert. Schumpeter definiert den modernen Imperialismus u. a. psychologisch als »›objektlose‹ Tendenzen zu gewaltsamer Expansion ohne zweckgebundene Grenze, also arationale und irrationale, rein triebhafte Neigungen zu Krieg und Eroberung«. Er ist für ihn – wiederum in einer historisch fundierten Argumentation – durch die gesellschaftliche Dominanz vorkapitalistischer Kräfte charakterisiert, die das freihändlerische Wirtschaftsdenken aushöhlen und zerstören. *Imperialismus* ist für Schumpeter also kein ökonomisches Phänomen, sondern eines, wie man in Anlehnung an Antonio Gramsci sagen könnte, der *kulturellen Hegemonie* der ehemaligen feudalen Herrenklassen. Solange diese politisch und gesellschaftlich am Ruder seien, würde die Disposition zu gewaltsamer Expansion fortdauern, sich verfestigen und durch die innenpolitische Interessenlage dieser herrschenden Gruppen, speziell jener der Grundherren, nur noch weiter verstärkt werden.

Schumpeter operiert in diesem Zusammenhang mit dem Begriff des *Exportmonopolismus*, der dem Imperialismus historisch vorangegangen sei, und meint:

»Daß er (der Imperialismus, d. Verf.) sich zu seinen gegenwärtigen Dimensionen entwickeln konnte, lag an dem Gewicht der einmal geschaffenen Situation, die fortzeugend immer weitre ›künstliche‹, d.h. durch politische Gewalt allein mögliche, wirtschaftliche Gebilde schuf und in den meisten exportmonopolistischen Ländern auch daran, daß der Fürstenstaat und die alte Einstellung der Bourgeoisie zu ihm sich so kräftig erhielten. Der Exportmonopolismus ist nicht schon Imperialismus. Und er hätte sich ... in der Hand unkriegerischer Bourgeoisie nie zum Imperialismus entwickelt. Das geschah nur, weil auch die Kriegsmaschine, ihre sozialpsychische Atmosphäre und das kriegerische Wollen mitgeerbt wurden, und weil sich eine kriegerisch orientierte Klasse in herrschender Position erhielt, mit der sich von allen den Interessen der Bourgeoisie gerade die kriegerischen alliieren konnten und die auch einige innerpolitische Interessen in dieser Richtung hatte. Diese Allianz hielt die Kampfinstinkte und Ideen von Herrschaft, Mannesherrlichkeit und Siegesglanz am Leben, die sonst schon lange gestorben wären. Sie führte zu sozialen Verhältnissen, die wohl möglicherweise in letzter Linie aus den Produktionsverhältnissen, nicht aber allein aus den Produktionsverhältnissen des Kapitalismus zu erklären sind.«[69]

Grundsätzlich sieht er in den imperialistischen Expansionsbestrebungen der europäischen Mächte am Ende des 19. Jahrhunderts eine Gegenbewegung zum marktwirtschaftlichen System, denn dieses ist seiner Meinung nach an sich antiimperialistisch und pazifistisch orientiert. Der moderne Imperialismus gehört für Schumpeter nicht nur historisch, sondern auch soziologisch zum Erbe des Fürstenstaates. Er ging aus den Strukturelementen und dem menschlichen Material »(v)orkapitalistischer Mächte« hervor, »die der Fürstenstaat, zum Teil mit den Mitteln des Frühkapitalismus, neu organisiert hat. Die ›innere Logik‹ des Kapitalismus hätte ihn nie evolviert.«[70]

Schumpeter polemisiert hier nicht nur gegen die marxistischen Imperialismus-Theorien. Ganz offensichtlich hatte er, als er seinen Aufsatz schrieb, die Verhältnisse in der Donaumonarchie vor Augen, in der die Außenpolitik und die Politik des Kriegsministeriums die Domäne eines exklusiven Kreises des Hochadels waren. Selbst die prominentesten Vertreter der Hochfinanz waren von der Einflussnahme auf die auswärtige Politik so gut wie ausgeschlossen.[71] Es waren hier tatsächlich die »vorkapitalistischen Mächte«, die einer aggressiven Politik auf dem Balkan das Wort redeten und 1914 – ohne mit der Wimper zu zucken und sehenden Auges – einen Weltbrand auslösten, den nur ihre kleinen Anhänger in naiver Fahrlässigkeit anfangs für ein Spiel mit dem kleinen serbischen Feuer halten konnten.

Wie in fast allen großen Fragen unterschied sich Schumpeter auch hier von allen anderen Vertretern seiner Zunft, die entweder Marxisten waren oder sich lieber mit mathematischen Modellen, als mit solchen Ausflügen ins Terrain des Soziologischen und Historischen beschäftigten, die sie – hätte man sie gefragt – für unwichtige historische Haarspaltereien erklärt hätten.

Schumpeters eminentes historisches Interesse, das sich nur aus der Rolle erklären lässt, die er dem Studium der Geschichte für die ökonomische Theorie zumaß, schlug immer wieder durch. Es ist evident, dass seine Auffassung des Konjunkturzyklus oder sein spezifisches Argument für die Entstehung der *Langen Wellen* der Konjunktur *ohne* profunde historische Studien gar nicht zu erklären wären.

Historische Erfahrung war schon in sein erstes großes Buch über die *Theorie der wirtschaftlichen Entwicklung* eingeflossen, ohne dass er es für notwendig befunden hätte, dies explizit herauszustellen: Wir meinen damit nicht das nur aus historischer Kenntnis ableitbare Bewusstsein von Entwicklung als Begleiterscheinung des Konjunkturzyklus (das sich im übrigen – nicht zufällig eine weitere Parallele – auch bei Marx findet), sondern vor allem seine Argumentation in Bezug auf die Finanzierung der Innovationen. Die wichtige und produktive Rolle, die er der *Kreditschöpfung* der Banken zumisst, konnte wohl nur in einem Land »entdeckt« werden, in dem die Finanzierung (oder besser: Vor-Finanzierung) von Investitionen zu einem guten Teil mit Hilfe von einfachen Überziehungskrediten bewerkstelligt wurde.[72]

Auch in kleineren Gelegenheitsschriften kam er immer wieder auf historische Tatbestände und Entwicklungsmuster zu sprechen: in seiner konzisen Analyse der Veränderung der sozialen Struktur im Deutschen Reich zwischen den 1880er und 1920er Jahren[73] ebenso wie in dem brillanten Referat zur *Ökonomie und Psychologie des Unternehmers*, in dem er seine Unternehmertheorie zusammenfasste und mit einer Analyse der historischen Genese des Unternehmers verband[74], oder in seinem späten, ebenfalls dem Entrepreneur gewidmeten Aufsatz über *The Creative Response in Economic History*, einem suggestiven Plädoyer für die Beschäftigung mit der Geschichte der Wirtschaft wie mit den ökonomischen Ideen vergangener Epochen.[75]

In seinem Buch *Kapitalismus, Sozialismus und Demokratie* ist die historische Argumentation in weiten Abschnitten mit Händen greifbar. Das Faszinierende an diesem Buch ist die Beharrlichkeit, mit der Schumpeter an dem Gedanken des historischen und materiellen Fortschritts *für alle* – auch für die Arbeiter – zu einer Zeit festhält, in der die Welt infolge der größten Krise des Kapitalismus im Massenelend zu versinken schien. Während Krisen- und Stagnationstheorien ihre große Konjunktur hatten[76], hielt Schumpeter es für angebracht, auf die großen historischen Leistungen der Marktwirtschaft hinzuweisen:

»Es stehen ohne Zweifel dem modernen Arbeiter gewisse Dinge zur Verfügung, über die Ludwig XIV. entzückt gewesen wäre, wenn er sie hätte haben können, – zum Beispiel die moderne Zahnbehandlung. Im Großen und Ganzen jedoch war für ein Einkommen auf diesem Niveau nur wenig wirklich Wichtiges zu gewinnen. Selbst die Geschwindigkeit des Reisens wäre wohl von geringerer Bedeutung für einen so würdigen Herrn gewesen. Elektrische Beleuchtung ist keine Wohltat für jemanden, der genug Geld hat, um genügend Kerzen zu kaufen und Diener zu ihrer Wartung zu besolden. Es ist das billige Tuch, die billigen Baumwoll- und Kunstseidenwaren, Schuhe, Autos und so weiter, die die typischen Leistungen der kapitalistischen Produktion sind, und in der Regel nicht Verbesserungen, die einem reichen Mann viel bedeuten könnten. Königin Elisabeth besaß seidene Strümpfe. Die kapitalistische Leistung besteht nicht typischerweise darin, noch mehr Seidenstrümpfe für Königinnen zu erzeugen, sondern sie in den Bereich der Fabrikmädchen zu bringen als Entgelt für fortwährend abnehmende Arbeitsmühe.«[77]

Ob in seiner Auseinandersetzung mit Marx als Nationalökonom, in der er sich als ein profunder Kenner von dessen Werk erweist, ob in seinem Räsonieren über das Ende des Kapitalismus und den Übergang zum Sozialismus, ob in den Ausführungen über die Rolle der Monopole als »Totengräber« des kapitalistischen Wirtschaftssystem oder in seinen Widerspruch hervorrufenden Vorstellungen über Demokratie, die er als Theorie der Konkurrenz um Führerschaft darlegt: In allen Abschnitten des Buchs ist der Bezug zur Geschichte und zur Soziologie präsent. Natürlich hat Schumpeter sich – aus heutiger Sicht – in seinen Voraussagen über die *Fortsetzung der Geschichte* und den Sieg des Sozialismus gründlich geirrt. Aber könnte nicht – auch nach dem Scheitern des so genannten *realen Sozialismus* – den er als das Resultat des gescheiterten Versuchs ansah, den Übergang zum Sozialismus aus dem Stadium des unreifen Kapitalismus heraus in Angriff zu nehmen – seine Vision vom funktionierenden Sozialismus irgendwann in ferner Zukunft doch noch Wirklichkeit werden? Sein Argument für den Sozialismus war ja gerade, dass der Kapitalismus an seinen Erfolgen zugrunde gehen könnte. Schumpeter war in der Tat ein sehr eigenartiger »Sozialist«. Darum hat *Kapitalismus, Sozialismus und Demokratie* bis heute nichts von seiner provokanten Schärfe verloren. Es zeigt, wie alle anderen seiner Bücher auch, keinen Schmalspur-Wirtschaftswissenschaftler, sondern einen sehr eigenen (und wenn man so will: eigensinnigen) Forscher, der immer versucht hat, den Dingen auf den Grund zu gehen. Das hat vor allem jene beeindruckt, die so unorthodox und unkonventionell waren wie er.

»Schumpeter«, schrieb einer von ihnen, »ist Sozialist. Aber kein Sozialist, gehöre er zu den Marxisten oder zu den Fabiern, wird seinen Sozialismus bei Schumpeter finden. Nirgendwo sonst in der wissenschaftlichen Literatur sind daher auch die Grenzen der theoretischen Leistung von Marx mit solcher Schärfe abgesteckt wie von diesem Sozialisten; aber vielleicht ist auch nirgendwo sonst die außerordentliche Größe der Marxschen Leistung so unvoreingenommen und bleibend gewürdigt wie von diesem Nicht-Marxisten.«[78]

Schumpeter mag zuweilen »falsche« Antworten gegeben haben. Immer aber hat er seine Fragen ohne Furcht vor womöglich unangenehmen Antworten gestellt. Darum konnte Joan

Robinson einmal die Bedeutung *von Kapitalismus, Sozialismus und Demokratie* mit dem unakademisch-frischen Satz loben: »Es (das Buch, d. Verf.) überflügelt das ganze papageienhafte Geschwätz der gegenwärtigen Orthodoxien, seien sie rechts, links oder in der Mitte angesiedelt.«[79]

Zu den vorliegenden Texten: Die von uns ausgewählten Textstellen – ursprünglich war der Abdruck des gesamten ersten Kapitels aus *History of Economic Analysis* und des Aufsatzes *Die historische Betrachtungsweise in der Analyse von Knjunkturzyklen* vorgesehen, aufgrund von Platzmangel mußte darauf aber verzichtet werden – stammen vom »späten« Schumpeter und bezeugen seine lebenslange Auseinandersetzung mit den grundlegenden Thesen, die er bereits 1911 in der *Theorie der wirtschaftlichen Entwicklung* formuliert hatte. Sie zeigen, dass sein Interesse immer wieder um die Person des Unternehmers und die damit verbundenen Fragen des Unternehmergewinns und der Unternehmerfunktion kreiste, und zwar immer in *großer* historischer Perspektive. Das gleiche gilt für seine Beschäftigung mit dem Phänomen der Konjunkturzyklen als Modell für die wirtschaftliche Entwicklung. Aus allen Texten ist zu ersehen, dass für Schumpeter Wirtschaft und wirtschaftliche Entwicklung ohne das Einbeziehen der Wirtschaftsgeschichte, Soziologie und volkswirtschaftliche Theorie als Teildisziplinen des Forschers nicht befriedigend und umfassend analysiert werden können. Diese Teildisziplinen, zu denen er außer den drei Genannten noch Statistik und politische Ökonomie zählt, stellt er in seiner *History of Economic Analysis* als den für die profunde Analyse notwendigen »Werkzeugkasten« vor, in dessen oberster Lade die Wirtschaftsgeschichte als das wichtigste Instrument liegt.

Anmerkungen

[1] Das Woher und Wohin unserer Wissenschaft. Abschiedsrede gehalten vor der Bonner staatswissenschaftlichen Fakultät am 20. Juni 1932, in: Schumpeter, Joseph A. (1952): Aufsätze zur Ökonomischen Theorie. Tübingen, S. 604.

[2] Schumpeter, Joseph A. (1984): Schöpferisches Reagieren auf die Wirtschaftsgeschichte, in: Beiträge zur Sozialökonomik. Herausgegeben, übersetzt und eingeleitet von Stephan Böhm, mit einem Vorwort von Gottfried Haberler. Wien – Köln – Graz, S. 183.

[3] März, Eduard (1968): Österreichische Industrie- und Bankpolitik in der Zeit Franz Josephs I. Am Beispiel der k.k. priv. Österreichischen Credit-Anstalt für Handel und Gewerbe. Wien – Frankfurt – Zürich, S. 15. (Herv. im Original)

[4] Siehe Somary, Felix (1930^2): Bankpolitik. Tübingen.

[5] Zitiert bei Swedberg, Richard (1994): Joseph Schumpeter. Eine Biographie. Stuttgart, S. 23.

[6] Schumpeter, Joseph A. (1926^2): Theorie der wirtschaftlichen Entwicklung. Eine Untersuchung über Unternehmergewinn, Kapital, Kredit, Zins und den Konjunkturzyklus. München – Leipzig, S. 75.

[7] Den Begriff führt er selbst in seinen Ausführungen in Kapitel 7 seines Buchs *Capitalism, Socialism and Democracy* ein. Siehe Schumpeter, Joseph A. (1972^3): Kapitalismus, Sozialismus und Demokratie. München, S. 134-142.

[8] Haberler, Gottfried (1984): Vorwort zu Joseph A. Schumpeter, Beiträge zur Sozialökonomik. Wien – Köln – Graz, S. 10.

[9] Siehe Ausch, Karl (1968): Als die Banken fielen. Zur Soziologie der politischen Korruption. Wien – Frankfurt – Zürich, S. 192ff.

[10] Keynes, John Maynard (1936): The General Theory of Employment, Interest and Money, Cambridge.

[11] Haberler, Gottfried (1984): Vorwort zu Joseph A. Schumpeter, Beiträge zur Sozialökonomik, S. 9.

[12] Parvus (1901): Die Handelskrisis und die Gewerkschaften. München.

[13] Mandel, Ernest (1972): Der Spätkapitalismus, Versuch einer marxistischen Erklärung. Frankfurt/Main, S. 116f.

[14] Marx, Karl (1983): Das Kapital. Kritik der politischen Ökonomie. Bd. 2, MEW Bd. 24. Berlin, S. 185f.

[15] Bauer, Otto (1931): Wird die Weltwirtschaftskrise überwunden werden? in: Arbeiter-Zeitung vom 24. Mai 1931. Siehe auch: Ders (1936): Zwischen zwei Weltkriegen? Die Krise der Weltwirtschaft, der Demokratie und des Sozialismus. Bratislava, S. 20ff.

[16] Schumpeter, Joseph A. (1939): Business Cycles: A Theoretical, Historical and Statistical Analysis of the Capitalist Process. 2 vols., New York.

[17] Siehe Recktenwald, Horst Claus (1978): Würdigung des Werkes, in: Adam Smith, Der Wohlstand der Nationen. München, S. XLIIIff; »Nach dem natürlichen Lauf der Dinge wird daher in jedem sich entwickelnden Land das Kapital zunächst überwiegend in die Landwirtschaft, später ins Gewerbe und zuallerletzt in den Außenhandel gelenkt. Diese Ordnung ist so natürlich, daß sie in jedem Land, wie ich glaube, in gewissem Grade befolgt befolgt wurde. Zunächst mußte man einigen Boden kultivieren, ehe man größere Städte aufbauen konnte. Dann mußten in diesen Städten Gewerbe entstehen, die gröbere Waren herstellen, bevor man daran denken konnte, selbst im Außenhandel tätig zu werden.« Ebenda, S. 314.

[18] Smith, Wohlstand, S. 44.

[19] Siehe Lukács, Georg (1948): Der junge Hegel. Über die Beziehungen von Dialektik und Ökonomie. Wien – Zürich.

[20] Mitscherlich, Waldemar (1914): Die Weltwirtschaft als Wirtschaftsstufe. Ein Beitrag zum Wesen der Wirtschaftsstufen, in: Zeitschrift für die gesamte Staatswissenschaft 70, S. 1-22.

[21] Zum tendenziellen Fall der Profitrate siehe: Marx, Karl (1985^{26}): Das Kapital, 3. Band. Berlin (DDR), S. 242ff und 331ff; Gillman, J. M. (1968): Das Gesetz des tendenziellen Falls der Profitrate. Frankfurt/Main; Deutschmann, C. (1974): Die Weltwirtschaftskrise als Problem der marxistischen Krisentheorie, in: Krisen und Krisentheorien, Frankfurt/Main, S. 163ff; März, Eduard (1978): Einführung in die marxsche Theorie der wirtschaftlichen Entwicklung. Wien, S. 292ff.

[22] Siehe Weber, Fritz (1993): Von der Utopie der sozialen Freiheit zum Reich der wirtschaftlichen Notwendigkeit. Sozialdemokratische Wirtschaftspolitik 1880-1950, in: Anton Pelinka et al. (Hg.), Zwischen Austromarxismus und Katholizismus. Festschrift für Norbert Leser. Wien, S. 53ff.

[23] Marx, Karl (1984): Das Kapital, 1. Band, MEW, Bd. 23. Berlin (DDR), S. 777ff.

[24] Luxemburg, Rosa (1975): Die Akkumulation des Kapitals, in: Rosa Luxemburg, Gesammelte Werke. Bd. 5, Berlin (DDR), S. 313ff.

[25] Dies., Antikritik, in: Ebenda, S. 417ff.

[26] (Robert) Malthus über die unmittelbaren Ursachen der Vermehrung des Vermögens, in: Diehl, K.; Mombert, P. (Hg.) (1979): Wirtschaftskrisen, Frankfurt – Berlin – Wien, S. 44ff.

[27] »Die Verschiedenheit zwischen ›Stadt‹ und ›Land‹ und die ›Bewegung dieses Gegensatzes‹, die früher innerhalb der Grenzen eines Landes erfolgte, wird jetzt auf einer gewaltig erweiterten Stufenleiter reproduziert. Von diesem Standpunkt erscheinen ganze Länder und zwar die Industrieländer als ›Stadt‹, während die agrarischen Gebiete das ›Land‹ darstellen.« Nikolai I. Bucharin, Imperialismus und Weltwirtschaft, Kapitel 1, S. 4f. in: http/www.marxists.org/deutsch/archiv/bucharin. Mit anderen Worten, »einigen zusammengeballten organisierten Wirtschaftskörpern (den ›zivilisierten Großmächten‹) steht die Peripherie der unterentwickelten Länder mit agrarischer oder halbagrarischer Struktur gegenüber.« Ebenda, Kapitel 4, S. 10.

[28] Hobson, John (1948[4]): Imperialism. A Study. London.

[29] Neben der »Die Akkumulation des Kapitals« und der »Antikritik« auch die »Einführung in die Nationalökonomie«. Alle enthalten in: Luxemburg, Rosa (1975) Gesammelte Werke, Bd. 5, Berlin (DDR).

[30] Dies., Akkumulation, S. 11.

[31] Dies., Einführung, S. 593ff.

[32] Marx, Karl (1960): Die britische Herrschaft in Indien, in: MEW, Bd. 9. Berlin (DDR), S. 129f; ders., Die Ostindische Kompanie, ihre Geschichte und die Resultate ihres Wirkens, in: Ebenda, S. 154f.

[33] Vgl. Avineri, Shlomo (1968): Karl Marx on Colonialism and Modernisation. New York.

[34] Marx (1960): Die britische Herrschaft in Indien, S. 128; Engels. Friedrich (1962): Herrn Eugen Dürings Umwälzung der Wissenschaft, in: MEW, Bd. 20, Berlin (DDR), S. 150.

[35] Marx (1960) Die künftigen Ergebnisse der britischen Herrschaft in Indien, in: MEW, Bd. 9, S. 220ff; vgl. Wittfogel, Karl A. (1977): Die asiatische Despotie. Eine vergleichende Untersuchung totaler Macht, Frankfurt/Main, S. VIf, S. 460ff, S. 525f.

[36] Frank, André Gunder (1993): The Ancient World-Systems versus the

Modern Capitalist World, in: Frank, André Gunder; Barry, K. Gill (eds.): The World System: Five Hundred Years or Five Thousand? London, S. 202ff.

[37] Siehe Hilton, Roney H. (ed.) (1976): The Transition from Feudalism to Capitalism. London.

[38] Rostow, Walt W. (1960): The Stages of Economic Growth. A Non-Communist Manifesto. Cambridge.

[39] Landes, David (1969): The Unbound Prometeus. Technological Change and Industrial Development in Western Europe from 1750 to the Present. Cambridge.

[40] Cipolla, Carlo (1976): Before the Industrial Revolution. European Society and Economy 1000-1700. London.

[41] Frank, André Gunder (1998): Re-Orient. Global Economy in the Asian Age. Berkeley.

[42] Frank, André Gunder (2005): Orientierung im Weltsystem. Wien, S. 47f, Zitat: 48.

[43] Bairoch, Paul (1981): The Main Trends in National Economic Disparities since the Industrial Revolution, in: Bairoch, Paul; Levy-Leboyer, Maurice (eds.): Disparities in Economic Development since the Industrial Revolution. London, S. 3ff; WuDunn, Sheryl; Kristof, Nicholas D. (2002): Ferner Donner. Der neue Aufstieg Asiens. Berlin, S. 42, referieren den Anteil von 80 % für 1800, halten ihn aber für zu hoch.

[44] Ebenda, S. 52ff; Seitz, Konrad (2004^3): China. Eine Weltmacht kehrt zurück. Berlin, S. 96.

[45] Frank, Orientierung, S. 55.

[46] Seitz, China, S. 90.

[47] Osterhammel, Jürgen (1997): Shanghai, 30. Mai 1925. Die chinesische Revolution. München, S. 48.

[48] Seitz, China, S. 96ff; Osterhammel, Shanghai, S. 49f.

[49] Nohlen, Dieter; Nuscheler, Franz (Hg.) (1994^3): Handbuch der Dritten Welt, Bd. 8: Ostasien und Ozeanien. Bonn, S. 35; siehe auch Kieser, Egbert (1984): Als China erwachte. Der Boxeraufstand, Esslingen – München, S. 329ff; Osterhammel, Shanghai, S. 68ff.

[50] Hobson, Imperialism, S. 304; zwei Seiten später schreibt er: «It is the organized attempt of Western nations ... to force ... their political and industri-

al control on China that gives importance to Imperialism in the Far East.« Und an anderer Stelle kommentiert er das gemeinsame Vorgehen folgend: «It seems quite likely that this policy of 'deals' may become as frequent and as systematic in the world of politics as in the world of commerce, and that treaties and alliances having regard to the political government and industrial exploitation of countries occupied by lower races may constitute a rude sort of effective internationalism in the early future.« S. 241.

[51] Luxemburg, Akkumulation, S. 334ff.

[52] Ebenda, S. 365f.

[53] Dies. (1975): Einführung in die Nationalökonomie, S. 554f.; vgl. auch ebenda, S. 774ff.

[54] Hobson, Imperialism, S. 307f.

[55] Ebenda, S. 308f.

[56] Ebenda, S. 314.

[57] Ebenda, S. 307.

[58] Ebenda, S. 315.

[59] Ebenda, S. 317.

[60] Ebenda, S. 317.

[61] Hilferding, Rudolf (1974): Das Finanzkapital. Frankfurt/Main – Köln, Bd. II, S. 437f.

[62] Ebenda, S. 436f.

[63] Und er zitiert dabei eine Stelle aus dem 1. Band des »Kapital« von Karl Marx: »Die Grundlage aller entwickelten und durch Warenaustausch vermittelten Teilung der Arbeit ist die Scheidung von Stadt und Land. Man kann sagen, daß die ganze ökonomische Geschichte der Gesellschaft in der Bewegung dieses Gegensatzes resümiert.« Bucharin, Nikolai I., Imperialismus und Weltwirtschaft, in: marxists.org/deutsch/archiv/bucharin, Kapitel 1, S. 4.

[64] Lenin, W. I. (2001): Der Imperialismus als höchstes Stadium des Kapitalismus. München, S. 85ff.

[65] Ebenda, S. 89.

[66] Ebenda, S. 95f.

[67] Ebenda, S. 109f.

[68] Ebenda, S. 115ff.

[69] Schumpeter, Joseph A. (1918/1919): Zur Soziologie der Imperialismen, in: Archiv für Sozialwissenschaft und Sozialpolitik, Bd. 46, S. 309f.

[70] Ebenda.

[71] Siehe die Schilderung des damaligen Generaldirektors der Creditanstalt: Spitzmüller, Alexander (1955): ... Und hat auch Ursach' es zu lieben. Wien, S. 116.

[72] März, Eduard (1981): Bankpolitik in der Zeit der großen Wende 1913-1923. Am Beispiel der Creditanstalt für Handel und Gewerbe. Wien, S. 52ff.

[73] Schumpeter, Joseph A. (1993): Tendenzen unserer sozialen Struktur, in: Joseph A. Schumpeter, Aufsätze zur Tagespolitik. Tübingen, S. 177ff.

[74] Ders., Ökonomie und Psychologie des Unternehmers, in: Ebenda, S. 193ff.

[75] Derselbe (1947): The Creative Response in Economic History, in: Journal of Economic History, vol. 7, S. 149ff.

[76] Vgl. z.B. Steindl, Josef (1976): Maturity and Stagnation in American Capitalism, New York; siehe auch: Bloch, Harry; Finch, John (2006): Schumpeter and Steindl on Maturity and Growth in Capitalism, HETSA (19th Annual Conference of the History of Economic Thought Society of Australia).

[77] Schumpeter, Joseph A (1972[3]): Kapitalismus, Sozialismus und Demokratie. München, S. 113f.

[78] Salin, Edgar (1972[3]): Einleitung zur deutschen Ausgabe von Kapitalismus, Sozialismus und Demokratie. Stuttgart, S. 8.

[79] Joan Robinson in ihrer Rezension von *Capitalism, Socialism and Democracy* im Economic Journal 1943; zitiert bei Swedberg, Schumpeter, S. 227.

Literatur:

Joseph A. Schumpeter (1908): Das Wesen und der Hauptinhalt der theoretischen Nationalökonomie. Leipzig.

Joseph A. Schumpeter (1912): Theorie der wirtschaftlichen Entwicklung. Leipzig.

Joseph A. Schumpeter (1914): Epochen der Dogmen- und Methodengeschichte. Tübingen.

Joseph A. Schumpeter (1939): Business Cycles. A Theoretical, Historical and Statistical Analysis of the Capitalist Process (Konjunkturzyklen. Eine theoretische und statistische Analyse des kapitalistischen Prozesses). New York – London.

Joseph A. Schumpeter (1942): Capitalism, Socialism and Democracy. New York.

Joseph A. Schumpeter (1954): History of Economic Analysis (Geschichte der ökonomischen Analyse). New York.

Joseph A. Schumpeter (1952): Aufsätze zur ökonomischen Theorie, herausgegeben von Erich Schneider und Arthur Spiethoff. Tübingen.

Joseph A. Schumpeter (1985): Aufsätze zur Wirtschaftspolitik, herausgegeben von Wolfgang F. Stolper und Christian Seidl. Tübingen.

Joseph A. Schumpeter (1987): Beiträge zur Sozialökonomik, herausgegeben von Stephan Böhm. Wien – Köln – Graz.

Joseph A. Schumpeter (1991): The Economics and Sociology of Capitalism, herausgegeben von Richard Swedberg. Princeton, NJ.

Joseph A. Schumpeter (1993): Aufsätze zur Tagespolitik, herausgegeben von Christian Seidl und Wolfgang F. Stolper. Tübingen.

Rosa Luxemburg (1923): Die Akkumulation des Kapitals. Ein Beitrag zur ökonomischen Erklärung des Imperialismus. Berlin.

Rosa Luxemburg (1925): Einführung in die Nationalökonomie, herausgegeben von Paul Levi. Berlin.

Joseph Alois Schumpeter

Zum Verhältnis von Geschichte und Ökonomie

Text I: The Techniques of Economic Analysis

1. Economic History
... Economic history – which issues into and includes present-day facts – is by far the most important. I wish to state right now that if, starting my work in economics afresh, I were told that I could study only one the three but could have my choice, it would be economic history that I should choose. And this on three grounds. First, the subject matter of economics is essentially a unique process in historic time. Nobody can hope to understand the economic phenomena of any, including the present, epoch who has not an adequate command of historical *facts* and an adequate amount of historical *sense* or of what may be described as *historical experience*.[1] Second, the historical report cannot be purely economic but must inevitably reflect also »institutional« facts that are not purely economic: therefore it affords the best method for understanding how economic and non-economic facts *are* related to one another and how the various social sciences *should* be related to one another.[2] Third, it is, I believe, the fact that most of the fundamental errors currently committed in economic analysis are due to lack of historical experience more often than to any other shortcoming of the economist's equipment. History must of course be understood to include fields that have acquired different names as a consequence of specialization, such as prehistoric reports and ethnology (anthropology).[3]

Two ominous consequences of the argument above should be noticed at one. First, since history is an important source – though not only one – of the economist's material and since, moreover, the economist himself is a product of his own and *all preceding* time, economic analysis and its results are certainly affected by historical relativity[4] and the only question is how much. No worth-while answer to this question can be got by philosophizing about it, but it will be one of our major concerns to work one out by detailed investigation. This is why sketches of »the spirit of the times« and, in particular, of the politics of each, period will preface our exposition of the economic analysis in the subsequent Parts. Second, we have to face the fact that, economic history being part of economics, the historian's techniques are passengers in the big bus that we call economic analysis. Derivative knowledge is always unsatisfactory. Hence, even economists who are not economic historians themselves and who merely read the historical reports written by others must understand how these reports came into being or else they will not be able to appraise the real meaning. We shall not be able to live up to the program that follows from this. In principle however let us remember: Latin palaeography, for instance, is one of the techniques of economic analysis.

Text II: Schöpferisches Reagieren in der Wirtschaftsgeschichte

I.
Wirtschaftshistoriker und ökonomische Theoretiker können eine interessante und sozial wertvolle Reise gemeinsam antreten, wenn ihnen der Sinn danach ist. Es wäre ein Vorstoß in das sträflich vernachlässigte Gebiet des ökonomischen Wandels.

Wie jeder in der Geschichte ökonomischer Ideen Bewanderte sofort zugeben wird, haben praktisch alle Ökonomen im 19. Jahrhundert und viele im 20. Jahrhundert in unkritischer Weise geglaubt, daß für die Erklärung einer gegebenen historischen Entwicklung allein der Hinweis auf bedingende oder kausale Faktoren, wie eine Zunahme der Bevölkerung oder des Kapitalangebots, ausreichend sei. In der Regel wirkt kein

Faktor in einer eindeutig bestimmten Weise, und wenn dies der Fall ist, wird es erforderlich, die Einzelheiten seines *modus operandi,* die Mechanismen seiner Wirkungsweise genau unter die Lupe zu nehmen. Einige Beispiele mögen dies illustrieren: Eine Zunahme der Bevölkerung hat manchmal tatsächlich keine andere als die von der klassischen Theorie vorausgesagte Wirkung – einen Rückgang des Realeinkommens pro Kopf der Bevölkerung;[5] sie kann aber auch gelegentlich einen Verstärkungseffekt auslösen, der neue Entwicklungen mit dem Ergebnis herbeiführt, daß das Pro-Kopf-Realeinkommen steigt. Oder: Die einzige Wirkung eines Schutzzolls kann darin bestehen, den Preis des geschützten Gutes – und in der Folge seine Menge – in die Höhe zu treiben; er kann aber auch eine vollständige Reorganisation der geschützten Industrie bewirken, die schließlich zu einer derart großen Mengensteigerung führt, daß der ursprüngliche Preis unterschritten wird.

Die Unterscheidung zwischen verschiedenen Arten der Reaktion auf Änderungen in den »Bedingungen« ist von den Theoretikern bisher nicht entsprechend beachtet worden. Wann immer eine Volkswirtschaft oder ein Sektor einer Volkswirtschaft sich an Änderungen ihrer Daten in der von der traditionellen Theorie beschriebenen Art anpaßt, d. h., wann immer eine Volkswirtschaft auf eine Bevölkerungszunahme dadurch reagiert, daß sie die neuen Arbeiter und Angestellten der erwerbstätigen Bevölkerung in ihrer bestehenden Beschäftigungsstruktur einfach hinzuzählt, oder wann immer eine Industrie auf die Einführung eines Schutzzolls mit einer Expansion innerhalb ihrer bestehenden Praxis reagiert, können wir diese Entwicklung als *adaptives Reagieren* bezeichnen. Und wann immer die Volkswirtschaft oder eine Industrie oder einige Unternehmungen in einer Industrie in anderer Weise reagieren, indem sie irgend etwas außerhalb der Norm Stehendes tun, sprechen wir von *schöpferischem Reagieren.*

Schöpferisches Reagieren weist mindestens drei wesentliche Merkmale auf: Erstens kann es vom Standpunkt des Beobachters, der im vollständigen Besitz der relevanten Informationen ist, immer *ex post,* aber praktisch nie *ex ante* verstanden werden; d.h., daß es durch Anwendung der Regeln über das Schließen aus vorgegebenen Fakten nicht vorausgesagt werden kann. Aus diesem Grund muß das »Wie« in den oben so genannten »Mechanismen« in jedem einzelnen Fall genau untersucht werden. Zweitens bestimmt schöpferisches Reagieren den ganzen Verlauf der nachfolgenden Ereignisse sowie deren »langfristiges« Ergebnis. Es ist nicht richtig, daß beide Arten des Reagierens nur die von Ökonomen gern so genannten »Übergangsperioden« beherrschen und die Determinierung des Endresultats den Ausgangsdaten überlassen bleibt. Schöpferisches Reagieren verändert soziale und ökonomische Situationen für immer; oder mit anderen Worten: es bringt Situationen hervor, von denen keine Brücke zu jenen Situationen führt, die sich ohne seinen Einfluß ergeben hätten. Aus diesem Grund ist schöpferisches Reagieren ein wesentliches Element des historischen Prozesses; daran kann auch ein deterministisches Glaubensbekenntnis nichts ändern. Drittens hat schöpferisches Reagieren – die Häufigkeit seines Auftretens in einer Gruppe, seine Intensität, sein Erfolg oder Mißerfolg – offenkundig etwas – ob viel oder wenig sei dahingestellt – zu tun (a) mit den Qualitäten der in einer Gesellschaft lebenden Menschen, (b) mit den relativen Qualitäten der Menschen, d.h. mit den für einen bestimmten Tätigkeitsbereich verfügbaren Qualitäten relativ zu den gleichzeitig für andere Bereiche verfügbaren Qualitäten, und (c) mit individuellen Entscheidungen, Handlungen und Verhaltensmustern. Demgemäß ist eine Analyse des schöpferischen Reagierens im Wirtschaftsleben gleichbedeutend mit einer Analyse des Unternehmertums. Die Mechanismen des ökonomischen Wandels beruhen in einer kapitalistischen Gesellschaft auf unternehmerischer Aktivität.[6] Ob wir nun Gelegenheiten oder Bedingungen, die Reaktionen von Individuen oder von Gruppen betonen, so ist es offensichtlich richtig, daß in einer kapitalistischen Gesellschaft die objektiven Gelegenheiten und Bedingungen durch unternehmerisches Handeln wirksam werden; seine Analyse stellt zumindest einen höchst bedeutsamen Zugang zur Untersuchung ökonomischer Veränderungen in der kapitalistischen Epoche dar.[7] Dies ist mit völlig unterschiedlichen Auffassungen über seine Bedeutung als »grundlegender Faktor« vereinbar.

In diesem Licht betrachtet ist es nicht schwer, sich den Unternehmer und seine Funktion zu vergegenwärtigen: Das Definitionskriterium besteht einfach darin, Neues zu tun oder etwas, was bereits gemacht wird, auf eine neue Art zu machen (Innovation).[8] Es ist nur natürlich und eigentlich ein Vorteil, daß eine derartige Definition keine scharfe Grenze zieht zwischen dem, was »Unternehmergeist« ist und was nicht. Die Realität selbst kennt nämlich keine derartig scharfe Trennung, obwohl sie den genannten Typus scharf genug zum Vorschein bringt. Es sollte sofort darauf hingewiesen werden, daß das »Neue« weder spektakulär noch von historischer Bedeutung zu sein braucht. Es bedarf weder des Stahls von Bessemer noch des Verbrennungsmotors; Würstchen von Deerfoot sind ausreichend. Es ist ganz wesentlich, dieses Phänomen auch auf den bescheidensten Ebenen der Geschäftswelt zu erkennen, obzwar es schwierig sein mag, die bescheidenen Unternehmer historisch zu finden.

Die Unterscheidung von anderen Funktionen, mit denen Unternehmertum häufig, aber nicht notwendigerweise verbunden ist – genauso wie »Landwirtschaft« häufig, aber nicht notwendigerweise mit Landbesitz und mit der Tätigkeit eines Landarbeiters verbunden ist –, wirft auch keinerlei konzeptionelle Schwierigkeiten auf. Die Unterscheidung zwischen Unternehmertum und Management ist jedoch notwendig: Es ist klarerweise eine Sache, ein Unternehmen zu gründen, das eine neue Idee verkörpert, und eine andere Sache, der Verwaltung eines bestehenden Unternehmens vorzustehen – wie sehr auch immer die beiden ineinander übergehen mögen. Wiederum muß darauf hingewiesen werden, daß die Funktion des Unternehmers, die zwar durch Kapitaleigentum begünstigt wird, nicht mit jener des Kapitalisten identisch ist.[9] Angesichts der nichtssagenden Schlagworte, die zu diesem Thema im Umlauf sind, werden dringend neue Erkenntnisse hinsichtlich der Beziehungen zwischen den beiden Funktionen benötigt. Drittens ist es besonders wichtig, den Unternehmer vom »Erfinder« zu unterscheiden. Viele Erfinder sind Unternehmer geworden, und die relative Häufigkeit dieses Falles stellt zweifellos ein interessantes Forschungsobjekt dar, aber es besteht keine notwenige Beziehung zwischen den beiden Funktionen. Der Erfinder bringt Ideen hervor; der Unternehmer »setzt Taten«, die etwas wissenschaftlich Neues verkörpern können, aber nicht müssen. Überdies hat eine Idee oder ein wissenschaftliches Prinzip an sich für die ökonomische Praxis keinerlei Bedeutung: Die Tatsache, daß die Wissenschaft der Griechen wahrscheinlich alles für die Konstruktion einer Dampfmaschine Nötige erfunden hatte, verhalf weder den Griechen noch den Römern dazu, eine Dampfmaschine zu bauen; die Tatsache, daß Leibniz die Idee eines Suezkanal anregte, übte zwei Jahrhunderte lang keinerlei Einfluß auf die Wirtschaftsgeschichte aus. Und so verschiedenartig die Funktionen sind, so verschiedenartig sind auch die beiden soziologischen und psychologischen Typen.[10] Schließlich ist das »Setzen neuer Taten« nicht nur ein besonderer Prozeß, sondern ein Prozeß, der Ergebnisse zeitigt, die ein wesentlicher Bestandteil der kapitalistischen Realität sind. Die ganze Wirtschaftsgeschichte des Kapitalismus wäre eine andere, wenn neue Ideen sofort und reibungslos von all jenen Unternehmungen gleichsam selbstverständlich übernommen worden wären, für deren Geschäftserfolg sie von Bedeutung waren. Dies war aber nicht der Fall. In den meisten Fällen ist es nur ein einzelner oder sind es nur einige wenige, die die neuen Möglichkeiten erkennen und imstande sind, mit den Schwierigkeiten und Widerständen fertig zu werden, auf welche Handlungen abseits des ausgetretenen Pfades etablierter

Praktiken immer stoßen werden. Dadurch lassen sich sowohl die mit Erfolgen häufig verbundenen großen Gewinne als auch die mit Mißerfolgen verbundenen Verluste und Rückschläge erklären. Diese Dinge sind von großer Bedeutung. Wenn in jedem einzelnen Fall die Schwierigkeiten tatsächlich als vorübergehend bezeichnet werden können, handelt es sich um vorübergehende Schwierigkeiten, die es in einer Volkswirtschaft immer gibt und welche die Atmosphäre des kapitalistischen Lebens für immer beherrschen. Es scheint daher zweckmäßig zu sein, »Erfindungen« von »Neuerungen« auseinanderzuhalten.

Die Definition, die Unternehmertum mit Innovation gleichsetzt, ist sehr abstrakt. Einige inhaltsreichere Klassifizierungen können erwähnt werden, deren Verwendung möglicherweise darin besteht, bestimmte Forschungsvorhaben zu formulieren. Da ist zunächst einmal die augenfällige, nach historischen und systematischen Gesichtspunkten vorgenommene Klassifizierung der Unternehmensphänomene entsprechend ihren institutionellen Erscheinungsformen, z. B. die mittelalterliche Handelsgesellschaft, die späteren »gesetzlich genehmigten Gesellschaften«, die offene Handelsgesellschaft, die moderne Aktiengesellschaft und dgl. mehr; zu diesem Thema gibt es sehr viele historische Arbeiten.[11] Die Interaktion von institutionellen Erscheinungsformen und unternehmerischer Aktivität, der »prägende« Einfluß der ersteren und der »berstende« Einfluß der letzteren, ist – wie bereits angedeutet – ein wesentliches Thema für weitere Untersuchungen. Eng verbunden mit dieser Einteilung ist die alte Klassifizierung nach Tätigkeitsbereichen – Handel, Industrie, Finanzierung –,[12] die durch folgende unterscheidende Merkmale verfeinert worden ist: Unternehmertum, das »neue« Güter einführt; Unternehmertum, das technische Neuerungen bei der Produktion »alter« Güter einführt; Unternehmertum, das neue kommerzielle Kombinationen, z. B. die Erschließung eines neuen Absatzmarktes oder die Eroberung einer neuen Bezugsquelle von Rohstoffen, einführt; und Unternehmertum, das darin besteht, eine Industrie durch Schaffung einer Monopolstellung neu zu organisieren.[13]

Es gibt aber auch andere Klassifizierungen, die sich als nützlich erweisen können. Wir können beispielsweise Unternehmer je nach Herkunft und soziologischem Typus unterscheiden: Feudale Lords und aristokratische Grundbesitzer, Beamte – sehr wichtig in Deutschland nach dem Dreißigjährigen Krieg, insbesondere im Bergbau –, Bauern, Arbeiter, Handwerker, Mitglieder der gelehrten Berufe: Sie alle haben sich auf unternehmerische Aktivitäten eingelassen – wie oft betont worden ist –, und es ist von verschiedenen Standpunkten aus höchst interessant, diesem Umstand nachzugehen. Oder wir können versuchen, unternehmerische Leistung je nach dem genauen Inhalt der wahrgenommenen »Funktion« und den betroffenen Fähigkeiten (einige mögen sogar die Motivation hinzufügen) zu klassifizieren. Da davon auszugehen ist, daß all dies im Verlauf der kapitalistischen Epoche starken Veränderungen ausgesetzt gewesen ist, sind Wirtschaftshistoriker in einem besonderen Maße für eine derartige Arbeit qualifiziert.

Obwohl die Wendung vom »Setzen neuer Taten« hinreichend umfassend sein kann, beinhaltet sie eine Fülle verschiedener Aktivitäten, die dem Unternehmertum je nach Standpunkt des Betrachters örtlich, zeitlich oder überhaupt unterschiedliche Färbungen verleihen können. In einigen Fällen – oder für einige Betrachter – ist es vielleicht die Tätigkeit des »Etablierens« oder des »Organisierens«, die sich von anderen abhebt; in anderen Fällen – oder für andere Betrachter – ist es vielleicht das Überwinden der Widerstände von seiten der Umwelt; in anderen Fällen wiederum – oder für wiederum andere Betrachter – sind es vielleicht einfach die Führungsqualitäten oder die Verkaufstüchtigkeit. In der frühkapitalistischen Industrie scheint es einen Typus des Unternehmers gegeben zu haben, den man am besten als Faiseur bezeichnen sollte. Die moderne Geschichte liefert viele Beispiele für ein Unternehmertum, das mit der Person eines Unternehmungsgründers verbunden ist.[14] Der typische Industrieunternehmer des 19. Jahrhunderts war vielleicht jemand, der eine neue Produktionsmethode dadurch einführte, daß er sie einer neuen Unternehmung einverleibte, und der sich dann bei erfolgreicher Tätigkeit als Eigentümer-Geschäftsführer oder als Aktien besitzender Präsident der Unternehmung niederließ und dabei alt und konservativ wurde. In der Großunternehmung unserer Tage erhebt sich die nie ganz verstummende Frage, wer als Unternehmer zu gelten hat, erst recht. R. A. Gordon hat in einem weithin bekannten Buch[15] interessantes Material zu dieser Frage vorgelegt.

II.

Ein anderer Problembereich, von dem anzunehmen ist, daß ihn künftige Untersuchungen in dringend benötigtes Licht tauchen werden, betrifft die ökonomische Eigenart, Höhe und Verteilung der mit unternehmerischer Tätigkeit verbundenen Erträge. Wir werden hier nämlich bereits mit konzeptionellen Schwierigkeiten konfrontiert, bevor wir uns den noch größeren empirischen Problemen zuwenden. Denn der »Profit« der englischen Klassiker, der von J. S. Mill in die Entlohnung für die Geschäftsleitung, die Risikoprämien und den Zins auf das eingesetzte Kapital zergliedert wurde, war eine Gegenleistung für die gewöhnliche Geschäftstätigkeit und etwas völlig Verschiedenes – aber davon beeinflußt – von den mit erfolgreichem Unternehmertum – in unserem Sinn des Wortes – verbundenen Gewinnen. Was das letztere ist, läßt sich am besten anhand eines konkreten Beispiels erklären. Nehmen wir an, jemand fände eine Möglichkeit heraus, passablen Kaviar aus Sägespänen herzustellen; er errichtet die Excelsior Kaviar-Unternehmung und macht sie zu einem Erfolg. Wenn diese Unternehmung zu klein ist, entweder die Preise des Produkts oder der Produktionsfaktoren zu beeinflussen, wird er das erstere zum herrschenden Preis verkaufen und die letzteren zu den herrschenden Preisen kaufen. Wenn er jedoch die Einheit

Kaviar infolge Verwendung eines viel billigeren Rohstoffes billiger als seine Konkurrenten anbietet, wird er eine Zeitlang, d. h. bis andere Unternehmungen sein Verfahren nachahmen, (im wesentlichen temporäre) Überschüsse erzielen. Diese Gewinne sind auf persönliche Anstrengungen zurückzuführen. Man könnte sie deshalb als Lohn bezeichnen. Mit gleicher Berechtigung könnte man sie auf den Umstand zurückführen, daß sein Produktionsverfahren eine Zeitlang ausschließlich von ihm verwendet wird. Man könnte sie deshalb auch als Monopolgewinne bezeichnen. Gleichgültig ob wir sie nun als Lohn oder als Monopolgewinne bezeichnen, – wir müssen sofort hinzufügen, daß es sich um besondere Formen des Lohns und des Monopolgewinns handelt, die sich von den üblicherweise mit diesen Begriffen verbundenen Bedeutungen in wesentlicher Hinsicht unterscheiden. Und deshalb wären wir gut beraten, sie einfach als Unternehmergewinne zu bezeichnen. Wenn dieses gewagte Unternehmen sich als ein »Vermögen« herausstellt, sollte jedoch beachtet werden, daß dieses Vermögen nicht dadurch entsteht, daß die tatsächlichen Nettoerlöse gespart und in derselben oder in einer anderen Unternehmung investiert werden. Im Grunde tritt es als *Kapitalgewinn* in Erscheinung, d. h. als diskontierter Wert des Stroms der prospektiven Überschußerträge.

In diesem einfachen Beispiel, das jedoch einen Typus begründet, ist der Analytiker nur mit Schwierigkeiten konfrontiert, die sich beim Sammeln der Fakten ergeben. Es ist auch klar, was mit jenem Überschuß passiert: In diesem Beispiel geht der Unternehmergewinn an den Unternehmer;[16] und wir können auch feststellen, wenn wir im Besitz der Fakten sind, wie – um eine gängige Wendung zu gebrauchen – »die Früchte des Fortschritts an die Konsumenten und Arbeiter weitergegeben werden«. Die Geschwindigkeit dieses Prozesses der »Weitergabe« ist sehr unterschiedlich; aber in isolierten Fällen wie dem in Rede stehenden würde er immer durch eine Preissenkung des Produkts bis zum neuen Kostenniveau wirken; damit ist immer zu rechnen, wenn die erfolgreiche Unternehmung vom Konkurrenzdruck erfaßt wird. Aber sogar an diesem Punkt stoßen wir auf die Praxis der Neuerer, ihre Überschüsse durch Patente u. a. m. aufrechterhalten zu wollen. Die oben beschriebenen Gewinne gehen allmählich in Gewinne aus absichtlicher Wettbewerbsbeschränkung über und schaffen manchmal für die Diagnose unüberwindliche Schwierigkeiten.[17] Die Anhäufung sorgfältig analysierter historischer Beispiele ist das beste Mittel, um diese Fragen zu erhellen, dem Theoretiker strategische Annahmen an die Hand zu geben und Schlagworte vermeiden zu helfen.

Wenn Innovationen weder – für sich genommen – kleine noch isolierte Vorfälle bilden, häufen sich die Komplikationen. Die Unternehmertätigkeit beeinflußt dann von Beginn an Löhne und Zinssätze und wird zu einem Faktor – meines Erachtens zum grundlegenden Faktor – im Aufschwung und in der Depression. Dies ist ein Grund – aber nicht der einzige –, warum Unternehmergewinne nicht Nettoerlöse darstellen (1) für alle, die sich auf unternehmerische Wagnisse einlassen; (2) für den Industriesektor, in dem die Innovation auftritt; und (3) für die kapitalistischen Interessen, die die Unternehmertätigkeit finanzieren, und die ganze Klasse der Kapitalisten.

Was den ersten Punkt betrifft, hätte ich mein spezielles Beispiel realistischer wählen können, wenn ich angenommen hätte, daß mehrere oder viele sich daran versuchen, jenen Kaviar herzustellen, daß es aber nur einem gelingt, ein verkäufliches Produkt herzustellen, dessen Erfolg zur Nachahmung einlädt. Die Gewinne des erfolgreichen Unternehmers und der Kapitalisten, die ihn finanzieren – wann immer Kapital Unternehmertum finanziert, werden nämlich die Zinsen aus den Unternehmergewinnen bezahlt; ein Umstand, der für das Verständnis des Zinsphänomens von größter Bedeutung ist –, sollten nicht mit dessen Bemühungen und deren Kredit, sondern mit den Bemühungen und Krediten aller Unternehmer und Kapitalisten, die einen Versuch gewagt und dabei verloren haben, in Verbindung gebracht werden. Die Existenz von uns spektakulär hoch und – vom gesellschaftlichen Standpunkt – irrational erscheinenden Gewinnen ist somit vereinbar mit negativen Erlösen für die Unternehmer und finanzierenden Kapitalisten als Gruppe.[18]

Es ist ebenso klar, daß Unternehmergewinne keine Nettoerlöszuwächse für den Industriesektor bedeuten, in dem sie anfallen. Der Effekt des neuen Produkts oder Verfahrens äußert sich in Verlusten für die »alten« Unternehmungen. Der Konkurrenzdruck, der von einer niedrigeren Kostenkurve ausgeht, stellt die wirklich wirksame Konkurrenz dar, die schließlich die Industrie revolutioniert. Eine detaillierte Untersuchung dieses Prozesses, die in vielfältiger Art und Weise durchgeführt werden kann, könnte uns vieles über die tatsächliche Funktionsweise des Kapitalismus lehren, was wir bisher nur in Umrissen erkannt haben.

Zum dritten Punkt: Während wir über das Schicksal der Arbeiterklasse im Prozeß des ökonomischen Wandels sowohl hinsichtlich der Entwicklung der Reallöhne als auch der Beschäftigung ausreichende Kenntnisse haben, wissen wir viel weniger über jene schwer faßbare Größe, das Kapital, das unaufhörlich vernichtet und neu geschaffen wird. Es leuchtet unmittelbar ein, daß die Lehre des Theoretikers, wonach Kapital von absterbenden zu aufstrebenden Industrien »wandert« unrealistisch ist: Das in Eisenbahnen »investierte« Kapital wandert nicht in den Fernlastverkehr oder in den Luftverkehr, sondern wird in und mit den Eisenbahnen zugrunde gehen. Untersuchungen der Geschichte von einzelnen Industrien, Konzernen und Unternehmungen, die darüber Aufschluß geben sollen, wie lange eine typische Unternehmung sich am Leben erhält und wie und warum sie ausscheidet, könnte eine Reihe von vorgefaßten Meinungen zu diesem Thema zerstreuen helfen.

III.
Schließlich möchte ich noch einen weiteren Problembereich behandeln, von dem zu erwarten ist, daß er durch historische

Analysen erhellt werden kann, nämlich Probleme, welche die folgende Frage betreffen: Nimmt die Bedeutung der Unternehmerfunktion mit der Zeit ab? Es gibt einige triftige Gründe, die dafür sprechen. Die Unternehmerleistung beinhaltet einerseits die Fähigkeit, neue Möglichkeiten zu erkennen, die zum Zeitpunkt des Handelns nicht als erwiesen betrachtet werden können, und andererseits die nötige Willenskraft, um den Widerstand zu brechen, den die soziale Umgebung jeder Veränderung entgegenhält. Der Bereich des Bewährten dehnt sich aber aus, und Handlungen auf Grund von plötzlichen Einfällen oder Ahnungen werden in zunehmendem Ausmaß von Handlungen abgelöst, die auf »Berechnung« beruhen. Und die heutige Umgebung reagiert vielleicht mit geringerem Widerstand auf neue Verfahren und Güter, als dies der Fall gewesen ist. Insofern dies zutrifft, verlören die Elemente der persönlichen Intuition und Stärke an Bedeutung; es ist zu erwarten, daß sie der Gemeinschaftsarbeit von Spezialisten Platz machen müßten. Mit anderen Worten: Es ist zu erwarten, daß der Fortschritt allmählich automatisiert wird. Unser diesbezüglicher Eindruck wird durch analoge Erscheinungen auf anderen Gebieten verstärkt. Beispielsweise hat ein moderner Oberbefehlshaber für den Ausgang eines Krieges ein geringeres Gewicht als in früheren Zeiten – aus den gleichen Gründen; Feldzüge sind im Vergleich zu früher kalkulierbarer geworden, und es besteht weniger Spielraum für persönliche Führerschaft. Das ist aber im Augenblick nur ein Eindruck. Es liegt an den Historikern, ihn zu bestätigen oder zu widerlegen. Wenn er jedoch von der Forschung bestätigt werden sollte, wäre dies ein Ergebnis von größter Tragweite. Wir müßten zu der Schlußfolgerung gelangen, daß der ganze Mechanismus der ökonomischen Entwicklung sich erheblich verändern würde. Unter anderem würde sich die Wirtschaft in einem stärker werdenden Ausmaß bürokratisieren. Es lassen sich tatsächlich viele Symptome dafür anführen; und die Wirkungen würden weit über den Bereich ökonomischer Phänomene hinausgehen. Wie die verschiedenen Kriegseinheiten – und insbesondere die Führung der Armee im Feld – mit der zunehmenden »Mechanisierung« an Bedeutung verloren haben, so kann die Klasse der Geschäftsleute ihre Bedeutung einbüßen, wenn ihr vitalster Repräsentant, der Unternehmer, allmählich seiner wichtigsten Funktion verlustig geht. Dies würde einer anderen Sozialstruktur gleichkommen.

Aus diesem Grund reicht die Soziologie des Unternehmers viel weiter, als in den Fragen betreffend die Bedingungen, welche die Unternehmertätigkeit hervorrufen und formen, begünstigen oder behindern, impliziert ist. Sie erstreckt sich auf die Struktur und die wahren Grundlagen – wenigstens – der kapitalistischen Gesellschaft oder des kapitalistischen Sektors einer gegebenen Gesellschaft. Dies läßt sich am schnellsten durch den Hinweis auf die Tatsache belegen, daß der Aufstieg einer Familie zum »kapitalistischen« Status typischerweise[19] an unternehmerischen Erfolg geknüpft ist, ebenso wie der Aufstieg der bürgerlichen Klasse als ganzer mit Erfolg in kommerziellen, industriellen und finanziellen Unternehmungen verbunden ist; und daß das Ausscheiden der Familie aus der »kapitalistischen« Klasse typischerweise mit dem Verlust jener Einstellung und Befähigung für industrielle Führerschaft oder Wachsamkeit einhergehen, die unser Bild vom unternehmerischen Typus des Geschäftsmannes prägen.

Diese Fakten – wenn es sich um solche handelt – könnten uns nun vieles über derart grundlegende Probleme lehren, wie über die Eigenart der Klassenstruktur der kapitalistischen Gesellschaft; die Art von Klassenzivilisation, die sie hervorbringt und welche sich so charakteristisch von der Klassenzivilisation der Feudalgesellschaft unterschiedet; über ihr Wertsystem; ihre Politik, insbesondere ihre Einstellung gegenüber Staat, Kirche und Krieg; ihre Leistungen und Mißerfolge; und ihre Dauerhaftigkeit. Es bedarf aber noch großer Arbeitsanstrengungen, um zu wissenschaftlich vertretbaren Auffassungen zu all diesen und verwandten Fragen zu gelangen.

Zunächst einmal müssen diese »Fakten« nachgewiesen werden. Inwieweit ist es beispielsweise richtig, daß die Unternehmer, die zwar selbst keine soziale Klasse bilden, aber aus fast allen bestehenden Schichten stammen, die kapitalistische Schicht »nähren« oder erneuern? Anders ausgedrückt, rekrutiert sich letztere aus unternehmerischen Erfolgen? Oder noch anders ausgedrückt, geht die »typische« Geschichte von Industriellenfamilien auf unternehmerische Leistungen zurück, die eine Unternehmung »schufen«, die dann eine Zeitlang kapitalistische Überschüsse erzielte, indem sie mehr oder weniger effizient bloß »verwaltet« wurde? Welcher statistische Wahrheitsgehalt verbirgt sich hinter dem Sprichwort: »Drei Generationen vom Arbeitskittel bis wiederum zum Arbeitskittel«? Worin besteht, zweitens, die an beobachtbaren Ergebnissen ablesbare ökonomische, kulturelle und politische Bedeutung des weiteren Umstands, daß die Unternehmerfunktion – abgesehen von der biologischen Vererbung möglicherweise – nicht im Erbgang weitergegeben werden kann, die erworbenen industriellen oder finanziellen Positionen aber sehr wohl? Wieviel Wahrheit verbirgt sich hinter der Behauptung, daß das Interesse der Industriellenfamilie in der kapitalistischen Gesellschaft der Hüter der ökonomischen Zukunft der Nation sei?

Diese Fragen, die leicht vervielfacht werden könnten, haben oft Aufmerksamkeit erregt. Jedes Lehrbuch der Wirtschaftsgeschichte enthält Hinweise auf die Herkunft von historisch bedeutenden Unternehmerpersönlichkeiten, und eine Reihe von Untersuchungen sind vom vollen Bewußtsein über die Bedeutung der Antworten für unser Verständnis der kapitalistischen Gesellschaft und ihrer Funktionsweise inspiriert worden.[20] Diese Untersuchungen sind aber nicht sehr zahlreich, und die ihnen zugedachte Aufmerksamkeit war nur sehr oberflächlich. Wir wissen nicht genug, um gültige generelle Aussagen formulieren zu können, ja nicht einmal genug, um sicher zu gehen, ob es irgendwelche generelle Aussagen zu formulieren gibt. Wie dem auch sei, die meisten von uns Ökonomen haben bestimmte Auffassungen zu diesen Fragen. Diese Auffassungen haben mehr mit Vorurteilen oder Idealen als mit harten Fakten gemeinsam, und unsere Gewohnheit, sie mit gelegentlich registrierten Beispielen zu belegen, ist offensichtlich nur ein schwacher Ersatz für ernsthafte Forschungen. Veblens – übrigens auch Bucharins – »Theory of the Leisure Class« illustriert gut, was ich meine. Das Buch ist brillant und anregend; aber es ist ein impressionistischer Essay, der sich mit den wirklichen Problemen nicht auseinandersetzt. Es existiert noch eine Fülle von Material; eine große und nützliche Aufgabe erwartet diejenigen, die sich ihr unterziehen.

Anmerkungen

[1] This does not render »theory«, in the sense to be explained below, either impossible or useless – economic history itself needs its help.

[2] Owing to the unreliability of »theories« on this subject, I personally believe the study of history to be not only the best but the only method for this purpose.

[3] In this book, unless warning to the contrary is given, anthropology means physical anthropology only. Above it has the usual meaning which makes it synonymous with the study of primitive tribes, their behavior patterns, language, and social institutions. We call this ethnology.

[4] This is one of several meanings of that much misused word, relativity. Here we mean by it no more than (a) that we cannot use more material than we have and that in consequence some or all of our results may not stand up in the light of further experience (a fact that must of course be duly allowed for in the interpretation of the economists of the past); and (b) that economists' interests in the problem of their epoch and also their attitudes to these problems condition their *general* views on economic phenomena. This has nothing to do with philosophic relativism.

[5] Auch unter den Annahmen der klassischen Theorie ist dies nicht zwingend; wir brauchen jedoch darauf nicht näher einzugehen.

[6] Die Funktion an sich findet sich auch in anderen Gesellschaftsformen; kapitalistisches Unternehmertum ist jedoch ein derart ausgeprägtes Phänomen, daß seine Hervorhebung angezeigt erscheint.

Zum Verhältnis von Geschichte und Ökonomie 237

7 Arthur H. Cole hat auf diesem Gebiet neue Perspektiven in seiner Präsidialansprache vor der American Economic History Association »An Approach to the Study of Enterpreneurship«, in: The Journal of Economic History (Sonderheft: The Tasks of Economic History) VI (1946) 1-15, eröffnet.

8 Der Begriff der Produktionsfunktion kann eine exakte Definition vermitteln. Vgl. Oscar Lange, A Note on Innovations; in: The Review of Economic Statistics XXV (1943) 19-25.

9 Es wird manchmal die Auffassung vertreten, daß Unternehmertum zwar in den Anfängen des Kapitalismus keinerlei (oder nur sehr wenig) Kapitalbesitz erforderte, aber im Verlauf der Zeit – insbesondere in der Epoche der Großunternehmung – immer abhängiger davon wurde. Nichts könnte von der Wahrheit weiter entfernt sein: Im Laufe des 19. Jahrhundert wurde es zunehmend leichter, anderer Leute Geld auf andere Weise als durch eine Teilhaberschaft zu bekommen, und in der heutigen Zeit bietet eine Gründung innerhalb des Schildes bestehender Kapitalgesellschaften einen viel besseren Zugang zu den Unternehmerfunktionen, als dies im Zeitalter der Eigentümer-Geschäftsführer-Unternehmungen jemals der Fall gewesen war. Viele der heutigen potentiellen Unternehmer gründen keine Unternehmung, nicht weil sie dazu nicht imstande wären, sondern weil sie die andere Methode bevorzugen.

10 Die Beziehung zwischen den beiden Typen hat bereits Interesse erweckt. Vgl. z. B. F. W. Taussig, Inventors and Money-Makers, New York 1915.

11 Gustav von Schmoller brachte das Thema in seinem »Grundriß« aus dem Jahre 1904 zur Sprache. Die Neuerung bestand aber nur in der systematischen Verwendung von Ergebnissen der historischen Forschung. Auf weniger systematische Weise war das Thema bereits zuvor in allgemeinen Lehrbüchern der Volkswirtschaftslehre behandelt worden.

12 Finanzielle Institutionen und Praktiken berühren unseren Problemkreis in dreifacher Weise: Sie sind »instrumental und bedingend«; das Bankwesen kann das Objekt der Unternehmertätigkeit sein, d. h. die Einführung neuer Bankpraktiken kann unternehmerisch sein; und Bankiers (oder andere »Financiers«) können die ihnen zur Verfügung stehenden Mittel dazu verwenden, sich selbst auf kommerzielle und industrielle Unternehmungen einzulassen (z. B. John Law). Vgl. das jüngste Buch von Fritz Redlich, The Molding of American Banking – Men and Ideas, New York 1947.

13 Dieser Fall betont das Anliegen, unsere Vorstellungen von unternehmerischer Leistung von jedem Vorurteil freizumachen. Ob ein gegebener unternehmerischer Erfolg der Gesellschaft oder einer bestimmten Gruppe innerhalb der Gesellschaft nützt oder schadet, ist eine Frage, die in jedem einzelnen Fall entschieden werden muß. Unternehmertum, das zu einer Monopolposition führt, ist in seiner Gesamtwirkung zwar häufig, aber nicht notwendigerweise antisozial, auch wenn Monopolgewinne seine einzige Triebfeder sind.

14 In einem gewissen Sinn könnte der Gründer, der nichts anderes macht, als neue Unternehmungen zu »errichten«, als der reinste Unternehmertypus angesehen werden. Tatsächlich ist er meist nicht mehr als ein finanzieller Vermittler, der wenig bis gar keinen Anspruch darauf hat, als Unternehmer bezeichnet zu werden – nicht mehr als der Anwalt, der die rechtlichen Angelegenheiten abwickelt. Es gibt aber wichtige Ausnahmen davon.

15 Robert A. Gordon, Business Leadership in the Large Corporation, Washington. D.C., The Brookings Institution, 1945.

16 Es sollte klar sein, daß dies nicht bedeutet, daß der ganze aus der Unternehmung resultierende soziale Gewinn an den Unternehmer fällt. Aber das Problem der Beurteilung der sozialen Gewinne – absolut und relativ zu den Anteilen der Unternehmer – und der sozialen Kosten des Unternehmertums in einem Systems, das es geschäftlichen Interessen anheimstellt, Innovationen durchzuführen, ist so komplex und vielleicht hoffnungslos, daß ich um Entschuldigung bitte, wenn ich darauf nicht näher eingehe.

17 Noch schwieriger ist natürlich eine verantwortungsbewußte Beurteilung, d. h. eine Beurteilung, die sich nicht mit populären Phrasen begnügt. Maßnahmen, die darauf abzielen, Übergewinne beizubehalten, verlangsamen zweifellos den Prozeß der »Weitergabe der Früchte des Fortschritts«. Die Kenntnis, daß derartige Maßnahmen verfügbar sind, kann aber notwenig sein, um jemand dazu bewegen, sich auf bestimmte Wagnisse einzulassen. Es besteht auch die Möglichkeit, daß mit derartigen Maßnahmen andere kompensierende Vorteile verbunden sind, insbesondere dort, wo die rasche Einführung neuer Verfahren zu starken Verlagerungen beim Produktionsfaktor Arbeit führen würde und Unternehmergewinne eine wichtige Quelle von Risikokapital darstellen.

18 Es ist natürlich sehr schwer festzustellen, ob sich dies in einem bestimmten Fall tatsächlich so verhält. Die Erfolge heben sich deutlich ab – statistisch

und auch sonst; Mißerfolge entziehen sich der Aufmerksamkeit. Dies ist einer der Gründe, warum Ökonomen so stark von Spitzenerfolgen beeindruckt zu sein scheinen. Ein anderer Grund für eine falsche Beurteilung läßt sich auf die Vernachlässigung des Umstands zurückzuführen, daß spektakuläre Gewinne ein größeres Stimulans darstellen können als eine gleichmäßiger verteilte Summe in derselben Höhe. Das ist jedoch eine Frage, die durch Spekulationen nicht entschieden werden kann; nur das Sammeln von Fakten kann uns Aufschluß darüber geben, wie unsere Theorie zu bilden ist.

[19] D.h., erfolgreiches Unternehmertum stellt das für den kapitalistischen Entwurf charakteristische Verfahren des Aufstiegs in der Sozialskala dar. Es handelt sich aber natürlich nicht um die einzige Methode. Erstens existieren andere Möglichkeiten innerhalb der ökonomischen Sphäre, wie der Besitz von im Wert steigenden natürlichen Ressourcen (z. B. städtischer Boden) oder bloße Spekulation oder gelegentlich sogar Erfolg in der bloßen Verwaltung laufender Agenden, die kein spezifisch unternehmerisches Element enthalten muß. Zweitens existieren Möglichkeiten außerhalb der Geschäftssphäre, denn wirtschaftlicher Erfolg bedeutet genausowenig die einzige Aufstiegsmöglichkeit in der kapitalistischen Gesellschaft, wie Ritterdienste in der Feudalgesellschaft die einzige Aufstiegsmöglichkeit bedeutet haben.

[20] Ein Beispiel ist die Studie von F. J. Marquis und S. J. Chapman über die Führungsschicht in der Baumwollindustrie von Lancashire, in: Journal of the Royal Statistical Society LXXV (1912) 293-306.

Andreas Resch

Walter Eucken – für eine theoretisch fundierte und in der historischen Erfahrung verankerte Nationalökonomie

»Besondere Methoden muß die Nationalökonomie entfalten, durch welche historische und statistische Erfahrungen mit theoretischem Denken zum Zusammenwirken gebracht werden. Nur durch Überwindung ... [dieser] Antinomie, nicht durch ihre Umgehung, gelingt es, die wirtschaftliche Wirklichkeit zu packen. Aus der Besonderheit ihres Problems ergibt sich der Charakter der Nationalökonomie. Sie muß sowohl eine theoretische wie eine historische Wissenschaft sein.«[1]

Mit diesen Worten, die an ähnliche Feststellungen von Alois Schumpeter gemahnen,[2] fasst der deutsche Ökonom Walter Eucken seine Überzeugung zusammen, dass Wirtschaftswissenschaft sowohl der theoretischen Fundierung als auch der Verankerung in der historischen Erfahrung bedarf.

Walter Eucken, 1891 geboren, entstammte einer deutschen Gelehrtenfamilie. Sein Vater war Professor für Philosophie in Jena und erhielt 1908 den Nobelpreis für Literatur. Die kulturelle Prägung im Elternhaus war vom zeitgenössischen Kanon bürgerlicher Bildung, einem ausgeprägten Interesse für die Künste und der Fundierung in christlichen Anschauungen geprägt.[3] Eucken schwankte, ob er Geschichte oder Nationalökonomie studieren sollte. Er inskribierte 1909 zuerst Geschichte, entschied sich dann doch für die Ökonomie.[4] In seinem wirtschaftswissenschaftlichen Denken blieb er bis zu seinem frühen Tod im Jahr 1950 der Grundhaltung treu, dass eine realistische Ökonomie geschichtliche Tendenzen und Rahmenbedingungen nicht ausklammern darf.[5]

Im zeitgenössischen *Methodenstreit* zwischen Historikern und Ökonomen nimmt Eucken eine eigenständige, vermittelnde

Position ein, vergleichbar jener von Max Weber. Eucken versucht wie Weber den Konflikt zwischen theoriegeleitet-analytischer und offen-historischer Zugangsweise mit einer Konzeption von Idealtypen, die aus dem untersuchten Material abstrahiert werden, zu bewältigen. »Der geschichtliche Charakter des Problems verlangt *Anschauung, Intuition, Synthese, Verstehen, Einfühlung in individuelle Leben*; – der allgemein-theoretische Charakter indessen fordert *rationales Denken, Analyse, Arbeiten mit gedanklichen Modellen.*«[6] Eucken schlägt vor in historischer Forschung »die einzelnen Seiten« einer »individuellen Erscheinung« herauszuheben und so »Idealtypen« zu gewinnen. Als Beispiel nennt er Johann Heinrich von Thünen, der an einem einzigen Landgut seine Idealtypen des isolierten Staates gewonnen hat.[7]

Im Hinblick auf Aufgaben und Zielsetzungen der Wissenschaft geht Eucken über Weber hinaus. Während er Webers Vortrag über »Wissenschaft als Beruf« als Plädoyer dafür interpretiert, dass nur »die Frage nach der Erkenntnis der Wirklichkeit, nicht die Frage ihrer Gestaltung« Sache der Wissenschaft sei, tritt Eucken selbst dafür ein, dass die Wirtschaftswissenschaft gegenüber der Politik normative Positionen zu vertreten habe.[8] Als Aufgabe der Nationalökonomie erachtet er, dazu beizutragen die soziale Frage angemessen zu lösen. Darunter versteht er für eine Ordnung einzutreten, die Knappheit überwinden hilft und ein selbstverantwortliches Leben zu führen gestattet.[9]

Eucken hebt zwei konstitutive wirtschaftliche »Grundformen« hervor, »auf welche die historische Untersuchung in allen Epochen stieß, [...]: Das idealtypische Wirtschaftssystem der verkehrslosen ›Zentralgeleiteten Wirtschaft‹ und das Wirtschaftssystem der ›Verkehrswirtschaft‹«.[10] Die Verkehrswirtschaft bzw. Marktwirtschaft unterteilt er nach verschiedenen Ausprägungen der Marktformen[11] auf der Angebots- und Nachfrageseite in 25 Unterkategorien, je nachdem inwiefern Angebot und Nachfrage eher monopolistisch oder eher wettbewerblich geordnet sind.

Aus geschichtlicher Anschauung kommt er zur Ansicht, dass bis 1914 in den Industriestaaten überwiegend Vekehrswirtschaftssysteme vorgeherrscht haben, die von einer Laissez-faire Politik gänzlich ihrer eigenen Entwicklung überlassen worden sind. Für diese Art von Wirtschaftsordnung konstatiert er eine Tendenz zur Vermachtung und Ineffizienz durch Monopole und Großkonzerne. Die Zwischenkriegszeit sieht Eucken als Ära der Experimente. Sowohl Versuche mit zentral gelenkten Ökonomien als auch mit partiellem Interventionismus haben keine nachhaltigen Erfolge im Hinblick auf Effizienz und Freiheit erbracht.[12]

Aufgrund dieser Erfahrungen meint Eucken, dass Nationalökonomien zwar aus Effizienzgründen als Marktwirtschaften organisiert sein sollen, diese jedoch durch geeignete Politik stabilisiert werden müssen, damit sie ihre Qualitäten nachhaltig entfalten. Das erinnert auf den ersten Blick an Keynesianische Denkweisen, von denen er sich jedoch grundlegend distanziert. Während es zum Keynesianischen *common sense* gehört, dass Marktwirtschaft staatlicher nachfrageseitiger Eingriffe zur Konjunktur- und Wachstumspolitik bedürfe, lehnt Eucken derartige Ansätze ab. Vielmehr soll sich der Staat auf die Gewährleistung einer »Wettbewerbsordnung« beschränken, die auf diese Weise zum »dritten Weg« neben freier Wirtschaft und zentralverwalteter Wirtschaft wird.[13]

Für die Wirtschaftspolitik hat eine Gesamtentscheidung über die Ordnungsprinzipien am Anfang zu stehen. Das ist das »große wirtschaftspolitische Ordnungsproblem, das neben anderen großen Ordnungsfragen der Gegenwart – so des Rechts, des Staates, der Gesellschaft – steht.«[14]

Nachhaltige Ordnungspolitik hat mittels staatlicher Maßnahmen gegen das Entstehen von Marktmacht sowie gegen die Vermachtung der Gesellschaft von Seiten solcher Marktmacht aufzutreten.[15] Im Zweifelsfall soll der konsequenten Unterbindung von Vermachtung gegenüber kurzfristigen Effizienzüberlegungen, die für große Zusammenballungen sprechen könnten, der Vorrang gegeben werden. Damit positionierte sich Eucken bereits eindeutig im Hinblick auf einen heute aktuellen Disput, der im Rahmen der Industrieökonomie zwischen der »Harvard School« und der »Chicago School« ausgetragen wird. Während Vertreter der »Harvard School«, wie Joe Bain und Stephen Martin wohl bei ordnungspolitischen Fragestellungen der nachhaltigen Sicherung des Wettbewerbes den Vorzug gaben bzw. geben, plädieren Vertreter der Chicago School, wie Harold Demsetz, dafür, Zusammenballungen mit Marktmacht nicht unbedingt zu verhindern. Sie argumentieren, dass sich Marktmacht offenbar durch überlegene Effizienz herausbilde und daher gegebenenfalls zu akzeptieren sei.[16] Eucken ist hier eindeutig der erstgenannten Meinung zuzuordnen. Aus seiner Position ist der Demsetz-Schule entgegen zu halten, dass Konzentrationsprozesse und Großkonzerne zwar gegebenenfalls kurzfristige Effizienzgewinne erbringen mögen, die damit verbundene Vermachtung langfristig betrachtet jedoch zwangsläufig zu Effizienz- und Freiheitsverlusten führt.

Im hier abgedruckten Text »Der historische Tatbestand – Konsequenz für die Wirtschaftspolitik«[17], der dem Band »Grundsätze der Wirtschaftspolitik« entnommen ist, geht Eucken vor dem Hintergrund seiner Überlegungen zum Zusammenhang zwischen Geschichte und Wirtschaftswissenschaften der Frage nach, inwieweit »Notwendigkeit in der Geschichte herrscht und wieweit eine selbsttätige Wirtschaftspolitik möglich ist«.[18] Der Autor nähert sich der Problematik mittels Beispielen aus der deutschen Wirtschaftsgeschichte in der Zwischenkriegszeit an. Er stellt fest, dass die damals tatsächlich vorhandenen Situationen wirtschaftspolitische Akte unmittelbar provoziert haben.[19] Der Staat musste auf die Zwangslagen reagieren. »Wie er es tat, lag freilich nicht ganz fest.«[20] Dazu erläutert Eucken, dass vorhergehende Entscheidungen immer eine »Tendenz« für weitere Entscheidungen zur Folge haben. Die bestehende Ordnungsform trägt einen »Ansatz« in sich für eine weitere Ordnungsform. Zum Beispiel legte die Gleichgewichtslosigkeit von Arbeitsmärkten beiderseitigen Monopols die staatliche, zentrale Lenkung der Arbeitskräfte und die staatliche Kontrolle der Lohnbildung nahe.[21] Die »Tendenz unterscheidet sich jedoch in doppelter Weise von der Zwangsläufigkeit«: Erstens, die Tendenz schließt Freiheit der Entscheidung nicht aus, aber begrenzt sie. Zweitens, »Geschichte und somit auch Wirtschaftspolitik besteht aus menschlichen Handlungen. Sie darf nicht einseitig als ‚Prozeß' aufgefasst werden – wie es üblich ist. In der Gestaltung der Ordnungsformen besteht die Möglichkeit zur Freiheit.«[22]

Eucken betont, dass »Momente der Krisis« zwar durch die »Wucht des geschichtlichen Hergangs« Tendenzen vorgeben, im Hinblick auf Einzelheiten, wie reagiert wird, jedoch Freiheit besteht. Dadurch sind es nicht selten gerade Notlagen, die grundsätzliche Entscheidungen und Wendungen ermöglichen. In derartigen geschichtsträchtigen Situationen sind es dann die »Auffassungen, Haltungen, Gesamtkonzeptionen« weniger Personen, die »wesentlich dazu beitragen, neue Bedingungskonstellationen herzustellen.«[23]

Aus derartigen wirtschaftspolitischen Entscheidungen resultieren unmittelbare Effekte im Wirtschaftsprozess, Tendenzen im Hinblick auf die Wirtschaftsordnung und Wirkungen auf die anderen Ordnungen (Staatsordnung, Rechtsordnung, ...). Der Autor führt das u. a. am Beispiel der Einführung von Schutzzöllen aus. Diese haben unmittelbare Effekte auf das Preisgefüge, bestärken Tendenzen zur Monopolbildung, die ihrerseits wiederum Machteinflüsse in den Bereichen der Staats- und Rechtsordnung zur Folge haben können.

Wirtschaftspolitik muss sich dieser weit reichenden Folgewirkungen bewusst sein, kann dann jedoch auf der Grundlage klarer ordnungspolitischer Maximen Krisen als Chance für eine Korrektur nutzen. »Nur eine Wirtschaftspolitik, in der sich alle Akte an einer Gesamtentscheidung ausrichten, kann ein größeres Maß von Freiheit gegenüber der geschichtlichen Tendenz gewinnen.«[24] Aus seiner subjektiven Sicht zu Ende der 1940er Jahre nennt Eucken den Übergang zu verkehrswirtschaftlichen Ordnungsformen in Deutschland 1948 als Beispiel dafür, wie historische Tendenzen zu Zentralverwaltungswirtschaft im Zuge einer Krise überwunden werden konnten[25] – wenngleich er mit der weiteren Entwicklung der »Sozialen Marktwirtschaft« zweifellos gerade in dieser Hinsicht nicht einverstanden gewesen wäre.[26]

Eucken wendet sich gegen Konzeptionen von der Zwangsläufigkeit, gerade indem er die Macht der Tendenzen herausarbeitet. Er stellt sich damit auch im Sinne von Karl Popper klar gegen historizistische Sichtweisen geschichtlicher Notwendigkeit,[27] ohne die Wirkungsmacht historischer Tendenzen zu bestreiten.

Neben dieser allgemeinen Positionierung leistet Eucken auch einen wesentlichen, bisher zu wenig gewürdigten Beitrag zum konkreten Diskurs über die deutsche Wirtschaftsgeschichte in der Zwischenkriegszeit. Dieser ist nach wie vor in hohem Ausmaß von der so genannten »Borchardt Kontroverse« bestimmt.[28] Knut Borchardt hat gegen Ende der 1970er Jahre mit Arbeiten aufhorchen lassen, in denen er Kritik am Scheitern der deutschen Wirtschaftspolitik bis 1932, die aus Keynesianischer Sicht vorgetragen wurde, zurückwies. Kritischen Stimmen, die meinten, durch eine beherztere Wachstums- und Beschäftigungspolitik hätte womöglich die nationalsozialistische Herrschaft verhindert werden können, hielt Borchardt entgegen, dass bereits in den späten 1920er Jahren »eine Krise vor der Krise« geherrscht habe, angesichts hoher Arbeitskosten, mäßiger Investitionen und rasch zunehmender Auslandsverschuldung. Das habe zur Folge gehabt, dass in den frühen 1930er Jahren keine relevanten Alternativen zur Brüningschen Politik offen gestanden seien. Der in der Folge heftig diskutierten Frage um mehr oder weniger staatlichen Interventionismus in den Wirtschaftsprozess wäre nach Eucken eine zusätzliche Dimension hinzuzufügen – nämlich die Frage nach der Ordnungspolitik. Es liegt nahe zu vermuten, dass ordnungspolitischen Defiziten und daraus weiter folgenden Tendenzen zu immer stärker vermachteten und regulierten Strukturen bei Erklärungsversuchen für das Scheitern der deutschen Wirtschaft bis 1932 ein erheblicher Stellenwert zuzumessen ist.

Somit vermag Eucken mit seinen Überlegungen zur engen Beziehung zwischen Geschichte und Ökonomie anregende Einsichten in das Spannungsfeld zwischen der Wirkungsmacht historischer Tendenzen und den freien Entscheidungsspielräumen wirtschaftspolitischer Akteure zu bieten und zugleich wichtige Anregungen für die Aufarbeitung der deutschen Wirtschaftsgeschichte zu geben.

Anmerkungen

[1] Eucken, Walter (2005): Nationalökonomie wozu? Stuttgart, S. 29 f (erstmals erschienen 1938). Mit diesem Text veröffentlichte Eucken in popularisierter Form zentrale Aussagen seines ersten Hauptwerkes, Grundlagen der Nationalökonomie, das erstmals 1939 erschien.

[2] Vgl. etwa Schumpeter, Joseph A. (1965): Geschichte der ökonomischen Analyse. Göttingen, S. 43 und passim.

[3] Zur Biographie siehe etwa Oswalt, Walter: Was ist Ordnungspolitik? In: Eucken, Walter (1999): Ordnungspolitik, hrsg. von Walter Oswalt. Münster – Hamburg – London, S. 59- 92, hier S. 73-79, sowie Wendula Gräfin von Klinckowstroem: Walter Eucken. Eine biographische Skizze. In: Gerken, Lüder (Hg.) (2000): Walter Eucken und sein Werk. Tübingen, S. 53-115. Zum Einfluss des christlichen Glaubens siehe Blümle, Gerold; Goldschmidt, Nils: Zur Normativität ordoliberalen Denkens. In: Külp, Bernhard; Vanberg, Viktor (Hg.) (2000): Freiheit und wettbewerbliche Ordnung. Freiburg – Berlin – München. S. 15-57, hier insbesondere S. 28-39.

[4] Gerken, Lüder; Renner, Andreas: Die ordnungspolitische Konzeption Walter Euckens. In: Gerken, Lüder (Hg.) (2000): Walter Eucken und sein Werk. Tübingen, S. 5.

[5] Vgl. etwa auch Eucken, Walter: Das Problem der wirtschaftlichen Macht. In: Eucken, Walter (2001): Wirtschaftsmacht und Wirtschaftsordnung, hrsg. vom Walter-Eucken-Archiv. Mit einem Nachwort von Walter Oswalt, Münster – Hamburg – London, S. 11.

[6] Eucken, Walter (1989): Grundlagen der Nationalökonomie. Berlin, S. 22 f.

[7] Eucken, Grundlagen, S. 70.

[8] Eucken, Walter (2004), Grundsätze der Wirtschaftspolitik, hrsg. von Edith Eucken und K. Paul Hensel. Tübingen 2004 (erstmals erschienen 1952), S. 340 f.

[9] Vgl. etwa Eucken, Grundlagen, S. 240; ders., Grundsätze, S. 14.

[10] Eucken, Grundlagen, S. 79.

[11] Die Marktformen bezeichnet er mit den Termini Konkurrenz, Teiloligopol, Oligopol, Teilmonopol und Monopol. Eucken, Grundsätze, S. 19-25.

[12] Eucken, Grundsätze, Zweites Buch, S. 26-154.

[13] Vgl. dazu Eucken, Grundsätze, Kapitel XVIII, S. 304-324.

[14] Eucken, Nationalökonomie wozu?, S. 75.

[15] Darauf weist entgegen anderen Lesarten auch Walter Oswalt immer wieder in seinen Kommentaren zu Eucken hin. Vgl. etwa Oswalt, Was ist Ordnungspolitik?, S. 62-73.

[16] Vgl. zu diesem Diskurs etwa Martin, Stephen (2004): Advanced Industrial Economics, Second Edition. Amsterdam, Kapitel 5 bis 7.

[17] Eucken, Grundsätze, S. 213-225.

[18] Eucken, Grundsätze, S. 213.

[19] Ebenda, S. 214.

[20] Ebenda, S. 215.

[21] Ebenda, S. 216.

[22] Ebenda, S. 217.

[23] Ebenda, S. 219.

[24] Ebenda, S. 220 f.

[25] Ebenda, S. 218.

[26] Vgl. Oswalt, Walter: Die falschen Freunde der offenen Gesellschaft. In: Eucken, Walter (2001): Wirtschaftsmacht und Wirtschaftsordnung, hrsg. vom Walter-Eucken-Archiv. Mit einem Nachwort von Walter Oswalt, S. 87-152, hier S. 89-94.

[27] Popper, Karl (1987): Das Elend des Historizismus. Tübingen.

[28] Siehe dazu zuletzt Ritschel, Albrecht (2002): Deutschlands Krise und Konjunktur 1924-1934. Berlin.

Literatur

Blümle, Gerold; Goldschmidt, Nils (2000): Zur Normativität ordoliberalen Denkens. In: Külp, Bernhard; Vanberg, Viktor (Hg.): Freiheit und wettbewerbliche Ordnung. Freiburg – Berlin – München, S. 15-57.

Eucken, Walter (2005), Nationalökonomie wozu?, Stuttgart (erstmals erschienen 1938).

Eucken, Walter (2004): Grundsätze der Wirtschaftspolitik, Hrsg. von Edith Eucken und K. Paul Hensel, 7. Auflage, Tübingen (erstmals erschienen 1952).

Eucken, Walter (2001): Das Problem der wirtschaftlichen Macht. In: Eucken, Walter: Wirtschaftsmacht und Wirtschaftsordnung, Hrsg. vom Walter-Eucken-Archiv. Münster – Hamburg – London, S. 9-22.

Eucken, Walter (1989): Grundlagen der Nationalökonomie, 9. Auflage. Berlin.

Gerken, Lüder (Hrsg.) (2000): Walter Eucken und sein Werk, Tübingen.

Martin, Stephen (2004): Advanced Industrial Economics, Second Edition. Amsterdam.

Oswalt, Walter (1999): Was ist Ordnungspolitik?. In: Eucken, Walter: Ordnungspolitik, hrsg. von Walter Oswalt, Münster – Hamburg – London, S. 59-92.

Oswalt, Walter (2001): Die falschen Freunde der offenen Gesellschaft. In: Eucken, Walter: Wirtschaftsmacht und Wirtschaftsordnung, Hrsg. vom Walter-Eucken-Archiv. Münster – Hamburg – London, S. 87-152.

Popper, Karl (1987): Das Elend des Historizismus, 6. Auflage. Tübingen.

Ritschel, Albrecht (2002): Deutschlands Krise und Konjunktur 1924-1934. Berlin.

Schumpeter, Joseph A. (1965): Geschichte der ökonomischen Analyse. Göttingen.

Walter Eucken

Der historische Tatbestand – Konsequenz für die Wirtschaftspolitik

Mit der Kritik des Mythos vom Geschichtsmechanismus ist es nicht getan. – Es bleibt die Frage, wieweit Notwendigkeit in der Geschichte herrscht und wieweit eine selbsttätige möglich ist. Welche Freiheit besitzt die Wirtschaftspolitik gegenüber den geschichtlichen Mächten?

Nicht dadurch läßt sich die Frage beantworten, daß dem Mythos von der Zwangsläufigkeit wirtschaftspolitischer Entwicklung ein anderer Mythos entgegengestellt wird, etwa die These, die Wirtschaftspolitik sei schlechthin frei und könne tun und lassen, was sie wolle.

Auch an dieser Stelle ist eine entschiedene Wendung zur Realität notwendig. Die Antwort auf diese Frage kann nur durch die Analyse geschichtlicher Tatsachen gewonnen werden. Den einzelnen geschichtlichen Augenblick, den einzelnen wirtschaftspolitischen Akt sollte man untersuchen. Anschauung solcher geschichtlichen Hergänge gibt Antwort auf die prinzipielle Frage nach Zwangsläufigkeit und Freiheit.

I. Die Frage

Einige Beispiele: Die Weltwirtschaftskrise 1929/32 führte in fast allen Ländern zu einer Politik der Investitionsförderung, in Deutschland zur Arbeitsbeschaffung, zur Liquidisierung der Banken durch staatlich garantierte Wechsel, zu einer Politik der Festhaltung der Devisenkurse und später zur Devisenbewirtschaftung. War diese Politik zwangsläufig? Wenn ja, wie weit? Oder war sie frei?

Nach dem Preisstop 1936 entwickelte sich in Deutschland die zurückgestaute Inflation. Nachfrage und Angebot waren auf vielen Märkten nicht mehr im Gleichgewicht; der Zufall entschied, wer Roheisen, Leder, Textilwaren zum festgesetzten Preis bekam und wer nicht. Die Wirtschaftspolitik sah sich unter diesen Umständen genötigt, wichtige Güter wie Eisen oder Zement zentral zu verteilen, Dringlichkeitsprüfungen des Bedarfs vorzunehmen, und sie geriet dadurch immer mehr in die Zentralverwaltungswirtschaft hinein. Viele Märkte freilich blieben auch frei. War diese Entwicklung zwangsläufig?

Oder: Auf dem deutschen Devisenmarkt, wo bei Preisfesthaltung der Wechselkurs der Mark zu hoch lag, fielen die Mengen von Angebot und Nachfrage auseinander, was zur zentralen Verteilung der Devisen seit 1934 führte. Es war ein Hergang, der das Schicksal der weiteren deutschen Wirtschaftspolitik geradezu entschied. Nun stellte sich nämlich die große Frage, die sich stets in solchen Situationen stellt: Die Ausfuhr geht bei überhöhtem Markkurs relativ zurück. Die Einfuhr ist zwar billig, aber klein, weil nur wenige Devisen aus dem Export, für den Import zur Verfügung stehen. Der Außenhandelsumsatz hat also die Neigung, sich zu verkleinern. Was tut die Wirtschaftspolitik? Deutschland wählte damals den Weg, durch das sogenannte Zusatzausfuhrverfahren, also durch Exportzuschüsse, die Ausfuhr und damit auch die Einfuhr zu erhöhen. Es versuchte also, die behinderte Wechselkurs- und Warenpreismechanik möglichst vollständig zu ersetzen. War diese Wirtschaftspolitik notwendig? Oder hätten damals die deutschen Wirtschaftspolitiker auch so handeln können wie die angelsächsischen Besatzungsmächte 1947/48, welche bei einem überhöhten Kurs der Mark die Einfuhr der geringen Ausfuhr anpaßten, also nicht den Versuch machten, einen vollständigen Ersatz für die Wechselkursmechanik herzustellen?

Noch ein Beispiel von den Arbeitsmärkten: Wenn dort beiderseitige Teilmonopole oder Monopole entstehen, wenn sich Gewerkschaften und Arbeitsgeberverbände gegenüberstehen, bildet sich kein stabiles Gleichgewicht. Die Gefahr von Streiks oder Aussperrungen droht. In solchen Marktformen hat der Staat oft Schlichtungsstellen eingesetzt, sie mit besonderen Befugnissen ausgestatte und ihre Schiedssprüche für verbindlich erklärt; so z.B. Deutschland nach 1919. Dadurch änderte sich die Arbeitsverfassung in Richtung auf die zentralverwaltungswirtschaftliche Lenkung. War diese Entwicklung zwangsläufig? Mußten sich gleichgewichtslose Arbeitsmärkte mit ihren Monopolkämpfen in Märkte unter Kontrolle des Staates verwandeln?

II. Die Antwort

1. In allen diesen und ungezählten anderen Fällen hat tatsächlich die vorhandene Situation die wirtschaftspolitischen Akte unmittelbar provoziert. Wer etwa an der deutschen Wirtschaftspolitik zwischen 1929 und 1933 mitwirkte, hat dies stark empfunden. Die schwere Krise erzwang geradezu wirtschaftspolitische Maßnahmen des Staates zur Ingangsetzung der Investitionen. Ähnlich lag es in den anderen Fällen. Hätte keine zentrale Verteilung von Eisen nach dem Preisstop von 1936 stattgefunden, so wären bei ganz zufälliger Verteilung des Eisens in die verarbeitende Industrie und in den ganzen Wirtschaftsprozeß schwere Störungen hineingetragen worden. Rebus sic stantibus mußte man also der zentralen Verteilung des Eisens zustimmen. So auch der Devisenbewirtschaftung 1934 und den Clearing-Verträgen, nachdem die Wechselkurse festgehalten waren und sich weit von den sogenannten Kaufkraftparitäten entfernten. Auch die Versuche von staatlichen Stellen, gleichgewichtslosen Arbeitsmärkten durch Schlichtungsstellen wenigstens eine gewisse Stabilität zu verleihen, lagen sehr nahe. Wer mitten in der praktischen Wirtschaftspolitik steht, erlebt tagtäglich, wie stark der Druck der jeweiligen Situation in eine gewisse Richtung drängt. Diese

alltäglichen Erfahrungen eines jeden, der verantwortlich Wirtschaftspolitik treibt, scheinen den Glauben an die Zwangsläufigkeit von der Erfahrung her zu bestätigen. – Wo ist hier Raum für die Freiheit? Das heißt: für die Möglichkeit, das wirtschaftliche Geschen zu gestalten und nicht dem Diktat des Geschichtsprozesses zu folgen?

2. Zur Beantwortung der Frage sind zwei Faktoren von Bedeutung, auf die der Denkende ebenfalls in der Praxis der Wirtschaftspolitik stößt.

a) Zwischen 1929 und 1932 war bei wachsender Arbeitslosigkeit, zunehmender Illiquidität der Banken, stagnierender Investitionstätigkeit der Staat geradezu genötigt, etwas zu tun. – *Wie* er es tat, lag freilich nicht ganz fest. Er hätte die Mark auch abwerten können; z.B. im September 1931, als England abwertete. Daraus hätten sich weitreichende Konsequenzen für die gesamte Entwicklung der nächsten Jahrzehnte ergeben, von denen noch die Rede sein wird.

Im Falle der zurückgestauten Inflation, die dem Preisstop von 1935 folgte, war es ähnlich. Freilich nicht genau so. Die Preisfesthaltung mit Kreditexpansion, welche auf vielen Märkten die Größen der angebotenen und nachgefragten Mengen auseinanderriß, machte staatliche Lenkungsmaßnahmen für wesentliche Rohstoffe und Materialien dringend erforderlich. Dabei boten sich aber verschiedene Formen der Rationierung, unter denen gewählt werden konnte. Auf anderen Warenmärkten aber, etwa bei den Textilwaren, war es überhaupt zweifelhaft, ob und wann rationiert werden sollte. Die »Tendenz« zur Rationierung und zentralverwaltungswirtschaftlichen Lenkung war durch die Wirtschaftspolitik des Preisstops und der Kreditexpansion ausgelöst. Auf Märkten besonders wichtiger Produktionsmittel mit großer, auf andern Märkten mit geringer Kraft; überall aber war die Frage offen, in welcher Weise die »Tendenz« zur Geltung kommen sollte.

Allgemeiner formuliert: Es besteht zwar keine Zwangsläufigkeit, daß sich aus einer gegebenen Ordnungsform eine bestimmte andere Form entwickelt. Aber ein »Ansatz« liegt vor. Die Gleichgewichtslosigkeit von Arbeitsmärkten beiderseitigen Monopols z.b. legt es nahe, daß der Staat vermittelt, und hieraus können sich staatliche Kontrolle der Lohnbildung und zentrale Lenkung der Arbeitskräfte ergeben. Berechenbar ist diese Entwicklung nicht. Es sind Wahrscheinlichkeiten verschiedenen Grades vorhanden, nicht Notwendigkeiten.

In doppelter Weise unterscheidet sich die »Tendenz« von der »Zwangsläufigkeit«. Es ist immer noch möglich, daß eine andere Richtung als die wahrscheinliche eingeschlagen wird: Der Fixierung des Devisenkurses auf zu hohem Punkt brauchen z.b. nicht die Versuche zu folgen, den Export durch Prämien oder Zwang zu forcieren. Sie können ausbleiben. Und zweitens: Welcher Weg bei der eingeschlagenen Richtung gewählt wird, liegt nicht fest: etwa die Methode der deutschen Geldreform 1948.

Der Begriff »Tendenz« hat also einen bestimmten Inhalt. – Wichtig ist der Unterschied der »Tendenz« zu der »Notwendigkeit«, mit welcher der alltägliche Wirtschaftsprozeß innerhalb eines bestimmten Datenkranzes abläuft[1]). Zum Beispiel ergibt sich auf einem Webwarenmarkt vollständiger Konkurrenz notwendig eine bestimmte Versorgung bei bestimmten Preisen, sobald gewisse Daten gegeben sind. Oder eine bestimmte Beeinflussung des Wirtschaftsprozesses durch eine Geldvermehrung, die sich im Rahmen eines gewissen Datensystems vollzieht, ist zwangsläufig. Im Rahmen solcher Bedingungskonstellationen herrscht also Notwendigkeit, welche durch die Sätze der ökonomischen Theorie aufgedeckt wird. Daß sich aber Ordnungen in andere Ordnungen transformieren, geschieht nicht notwendig, ist lediglich wahrscheinlich und kann nur in der Richtung erwartet werden. Es gibt Wirtschaftsordnungen oder Teilordnungen, welche unstabil sind und die Tendenz haben, sich in andere, oft ungewollte Ordnungen umzuwandeln. Daß etwa eine Verkehrswirtschaft, in der eine zurückgestaute Inflation stattfindet, sich allmählich in eine Wirtschaftsordnung des zentralverwaltungswirtschaftlichen Typs umwandelt, ist wahrscheinlich, und durch die Erfahrung des 20. Jahrhunderts bestätigt sich diese Wahrscheinlichkeit. – Andere Ordnungen sind stabil und haben nicht die Tendenz zur Transformation.

Die »Tendenz« schließt die Freiheit der Entschließung nicht aus, aber begrenzt sie. Doch ist die Tatsache, daß gewisse Ordnungsformen bestimmte, wissenschaftlich erkennbare Tendenzen auslösen, in andere Ordnungsformen überzugehen, von eminenter Wichtigkeit.

b) Ein weiterer, ungemein wichtiger Sachverhalt, der es verdient, in den Mittelpunkt der Überlegungen gerückt zu werden, wurde schon angedeutet: Wer etwa an der deutschen Wirtschaftspolitik zwischen 1929 und 1933 mitwirkte, hat unmittelbar erfahren, daß zwar die Notlage gewisse staatliche Maßnahmen zur Ingangsetzung der Investitionen geradezu provozierte, daß aber diese Wirtschaftspolitik aus gewissen Bedingungskonstellationen hervorging, die nicht unveränderlich waren. Die rasche und geradezu verhängnisvolle Kontraktion der wirksamen Geldmenge ergab sich aus einer Geldversorgung, die von der Kreditgewährung abhing, also aus dem Dominieren des dritten Geldsystems. Indessen, dieser Bank- und Geldversorgungs-Apparat kann geändert werden. Ebenso die monopolistisch festgehaltenen Preise vieler Produktionsmittel, sonstige Preis- und Lohnbindungen – kurz, gewisse Marktformen brauchen nicht ohne weiteres als unwandelbar hingenommen zu werden. Die »Tendenz« zur staatlichen Arbeitsbeschaffung und Kreditexpansion wurde also durch eine Bedingungskonstellation ausgelöst, die verändert werden kann. Bis zu einem gewissen Grade war somit die »Tendenz« selbst verschuldet.

Ein anderes Beispiel: Im Jahre 1946 und 1947 wurde in den deutschen Westzonen darüber beraten, wie eine Intensivierung des interzonalen Handels erreicht werden könne. Unter den gegebenen Bedingungen der zurückgestauten Inflation und vorwiegend zentraler Lenkung der Wirtschaft durch die einzelnen Länder waren die Möglichkeiten sehr begrenzt. Im wesentlichen konnte nur durch eine Verbesserung der Technik der Kompensationsgeschäfte, die von den Wirtschaftsministerien der Länder getätigt wurden, eine bescheidene Verbesserung des interzonalen Güteraustausches erreicht werden – soweit nicht Schwarzmarktgeschäfte stattfanden. Die interzonale Handelspolitik bewegte sich in einer bestimmten Richtung, weil sie zwangsläufig beengt war, und sie war es, weil eine bestimmte Bedingungskonstellation oder Wirtschaftsordnung vorhanden war. Mit der Währungsreform und mit weitgehender Beseitigung von Preisstop und Bewirtschaftung im Jahre 1948 war eine neue Bedingungskonstellation gegeben, aus der ganz andere Möglichkeiten des interzonalen Handels hervorgingen.

Ist einmal der Aufmarsch sozialer Machtgruppen auf den Arbeitsmärkten erfolgt, so drängen die Tatsachen dazu, die Gleichgewichtslosigkeit durch staatliche Intervention zu überwinden. Wäre es aber nicht möglich, die Bildung monopolistischer Gruppen zu begrenzen oder nur in gewissem Rahmen zu erlauben?

3. Die Analyse konkreter wirtschaftspolitischer Tatbestände und ihres Zustandekommens oder das Miterleben der modernen Wirtschaftspolitik selbst fördert eine Wahrheit zutage, die allgemeine Bedeutung besitzt. Geschichte und somit auch Wirtschaftspolitik besteht aus menschlichen Handlungen. Sie darf nicht einseitig als »Prozeß« aufgefaßt werden – wie es üblich ist. In der Gestaltung der Ordnungsformen besteht die Möglichkeit zur Freiheit.

III. Aufgabe der Wirtschaftspolitik

1. Die Bedeutung, daß die Politik des Laissez-faire die Tendenz zu zentralverwaltungswirtschaftlichen Methoden auslöst, ist nicht unrichtig, wenn sie anders interpretiert wird, als es üblich

ist. Weil die Wirtschaftspolitik monopolistische und oligopolistische Marktformen wuchern ließ und aktiv förderte, weil also die Lenkungsmechanik teils festgehalten, teils wegen Überlabilität unbrauchbar wurde, weil darüber hinaus gleichgewichtslose Geldordnungen Inflationen und Deflationen hervorriefen, wurde die Tendenz zur Zentralverwaltungswirtschaft mächtig. Wenigstens liegt hier ein wesentlicher Grund dieser Tendenz. Ohne ordnungspolitisches Denken ließ sich die Wirtschaftspolitik von Tendenz zu Tendenz tragen. Zum Beispiel aus der Krise 1929/32 in die Kreditexpansion, von da – bei steigenden Preisen – in den Preisstop, von da zu zentralverwaltungswirtschaftlichen Methoden, bis schließlich – wenigstens in Deutschland 1948 – durch Übergang zu verkehrswirtschaftlichen Ordnungsformen die zusammenhängenden Serien dieser Tendenzen beendet wurden.

Es war also nicht nur die Politik des Laissez-faire, sondern auch die Politik der Experimente und vor allem die Vollbeschäftigungspolitik, die ungewollte Tendenzen zur Zentralverwaltungswirtschaft mobilisierte.

Unstabile Wirtschaftsordnungen verwandelten sich seit der industriellen Revolution in neue unstabile Ordnungen, und die Menschen erhielten den Eindruck, einem schicksalhaften Entwicklungsprozeß ausgeliefert zu sein. So folgten dem Laissez-faire der Interventionismus und die Experimente. Die Wirtschaftspolitik der Vergangenheit war also tatsächlich vielfach eine Politik der Unfreiheit. Unfrei aber deshalb, weil man durch die Wirtschaftspolitik selbst Prämissen setzte, welche die weitere Wirtschaftspolitik in eine gewisse Richtung hineinlenkten.

Bedingungskonstellationen oder Wirtschaftsordnungen zu schaffen, die nicht ungewollt verhängnisvolle Tendenzen der Wirtschaftpolitik in Gang setzen, ist somit eine zentrale Aufgabe der Wirtschaftspolitik. Es ist mehr als das: nämlich eine geradezu entscheidende geschichtliche Aufgabe überhaupt.

2. Damit aber wird die Hauptfrage erneut gestellt: Ist es denn wirklich möglich, die Bedingungskonstellationen, also die Wirtschaftsordnungen oder die Teilordnungen zu ändern? Können etwa beiderseitige Teilmonopole auf Arbeitsmärkten beseitigt werden oder gefährliche Geldordnungen, welche die Tendenz zur Zentralverwaltungswirtschaft auslösen? Ist nicht jeweils die Wucht der »Tendenzen« stärker als der Wille, sich durch Umgestaltung der Ordnung der Tendenz zu einer ungewollten Ordnung zu entziehen?

In der Tat ist es oft schwer, einer Tendenz auszuweichen und die vorhandene unzureichende Wirtschaftsordnung in eine funktionsfähige Ordnung umzuwandeln. Eine vorhandene Wirtschaftsordnung des zentralverwaltungswirtschaftlichen Typs z. B. – mag sie in England oder Frankreich oder Deutschland bestehen – kann man nicht in eine verkehrswirtschaftliche Ordnung umwandeln, bevor die gestaute Inflation beseitigt wird. Insoweit besteht keine Freiheit. Aber besteht nicht die Möglichkeit, die gestaute Inflation zu beseitigen und damit den Anstoß zu einer Politik zu geben, welche die Rationierungen und zentralen Planung aufhebt? Ist trotz aller Wucht des geschichtlichen Herganges hier nicht doch eine gewisse Freiheit gegeben – eben durch Änderung der Bedingung, aus der die Tendenz in eine ungewollte Richtung hervorgeht?

Zweierlei ist auf die Frage zu erwidern. Erstens: Die Tendenz gibt nur die Richtung an; in Einzelheiten besteht Freiheit. Davon war schon die Rede. Das Beispiel Deutschlands in der Weltwirtschaftskrise hat gezeigt, daß – so notwendig es war, eine Politik der Arbeitsbeschaffung zu treiben – die Politik der Festhaltung des Wechselkurses doch nicht zwangsläufig war und daß die Beibehaltung des freien Kurses unter Abwertung der Mark eine andere Bedingungskonstellation in den folgenden Jahren hergestellt hätte. Die Tendenz diktiert nicht bestimmte wirtschaftspolitische Akte, sondern sie drängt in eine gewisse Richtung. Schon deshalb kann die Wirtschaftspolitik im begrenzten Rahmen doch gewisse ordnungspolitische Ziele verfolgen und die Bedingungskonstellation auf die Dauer gestalten, z. B. durch eine Geldreform die Tendenz zur zentralverwaltungswirtschaftlichen Lenkung zunichte machen.

Und dann ein Zweites: Es gibt erfahrungsgemäß in der Geschichte »Momente der Krisis«, die für Jahre hinaus richtunggebend werden – auch in der Wirtschaftspolitik; aber nicht nur in ihr. So in Preußen zwischen 1807 und 1811, in Deutschland 1879 und 1933, in Rußland 1917 und 1928, in England 1931/32. Die Konstellation der politischen Kräfte ermöglicht eine grundsätzliche Entscheidung, von der eine Kette weiterer wirtschaftspolitischer Entscheidungen und Tendenzen ausgeht. Nicht selten sind es Notlagen, die solche grundsätzliche Wendungen möglich machen und in denen bisherige wirtschaftspolitische Konzeptionen weniger Personen entscheidend werden und die Bedingungskonstellation der Wirtschaftspolitik gestalten.

Nun erklärt sich auch die Beobachtung, wie stark wirtschaftspolitische Auffassungen, Haltungen, Gesamtkonzeptionen die faktische Wirtschaftspolitik beeinflussen und zwar teils, indem sie im Rahmen von »Tendenzen« bestimmte Wege weisen; teils, indem sie in »Momenten der Krisis« Geltung gewinnen und wesentlich dazu beitragen, neue Bedingungskonstellationen herzustellen.

IV. Unmittelbare Konsequenz für das wirtschaftspolitische Handeln

1. Für das wirtschaftspolitische Handeln resultiert hieraus: Jeder wirtschaftspolitische Akt sollte unter drei Gesichtspunkten erwogen werden.

a) Zum Beispiel ein Schutzzoll. Wir sahen bereits: unmittelbar führt er in einer Wirtschaftsordnung vorwiegender Konkurrenz meist zu einer Verschiebung der Güterversorgung.

Darüber hinaus kann er die Tendenz zur Monopolbildung der geschützten Industrien auslösen und dadurch die Umformung der Wirtschaftsordnung einleiten. Der Schutzzoll wirkt dann unmittelbar und mittelbar auf eine Transformation der Wirtschaftsordnung hin.

b) Ein anderes Beispiel: Die Politik des niedrigen Zinses, wie sie z. B. in Amerika im fünften Jahrzehnt unseres Jahrhunderts getrieben wurde, ermöglichte nicht nur die Preissteigerung, sondern löste damit auch die Tendenz zur Preiskontrollen und zur zentralverwaltungswirtschaftlicher Lenkung aus. Stets sind beide Momente wichtig: die unmittelbare Wirkung und die ausgelöste Tendenz. Die unmittelbare Wirkung ist zwangsläufig, notwendig. Wenn ein Eisenzoll eingeführt wird, so hat er auf die Höhe der Eisenpreise und aller übrigen Preise eine bestimmte Wirkung, die je nach den realisierten Marktformen und Geldsystemen verschieden, aber jeweils zwangsläufig ist. Die zweite Wirkung ist eine »Tendenz«: nämlich zur Bildung von Monopolen in der Eisen-Industrie.

c) Und damit wird eine dritte Wirkung ausgelöst: die Wirkung auf die anderen Ordnungen. Die Monopolbildung, also die Änderung der Wirtschaftsordnung, kann auch Verschiebungen der Staats- und Rechtsordnung verursachen. Denn die Monopole können Einfluß auf die Gesetzgebung gewinnen, und ihr selbstgeschaffenes Recht der allgemeinen Geschäftsbedingungen schiebt staatlich gesetztes Recht in diesem Bereich beiseite. – Oder die Politik des niedrigen Zinses: Sie wirkt nicht nur unmittelbar und zwangsläufig auf den Wirtschaftsprozess, und sie löst nicht nur die Tendenz zur Preiskontrolle und zentralen Lenkung des Wirtschaftsprozesses aus, sondern mit zentraler Lenkung der Wirtschaft ist eine Veränderung von Staats- und Rechtsordnung geradezu provoziert. Wir kennen diese Interdependenz der Ordnung genau. Nun ereignen sich in den anderen Ordnungen Verschiebungen, die man mit der Politik des niedrigen Zinses gar nicht wollte:

Überwiegen der Verwaltung über die anderen staatlichen Gewalten, Einschränkung der Grundrechte, staatlicher Zentralismus, um nur einige Punkte zu bezeichnen. Der heutige Mensch würde dazu erklären, der Kapitalismus entwickle sich zwangsläufig zum Sozialismus und verwandle in einem notwendigen Geschichtsprozeß Staat und Recht. Es ist eine mythisch-vulgäre Deutung ohne wahren Wert. Die Wirtschaftspolitiker sollen wissen, daß sie – in diesen Fällen – mit ihrer Politik des niedrigen Zinses den ganzen Hergang selbst in Gang gesetzt haben.

2. Die Veränderung einer Teilordnung kann Wirkungen auslösen wie der Schneeball, aus dem die Lawine entsteht. Stets ist mit dieser Klimax, mit den drei Stufen zu rechen: mit dem unmittelbaren Effekt, mit der Auslösung der Tendenz zu einer anderen Wirtschaftsordnung und schließlich mit der Auswirkung auf andere Ordnungen.

Die Agrarpolitik vieler Länder seit 1926 mit der Bildung von Zwangssyndikaten, Pools, Preisfixierungen hat nicht allein die Tendenz zu zentraler Planung des agraren Wirtschaftsprozesses ausgelöst, sondern auch wesentlich zur Umgestaltung des internationalen Handelsvertragssystems der Welt und dadurch auch der internationalen politischen Ordnung beigetragen. – Der Gesamtzusammenhang des Wirtschaftsprozesses und der Ordnung macht es möglich, von einem Punkt aus sehr starke Wirkungen auszuüben. Wer aber diese Gesamtzusammenhänge in der Wirtschaftspolitik nicht beachtet, spielt mit dem Feuer und kann mit scheinbar harmlosen Maßnahmen eine Explosion verursachen – ohne daß die Beteiligten merken, wer der Anstifter war.

Dies also gehört zu den Grundlagen allen wirtschaftspolitischen Handelns, wenn es sinnvoll sein soll. Jeder Akt – mag es sich um ein Genossenschaftsgesetz oder um ein Gesetz über Markenartikel oder über die Verstaatlichung der Notenbanken handeln – sollte rechtzeitig in seiner unmittelbaren Wirkung auf Wirtschaftsordnung und Wirtschaftsprozeß, in seinen Tendenzen zur Veränderung der Wirtschaftsordnung, die er auslösen kann, und drittens in seiner Weiterwirkung auf andere Ordnungen gesehen werden. *Diese Maxime ist ein fundamentales Prinzip der Wirtschaftspolitik.*

Allerdings ist es zum Wirksamwerden der Wirtschaftspolitik notwendig, daß es keine punktuelle Wirtschaftspolitik ist. Die Interdependenz der wirtschaftspolitischen Akte müsste uns immer wieder beschäftigen. Wenn z. B. der Versuch gemacht wird, durch ein Antimonopolgesetz die Monopole zu bekämpfen, so wird die historische Tendenz zur Konzentration, die gerade durch die übrige Wirtschaftspolitik und die Bedingungskonstellationen, die sie setzt, ausgelöst wird, stärker sein als dieses Gesetz. – Und wie sollen einzelne freiere Handelsverträge die Tendenz zur Autarkie und zum Bilateralismus überwinden, solange eine zurückgestaute Inflation auch nur in einem der beteiligten Länder besteht? Einzelne Maßnahmen genügen nicht, um diese Tendenz zu überwinden, solange nicht die zurückgestaute Inflation beseitigt ist.

Nur eine Wirtschaftspolitik, in der sich alle Akte an einer Gesamtentscheidung ausrichten, kann ein größeres Maß von Freiheit gegenüber der geschichtlichen Tendenz gewinnen.

V. Schluß

1. Denker der Vergangenheit sind immer wieder auf die Tatsache gestoßen, daß der Mensch mit einem frei getanen Schritt in ein Netz gerät, in dem er unfrei wird.»Das Erste steht uns frei, beim Zweiten sind wir Knechte« *(Goethe).* Freiheit und Notwendigkeit greifen in der Geschichte eigenartig ineinander.

Die Analyse der wirtschaftspolitischen Realität unserer modernen industrialisierten Zeit führt zu einem Ergebnis, welches diese alte Weisheit bestätigt. Die Wirtschaftspolitik setzt ordnungspolitische Bedingungen; diese lösen Tendenzen aus, –

welche oft nicht beachtet werden, aber absehbar sind und beachtet werden könnten.

Dem Glauben an die zwangsläufige Entwicklung liegt die Überzeugung zugrunde, daß diese Entwicklung den Erfordernissen der Sache entspräche; mit anderen Worten, daß die industrielle Wirtschaft mit Notwendigkeit den Zustand der Wirtschaftspolitik heraufführe, der ihr angemessen ist. Aber dies ist ein Irrtum. Hierzu noch ein Beispiel: Die Erfordernisse der Sache verlangen in zunehmendem Maße, daß der internationale Handel eine zuverlässige Ordnung erhält. Denn die zunehmende Industrialisierung drängt zu einer verstärkten Arbeitsteilung auch im internationalen Verkehr. Doch die geschichtliche Tendenz hat sich ganz anders verhalten: Durch Entstehung privater Machtkörper und durch Nationalismen verschiedener Prägung – so neuerdings vor allem durch den Nationalismus der Vollbeschäftigungspolitik z. B. in England oder in Frankreich und in vielen anderen Ländern – wurde diesen Erfordernissen der Sache, d. h. des internationalen Verkehrs, nicht etwa gedient, sondern es wurde im Gegenteil ein Zustand heraufgeführt, der die internationale Arbeitsteilung erschwert. Auch zur Lösung dieses Problems ist eine Wirtschaftspolitik notwendig, die sich von gewissen geschichtlichen Tendenzen befreit, um den Erfordernissen der Sache zu dienen.

2. Nur eine wirklichkeitsnahe Anschauung des geschichtlichen Momentes gibt in Verbindung mit dem analytischen Denken Antwort auf die prinzipielle Frage nach Zwangsläufigkeit oder Freiheit. In dieser Richtung lag unser Versuch. Der Leser mache die Probe und untersuche irgendeinen wirtschaftspolitischen Akt, den er in seinem Entstehen miterlebt: etwa ein Gesetz über Innungen, über Sparkassen, über den Außenhandel. Er wird auf die geschichtliche »Tendenz« stoßen, auf deren Entstehung aus einer bestimmten Bedingungskonstellation, und rückwärtsgehend auf einen »Moment der Krisis«, in welchem die Serie von Tendenzen und Bedingungskonstellationen begann.

Der Positivismus täuschte sich, wenn er glaubte, die Erfahrung auszuschöpfen. Wer aber die Erfahrung wirklich zur Geltung bringt, erhält ein Resultat, das die Lehre von der Zwangsläufigkeit nicht bestätigt.

3. Freilich bestätigt die realistische Analyse zugleich, welche Gewalt wirtschaftspolitische Tendenzen haben, wenn sie einmal in Gang gebracht sind. Bei Leugnung solcher Tendenzen würde man ein unwahres Bild vom faktischen Hergang und von den Möglichkeiten freier Entscheidung gewinnen. Man würde so die Bewältigung der Aufgabe, der industriellen Wirtschaft eine funktionsfähige und menschenwürdige Ordnung zu geben, behindern. Wer nicht klar die Gefahr geschichtlicher Tendenzen sieht und nicht danach handelt, macht sich selbst unfrei und liefert sich gerade in der modernen industriellen Wirtschaft geschichtlichen Gewalten aus, die dann kaum beherrschbar werden. Noch ein Beispiel: Wenn im Streben nach einer ständischen Ordnung der Wirtschaft halböffentliche Selbstverwaltungskörper oder Zwangssyndikate oder Gemeinwirtschaftskörper geschaffen werden, entstehen damit Machtgebilde der Industrie, der Landwirtschaft und der Arbeiterschaft, welche die weitere Wirtschaftspolitik entscheidend bestimmen. Die Lahmlegung der Lenkungsmechanik durch diese monopolistischen Machtkörper zwingt zu neuen Maßnahmen des Staates, die wiederum unter dem Druck der staatlich privilegierten Machtkörper stehen. Dies alles läßt sich voraussehen. Wer also die Wirtschaftspolitik von solchen Mächten befreien will, muß rechtzeitig die Gefahr der Tendenz, die er auslösen mag, sehen. Später ist es zu spät. Dann wird erklärt: Was wollen Sie machen? Wir können nicht anders handeln. Es besteht eben Zwangsläufigkeit. Darauf wäre zu erwidern – Ja und Nein. Ja: Mit der Bildung dieser Machtkörper war die Tendenz zu der weiteren Wirtschaftspolitik ausgelöst. Nein: Die Gründung solcher Machtkörper war nicht nötig, und insofern war die Tendenz selbstverschuldet.

4. Die Rechtspolitik befreit sich dadurch von der selbstverschuldeten Abhängigkeit von dem angeblich zwangsläufigen

Geschehen, daß sie sich an der wirtschaftsverfassungsrechtlichen Gesamtentscheidung orientiert und die Interdependenz aller rechtspolitischen Maßnahmen beachtet. Die Überwindung des unklar-globalen Denkens, das mit hypostasierten Begriffen wie Kapitalismus arbeitet, ist ebenso notwendig wie die Anwendung des morphologischen Denkens und Klarheit darüber, daß je nach der wirtschaftlichen Ordnungsform die Funktion der Rechtsinstitution wechselt und also jeder rechtspolitische Akt je nach den dominierenden Ordnungsformen verschiedenes bedeutet.

5. Zugespitzt formuliert: Wenn die Wirtschaftspolitik frei werden will, muß sie die Gefahr der »Zwangsläufigkeit« mit großem Realismus sehen und danach handeln. Die alte Weisheit, von der wir sprachen und die die Notwendigkeit des Schicksals zum Ausdruck bringt, in die der Mensch sich aus eigner Schuld verstrickt, will zugleich den Menschen lehren, frei zu werden. Nur wer die Notwendigkeit kennt, in der er hineingerät, wird frei. Das gilt für die Wirtschaftspolitik und zwar für jeden ihrer Akte, mag es sich um ein Betriebsrätegesetz oder um ein Zollgesetz handeln. Aus ihnen können Tendenzen auf die gesamte Wirtschaftsordnung und die übrigen Ordnungen hervorgehen, denen schwer zu widerstehen ist. Man spricht bisweilen von den dämonischen Kräften der industrialisierten und technisierten Wirtschaft, denen man kaum gewachsen sein könne. Aber diese Kräfte sind zu fassen, wenn die Bedingungen, unter denen sie sich entwickeln können, entsprechend gestaltet werden. Sonst stolpert man über die Wurzeln des Baumes, den man selbst gepflanzt hat.

Heute insbesondere besteht das Problem nicht darin, sich einem angeblich zwangsläufigen Entwicklungsprozeß zur Zentralverwaltungswirtschaft anzupassen. Wir sahen vielmehr: Die Bildung autonomer Machtblöcke der Industrie, der Landwirtschaft und der Arbeiterschaft und die besonders gefährliche Unstabilität der Geldordnungen haben es bewirkt, daß die Rationalität der wirtschaftlichen Hergänge immer mehr

abnimmt und daß sich infolgedessen Depressionen, Arbeitslosigkeit und Unterversorgung einstellen. Dadurch werden wieder starke Tendenzen zur Zentralverwaltungswirtschaft ausgelöst. Solche Tendenzen zu beseitigen ist möglich, wenn es gelingt, die Prämissen zu verändern, aus denen sie sich ergeben.
6. Damit aber ist ein wesentlicher Punkt erreicht. Der Mensch kann frei sein, wenn er nur denkend ermittelt, welche Konsequenzen sich aus den von ihm geschaffenen Bedingungskonstellationen ergeben.

Unsere Untersuchung bestätigte den Satz von *Helmholtz:* »Übrigens hat sich bisher die Wirklichkeit der treu ihren Gesetzen nachforschenden Wissenschaft immer noch viel erhabener und reicher enthüllt, als die äußersten Anstrengungen mythischer Phantasie und metaphysischer Spekulation sie auszumachen wußten.« Stets ist die Mannigfaltigkeit weit größer, als es das spekulative Dogma der kontinuierlichen Zwangsläufigkeit vermuten läßt. – Damit ändert sich auch die Aufgabe der Wissenschaft wesentlich. Solange die These vom zwangsläufigen Entwicklungsprozß zugrunde gelegt wurde und wird, richtet die Wissenschaft ihre Arbeit – soweit sie wirtschaftspolitisch von Bedeutung ist – darauf, für den zwangsläufigen Entwicklungsprozeß eine allgemeine Formel zu finden. Das haben seit *Comte, St. Simon*, den St. Simonisten und *Marx* ungezählte Sozialtheoretiker versucht. Schiebt man aber diese These, daß die Menschen den Doktrinen des geschichtlichen Entwicklungsprozesses zu folgen haben, vom Anfang der Untersuchung weg und läßt man die Tatsachen der Wirtschaftspolitik unmittelbar auf sich wirken, so erhält man ein Bild, das wir hier zu skizzieren versuchten. Doch indem sich die Wissenschaft von der Ideologie zu den Fakten wendet und indem sie den geschichtlichen Moment voll zur Geltung kommen läßt, dient sie in eigenartiger Weise der Sache der Freiheit. Nicht mehr in ein einer Formel von der Zwangsläufigkeit des Geschichtsprozesses befangen, weist sie die Punkte nach, an denen die Wirtschaftspolitik Freiheit besitzt und wie sie ungewollte Tendenzen zu vermeiden vermag. So kann die Wirtschaftspolitik die Wirklichkeit gestalten und der Gefahr widerstehen, vom Geschichtsstrom weggetragen zu werden. Und sie kann nur frei werden, wenn das Denken in Ordnungen das Denken in historischen Zwangsläufigkeiten verdrängt.

Anmerkungen

[1] Siehe *W. Eucken*, »Grundlagen der Nationalökonomie«, 6. Aufl., S. 128 ff., S. 156 ff. u. S. 173.

Peter Berger/Josef Friedl

Herbert Lüthy – Eloge auf Leben und Werk

Unter dem Titel »Die verlorene Kunst – Geschichtsschreibung als Wissenschaft und Literatur – Eine Betrachtung über den Historiker Herbert Lüthy«[1] hat der bekannte deutsche Publizist Joachim Fest das Lebenswerk des Schweizer Historikers gewürdigt. In den vergangenen Jahren sind im Verlag der *Neuen Züricher Zeitung* Lüthys Arbeiten in einer siebenbändigen Werkausgabe erschienen, die ihn zumindest durch Präsenz in den Bibliothekskatalogen der Vergessenheit entreißen. Denn jüngeren Generationen, und dazu zählen auch Personen in nächster Nähe zum Pensionseintrittsalter, sagt sein Name wenig bis nichts, weil ihnen ein generationenspezifisches journalistisches Bildungserlebnis aus den fünfziger und sechziger Jahren des 20. Jahrhundert fehlt, das mit der Zeitschrift »Der Monat« verbunden ist.

Das Ende der Geschichtsschreibung diagnostizierend, sieht Fest zwei Zwänge in der zeitgenössischen Historiographie: die Verbannung des Menschen aus dem Geschichtsverlauf durch seine Reduktion auf eine »kliometrische Größe« und die Neigung, alle historischen Ereignisse unter vereinfachend moralischem Aspekt zu betrachten. Es ist Fest nur zuzustimmen, wenn er ein Diktum aus dem bürgerlichen Lebenskanon evoziert, dass sich nämlich die Moral im Grunde von selbst versteht, sodass auf ein denkendes wie lesendes Subjekt weder permanent noch penetrant eingeprügelt werden muss.

Das Werk des Schweizer Historikers und Publizisten ist frei von diesen Zwängen. Diese beiden Signaturen der rezenten Geschichtswissenschaft passen weder zu seinem Verständnis von Geschichte und Historiographie, noch zu seinem Lieblingsformat, dem Essay. Das Partikulare, auf das es dem Historiker ankommen sollte, fügt sich in vielen Fällen nur durch Sinn verzerrende Vergewaltigung in den stählernen Pressformen der theoretischen Begrifflichkeit. Geschichtswissenschaft mag heute als historische Sozialwissenschaft nur über den kritischen Dialog mit sozialwissenschaftlichen Theorien möglich sein. Sie darf zu keiner Dienstmagd dieser Theorien werden. Im Streben nach Totalität in Theorie und Praxis ist das Totalitäre immer schon angelegt. Lüthy war in einer Zeit am erfolgreichsten, in der das Ende der Ideologien zwar schon angekündigt, aber das Ideologische noch eifrig praktiziert wurde. Ihm war Schwarzweißmalerei jeglicher Art ein Gräuel. Sein Sinn für Grautöne und Schattierungen, mit anderen Worten sein Unterscheidungsvermögen, blieb stets erhalten.

Lüthy war ein Meister des historischen Essays. Mit Hilfe seiner geschliffenen Feder konnten Wissenschaft und Publizistik ein attraktives Amalgam bilden und eine gewisse Sucht nach seinen Texten hervorrufen. In seinen Essays verband sich eine in historischer Kärrnerarbeit erlernte Genauigkeit, die von der reinen Faktenhuberei um Welten getrennt war, mit dem Gedankenreichtum eines ebenso wachen wie kreativen Geistes. Da bei Lüthy immer ein bestimmtes Thema im Zentrum seiner Aufmerksamkeit stand, jedoch nie die Darstellung der eigenen Person, ist die erste Person Singular in seinen Texten nur selten zu finden. Er lehnte die deklaratorische Pose ab und konnte, wenn er sie bei anderen beobachtete, sowohl nachsichtig ironisch als auch demaskierend sarkastisch sein. Lüthy formulierte stets messerscharf. Das Florett hat ihm nicht genügt. Bei der Vivisektion lebendiger Geschichte handhabe er das Skalpell. Er hat viele Themen mehrmals behandelt, ohne in die heute grassierende Unart des vielfachen Recyclings der eigenen Textsorten zu verfallen. Der Leser hat stets das Gefühl, dass alles »à la carte« geschrieben wurde.

Der sprachliche Verdichtungsgrad seiner Texte verlangt vom heutigen Leser mehr Anstrengung. Weil heute Leser dieses notwendige eigene Bemühen nicht aufbringen, würden sie ihn, noch mehr als seine Zeitgenossen, als getarnten oder schwer zu entschlüsselnden »Kommunikator« erleben.

Roger Blum war ab 1971 Assistent bei Lüthy in Basel. Er begegnete einem Mann, der alles wusste: »Er war – und ist – ein Kommunikator eigener Art. Er denkt mit Lichtgeschwindigkeit, verknüpft Anstöße mit Hunderten von Assoziationen und schlägt Bögen, die den Gesprächspartner verblüffen und überfordern«.[2] Blum kam mit den kommunikativen Herausforderungen seines Dienstvorgesetzten allmählich besser zu Rande als die Studierenden. »Lüthy redete eben, wie er schrieb: in brillanten, dialektisch aufgebauten und wie das Wasser in römischen Brunnen von Stufe zu Stufe weiterfließenden Sätzen, die aber oft in den Nebensätzen begannen und bei denen das Verb des Hauptsatzes eine Weile auf sich warten ließ. Ein Teil der Studierenden war von dieser Brillanz überfordert«.[3] Lüthys Vorlesungen dürften für die durchschnittlichen Hörer schwer zum Mitschreiben gewesen sein, außer sie kamen als ausgebildete Parlamentstenographen in den Hörsaal. Seine Vorlesungen würden vielleicht bei den gegenwärtig so beliebten Evaluierungen nicht so gut abschneiden. In den geblockten, auf Powerpoint-Shows getrimmten und mit Multiple-Choice-Prüfungen abgeschlossenen Lehrveranstaltungen des heutigen Universitätsbetriebes wäre die grundlegende Anforderung von Lüthys Didaktik ein Anachronismus: so lange zuhören, bis der Groschen fällt.

Lüthy war ein bildungsbürgerlicher Intellektueller im besten Sinne des Wortes. Dies hat seinen Grund nicht zuletzt in der schon früh geformten »Westorientierung« des Ostschweizers. Französisch wurde für ihn zur zweiten Muttersprache und Frankreich seine intellektuelle Heimat. Die französische Geschichte und Kultur haben mehr als alles andere sein Denken und Schreiben angeregt und bereichert. Weshalb diese frühe Orientierung zustande kam, hat er einmal in einem Interview erläutert: »(…) ich selbst kam im Januar 1918 in Basel zur Welt, das ein Exil war, war so lange ich mich besinne, auf der Wanderung nach einer neuen Bleibe … endlich, 1933, fünfzehnjährig, in St. Gallen, mit dem Blick in die Berge und in einer Welt, die immer enger wurde. Jenseits von Bodensee und Rhein lag das nun braune Deutsche Reich und das vorerst schwarze Österreich, nach Süden das längst lärmende diktatoriale Italien: und nur noch fern im Westen die Schönheit der Dekadenz, das Land der Sehnsucht, Frankreich, dessen Rhetorik und Eloquenz bald meine zweite Muttersprache wurde. Dieses Land wurde denn auch meine zweite Heimat, bevor ich es physisch betrat, und blieb es (...)«.[4]

Lüthy hat über ein Jahrzehnt (1946 - 1958) in Paris verbracht. Profundes Studium von Geschichte und Kultur des Gastlandes, zu dem er bei aller Liebe immer auch kritisch Distanz wahrte, sowie aufmerksame Beobachtung des Zeitgeschehens führten ihn zur Erkenntnis, dass »Frankreichs Uhren (...) anders (gehen)«. Das im Jahre 1954 erschienene Buch mit diesem Titel wurde zum in mehrere Sprachen übersetzten Bestseller. Es sollte auch heute noch als Pflichtlektüre für die Landeskunde Frankreichs dienen. Zum geistigen Ertrag der Pariser Jahre gehörte auch eine Übersetzung ausgewählter Essays von Michel de Montaigne ins Deutsche, die 1953 mit einem Vorwort Lüthys erschien und Montaigne im deutschsprachigen Raum erst wirklich bekannt machte. An dieser Übersetzung hatte Lüthy sieben Jahre gearbeitet. Dass die Gabe des verstehenden Übersetzens nicht unbedingt großen Schriftstellern gegeben sein muss, zeigt Lüthy in seinem Essay »Rivarols Jünger – oder Jüngers Rivarol?« aus dem Jahre 1957. Nachdem er den Leser in Leben und Werk Rivarols eingeführt hat, kann er Ernst Jüngers Übersetzung von Textsplittern Rivarols Wort für Wort genüsslich zerpflücken. Er macht auf diese Weise verständlich, wie irreführend Jüngers als Übersetzungen getarnte sprachliche Projektionen sind.

Gleichzeitig mit seinen publizistischen Aktivitäten betrieb Lüthy in seiner Pariser Zeit umfangreiche Archivstudien, aus denen ein Standardwerk der neueren Wirtschaftsgeschichte hervorging: »La Banque Protestante en France, de la Révocation de l'Édit de Nantes à la Révolution«. Das Werk umfasst zwei

Bände, die 1959 und 1961 in französischer Sprache erschienen. Es ist bezeichnend für Lüthys Auffassung von Geschichtswissenschaft, dass theoretische Erörterungen auf Vorwort und Nachwort verbannt sind. Dazwischen entfalten sich auf Hunderten von Seiten die Wechselfälle des Partikularen und Individuellen. Die »Banque Protestante« war Lüthys Habilitationsschrift. Sie bildete die Eintrittskarte in die höchsten Kreise des akademischen Milieus. 1958 erhielt er an der ETH Zürich eine ordentliche Professur für Allgemeine und Schweizerische Geschichte.

Im Jahre 1971 folgte er einem Ruf an die Basler Universität auf den universalgeschichtlichen Lehrstuhl seines berühmten Vorgängers Jacob Burckhardt. Dort fand er in akademischen Pflichten keine Erfüllung und dürfte den Wechsel bald bereut haben. An der neuen Wirkungsstätte war es mit der akademischen Freiheit vorbei, die er an der ETH genossen hatte und auf die er nun nostalgisch zurückblickte. Im Joch des universitären Routinebetriebes mit festen Lehrplänen, den Amtspflichten der Gruppenuniversität und vielen Studierenden, die in erster Linie Prüfungen ablegen wollten, erlahmte seine publizistische Produktivität. Zu Lüthys Bedauern war nicht einmal das Französische eine Selbstverständlichkeit. Seit 1978 kämpfte er mit ernsten gesundheitlichen Problemen. Seine akademische Laufbahn endete 1980 mit der vorzeitigen Emeritierung.

Das publizistische »Versiegen« kündigte er 1975 in seiner Basler Dankesrede zur Verleihung des Jacob-Burckhardt-Preises an. Diese Rede gilt als sein persönlichster Text. Burckhardt selbst hatte 42-jährig, zwei Jahre nach dem Antritt des Lehramtes, aufgehört Bücher zu veröffentlichen. Trotz vieler Pläne kamen keine Monographien mehr zustande. Bald nach seiner Übersiedlung waren seine Essays rarer geworden. Er verlor seinen Esprit bis zu seinem Tod im Jahre 2002 nicht, verschwand aber allmählich aus dem Bewusstsein der Öffentlichkeit.

Anmerkungen

[1] Vgl. Neue Zürcher Zeitung, 4./5. März 2006, Nr. 53, S. 28f.

[2] Blum, Roger: Herbert Lüthy – der getarnte Kommunikator. In: Schweizer Monatshefte, 77/78 (1997/1998) 12/1, S. 39.

[3] Ebda., S. 39.

[4] Herbert Lüthy – Gespräch mit Alexandra Keves. In: Schweizer Monatshefte, 77/78 (1997/1998) 12/1, S. 31.

Herbert Lüthy

Wozu Geschichte?

Die oft so sehr unwirsch gestellte Frage, ob Geschichte eigentlich einen Sinn habe, ist immer geeignet, den Historiker in tiefe Verlegenheit zu stürzen; und in um so ratlose Verlegenheit, weil er sich selbst selten über die infam verwirrende Doppeldeutigkeit dieser Frage Rechenschaft gibt. Ob die Geschichte einen Sinn habe, das ist zunächst eine philosophische oder theologische Frage wie jene nach dem Sinn des Lebens und des Todes, des Mühens und Scheiterns der Generationen, und sie betrifft den Historiker nicht anders als den Biologen, den Ethiker oder den erstbesten unter uns, der einmal zwischen Tagesgeschäft und Tageszerstreuung Zeit findet, sich nach dem Sinn seines Tuns zu fragen; welche Antwort er findet, wenn er eine findet, wird schwerlich von seiner Geschichtskenntnis abhängen. Doch anderseits, und gerade heute von Schulreformen und Bildungsplanern höchst konkret gestellt, ist es die Frage, ob es überhaupt sinnvoll sei, sich mit Geschichte als Fach zu befassen. Dass sich beide Fragen ineinander verwickeln, ist für die Geschichte als Fach bezeichnend: schwerlich wird beispielsweise jemals ein Zoologe über die entsprechende Frage stolpern, ob das Tierreich »einen Sinn habe«; positive Wissenschaft beginnt ja gerade mit jener Objektivierung des Gegenstandes, die nichts anderes als die Ausschaltung der philosophischen Sinnfrage ist. Dem Historiker will diese Objektivierung nicht gelingen. Die Geschichte ist zweifellos die einzige wissenschaftliche oder doch als Wissenschaft instituierte Disziplin, die für sich selbst niemals einen Namen gefunden hat, um sich als Wissenschaft von ihrem Gegenstand zu unterscheiden; denn dass die Erforschung der Geschichte als Fach selbst einfach Geschichte heisst, ist natürlich ebenso absurd, wie wenn sich die Biologie einfach als das Leben oder die Jurisprudenz als das Recht bezeichnen würde.

Diese naive Unschärfe der Terminologie, die in mancher Beziehung für die historische Disziplin bezeichnend ist und ihren Anspruch auf Wissenschaftlichkeit zweifelhaft macht, stammt natürlich daher, dass Geschichtsschreibung ursprünglich wirklich nur das Aufzeichnen von Geschichten war, das Erzählen von erlebten oder mehr oder weniger glaubwürdig berichteten Geschehnissen: eine Tätigkeit, die mindestens für die abendländische Zivilisation so alt ist wie diese Zivilisation selbst, denn sie ist – im Unterschied zu einigen andern – eine Historiker-Zivilisation. Sogar unsere Religionen sind historische Religionen, die Heiligen Schriften der Juden und Christen sind Geschichtsbücher; die Griechen und Römer waren eminente Geschichtsschreiber; Geschichte zu haben, zu wissen, dass wir Geschichte haben, einer historischen Kontinuität bewusst zu sein, in der wir stehen und handeln, ist – oder war? – ein schlechthin nicht wegzudenkendes Element unseres Bewusstseins.

In diesem Sinn naiv arbeitet auch heute noch jeder Historiker, der in seinem besonderen Teilgebiet seines eigenen historischen Universums seine Forschung betreibt: genau zu wissen, was geschah und wie es geschah, das ist die Aufgabe, die er sich gestellt hat, weil ihm hier zu seiner eigenen Erkenntnis eines Stücks Vergangenheit ein Bindeglied fehlte – und vielleicht aus einer kaum je ausgesprochenen, kaum je zu Ende gedachten Überzeugung, die tief in unserem Geschichtsbewusstsein verankert ist, dass es wichtig, ja vielleicht heilswichtig sei, auch in Bezug auf diese Einzelheit ein *wahres* und nicht ein falsches Bild unserer Vergangenheit zu erarbeiten.

Geschichtsforschung als Handwerk ist immer exakte, den Einzelvorgang individualisierende Arbeit an Einzelproblemen, und wer nie dieses Handwerk erlernt hat, wer nie wie ein Esel am Berg vor einer Frage stand, über die ihm kein Werk der historischen Literatur Aufschluss gab, vor einer Vexierfrage, zu deren Lösung er sich selbst den methodischen und quellenmäßigen Zugang erarbeiten musste, weil kein direkter Zugang zu ihr vorhanden war, der mag Ansichten über den Sinn und Lauf der Geschichte haben, wie sie jedermann hat – er weiss nicht, was historische Forschung ist. Und weil der Historiker mehr als jeder andere Wissenschafter konkret sein muss, will ich ein konkretes Beispiel geben, das aus meiner eigenen Erfahrung stammt. Ich habe mehrere Jahre meines Lebens, gewiss nicht ausschliesslich, nicht ohne andere Interessen und Aufgaben, aber mit einer Art Besessenheit auf solche an sich absurd erscheinende Fragen verwandt wie diese, die Identität zweier Personen herauszufinden, die in Dutzenden von Geschichtswerken als die Gründer der ersten funktionierenden öffentlichen Bank Frankreichs genannt wurde, der Caisse d'Escompte, aus der dann Napoleon die Banque de France machte; und da es viele Geschichten der Banque de France und auch mehrere der Caisse d'Escompte gibt und da beide eine grosse Rolle in der modernen französischen Geschichte spielten, war bekannt, dass diese Gründung von 1776 das Werk eines Herrn Panchaud und eines Herrn Clonard war; Vornamen und Herkunft dieser Herren waren unbekannt, die Archive der Gründungsjahre waren untergegangen, und alle Angaben stützten sich auf eine einzige erzählende Quelle, die sich mit der Auskunft begnügte, Herr Panchaud sei Genfer und Herr Clonard sei Schotte gewesen – natürlich zwei Ausländer, wie ja nach einer fast allgemein geglaubten und gerade auf solch dunkle Überlieferung gestützten Ansicht die französische Bank- und Kreditgeschichte überhaupt eine Geschichte von Manipulationen anrüchiger Ausländer, Genfer, Schotten, Protestanten und Juden ist. Mehr von diesen Herren zu wissen hatte offenbar keiner dieser Historiker begehrt, da ihr Gegenstand ja Finanzgeschichte war, das heißt anonyme Geschichte, die sich auf Statistiken, auf Bilanzen und Additionen von Umsätzen, Depositen, diskontierten Wechseln und Eigenwechseln stützt: jene anonyme Art von Geschichte, die sich auf das Quantifizierbare beschränkt und auf die Kenntnis der handelnden Personen verzichtet, damit aber auch darauf verzichtet, zu wissen, was wirklich geschah und wie es geschah. Für eine historische Untersuchung, die sich konkrete Sozialgeschichte als Gegenstand wählte, war es wichtig, dies zu wissen, weil in diesem Zusammenhang die staatliche sanktionierte Gründung einer öffentlichen Bank, ein völliger Bruch mit den geltenden Prinzipien des kanonischen und öffentlichen Rechts und mit der bestehenden Struktur von Privilegien und Finanzpositionen, nicht nur ein finanzgeschichtlicher, sondern ein sozialer und politischer Wendepunkt war: wie war dies geschehen, wer waren diese Herren, woher kamen sie, wer stand dahinter? Denn solange diese Namen nur Chiffren für Unbekannte blieben, hatte ihre Nennung keinen Sinn. Die Geschichtsschreibung ist voll von solchen Namen, die bloße Nullen verbergen.

Doch wie die Identität zweier seit fast zwei Jahrhunderten verschollenen Personen finden, von denen nichts überliefert ist als im einen Fall ein Familienname, den Hunderte von Familien führen, und im andern nicht einmal ein Familienname, sondern offensichtlich einer jener usurpierten Adelstitel, mit denen sich in Frankreich Parvenüs zu schmücken liebten, um ihren Stammbaum in Vergessenheit zu bringen? Das ist ein typisches historisches Problem, dessen Lösung aus keiner Formel, durch keine logische Deduktion oder Induktion erschlossen werden kann, sondern nur auf dem abscheulich empirischen Weg des Tastens, Suchens und Näherkommens, der selbst nicht vorgegeben ist wie etwa der Weg der Lösung einer mathematischen Aufgabe, sondern nur durch die Erarbeitung des ganzen heterogenen, zerstreuten, durch den Zufall der Geschichte und der Archivierungen erhaltenen oder nicht erhaltenen Materials im Bezugsbereich der Fragestellung gefunden werden kann, in dem irgendwo der erhoffte Hinweis entdeckt werden kann – und es kann immer sein, dass er nie entdeckt wird, dass keine oder nur eine hypothetische Lösung gefunden wird, dass das Fragezeichen bleibt, weil die Antwort verschollen ist; auch das ist ein Resultat.

In diesem Fall war es der staubige Weg durch die Massen nicht inventarisierter, lückenhafter und überdies im Prinzip dem Historiker gar nicht zugänglicher Notariatsakten. Es war zu hoffen, dass in ihnen diese Personen, deren Tätigkeit den Umgang mit Notariaten unvermeidlich machte, einmal mit ihren vollen bürgerlichen Namen und Qualifikationen und in eindeutigem Bezug auf den gesuchten Vorgang auftauchen würden. Und wirklich, nach Jahren vergeblichen Suchens, das manche Entdeckung, aber mit irritierender Beharrlichkeit gerade diese nicht brachte, tauchten sie auf; und da war dann der angebliche Genfer Panchaud kein Genfer, sondern ein aus London gebürtiger Sohn eines Waadtländer Emigranten und einer Erbin aus einer Amsterdamer Handelsfamilie, Agent, professioneller Projektemacher und Experte für englische Finanzprobleme – Wirtschaftsspion, würden wir heute sagen – im Dienst aller französischen Finanzminister, die englische Institutionen und Techniken des öffentlichen Kredits in Frankreich einführen wollten, um den Kampf einer stets fast bankrotten Monarchie gegen die englische Finanzmacht zu bestehen. Und selbstverständlich war der angebliche Schotte Clonard kein Schotte und hiess auch nicht Clonard, obwohl er seinem Familiennamen Sutton dieses Attribut beigelegt hatte, sondern war der längst in die französische Amtshierarchie integrierte Nachkomme einer Familie jener konservativen Gentry, die Ende des 17. Jahrhunderts nach dem Sturz der Stuarts ausgewandert war und sich im Kampf gegen die protestantisch-oranisch-hannoversche Usurpation der englischen Krone in den Dienst des französischen – und ebenso des spanischen – Königshauses gestellt hatte; er war nicht von irgendwo vom Himmel gefallen, er war Administrator der letzten französischen Besitzungen in Indien, wie ja die stuarttreue englische und irische Emigration seit John Law eine eminente Rolle im Aufbau und in der Verteidigung des französischen Kolonialreichs gegen die britische Seemacht gespielt hat. Die Gründung der zukünftigen Bank von Frankreich war zunächst nichts anderes als eine Ersatzgründung für die nach dem Siebenjährigen Krieg zusammengebrochene französische Ostindiengesellschaft, eine Veranstaltung, den französischen Überseehandel und die kläglichen Reste eines französischen Kolonialreichs in Ost- und Westindien zu finanzieren – eine Finanzierung, die nach dem Zusammenbruch der französischen Seemacht nur noch über London und Amsterdam laufen und die deshalb nur von Überläufern besorgt werden konnte. Von da aus, von der mühseligen und scheinbar ganz gleichgültigen Identifizierung zweier anonymer Figuren im hintersten Rang der Weltgeschichte, erschlossen sich dann Zusammenhänge, Einblicke in die komplexen Interferenzen zwischen inneren konfessionellen und politischen Parteiungen und der konkreten friedlichen oder kriegerischen Führung der Aussenpolitik, die keineswegs nur die höheren Interessen der Nation vertritt, sondern selbst Spielball und Streitobjekt dieser Parteiungen ist, in die von der konventionellen Staatengeschichte völlig vernachlässigte Rolle nichtstaatlicher oder überstaatlicher Gruppen, wie sie aus politischen oder religiösen Emigrationen oder verstreuten Minderheiten entstehen, in die für alle bisherige Entwicklung grundlegende Interferenz äußerer Machtpolitik und innerer Organisation – Einblicke, zu denen immer nur eine Summierung von exaktem Einzelwissen den Schlüssel liefern kann: die Lösung eines einzigen solchen Problems rollt ganze Reiche von Problemen auf und führt auf neue Wege ihrer Durchdringung.

Das ist das Heureka des Historikers, das freilich für den, dem der jeweilige Problemkreis und seine Fragestellungen fremd und gleichgültig sind, eher wie das Gackern des blinden Huhns klingt, das doch ein Körnlein gefunden hat: es ist die historische Kärrnerarbeit, ohne die keine Kenntnis der Geschichte möglich ist, auch wenn sich diese natürlich nicht in solcher Kärrnerarbeit erschöpft. In der Geschichte wimmelt es von solchen Panchauds und Clonards, die anonym vom Himmel fallen, unsere Geschichtsbücher sind mit ihren Namen gespickt, und das macht historisches Schulwissen so langweilig: irgendein Dschingis Khan oder Tamerlan bricht aus Zentralasien, buchstäblich von außerhalb der uns bekannten Geschichte, in die zivilisierte Welt ein und zerstört ihre Reiche vom heiligen Russland über das Kalifat der Abbassiden bis China und Indien; ein Gustav Adolf kommt aus einem sagenhaften fernen Norden, verwüstet Deutschland und rettet die deutsche Reformation; ein schottischer Abenteurer namens John Law kommt nach Paris und verwandelt Frankreich in ein Irrenhaus von Börsenspekulationen; ein Wladimir Iljitsch Lenin fährt aus Zürich durch Feindesland nach Russland löst die bolschewistische Revolution aus, an die außer ihm selbst niemand geglaubt hatte; ein verkrachter österreichischer Kunstmaler namens Adolf Hitler kommt nach Deutschland und behext ein ganzes Volk. Was soll uns das, was bedeuten solche Namen, Daten und Fakten der Weltgeschichte, wenn wir sie nicht in ein Bezugssystem einordnen können, in dem diese handelnden Personen und die Möglichkeiten und Bedingungen ihres Handels begreiflich werden und diese Vorgänge darum etwas anders sind als jenes »Märchen, das ein Idiot erzählt, voll von Lärm und Wut und nichts bedeutend«? Die Geschichtsforschung muss eine exakte und zu den äußersten Grenzen des Präzision strebende Forschung sein, wenn sie überhaupt diesen Namen verdienen will; zugleich aber, und das ist ihr tiefstes Problem, ist sie im Ansatzpunkt auf etwas anderes gerichtet als die meisten systematischen Wissenschaften: nicht auf Verallgemeinerung und theoretische Formalisierung, sondern auf Individualisierung, Identifizierung, Herausarbeitung der Singularität allen menschlichen Geschehens, das wohl stets gewisse Ähnlichkeiten mit anderen menschlichen Geschehen verwandter Ordnung aufweist und deshalb zur Summe menschlicher Erfahrung beiträgt, doch sich in gleicher Konstellation und unter gleichen Bedingungen nie wiederholt und nicht experimentell wiederholen lässt. Kein Experiment induzierter industrieller Entwicklung kann die industrielle Entwicklung der alten Industriestaaten reproduzieren, obwohl es überaus nützlich und notwendig ist, deren Erfahrungen im Lichte der neuen neu zu überdenken. Nicht, was allen Revolutionen gemeinsam ist, interessiert den Historiker, denn es ist sehr weniges und sehr Hausbackenes, sondern was jeder von ihnen spezifisch ist. Geschichte kann exakt sein in bezug auf die Einzelforschung und wird hypothetisch in der Verallgemeinerung und Extrapolation, deren sie nicht entbehren kann, um überhaupt ihre Fragestellungen zu erarbeiten, von denen sie aber immer wieder zur Einzelforschung, zur konkreten Verifikation, zur Individualisierung und Identifikation zurückkehren muss; weshalb denn auch die eigentliche historische Literatur des Historikers, der ja nicht alles und nicht einmal sehr vieles aus erster Hand kennen kann, nicht die großen Gesamtdarstellungen von Epochen, Kulturgeschichten oder Weltgeschichten sind, sondern die dürren Monographien, die für jede einzelne Aussage den ganzen Apparat des Nachweises, der Hilfskonstruktionen und der Hilfshypothesen, d.h. der konkreten Verifizierbarkeit mitbringen.

Ich habe mit dem Fall der Herren Panchaud und Clonard ein extremes Beispiel gewählt, um zu zeigen, bis zu welchen Extremen der Individualisierung und Identifizierung der Faktoren des Geschehens die Geschichtswissenschaft vordringen muss, um über einen historischen Vorgang etwas Gültiges auszusagen. Um solche Individualisierungen und Identifikationen haben sich die Schwesterwissenschaften der Ökonomie und der Soziologie nicht zu mühen, deren Methodik und Systematik gerade auf der Anonymisierung der Vorgänge, auf der Ausklammerung des Individuellen aufgebaut sind. Wäre diese Ausklammerung in der Wirklichkeit möglich, dann könnte uns eine geringe Zahl statistischer Daten genügen, um die Kurve der Weltgeschichte zu ziehen und in die Zukunft zu extrapolieren – und unsere Welt wäre unvorstellbar anders und einfacher und vielleicht auch weniger lebenswert. Die Geschichte in ihrem wirklichen Verlauf aber ist, wie auch jeder

Ökonom oder Soziologe selbstverständlich weiss, nicht anonym, und sie ist uns als wirkliches Geschehen bekannt nur in dem Mass, in dem wir die handelnden Personen ihrer Anonymität entreissen, d.h. individualisieren und identifizieren. Ich weiss, wie gefährlich diese Aussage ist; sie ist das Problem, über das jede Zeitgeschichte stolpert, wenn sie nicht in Denunziation und hässlichste Polemik ausarten will.

Die Geschichte ist das große Differential aller menschlichen Handlungen, die nicht sich gegenseitig aufhebende Handlungen zählbarer Mengen sind, sondern unter sich sehr ungleiches Gewicht haben: denn es liegt im Wesen der menschlichen Geschichte, dass mit wachsender Komplexität und Organisation der menschlichen Kollektive, mit wachsender Rationalität und Wirksamkeit der Staatsapparate und Wirtschaftskomplexe, mit wachsender Manipulierbarkeit und Planifizierbarkeit großer Menschenmengen sich auch immer weiter reichende Entscheidungen in der Hand einzelner Menschen und kleiner Menschengruppen zusammenballen – ein Vorgang, der keineswegs linear verläuft, sondern Reaktionen und manchmal Revolutionen auslöst –, und dass damit in einer jener Antinomien, die der Geschichte geläufig sind, mit dem Mass organisatorischer Rationalität auch das Mass der Willkür wächst und die Rationalität sich so selbst aufhebt; ähnlich wie mit zunehmend präziser und wirksamer Planung die Voraussehbarkeit der Zukunft abnimmt, weil die Voraussicht von der These ausgehen muss, dass die Zukunft die eigengesetzliche Fortentwicklung, eine berechenbare Extrapolation des Heutigen sei, während die Planung von der Gegenthese ausgehen muss, dass die Zukunft zweckmässig manipulierbar sei.

Die Geschichte aber bewegt sich auf Schritt und Tritt in solchen Antinomien.

Das historische Ereignis in seiner Wirklichkeit ist immer das unvorhergesehene Zusammentreffen gegensätzlicher oder völlig heterogener Entwicklungsreihen, deren jede vielleicht »an sich«, unter Ausklammerung aller anderen Faktoren, als mehr oder minder gesetzmässiger Ablauf konstruierbar ist. Nur in der wirklichen Geschichte, die Geschichte des Ganzen, d. h. im höchsten und eigentlichen Sinn des Wortes immer politische Geschichte ist und in der ständigen Interferenz aller Faktoren und Widersprüche verläuft, kommt keine dieser durch Abstraktion gewonnenen Gesetzmässigkeiten je zur ungestörten Auswirkung. Was wir die Ironie der Geschichte nennen – die für den Historiker der Anfang der Weisheit ist, obwohl sie oft in Trauer oder Sarkasmus mündet -, das ist in seiner einfachsten Form meist nur dies, dass immer wieder gerade jene menschlichen Faktoren, die wir nach dem methodischen Grundsatz der wissenschaftlichen oder logischen Abstraktion aus unsern Modellen oder Berechnungen ausklammern müssen, um überhaupt rechnen zu können, uns einen Strich durch unsere Rechnung machen. Darum war es immer das Ziel geschichtstheoretischer Schulen, das Ereignis aus der Geschichte auszuschliessen: Ereignisgeschichte, *histoire événementielle,* ist für eine ganze französische Historikergeneration, die sehr Bahnbrechendes geleistet hat, geradezu ein Schimpfwort geworden, dass aber ihre ereignislose, auf Kurven und Zyklen reduzierte Geschichte nie aufging, das eben ist die Ironie der Geschichte.

Ich bin mir bewusst, dass ich noch keine Antwort gegeben habe auf jene Frage, die an den Anfang gestellt war: wozu dient das alles? Dieses Wissen, wie es eigentlich gewesen ist, nach dem berühmten Wort (Leopold) Rankes, oder auch, von der Gegenwart aus gesehen, wie es eigentlich gekommen ist – nicht eine Wissenschaft eigentlich, die doch ein System von gültigen Sätzen und Schlüssen sein sollte, sondern anscheinend nur eine endlose Summierung von Wissen und Kenntnissen über Vergangenes, ein ständig neues Infragestellen unserer Vergangenheit. Wozu wird das Studium der Geschichte an Hochschule gefördert, warum wird Geschichtsforschung mit öffentlichen Mitteln unterstützt (nicht mit gewaltigen Mitteln; denn wir gehören zu den sogenannten billigen Disziplinen), wozu vor allem werden junge Menschen, die nicht die Vergangenheit, sondern die Zukunft meistern wollen und deren ganzes Denken auf die Zukunft gerichtet ist, mit Wissenskram über die Vergangenheit belästigt?

Es ist eine ernstzunehmende Frage, und ich glaube, keine andere Wissenschaft – keine Disziplin wenigstens, deren Rang als Wissenschaft unbestritten ist – steht dieser Frage mit solcher Verlegenheit gegenüber. Gewiss, die Nützlichkeit ist nicht das Kriterium der Wissenschaftlichkeit, auch nicht der mathematischen und der naturwissenschaftlichen: jeder wirkliche Wissenschafter verfolgt in dem je eigenen Universum, das seine Wissenschaft konstituiert, die ihr eigenen Fragestellungen und Erkenntnisziele um ihrer selbst willen. Doch der schliessliche Nutzen der mathematischen und Naturwissenschaften und gerade auch ihrer kühnsten Spekulationen ist durch die ganze Erfahrung der Neuzeit zu überwältigend bewiesen, als dass wir an ihrem Sinn und Zweck zweifeln könnten. Überall steht neben der reinen, theoretischen Wissenschaft die Anwendung oder doch die Hoffnung der Anwendung. Doch worauf liesse sich Geschichte anwenden außer auf sich selbst? Sie ist vergangen, und das Vergangene lässt sich nicht mehr ändern: lassen wir es auf sich beruhen, lassen wir die Toten die Toten begraben: unsere Aufgabe ist es, die Zukunft zu gestalten.

Dass wir freilich die Zukunft nicht auf der *tabula rasa,* auf dem sauberen Reissbrett des wissenschaftlich-rationalen Entwurfs gestalten können, dass wir überall, vom kleinsten Ansatz einer Regional- und Landesplanung, vom Nationalstrassenbau oder der bundesstaatlichen Finanzordnung bis zu den weltweiten Problemen der Entwicklungsplanung, der Bevölkerungspolitik oder der Friedensorganisation, kurz in allem, was die Organisation der zwischenmenschlichen Beziehungen auf allen Stufen der sozialen und politischen Ordnungsstrukturen betrifft, auf die Hindernisse einer Realität stossen, die nichts anderes als kristallisierte Geschichte ist, auf Rechtssysteme, Eigentumsordnungen, Zuständigkeiten, alte Ansprüche und rationalitätswidrige nationale, konfessionelle, politische und ideologische Traditionen, die nichts als institutionalisierte Geschichtlichkeit sind, auf die heiligen Kühe jedes Landes, auf Systeme von Staaten, Grenzen, Regierungsformen, Machtansprüchen, Spannungen und Feindschaften, die fürwahr keiner rationalen Vernunft, sondern einer historischen Vergangenheit entstammen, dass alles, was wir ausserhalb des Laboratoriums anpacken, Geschichte hat, die sich der mathematischen Rationalität entgegensetzt; kurz, dass die für jedes vernünftige Denken zutiefst legitime Konzeption einer rationalen Gestaltung der Erde und des menschlichen Zusammenlebens sich immer wieder an dem wundstösst, was nichts anderes ist als die störende Gegenwart des Geschichtlichen im Heute; ja, dass die kühnsten Eroberungen der mit mathematischen Methoden arbeitenden Naturwissenschaft, die Domestikation der Nuklearenergie und der Vorstoss in den Weltraum, zum Einsatz und zum Spielball eines Machtkampfs zwischen Reichen und Ideologien geworden ist, der keiner wissenschaftlichen Vernunft, sondern einem historischen Drama von unerhörter Komplexität und geschichtlicher Tiefe entspringt – all das macht uns die Geschichte keineswegs lieber, es ist im Gegenteil der tiefste Grund der Irritation und eigentlichen Aversion, der die Geschichte als das offenbar Rationalitätswidrige heute bei vielen wissenschaftlichen Geistern begegnet.

Der Architekt der Zukunft kann sein Baugerüst nicht auf gesäubertem und geglättetem Terrain errichten, er muss auf diesem Schutthaufen der Geschichte bauen, der ihm chaotisch erscheint; und seine verständliche Reaktion ist: wegräumen! Bulldozer her, ausebnen und neu beginnen. Und wo wäre es leichter, mit diesem Wegräumen der Geschichte zu beginnen, als in den Lehrplänen und historischen Forschungsstätten, und vor allem in unseren eigenen Köpfen?

Freilich ist diese Reaktion ihrerseits zutiefst irreal und irrational. Sie beruht gerade auf jener Verwechslung der Erkenntnis mit dem Objekt der Erkenntnis, von dem ich eingangs sprach: wir schaffen die Geschichte und unsere eigene Geschichtlichkeit nicht aus der Welt, wenn wir das Bemühen um ihre Erkenntnis und geistige Durchdringung aus der Welt oder doch aus den eigenen Köpfen wegschaffen. Es *gibt* in der Tat einen Schutt der Geschichte, der die Gegenwart belastet und die Zukunft verstellt, und den wegzuräumen oder vielmehr aufzuräumen immer wieder, heute vielleicht dringender denn je, im Interesse der Menschheit, ihrer Zukunft, ja ihres Überlebens liegt. Man kann gerade aus dem Bedürfnis nach diesem Aufräumen des Schutts von historischer Überlieferung und Rechthaberei und dumpf übernommenem Geschichtsbewusstsein Historiker werden; denn seine wirkliche Aufgabe ist nicht das Weitergeben von Überlieferung, wie er sie empfangen hat, sondern ihre kritische Überprüfung. Die Aufgabe der Geschichtswissenschaft ist das ständige Klären, Ordnen und kritische Erhellen der Geschichte, die ständige Neuüberprüfung und Entmythologisierung geglaubter Überlieferung, die ständig neue geistige Durchdringung der Geschichte als dumpfer Masse menschlicher Erfahrung und Erinnerungen vermittels der stets neuen Fragestellungen, die wir als Menschen unserer Zeit an die Geschichte richten, so wie wir in jeder Krise unserer Existenz unsere eigenen Erfahrungen neu befragen; und wie jeder Gegenstand der Erkenntnis antwortet auch die Geschichte nur dem, der sie zu befragen weiß.

Geschichtswissenschaft kann in ihrer Gesamtheit und ihrer Zielrichtung nichts anderes sein als historische Hygiene, ein umfassendes Bemühen, unsere historischen Mythen, Rechtfertigungen, Angstträume und Wahngebilde durch bewusstes Wissen zu ersetzen; denn der Schutt unbegriffener und darum blind fortwirkender Geschichte liegt viel weniger auf dem Gelände als in unserem eigenen Bewusstsein. Und hier ist der Punkt, an dem die Frage nach dem Nutzen der Geschichte explosiv wird: wenn es Aufgabe des Historiker ist, immer wieder den Schutt unverstandener oder ideologisch verfälschter Geschichte in unserem Bewusstsein und zuerst einmal in seinem eigenen aufzuräumen, ist er dann ein nützliches Glied unserer Gesellschaft oder ein öffentlicher Schädling, der unser Selbstbewusstsein und vielleicht unsere tiefsten Überzeugungen unterwühlt? Wollen wir überhaupt diesen einzigen Nutzen, den bessere Erkenntnis der Geschichte uns bringen könnte?

Es gibt in der Erforschung der Geschichte, wo immer sie soziale Funktion oder öffentliche Institution wurde, eine Antinomie von Wahrheit und erwartetem Nutzen, wie sie in diesem Mass keine Forschung und keine Wissenschaft kennt: sie kann nie in jenem Stand der Unschuld geübt werden, in dem sich andere Wissenschaften wähnen können, wenn sie ihre unpersönlichen und in diesem Sinne objektiven, durch einen immer grösseren Apparat exakter Wahrnehmungsgeräte immer weiter objektivierten, am Ende nur noch an Zählern von Mess- und Rechenmaschinen abgelesenen Resultaten den Mächten der Wirtschaft und der Politik zur Verfügung stellen, ohne sich weiter darum zu kümmern, was diese damit anstellen, denn das betrifft die Objektivität ihrer Resultate nicht.

Die Wissenschaft von der Geschichte steht im unauflösbaren Bezug zum Bewusstsein der Geschichte, aus dem wir geschichtlich, d. h. politisch denken und handeln. Gewiss, in dieser Gefahrzone befinden sich alle Wissenschaften, die sich mit der Erkenntnis des menschlichen Lebens und Handelns im zwischenmenschlichen Bereich von Wirtschaft, Staat und Gesellschaft befassen und damit dieses Leben und Handeln beeinflussen können; aber keine von ihnen, und selbstverständlich keine der Naturwissenschaften, seit sie aufgehört haben, Mägde der Theologie zu sein, stand je so tief im steten Spannungsverhältnis zu den Zwecken, zu denen Geschichte von Staaten, von Monarchien oder Despotien, aber gerade auch von Demokratien, als Gegenstand einer Lehre instituiert wurde, um ihren Ruhm zu verkünden, die Legitimität ihrer Ansprüche zu begründen, die Loyalität der Untertanen, die Staatstreue, die Opferbereitschaft und den Wehrwillen der Bürger durch das Beispiel der Väter zu stärken, kurz, das Geschichtsbewusstsein der Menschen gemäss den Anforderungen der Ideologie und der Macht zu manipulieren. Und wo historische Wahrheit der Ideologie entgegenkam oder in ihrem Sinne interpretierbar war – denn eigentliche Fälschung hat da, wo die Forschung nicht Monopol einer Macht ist, kurze Beine –, da stürzte sich die offizielle Forschung mit Eifer auf diese Teile der Wahrheit, und ihr entsprangen gewaltige und wissenschaftlich großartige Quellenwerke wie die *Monumenta Germaniae Historica* oder die *Sources de l'histoire de France*. Aber was diesem erwarteten Nutzen widersprach, das hatte die Schulgeschichte nicht zur Kenntnis zu nehmen oder als bedauerliche Abweichung vom Höhenweg der jeweiligen Nationalgeschichte oder etwa der Kirchengeschichte ganz klein zu schreiben.

Es gibt schauerliche Episoden der Historiographie, und der Historiker tut gut, sich zu seiner eigenen Selbstbesinnung und Selbstkritik in sie zu versenken: etwa jener Historikerreden und Historikerwerke des Ersten Weltkrieges und seiner verhängnisvollen Nachgeschichte, die geradenwegs in den Zweiten führte, jener Jahrzehnte, in denen die offiziellen und höchstgeachteten Historiker aller Staaten in fast lückenlos geschlossenen Kolonnen aufmarschierten, um die Unschuld der eigenen und die Schuld der anderen Nation nachzuweisen – und meist sogar in gutem Glauben, denn so, als Schuldfrage, d. h. historisch fatal gestellt, war das Problem verwickelt genug, um viel Raum für die Interpretation zu lassen. Diese historische Rechtfertigungsliteratur um Kriegsschuldlüge und Unschuldlüge hat entsetzlich viel dazu beigetragen, dass nichts begriffen wurde und darum alles in voller Verblendung von neuem begann. Es gibt ein Misstrauen gegen die Missbrauchbarkeit der Geschichte, einen Ideologieverdacht gegen alle Historiographie, die tief berechtigt sind und mit dem der Historiker als erster sich selbst durchdringen muss, wenn er Historiker und nicht Apologet oder Parteimann werden will: dass die Geschichtswissenschaft so leicht sich selbst mit ihrem Gegenstand verwechselt, beruht ja nicht nur auf der Naivität des Gelehrten, sondern vor allem darauf, dass sie sich von ihrem Gegenstand nicht absetzen kann, dass sie selbst in dieser Geschichte ihrer endlosen Polemik steht, in der auch noch das Entfernteste in die Gegenwart und über sie hinaus fortwirkt, dass es keinen archimedischen Punkt außerhalb der Geschichte gibt, auf den sie sich stellen könnte, und dass sie selbst an der Geschichte mitwirkt, indem sie auf die Art einwirkt, in der sich Geschichte in ein Geschichtsbewusstsein umsetzt, aus dem die Lebenden handeln.

Jede Gesellschaft und jedes Kollektiv, die ihrer selbst bewusst werden, organisieren ihre Geschichte, um sich selbst und ihr Selbstbewusstsein zu begründen, und wie sie sich selbst, ihre Situation und ihren Ort in der Geschichte definieren, darin drückt sich ihr tiefstes Wesen aus. Um ein grundlegendes Problem der Geschichte in einigen Stichworten anzudeuten: ob sie ihre Vergangenheit als geheiligten Kanon organisieren, in den die menschlichen Ereignisse als Spiegelungen der kosmischen Ordnung eingeordnet werden und jeder Bruch der Kontinuität als Reinterpretation der himmlischen und irdischen Weltordnung vollzogen werden muss, wie in den grossen Zivilisationen des Ostens; ob sie die menschliche Geschichte als sinnlose Wirrnis des Leidens und der Gewalt völlig aus dem Bewusstsein verbannen und nur die Mythologie der Göttergeschichte überliefern, wie das hinduistische Indien, in dessen gewaltiger Literatur die menschliche Geschichte keinen Platz hatte und die einzigen klassischen Geschichtswerke an den Höfen fremder Eroberer entstanden; oder ob sie Geschichte als Verkettung menschlicher Handlungen – oder, im europäischen Mittelalter, als Geschichte menschlicher Prüfungen – d. h. als menschliche und als ihre eigene Geschichte zu begreifen versuchen, wie in den abendländischen Zivilisationen, die ich Historiker-Zivilisationen nannte, die der immer neuen Selbstinterpretation und damit der Selbstkritik offenstanden – das kennzeichnet ihre tiefste Struktur. Wir sehen sogleich, dass es nicht die geschichtsschreibenden und geschichtsbewussten Völker sind, die am tiefsten unter die Last ihrer Geschichte gebeugt sind: blind an ihre Tradition und Überlieferung gebunden sind gerade jene, die ihre Geschichte als menschliche Geschichte nicht kennen oder kennen wollen.

Geschichtslosigkeit, d. h. Nichtbewusstsein der Geschichte, ist nicht Freiheit von der Geschichte, sondern blindes Verfallensein in ihr unbegriffenes Verhängnis, und was wir in der Geschichte und weltweit in der Gegenwart das Erwachen von Völkern nennen, zeigt sich dem Historiker als leidenschaftliches Ringen um den Durchbruch zur bewussten Geschichtlichkeit. Das dumpfe oder helle, blinde oder kritische Geschichtsbewusstsein ist selbst ein fundamentales Bewegungselement der Geschichte, und es ist deshalb ebenso Gegenstand der historischen Forschung wie die Daten und Fakten, die wirklich nichts bedeuten, wenn wir uns überhaupt kein Bild vom Bewusstsein der handelnden Menschen machen können – darum bleiben uns ganze Epochen, von denen uns nur Steine, Skelette und Scherben, aber keine Aussagen überliefert sind, so hoffnungslos stumm. Das aber ist es auch, was die Geschichtsschreibung zu einer eminent sozialen und politischen Funktion macht, die immer dem inneren und äußeren ideologischen Druck der Gesellschaft – und damit immer der Sünde gegen den Geist ausgesetzt ist.

Nichts ist für diese Situation bezeichnender als dies, dass gerade jene Regimes unserer Zeit, die sich selbst als Vollstrecker der Geschichte betrachten und die ihre ganze Rechtfertigung aus einer Geschichtsideologie beziehen, ihre eigene Geschichtsschreibung der tiefsten Erniedrigung unterworfen haben, die der Geschichte als Wissenschaft je widerfuhr: dass etwa der russischen Historiker noch heute die Geschichte der Sowjetunion, die nun ein volles halbes Jahrhundert umfasst, und ganze Aspekte ihrer Vorgeschichte bis zurück auf die Zeit der Goldenen Horde entweder gar nicht oder nur nach der Vorlage eines offiziellen Lügengewebes schreiben darf, das überdies alle paar Jahre wieder geändert wird und die historischen Werke vom vorletzten Jahr zum Einstampfen verurteilt: weil, wie sich heute vor zehn Jahren erwies, jedes Lüften eines Zipfels des ideologischen Schleiers über der historischen Wahrheit das ganze Gebäude der Geschichtsideologie und des auf ihr errichteten Herrschaftssystems zum Einsturz zu bringen droht – obwohl es seit kurzem auch dort aufzudämmern beginnt, dass Geschichtslüge als Selbstbetrug sich auf die Dauer nicht lohnt.

Wenn wir also nach dem Nutzen der Geschichte für das Leben fragen, dann müssen wir zuerst einmal uns selbst befragen, was wir mit diesem Nutzen meinen: meinen wir Selbstbestätigung und Selbstgerechtigkeit, oder meinen wir Selbstkritik? Dass die Wahrheit, die mit letzter begrifflicher und faktenmässiger Akribie feststellbare Wahrheit, um ihrer selbst willen und nicht um ihres Nutzens willen gesucht werden müsse, das ist das erste und letzte Prinzip jeder Wissenschaft; und dass keine Wissenschaft es so schwer hat, diesem Prinzip nachzuleben und es durchzusetzen, das zeigt, wie unheimlich uns diese Wissenschaft ist, keineswegs gleichgültig und fern, wie wir gern glauben möchten, sondern unheimlich, denn sie betrifft uns selbst und vermag unsere Überzeugungen und unser Selbstbewusstsein zu erschüttern. Wo eine Gesellschaft die freie historische Forschung zulässt, da geht sie eine Wette darauf ein, dass historische Wahrheit ihr am Ende zuträglicher sei als ideologische Selbstbestätigung; und nach diesem Prinzip stecken sich für den Historiker sehr konkret die fluktuierenden Grenzen dessen ab, was wir die freie Welt nennen.

Nur wo Geschichte um ihrer eigenen Erkenntnis willen erforscht werden kann und darf, wo auch die historische Polemik um die Feststellung der immer konkreten historischen Wahrheit geht, nicht um deren nützliche oder schädliche Folgen für eine Tradition oder Überzeugung, sondern eben um das Wegräumen des Schuttes ideologischer Geschichte und ideologischen Geschichtsbewusstseins, nur da wird Geschichtswissenschaft getrieben. Es wäre der Gegenstand eines Lebenswerks, auch nur zu zeigen, wie sehr nicht nur unser Denken, sondern auch die Begriffe, in denen wir denken, von oft ganz vergessener Geschichte durchtränkt sind. Es gibt kein Wort des Vokabulars, mit dem wir die sozialen, politischen und kulturellen Zusammenhänge bezeichnen, in denen wir leben, in dem sich nicht eine spezifische historische Erfahrung kristallisiert hat, mit der jedem denkenden Übersetzer bekannten Folge, dass es sich gar nicht direkt in den Wortschatz eines andern Kollektivs übertragen lässt, dessen spezifische historische Erfahrung eine andere ist. Wir glauben zu wissen, was wir meinen, wenn wir scheinbar so einfache und eindeutige Worte wie Regierung, Recht, Gesellschaft, Gemeinde, Grenze, Krieg und Frieden verwenden; doch das lexikongemäss entsprechende Wort hat schon in so benachbarten Sprachen wie dem Französischen oder dem Englischen eine andere Begriffsbreite und löst andere Assoziationen aus, die auf anderer Geschichtserfahrung und anderem Geschichtebewusstsein beruhen. Diese Unübersetzbarkeit und oft Unübertragbarkeit politischer und sozialer Denkstrukturen liesse sich bis in alle Verästelungen der babylonischen oder elektronischen Sprachverwirrungen verfolgen, in der sich das »internationale Gespräch« der Gegenwart abspielt, doch sie beginnt schon bei den geläufigsten Bezeichnungen der jeweils als selbstverständlich vorausgesetzten Staats- und Ordnungsbegriffe. Wir wissen, dass der Begriff des »Reiches«, dessen Namen noch die Weimarer Republik trug und der im deutschen historischen und politischen Denken vielfältig fortspukt, ein in keine andere Sprache übertragbarer Geschichtsmythos, keineswegs gleichbedeutend ist mit Imperium oder Empire; und das englische »Commonwealth« in seiner historischen Bedeutungsweise von der puritanischen Republik Cromwells bis zur schattenhaften Auflösungsform des Britischen Weltreichs findet in keiner andern Sprache ein auch nur annäherndes Äquivalent, obwohl es ursprünglich nichts anderes war als die Übersetzung von *res publica*, d. h. »Gemeinwohl«. Die mütterliche Personifizierung der eigenen Staatsnation, die mit »la France« gelang, ist in der Wiedergabe mit dem dürren geographischen Begriff Frankreich spurlos verschwunden, weshalb das eigenartige Pathos französischer Staatsmännerreden nie ins Deutsche – wohl aber ins Englische – übertragbar ist. Dass »Friede« im Geschichtsbewusstsein vieler Nationen auch etwas ganz anderes bedeuten kann als das strukturlose Idyll allgemeiner Friedfertigkeit, das die deutsche Sprache damit suggeriert, nämlich eine auf Macht gegründete Ordnung, für die durchaus legitim Krieg geführt werden kann, wird vielleicht am einfachsten daraus klar, dass wir so geschichtsschwere Begriffe wie die *pax romana* – oder in neuzeitlicher Analogie die *pax britannica, americana* oder *sovietica* – oder immer nur als lateinische Zitate benützen können.

Das sind gröbste, einfachste und evidenteste Beispiele: doch die Folgen sind schwer. Die Deutschen haben seit den Vertreibungen des Zweiten Weltkrieges den Begriff des Rechts auf Heimat entwickelt, den sie ins internationale Völkerrecht einführen möchten; es kann aus dem einfachen und dem Deutschen unbegreiflichen Grund nicht gelingen, dass das Wort Heimat in keiner andern Sprache ein Äquivalent hat, aus dem sich ein solches Recht ableiten liesse. Die Amerikaner haben versucht, ein Konzept internationaler Politik auf Begriffen wie *partnership* und *leadership* zu begründen, die in Ländern germanischer Rechtstradition ihren guten Sinn haben, das Missgeschick will, dass sie Ländern lateinischer Sprache und römischer Rechtstradition wie Frankreich völlig fremd sind und in der Übersetzung zu Bezeichnungen juristischer Bindung und hierarchischer Kommandostruktur werden. Ganze politische Philosophien – und übrigens auch andere –, die innerhalb einer historisch gewachsenen Sprachstruktur durchaus kohärent sind, können bei der Übertragung in eine andere Sprachstruktur in sich zusammenbrechen oder müssen von Grund auf mit neuen Begriffen neu erdacht werden, weil ihr Begriffssystem dort kein genaues Äquivalent hat: etwa eine Philosophie von Macht und Gewalt, deren deutschem Dualismus im Französischen eine Dreiheit von Termini – *puissance, pouvoir, violence* – gegenübersteht, in der sich kein Terminus inhaltlich mit dem deutschen decken kann.

Wozu Geschichte?

Wir können nicht umhin, mit dem Begriff Nation zu operieren, denn dieser Begriff ist seit einem Jahrhundert umwälzend und wahrhaft geschichtsbildend in die menschliche Geschichte eingebrochen; sogar in rückwirkendem Sinn geschichtsbildend, weil jede Nation, die bis zum 19. oder gar 20. Jahrhundert gar nicht wusste, dass sie eine Nation war, nach diesem Begriff ihre Vorgeschichte bis in die dunkelste Vergangenheit als Nationalgeschichte mythologisiert hat; doch was wir meinen, wenn wir Nation sagen, das wissen wir jeweils nur selber. »Nation« ist der gerade als Grenzfall typische Fall eines historischen Begriffs, der in seiner Anwendung auf jede einzelne historische Individualität konkret neu definiert werden muss – oder der sich vielmehr in jeder historischen Form selbst neu definiert, in der er sich verwirklicht.

Die Mathematik und die Naturwissenschaften sind dieser Verwirrung kaum ausgesetzt, weil sie ihre Begriffe selbst setzen. Die Geschichtswissenschaft hat diesen Ausweg nicht, weil ihr Gegenstand die Geschichte ist. Denn in ihr – und ausserhalb des Fachgesprächs und des Laboratoriums stehen wir alle in ihr – entgehen wir nie jener Historizität der in Sprache kristallisierten Erfahrung, der Geschichtlichkeit aller Voraussetzungen, der Wert- und Ordnungsbegriffe, von denen aus wir denken; und gerade um solche Vorstellungsstrukturen menschlicher Ordnungen spielen und spielten sich die großen Auseinandersetzungen und Kämpfe der menschlichen Geschichte ab. Es sind Ordnungsvorstellungen, die nicht mathematisierbar und nicht auf theoretische Modelle reduzierbar sind – und sogar das einigermassen Quantifizierbare, das in diesen Auseinandersetzungen gewiss eine bedeutende Rolle spielt, wie Volkseinkommen und Einkommensverteilung, Bevölkerungsbewegung oder soziale Schichtung, erhält seine historische Bedeutung stets erst innerhalb solcher Vorstellungsstrukturen. Unsere Grundvorstellungen von der Ordnung des zwischenmenschlichen Lebens aber können wir nur erhellen, indem wir sie konkretisieren. Nur wenn wir die historische Bedingtheit solcher

Vorstellungen zu erkennen beginnen, entrinnen wir dem Terror der historischen Ideologien, die der eigentliche Schutt der Geschichte sind. Begreifen der Geschichte mündet in das Begreifen der Geschichtlichkeit unserer eigenen Denkvoraussetzungen.

Ein Wörterbuch des internationalen Missverstehens, das heute im Zeichen der internationalen Organisationen und Kongresse dringlich geworden wäre, müsste vor allem ein Wörterbuch historischer Semantik, historischer Ökologie und Topologie der Begriffe und Begriffssysteme zwischenmenschlicher Beziehungen, d. h. ein Buch der Geschichte sein. Das sind Überlegungen, von denen der Weg zu ganz andern Disziplinen, bis hin zur Logistik und Kommunikationstheorie führt, die alle mit ihren eigenen Methoden und mit ihrer eigenen Zielsetzung an analogen Problemen arbeiten.

Doch es führt auch zu einem andern, nämlich zum unausweichlichen Postulat der Universalgeschichte. Es ist ein uraltes Postulat der Geschichte, die sich letzten Endes immer nur als Ganzes denken liess, wenn auch als unvollendetes und selbst im Denken unvollendbares Ganzes, weil ja die Geschichte nicht hinter uns liegt. Doch Universalgeschichte ist zugleich ein ganz neues Postulat, dessen brennende Aktualität einem in dieser Form ganz neuen Bewusstsein entspringt, in einer in Kontakt und Konflikt unauflöslich verbundenen, zu einem gemeinsamen Schicksal verurteilten Welt zu leben, deren Geschichte seit einem halben Jahrtausend fortschreitend zu einem einheitlichen Geschehen zusammengeflossen ist und in der wir endlich lernen müssen, unsere je einzelne Geschichte als Teil dieser Menschheitsgeschichte zu begreifen. Und daraus entspringt ein Kriterium der historischen Wahrheit, das an sich ebenfalls keineswegs neu ist, das aber gerade in der Nationalgeschichtsschreibung einer sehr jungen Vergangenheit gefährlich unter die Räder geriet: dieses Kriterium historischer Wahrheit ist, dass es nicht eine historische Wahrheit für uns und eine andere für die andern geben darf, eine diesseits und eine jenseits der

Pyrenäen, eine Geschichte für die Nachkommen der Kreuzfahrer, eine für die Nachkommen des Kalifats und eine dritte für die Nachkommen jener christlichen Ostkirchen, deren letztes Bollwerk die christlichen Kreuzfahrer aus dem Westen zerstörten, nicht eine katholische und eine protestantische, nicht eine der Kolonisatoren und eine der Kolonisierten: der gewaltige historische Prozess, der als Verkettung historischen Handelns und Erleidens zu dieser gewalttätigen Verschmelzung einander fremder Bewusstseinskollektivitäten zu einer einzigen Ökumene führte, muss als Gesamtprozess einer gemeinsamen Geschichte bewältigt werden.

Diese universal geschichtliche Aufgabe, ihre theoretische Erfüllbarkeit oder letztliche Unerfüllbarkeit mögen hier dahingestellt bleiben: sie ist die Sisyphusarbeit des Historikers, und für ihn gilt das Wort von Camus: »*Il faut s'imaginer Sisyphe heureux.*« Doch es ist die Aufgabe, an der über alle Spezialisierungen und Grenzen hinweg die heutige Historikergeneration arbeitet, wo immer sie wissenschaftliche Forschung treibt und wo immer sie der Fuchtel der Ideologie zu entrinnen vermag; in einem Modewort formuliert: an der Integration der Weltgeschichte.

Die Integration der Welt stellt uns die Aufgabe der Erarbeitung unserer gemeinsamen Geschichte, die allein zu einem Bewusstwerden unserer gemeinsamen Geschichtlichkeit führen kann: das ist, bis an seine äusserste Grenze gedacht, das Aufräumen des Schutts der Geschichte, an dem zu arbeiten dem Historiker aufgegeben ist. Und dass es dazu nicht genügt, den noch kaum niedergefallenen Staub der letzten dreissig oder fünfzig Jahre an der Oberfläche zu schürfen, wie jene meinen, die ausschliesslich nach Zeitgeschichte als der zu unserer Orientierung einzig nützlichen Geschichte rufen, sei nur im Vorübergehen gesagt: unser Geschichtsbewusstsein, das Trennende wie das Gemeinsame unserer Geschichtlichkeit, liegt tiefer, und das Wühlen im Staub, der zuoberst liegt, trägt zumeist am wenigsten zur Klärung unserer Vorstellungen und Wahngebilde von Geschichte und Geschichtlichkeit bei. So kurz können wir den Anlauf nicht nehmen, wenn wir über ihren Schatten springen wollen.

Alle Geschichte ist Geschichte der Gegenwart, weil Vergangenes als Vergangenes gar nicht erfahren werden kann, sondern nur als aus der Vergangenheit Gegenwärtiges. Und alle historische Forschung ist Vergegenwärtigung dessen, was aus der Vergangenheit uns betrifft, denn nach anderem wüssten wir gar nicht zu fragen. Doch aus der Vergangenheit ist für uns ganz anderes gegenwärtig als der Staatsstreich vom letzten Jahr oder die internationale Krise vom vorletzten, die uns einen Augenblick aufregte, weil die Zeitung voll davon war, und die wir längst wieder vergessen haben. Das wäre Geschichte ohne Geschichtlichkeit, blosse Aktualität als geschichtslose Geschichte, das Drama ohne die Exposition der Verwicklung, aus der es entsteht, d. h. das heute so zeitgemässe absurde Drama, dessen große Mode einen tiefen Sinn hat: denn das absurde Drama ist nichts anderes als eine geschichtslose Gegenwart.

Ich bin von einem Extrem zum entgegengesetzten gelangt, von der auf Kleinstes und scheinbar Abwegigstes konzentrierten Einzelforschung zum Postulat der sich selbst verständlich gewordenen Universalgeschichte. Das ist die Polarität, in der sich alle historische Arbeit vollzieht, denn die Erforschung des Einzelnen ist nur sinnvoll in einer Hypothese des Ganzen, und die Hypothese ist immer nur verifizierbar in der Rückkehr zum Einzelnen, an dem sie sich bestätigt oder widerlegt. Doch – und damit steht die Wissenschaft der Geschichte am äussersten entgegengesetzten Ende einer Skala der Wissenschaften, die nach dem Grad ihrer Fähigkeit zu Verallgemeinerung, Abstraktion und Mathematisierbarkeit vom heute massgebenden Modell der reinen Mathematik ausgeht und sich nach dem Grad ihrer Anwendbarkeit von diesem Modell reiner Wissenschaft entfernt: auch in ihrer in der Geschichte unvollendbaren Idee einer Geschichte des Ganzen lässt sich die Geschichte nicht als

Verallgemeinerung, als theoretisches System von Sätzen, d. h. als Abstraktion, sondern nur als fortschreitende Konkretisierung und Individualisierung denken, denn sie führt nicht zur objektiven Erkenntnis von etwas, was ausser uns liegt, sondern immer zu uns selbst.

Es gibt kein Gesetz und keine Gesetzmässigkeit in der Geschichte, die uns unsere Verantwortung für unsere entheben kann. Wir können nicht unserer Vergangenheit, die geschehene Geschichte, als im naturgeschichtlichen Sinne notwendig und unsere Zukunft als zwar durch das Vergangene bedingt, doch in dieser Bedingtheit frei denken: die Geschichte ist auf uns gekommen, nicht weil sie so kommen musste, aber auch nicht als Zufall, sondern weil die geschichtlichen Menschen aus der Klarheit oder Finsternis ihres Bewusstseins so handelten, wie sie handelten; und die Zukunft wird nicht kommen, wie sie vorhersagbar kommen muss, und auch nicht als blinder Zufall, sondern wie wir sie, aus unserem Bewusstsein von geschichtlicher Bedingtheit und Freiheit, selbstverantwortlich gestalten.

Joachim Becker

Geschichte und ungleiche Entwicklung

> »... *eine Untersuchung über die Ursachen der Rückständigkeit wird erst dann treffend, wenn sie historisch verstanden wird...*«
> *Celso Furtado*[1]

Von Anfang an fragte die eigenständige ökonomische Theorieentwicklung in Lateinamerika nach den Gründen der im globalen Maßstab ungleichen Entwicklung. Damit war sie immer zugleich historisch und räumlich spezifisch.

Voraussetzung für eine eigenständige Theorieentwicklung war eine stärker autonome wirtschaftliche Entwicklung. Sie wurde vor allem im Gefolge der großen Weltwirtschaftskrise nach 1929 eingeleitet. Das exportorientierte Modell ließ sich in dieser Konstellation nicht fortsetzen. Damit kam es allmählich zu einer Neuorientierung auf eine binnenmarktzentrierte Industrialisierung. Die ersten Reaktionen der lateinamerikanischen Regierungen auf die Krise hatten Ad-Hoc-Charakter. Devisen wurde bewirtschaftet, die Bedienung ausländischer Kredite zumindest teilweise eingestellt. In der Folgezeit trafen sie Maßnahmen, welche in einer längerfristigen Perspektive eine importsubstituierende Industrialisierung begünstigten. Die Politik folgte zunächst keinem ausgearbeiteten theoretischen Konzept.

Dies wurde erst in den späten 40er Jahren durch den lateinamerikanischen Strukturalismus nachgeliefert. Sein institutionelles und intellektuelles Zentrum war die UN Wirtschaftskommission für Lateinamerika (Cepal) mit Sitz in Santiago de Chile. Die Arbeiten der Cepal entstanden in engem Kontakt mit der staatlichen Wirtschaftspolitik und waren so wirtschaftspolitisch einflussreich. Der erste und profilierte Generalsekretär der

Cepal, Raúl Prebisch, kam aus dem liberalen wirtschaftspolitischen Establishment Argentiniens.[2] Ähnlich wie bei Keynes ist in seinen Schriften eine frühere Verhaftung in klassischen liberalen Doktrinen erkennbar. Wie Keynes stellte auch Prebisch die Freihandelsdoktrin im Lichte der Erfahrungen der Zwischenkriegszeit infrage. Bereits in der Einleitung zur ersten »Estudio económico de América Latina, 1948« tat er dies im Rahmen eines historisch und theoretisch angelegten Arguments zur Verschlechterung der Terms of Trade der peripheren Länder.[3] Wirtschaftspolitisch zog er hieraus die Schlussfolgerung, dass eine stärker binnenzentrierte Entwicklung, die allerdings den Export nicht vernachlässigen solle, angezeigt sei.[4]

Celso Furtado, ein der Cepal eng verbundener und die brasilianische Wirtschaftspolitik vor dem Militärputsch von 1964 mitprägender Ökonom, setzte sich unter den Cepalistas am intensivsten mit den historischen Wurzeln der Unterentwicklung auseinander.[5] Furtado, der eine sehr eigene historisch-kritische Analyse mit Anleihen bei Theorien ungleicher Entwicklung von der französischen Heterodoxie (Byé und Perroux), der Soziologie Webers und Mannheims bis hin zur Theorie des gesellschaftlichen Surplus der klassischen politischen Ökonomie und der Theorie der effektiven Nachfrage von Keynes nimmt, setzte bei seinem epochalen Werk zur »Formação econômica do Brasil«, die Ende der 50er Jahre erschien, in der Kolonialperiode an. Er arbeitete heraus, wie das koloniale Erbe die nachkoloniale Epoche prägte. Im 19. Jahrhundert bestanden primär außenorientierte Wachstumspole fort. Die Verbindungen zwischen diesen Polen waren schwach. Erst mit der Industrialisierung, die im Gefolge der großen Krise von 1929 einen starken Impuls erhielt, entstand aus seiner Sicht so etwas, wie eine nationale Ökonomie. Aber auch diese zeichnete sich durch eine ungleiche innere Entwicklungsdynamik und zunehmende regionale Unterschiede aus. Extrem ausgeprägt war aber auch die Einkommensungleichheit zwischen den sozialen Klassen, was Furtado[6] mit der Existenz einer großen

Arbeitskraftreserve erklärte. Auch die teilindustrialisierte Ökonomie zeichnete sich für Furtado durch ein beträchtliches Maß der Außenabhängigkeit aus. Diese kam unter anderem darin zum Ausdruck, dass die Industrialisierung maßgeblich von der Ausprägung des Außenschutzes und der Wechselkurspolitik abhängig war.[7] Staatliche Politik wurde aus Sicht von Furtado nicht allein durch die von außen gesetzten Zwänge und Möglichkeiten, sondern auch durch das innere Kräfteverhältnis und die inneren ökonomischen Bedingungen geformt.[8] Damit entwickelte Furtado schon sehr früh zumindest implizit Elemente einer kritischen Theorie des Staates und hob sich von der in den 50er und frühen 60er Jahren so verbreiteten technokratischen Sicht auf die staatliche Wirtschaftspolitik ab.

Cepal-Theoretiker wie Prebisch und Furtado thematisierten von Beginn an primär ökonomische Gefährdungen für das Modell der importsubstituierenden Industrialisierung wie Leistungsbilanzdefizite, potentielle Tendenzen zur Steigerung der Auslandsverschuldung, eine sehr ungleiche Einkommensverteilung mit der Tendenz zum Luxuskonsum und dementsprechenden Import- und Produktionsstrukturen. Die Begrenzungen des Entwicklungsmodells, die sich aus den politischen Kräfteverhältnissen ergaben, wurden hingegen eher ausnahmsweise thematisiert. Letzteres dürfte mit zwei Faktoren zusammenhängen: Erstens war die Sichtweise eines gesellschaftlich neutralen Staates mit einer hohen Planungskapazität damals in den Wirtschaftswissenschaften weit verbreitet. Zweitens waren die Cepalistas eng in die wirtschaftspolitische Beratung eingebunden. Dies förderte nicht unbedingt die Artikulation einer kritischen Sicht des Staates.

Gegen Ende der 60er Jahre wurden die Grenzen des Modells immer offensichtlicher. Auf der Linken formierten sich Bewegungen und Parteien, die auf grundlegende Änderungen drängten. Ein Flügel der Linken favorisierte einen radikalen Reformismus, der durchaus eine systemüberschreitende Perspektive hatte. In Chile strebte die Regierung der Unidad

Popular (1970-73) beispielsweise einen parlamentarisch-demokratischen Weg zum Sozialismus an. Ein anderer Flügel setzte hingegen auf einen revolutionären Bruch.

In dieser linken Aufbruchstimmung entstand in Fortentwicklung des lateinamerikanischen Strukturalismus die Dependenztheorie. Das gemeinsame Verständnis der Dependistas war, dass Unterentwicklung keine Etappe auf dem Weg zur Entwicklung, wie das die Modernisierungstheoretiker annahmen, sei, sondern Entwicklung und Unterentwicklung dialektisch miteinander verbundene Prozesse seien.[9] Die Peripherie sei mit dem Zentrum durch asymmetrische Verbindungen der Abhängigkeit verbunden, die sich bis in die Periode kolonialer Expansion zurückverfolgen ließen. Die Abhängigkeitsbeziehungen prägten auch den inneren gesellschaftlichen Verhältnissen ihren Stempel auf. Die Abhängigkeitsbeziehungen wurden hingegen keinesfalls als statisch angesehen. Ihr Charakter wandle sich. In bestimmten Konstellation können innere Akteure und periphere Staaten an Autonomie gewinnen, der wirtschaftlichen Dynamik eine veränderte Richtung geben.[10] In der politischen Einschätzung der aktuellen politischen Konjunktur schieden sich jedoch die Geister. Ein Teil der Dependenztheoretiker vertrat eine Position des radikalen Reformismus. So skizzierte Furtado[11] in seiner Studie zum Brasilien nach dem »Wirtschaftswunder« Elemente einer möglichen autonomen Wirtschaftsstrategie. Er formulierte diese nicht als ein technokratisches Konzept, sondern sah die Realisierungsmöglichkeiten abhängig von den gesellschaftlichen Kräfteverhältnissen. Für die Umsetzung einer alternativen Strategie sah Furtado[12] den Staat als unerlässlich an, forderte aber eine Demokratisierung des Staates. Furtado aktualisierte entsprechend den realen ökonomischen und gesellschaftlichen Veränderungen – beispielsweise durch Einbeziehung der inneren und äußeren Verschuldungsdynamik[13] seine Analyse der Abhängigkeitsbeziehungen, blieb einer egalitär ausgerichteten nationalen Entwicklungsstrategie aber bis zu seinem Tod im

Jahr 2004 verpflichtet. Als deren Kernelemente identifizierte er eine verstärkte Binnenorientierung, eine Reduktion der Einkommensungleichheit und eine verstärkte Finanzierung der Entwicklung aus inländischem Sparvermögen statt aus Auslandskrediten.[14] Fernando Henrique Cardoso, der ebenfalls der reformistischen Richtung zuzurechnen war, im Unterschied zu Furtado aber marxistisch inspirierte Analysen vorlegte[15], exekutierte nach einer langen Rechtswende in den 90er Jahren als brasilianischer Staatspräsident die vermeintlichen Sachzwänge einer abhängigen Entwicklung. Dies zeigt, dass eine emanzipatorisch angelegte Theorie auch zu einer nichtemanzipatorischen Praxis Handreichungen geben kann. Die Vertreter der revolutionären Richtung, wie der damals im mexikanischen Exil lebende brasilianische Ökonom Ruy Mauro Marini oder der in Deutschland geborene, in der erzwungenen Emigration in den USA ausgebildete und damals in Chile lebende Ökonom André Gunder Frank, hielten die reformistische Ausrichtung für illusionär. Die erneut verstärkte Weltmarktintegration, der »Neoimperialismus und die Entwicklung der kapitalistischen Monopole zwingen alle Sektoren der bürgerlichen Klasse Lateinamerikas zu einem wirtschaftlichen und politischen Bündnis und in eine noch stärkere Abhängigkeit von der imperialistischen Metropole« postulierte Frank.[16] Die »Lumpenbourgeoisie«, so Frank[17] pointiert, könne nur eine »Lumpenentwicklung« hervorbringen. Frank und Marini setzten auf den revolutionären Bruch.

Die Militärputsche im Cono Sur (Chile und Uruguay 1973, Argentinien 1976) setzten der linken Aufbruchsstimmung ein brutales Ende. Sie zielten darauf, dass Wirtschaftsmodell, das eine kämpferische Arbeiterschaft und eine aufstrebende Linke hervorgebracht hatte, grundlegend zu modifizieren. De-Industrialisierung war das Ergebnis ihrer Politik. Die Linke wurde in allen ihren Ausprägungen verfolgt und unterdrückt. Viele kritische ÖkonomInnen mussten ins europäische oder lateinamerikanische (oftmals mexikanische) Exil gehen. Die

Rechtsputsche unterbrachen gesellschaftliche und intellektuelle Entwicklungslinien. Die ultraliberalen Gegenreformen veränderten auch die Bildungs- und Forschungsinstitutionen. Es wurden nicht allein kritische Geister aus den Universitäten vertrieben, die öffentlichen Bildungseinrichtungen wurden auch finanziell ausgehungert. Private Stiftungen, oft vom Ausland alimentiert, gewannen an Bedeutung. Ihre Agenda war stärker von außen und finanzkräftigen Interessen vorgegeben. Damit veränderte sich auch das institutionelle Umfeld zuungunsten einer kritisch-historischen Forschung[18]

Eine gewisse Ausnahme war in Südamerika in den 70er Jahren Brasilien. Dort suchte das Militärregime auch in den 70er Jahren noch über eine forcierte Industrialisierungs- und Wachstumspolitik Legitimität zu gewinnen. Dies war vom Ausbau der staatlichen Einrichtungen der Wirtschaftsintervention begleitet. All dies erforderte auch einen Ausbau des öffentlichen Hochschulwesens, in dem allmählich auch kritische WissenschaftlerInnen wieder Fuß fassen konnten. Als paradoxe Folge der Industrialisierungspolitik entstand in Brasilien eine neue Arbeiterbewegung – zunächst auf gewerkschaftlicher Ebene, dann aus den Gewerkschaften heraus der Partido dos Trabalhadores (PT). Die Arbeiterbewegung war ein zentraler Akteur der breiten Demokratisierungsbewegung der 80er Jahre. Hierdurch gewannen kritische WissenschaftlerInnen in Brasilien einen politischen Resonanzboden.[19]

Dies dürfte der Grund dafür sein, dass in Brasilien kritische polit-ökonomische Forschung (außer in Mexiko) in Lateinamerika sich in den 80er und 90er Jahren am stärksten entwickelte. Diese kritische Forschung hatte und hat eine historische Komponente.

Insgesamt ist jedoch festzuhalten, dass die Universitäten als Ort kritischer Forschung in Lateinamerika seit den 70er Jahren geschwächt worden sind. Auch die Cepal hat an kritischer Kapazität eingebüßt. Sie hat sich in den 90er Jahren um die Entwicklung einer wirtschaftsstrategischen Ausrichtung bemüht, die Außenorientierung mit einem gewissen Maß sozialer Gerechtigkeit verbinden würde (ECLAC 1992). Damit vollzog die Cepal den liberalen Rechtsschwenk der lateineramerikanischen Regierungen mit, wenngleich nicht mit der selben Radikalität. Damit ist die kritische Ökonomie institutionell auf nationalstaatlicher Ebene – wenngleich in unterschiedlichem Ausmaß – und auch auf kontinentaler Ebene geschwächt worden. Allerdings sind einzelne NGOs und soziale Bewegungen zu neuen Orten kritischer Reflexion geworden.

Auch auf Ebene der Veröffentlichung historisch-kritischer Forschung hat es Verschiebungen gegeben. Sorgte der mexikanische Verlag »Siglo XXI« für die lateinamerikaweite Verbreitung zentraler dependenztheoretischer Arbeiten, spielt er heute nicht mehr eine vergleichbare Rolle und gibt es auch keinen Verlag, der an seine Stelle getreten wäre. Hingegen erleichtert das Internet die Verbreitung und Kommunikation zumindest kürzerer Arbeiten.

Tendenziell ist eine Ausdifferenzierung der sozialen Bewegungen eingetreten, auf die sich historisch-kritische Forschung beziehen kann. Eine Bündelung hat es zuletzt bei den Demokratisierungsbewegungen der 80er Jahre gegeben, die in manchen Ländern (z.B. Brasilien und Uruguay) von einer Renaissance einer kritischen Forschung begleitet waren. Doch danach ist diese Bewegung abgeebbt bzw. hat sich in unterschiedliche Strömung aufgeteilt. Polit-ökonomische Analysen der autoritären Herrschaft haben vielfach auf das Politische verengten Ansätzen Platz gemacht.[20] Teils hat sich der anti-diktatorische Diskurs in einen anti-staatlichen Diskurs gewandelt. Die politische Rechtswende war vielfach mit einer intellektuellen Rechtswende verbunden – der frühere Dependenztheoretiker F. H. Cardoso ist hierfür nur ein herausstechendes Beispiel.

Aufgefächert haben sich auch die Problematiken. So sind beispielsweise im Zusammenhang mit der Entstehung der ökologischen Bewegung auch vereinzelt Arbeiten zu sozio-ökologischen Veränderungen in Lateinamerika mit einer historischen

Perspektive entstanden.[21] Andererseits sind auch frühere Debatten – in veränderter Form – fortgesetzt worden. Das betrifft beispielsweise die Analyse der lateinamerikanischen Entwicklungswege. So wurden durch die französische Regulationstheorie inspirierte Analysen nationalstaatlicher Entwicklungswege vorgenommen. Die argentinische Diskussion suchte z.T. zu eng an die europäischen Schemata angelehnt große Krisen und stabile Entwicklungsphasen der argentinischen Entwicklung herauszuarbeiten.[22] Für die Zeit seit dem exportorientieren Modell des späten 19./frühen 20. Jahrhunderts ist es allerdings kaum möglich, noch Phasen der ökonomischen und politischen Stabilität herauszuarbeiten.[23] Dies stellt die Frage nach den Ursachen der argentinischen Instabilität – auch im Vergleich zum benachbarten Brasilien, wo sich derartige Phasen sehr wohl identifizieren lassen.[24] Die Unterschiede in den Entwicklungswegen haben Anlass zu komparativen Untersuchungen gegeben[25], während in den 70er Jahren die strukturellen Gemeinsamkeiten stärker im Vordergrund standen.

Aus Arbeiten mit einer langen Perspektive ergab sich eine kritische Bewertung der Phase des Agrarexports. So arbeiteten etwa Rapoport et al. (2000) oder Bértola[26] heraus, dass die auf den Agrarexport gestützte Entwicklung schon vor ihrer offenen Desavouierung durch die Krise von 1929 Erschöpfungssymptome zeigte. Damit standen sie gegen Stimmen des liberalen Mainstreams, welche diese Epoche zu einem goldenen Zeitalter verklärten, das es wiederzubeleben gelte.

Spezielle Aufmerksamkeit wurde auch dem Übergang zu einer stärker finanziarisierten Entwicklung, deren Kennzeichen eine starke Außenöffnung, Außenverschuldung, Währungsüberbewertung, offene oder unterdrückte Dollarisierung, Aushöhlung der industriellen Struktur – und wiederkehrende Finanzkrisen – waren. Aus einer kritischen Sicht wurde die Finanziarisierung nicht als Zeichen der Prosperität, sondern als Symptom struktureller Blockierung wahrgenommen. Besonders orginell und interessant sind zu diesem Komplex die Arbeiten einer Gruppe um die brasilianischen ÖkonomInnen José Luís Fiori und Maria da Conceição Tavares. Einerseits arbeiten sie besonders eng den Zusammenhang zwischen Entwicklungen im Zentrum und in der Peripherie heraus, andererseits haben sie eine langfristige Sicht. So zeigt Fiori[27] Parellelen zwischen dem späten 19. und 20. Jahrhundert auf. »Und, wie im 19. Jahrhundert, kehrt das Finanzkapital auf die Vorderbühne zurück, und zwar in Machtblöcken, die durch seine Nationalstaaten gebildet werden, und in Konkurrenz um neue Wirtschaftsterritorien, die nicht mehr durch Handelsbarrieren, sondern durch die Glaubwürdigkeit ihrer Währungen und Zahlungssysteme abgegrenzt werden. (…). Es entsteht also eine neue Welle der Internationalisierung und finanziellen Konzentration, die noch volatiler und exkludierender als jene des 19. Jahrhunderts ist, da sie, in letzter Instanz, durch die Wechselkursschwanken getrieben ist, die während des Goldstandards nicht bestanden.« Bei den dominierenden Kräften in Argentinien, Brasilien und Mexiko sah er in den späten 90er Jahren des 20. Jahrhunderts den Wunsch nach einem Status ähnlich der britischen Dominions im späten 19. Jahrhundert. Das argentinische Currency Board-System der 90er Jahre war konkreter politischer Ausdruck dieses Wunsches. Im Allgemeinen ging die Finanziarisierung mit einer Entdemokratisierung der Wirtschaftspolitik und speziell der Abschottung der Finanzinstitutionen von demokratischer Kontrolle einher.[28] Zustimmung zum ultraliberalen Modell wurde vor allem über Konsumversprechen geschaffen.[29]

Mittlerweile hat sich diese finanziarisierte Entwicklung – wie in der Vergangenheit – als außerordentlich instabil erwiesen. Im Gefolge von Finanzkrisen sind in Argentinien und Uruguay neue Kräfte an die Regierungen gekommen. Stagnierende Entwicklung und soziale Polarisierung haben auch in anderen Ländern – Brasilien, Venezuela, Bolivien – zu einer Distanzierung der WählerInnen von den harten

Parteigängern einer liberalen Politik geführt. Gleichzeitig zeigen die Länder auch große Unterschiede in ihrer aktuellen Entwicklungsstrategie. So ist in Brasilien auch unter der PT-geführten Regierung eine erhebliche Kontinuität der Wirtschaftspolitik erkennbar. Sie gründet vor allem auf den finanziellen Nexus und ist durch eine Hochzinspolitik gekennzeichnet, welche die wirtschaftspolitischen Optionen auf anderen Feldern stark beschneidet.[30] Kritische ÖkonomInnen unterschiedlicher theoretischer Orientierung schlagen in Brasilien einen »novo-desenvolvimentismo« – also eine Aktualisierung der industriezentrierten Entwicklung der 30er bis 70er Jahre vor. Als deren Kern definieren sie eine auf die produktiven Sektoren orientierte Entwicklung als Kern des Modells. Der internationalen Konkurrenzfähigkeit – und dies ist eine Konzession an den Zeitgeist – messen sie einen hohen Stellenwert zu. Diese soll u.a. über Innovation und Produktivitätssteigerungen gesichert werden. Der Staat soll eine aktive Industriepolitik betreiben. Die Fiskalpolitik soll progressiv angelegt werden. Das hauptsächlich Neue an dem Konzept ist, dass es Kapitalverkehrskontrollen befürwortet, da nur so von den Kapitalbewegungen ausgehende Instabilitäten eingedämmt werden können. Hiervon versprechen sich die Autoren auch größere konjunkturpolitische Spielräume. Ein Abbau der Handelshemmnisse soll selektiv und graduell erfolgen.[31] Eine Kontinuität mit dem Entwicklungsdenken der 50er und 60er Jahre ist in der Betonung der Binnenwirtschaft und der Akzentsetzung auf der Industrialisierung zu sehen. Einen weit größeren Stellenwert in der Diskussion nimmt die Regulierung des grenzüberschreitenden Kapitalverkehrs ein. Die eher in der postkeynesianischen Tradition stehenden Arbeiten haben einen gewissen technokratischen Überhang, hierin ist eine Parallele zu den 50er bis 70er Jahren zu sehen. Stärker in der marxistischen Tradition stehende Arbeiten thematisieren hingegen auch die nationalen und internationalen Kräfterverhältnisse, in deren Kontext die Regierung Lula die Weichenstellung in Richtung

Kontinuität vornahm.[32] Ihre Sicht auf Kontinität und Wandel ist so nuancierter. In Venezuela und Bolivien ist die Abkehr vom liberalen Modell schärfer als in Brasilien, gleichzeitig droht Kontinuität in der Orientierung auf den Rohstoffexport. So machen sich die Abhängigkeitsbeziehungen der Vergangenheit auch in Versuchen des Neuen bemerkbar. Im Licht der Abhängigkeitsbeziehungen wurde jüngst auch die Frage regionaler Integration zwischen lateinamerikanischen Staaten[33] und das US-Projekt einer untergeordneten Einbindung in eine US-dominierte Freihandelszone diskutiert.[34]

Insgesamt war die Debatte über Wirtschaft und Geschichte Lateinamerikas in den letzten Jahren einerseits durch eine verstärkte Dominanz von angelsächsischen AutorInnen, andererseits durch eine Marginalisierung umfassender und kritischer Theorieansätze geprägt. Diesen Brüchen geht Luis Bértola, ein uruguayischer Wirtschaftshistoriker, im folgenden Beitrag nach. Er studierte im schwedischen Exil in Göteborg. Dort promovierte er zum uruguayischen Industrialisierungsprozess.[35] Nach seiner Rückkehr nach Montevideo beschäftigte er sich vor allem mit Fragen der historischen Rekonstruktion des uruguayischen BIP von 1870-1936[36] und der Entwicklung aus vergleichender Perspektive.[37] Derzeit ist er Dekan der sozialwissenschaftlichen Fakultät der Universidad de la República in Montevideo.

Anmerkungen

[1] Furtado, Celso (2003a): En busca de un nuevo modelo. Reflexiones sobre la crisis contemporánea. Buenos Aires, S. 88.

[2] sh. Rapoport, Mario (2005): El retorno de un heterodoxo: Raúl Prebisch. In: Ciclos en la historia, la economía y la sociedad, No. 29, S. 8 ff.

[3] Prebisch, Raúl (1998): El desarrollo económico de la América Latina y algunos de sus principales problemas. In: Cepal (Hg.): Cincuenta años de pensamiento en la Cepal. Santiago de Chile, S. 74 ff.

[4] Prebisch 1998, S. 67 ff.

[5] Bielschowsky, Ricardo (1998): Cincuenta años del pensamiento de la Cepal: una reseña. In: Cepal (Hg.): Cincuenta años de pensamiento en la Cepal. Santiago de Chile, S. 16.

[6] Furtado, Celso (2003b): Formação econômica do Brasil. São Paulo, S. 248 f.

[7] Furtado 2003b, S. 194 ff., 212 ff.

[8] Furtado 2003b, S. 176 ff., 194 ff.

[9] Furtado, Celso (1966): Développement et sous-développement. Paris, S. 126 ff. Frank, André Gunder (1969a): Die Entwicklung der Unterentwicklung. In: Frank, André Gunder et al.: Kritik des bürgerlichen Anti-Imperialismus. Berlin, S. 31 f.

[10] sh. Cardoso, Fernando Henrique; Faletto, Enzo (1976): Abhängigkeit und Entwicklung in Lateinamerika. Frankfurt/Main. Marini, Ruy Mauro (1969): Unterentwicklung und Revolution in Lateinamerika. Versuch einer marxistischen Interpretation. In: Frank, André Gunder et al.: Kritik des bürgerlichen Anti-Imperialismus. Berlin, S. 53 ff. Frank 1969a: S. 36 ff.

[11] Furtado, Celso (1983): O Brasil pós-»milagre«. Rio de Janeiro, S. 75 ff.

[12] Furtado 1983, S. 75 ff.

[13] bereits Furtado 1983, S. 50 ff.

[14] sh. Furtado 2003a. Guillén R., Arturo (2006): Die Notwendigkeit einer alternativen Entwicklungsstrategie. Der Ansatz von Celso Furtado. In: Prokla, 36 (1), S. 108.

[15] Cardoso, Fernando Henrique (1997, 4. Aufl.): Capitalismo e escravidão no Brasil meridional. Rio de Janeiro, S. 23 ff. Cardoso; Faletto 1976.

[16] Frank, André Gunder (1969b): Lateinamerika: Kapitalistische Unterentwicklung oder sozialistische Revolution. In: Frank, André Gunder et al.: Kritik des bürgerlichen Anti-Imperialismus. Berlin, S. 118. Ähnlich: Marini 1969, S. 56 ff.

[17] Frank, André Gunder (1979): Lumpenburguesía:lumpendesarrollo. Dependencia, clase y política en Latinoamérica. Barcelona, S. 180.

[18] Petras, James; Morley, Morris (1990): US Hegemony Under Siege. Class, Politics and Development in Latin America. London-New York, Kap. 5.

[19] sh. Coutinho, Carlos Nelson (1993, 2. Aufl.): As categorias de Gramsci e a realidade brasileira. In: Coutinho, Carlos Nelson; Nogueira, Marco Aurélio (Hg.): Gramsci e a América Latina. Rio de Janeiro, S. 123 ff.

[20] Marchesi, Aldo et al. (2004): Introducción. Pensar el pasado presente: antecedentes y perspectivas. In: Marchesi, Aldo et al. (Hg.): El presente de la dictadura. Estudios y reflexiones a 30 años del golpe de Estado en Uruguay. Montevideo, S. 5 ff.

[21] z.B. Gudynas, Eduardo (2004, 5. erw. Auflage): Ecología, economía y etica del desarrollo sostenible. Montevideo.

[22] Miotti, Egidio Luis (1991): Accumulation, régulation et crises en Argentine. Thèse de doctorat, Université de Paris 7. Paris. Neffa, Juio César (1998): Modos de regulación, régimenes de acumulación y sus crisis en Argentina (1880-1996). Una contribución a su estudio desde la teoría de regulación. Buenos Aires.

[23] Becker, Joachim (2002): Akkumulation, Regulation, Territorium. Zur kritischen Rekonstruktion der französischen Regulationstheorie. Marburg, S. 177 f.

[24] Conceição, Octavio Augusto Camargo (1990): Da crise do escravismo à crise do capitalismo periférico no Brasil: uma proposta de periodização sob ótica regulacionista. In Faria, Luiz Augusto Estrella et al.: Desvendando a espuma. Reflexões sobre crise, regulação e capitalismo brasileiro. Porto Alegre, S. 209-222.

[25] sh. z.B. Bértola, Luis (2000): Ensayos de historia económica. Uruguay y la región en la economía mundial. Montevideo.

[26] Rapoport, Mario et al. (2000): Historia económica, política y social de la Argentina (1880 - 2000). Buenos Aires, S. 107 ff.

[27] Fiori, José Luís (1999): Estados, moedas e desenvolvimento. In: Fiori, José Luís (Hg.): Estado e moedas no desenvolvimento das nações. Petrópolis, S. 72.

[28] Fiori 1999, S. 79 ff.

[29] sh. Moulian, Tomás (2002): Chile actual. Anatomía de un mito. Santiago de Chile, Kap. 3.

[30] sh. Paulani, Leda (2005): Wenn Angst die Hoffnung besiegt. Eine Bilanz der Wirtschaftspolitik der Regierung Lula. In: Prokla, 35 (1), S. 149-162.

[31] Siscú, João et al. (2005): Introdução. Por que novo-desenvolvimentismo? In: Siscú, João et al. (Hg.): Novo-desenvolvimentismo. Um projeto nacional de crescimento com eqüidade social. Barueri, S. XL ff.

[32] z.B. Faria, Luiz Augusto E. (2003): Entre confiança e mudança. In: Carta de Conjuntura FEE, 12 (6), S. 7-8.

33 z.B. Faria, Luiz Augusto Estrella (2004): A chave do tamanho. Desenvolvimento econômico e perspectivas do Mercosul. Porto Alegre.

34 z.B. Acosta, Alberto; Falconí, Fander Hg. (2005): TLC. Más que un tratado de libre comercio. Quito.

35 Bértola, Luis (1992): La industria manufacturera uruguaya 1913-1961. Un enfoque de su crecimiento, fluctuaciones y crisis. Montevideo.

36 Bértola, Luis et al. (1998): El PBI de Uruguay 1870-1936 y otras estimaciones. Montevideo.

37 sh. Bértola 2000.

Literatur

Acosta, Alberto; Falconí, Fander (Hg.) (2005): TLC. Más que un tratado de libre comercio. Quito.

Becker, Joachim (2002): Akkumulation, Regulation, Territorium. Zur kritischen Rekonstruktion der französischen Regulationstheorie. Marburg.

Bielschowsky, Ricardo (1998): Cincuenta años del pensamiento de la Cepal: una reseña. In: Cepal (Hg.): Cincuenta años de pensamiento en la Cepal. Santiago de Chile, S. 9-61.

Bértola, Luis (1992): La industria manufacturera uruguaya 1913-1961. Un enfoque de su crecimiento, fluctuaciones y crisis. Montevideo.

Bértola, Luis (2000): Ensayos de historia económica. Uruguay y la región en la economía mundial. Montevideo.

Bértola, Luis et al. (1998): El PBI de Uruguay 1870-1936 y otras estimaciones. Montevideo.

Cardoso, Fernando Henrique (1997, 4. Aufl.): Capitalismo e escravidão no Brasil meridional. Rio de Janeiro.

Cardoso, Fernando Henrique; Faletto, Enzo (1976): Abhängigkeit und Entwicklung in Lateinamerika. Frankfurt/Main.

Conceição, Octavio Augusto Camargo (1990): Da crise do escravismo à crise do capitalismo periférico no Brasil: uma proposta de periodização sob ótica regulacionista. In: Faria, Luiz Augusto Estrella et al.: Desvendando a espuma. Reflexões sobre crise, regulação e capitalismo brasileiro. Porto Alegre, S. 209-222.

Coutinho, Carlos Nelson (1993, 2. Aufl.): As categorias de Gramsci e a realidade brasileira. In: Coutinho, Carlos Nelson; Nogueira, Marco Aurélio (Hg.): Gramsci e a América Latina. Rio de Janeiro, S. 103-127.

ECLAC (1992): Social Equity and Changing Production Patterns: an Integrated Approach. Santiago de Chile.

Faria, Luiz Augusto E. (2003): Entre confiança e mudança. In: Carta de Conjuntura FEE, 12 (6), S. 7-8.

Faria, Luiz Augusto Estrella (2004): A chave do tamanho. Desenvolvimento econômico e perspectivas do Mercosul. Porto Alegre.

Fiori, José Luís (1999): Estados, moedas e desenvolvimento. In: Fiori, José Luís (Hg.): Estado e moedas no desenvolvimento das nações. Petrópolis, S. 49-85.

Frank, André Gunder (1969a): Die Entwicklung der Unterentwicklung. In: Frank, André Gunder et al.: Kritik des bürgerlichen Anti-Imperialismus. Berlin, S. 30-45.

Frank, André Gunder (1969b): Lateinamerika: Kapitalistische Unterentwicklung oder sozialistische Revolution. In: Frank, André Gunder et al.: Kritik des bürgerlichen Anti-Imperialismus. Berlin, S. 91-131.

Frank, André Gunder (1979, 2. Aufl.): Lumpenburguesía:lumpendesarrollo. Dependencia, clase y política en Latinoamérica. Barcelona.

Furtado, Celso (1966): Développement et sous-développement. Paris.

Furtado, Celso (1983, 8. Aufl.): O Brasil pós-«milagre". Rio de Janeiro.

Furtado, Celso (2003a): En busca de un nuevo modelo. Reflexiones sobre la crisis contemporánea. Buenos Aires.

Furtado, Celso (2003b, 32. Aufl.): Formação econômica do Brasil. São Paulo.

Gudynas, Eduardo (2004, 5. erw. Auflage): Ecología, economía y etica del desarrollo sostenible. Montevideo.

Guillén R., Arturo (2006): Die Notwendigkeit einer alternativen Entwicklungsstrategie. Der Ansatz von Celso Furtado. In: Prokla, 36 (1), S. 95-112.

Marchesi, Aldo et al. (2004): Introducción. Pensar el pasado presente: antecedentes y perspectivas. In: Marchesi, Aldo et al. (Hg.): El presente de la dictadura. Estudios y reflexiones a 30 años del golpe de Estado en Uruguay. Montevideo, S. 5-32.

Marini, Ruy Mauro (1969): Unterentwicklung und Revolution in Lateinamerika. Versuch einer marxistischen Interpretation. In: Frank, André

Gunder et al.: Kritik des bürgerlichen Anti-Imperialismus. Berlin, S. 45-66.

Miotti, Egidio Luis (1991): Accumulation, régulation et crises en Argentine. Thèse de doctorat, Université de Paris 7. Paris.

Moulian, Tomás (2002, 3. Aufl.): Chile actual. Anatomía de un mito. Santiago de Chile.

Neffa, Juio César (1998): Modos de regulación, régimenes de acumulación y sus crisis en Argentina (1880-1996). Una contribución a su estudio desde la teoría de regulación. Buenos Aires.

Paulani, Leda (2005): Wenn Angst die Hoffnung besiegt. Eine Bilanz der Wirtschaftspolitik der Regierung Lula. In: Prokla, 35 (1), S. 149-162.

Petras, James; Morley, Morris (1990): US Hegemony Under Siege. Class, Politics and Development in Latin America. London-New York.

Prebisch, Raúl (1998): El desarrollo económico de la América Latina y algunos de sus principales problemas. In: Cepal (Hg.): Cincuenta años de pensamiento en la Cepal. Santiago de Chile, S. 63-129.

Rapoport, Mario (2005): El retorno de un heterodoxo: Raúl Prebisch. In: Ciclos en la historia, la economía y la sociedad, No. 29, S. 7-16.

Rapoport, Mario et al. (2000): Historia económica, política y social de la Argentina (1880 - 2000). Buenos Aires.

Siscú, João et al. (2005): Introdução. Por que novo-desenvolvimentismo? In: Siscú, João et al. (Hg.): Novo-desenvolvimentismo. Um projeto nacional de crescimento com eqüidade social. Barueri, S. XXXIII-LI.

Luis Bértola

Wohin geht die lateinamerikanische Wirtschaftshistoriografie?

In diesem Kommentar geht es um den Zustand, in dem sich die Produktion von historisch-wirtschaftlichen Arbeiten über Lateinamerika befindet. Hierbei ist nicht eine Zusammenfassung nationaler Studien, sondern sind umfassende oder vergleichende Studien gemeint, welche die Gesamtregion oder zumindest wesentliche Teile davon umfassen.

Es ist viel über die Spannung in der Wirtschaftsgeschichte, die zwischen der Kultur der Ökonomie und der Geschichte hin- und hergerissen wird, geschrieben worden. Und heute schreibt man sogar noch mehr darüber, da aus der Ökonomie heraus institutionalistische Häresien entstehen, welche sie in Beziehung mit der Politikwissenschaft und Jurisprudenz bringen. Auch bringen uns theoretische Angriffe auf die substanzielle Rationalität auf das Gebiet der Soziologie, um das Verhalten von Akteuren zu verstehen. Dank Krise und wirtschaftlichem Auf und Ab verstehen wir, dass technischer Wandel keine Externalität ist, sondern die Historizität dieser Komponente unvermeidlich ist. Man spricht weiterhin über dieses Thema, weil die Geschichte sich nicht der unbestreitbaren Tatsache verschließen kann, dass die Zivilisationen im materiellen Leben gründen, und weil wir weiterhin versuchen, die Determinanten des historischen Wandels und der Wege zum Wohlstand zu erklären. Bald werden wir wahrscheinlich nicht mehr so sehr diese großflächigen Aspekte betonen, aber Aufgaben der Kritik und De-Konstruktion bleiben notwendig, weil der derzeitige Stand der Kunst uns nicht befriedigt und die Wirtschaftsgeschichte, die wir immer noch haben, die Tochter einer verfehlten Begegnung ist.

Die derzeit vorherrschende Ökonomie postuliert die Existenz universeller Gesetze und glaubt im günstigsten Fall, dass ihre Validierung einer größeren Zahl angewandter Studien bedarf. Die Wirtschaftstheorie hat im Hinblick auf das Abstraktionsniveau eine zentripetale und aufsteigende Tendenz. Das Problem der Historizität der Theorie ist ein marginales Reflexionsfeld, das aber im Wachsen begriffen ist. Die Geschichte hat eher das umgekehrte Problem, das sich durch die Erschütterung von Makrotheorien wie der Schule der Annales, dem Marxismus, der Modernisierungstheorien und anderer noch verschärft hat. Angesichts dieser Krisen hat die Geschichte einen zentrifugalen Prozess und eine Tendenz abnehmender Konkretheit, rückläufiger Generalisierungs- und Theoretisierungsfähigkeit und zunehmender Partikularismen durchlebt.

Die lateinamerikanische Wirtschaftsgeschichte wie die Wirtschaftsgeschichte Lateinamerikas haben unter beiden Prozessen gelitten. Diese akademischen Bewegungen haben sich breiteren, politischen und ideologischen Prozessen nicht entziehen können, die man in stilisierter Form als Ergebnis der Globalisierung und dem Vorherrschen von Pro-Globalisierungsbewegungen in Lateinamerika in den letzten drei Jahrzehnten bezeichnen könnte.

In dieser kurzen Reflexion geht es mir darum, zu illustrieren, wie diese Kombination akademischer und politischer-ideologischer Prozesse die Produktion von Werken über die lateinamerikanische Wirtschaftsgeschichte in den letzten drei Jahrzehnten beeinflusst hat. Der Beitrag zielt darauf, einige besonders bezeichnende Veränderungen der akademischen Produktion herauszuarbeiten und hieraus einige Schlussfolgerungen für Forschungsstrategien zu ziehen.

Zwei große Brüche

Die Wirtschaftsgeschichte Lateinamerikas hat in den letzten drei Jahrzehnten – wohl verstanden bezogen auf umfassende Werke – zwei große Brüche erfahren. Der Erste von ihnen betrifft das rückläufige Gewicht von lateinamerikanischen WirtschaftshistorikerInnen bei solchen Arbeiten sowie die wachsende und bestimmende Rolle von AutorInnen und HerausgeberInnen angelsächsischer Herkunft bei den neuen Beiträgen. Die zweite Veränderung ist ein doppelter Prozess. Auf der einen Seite implizierte er die wachsende Aufgabe der Theorien von Abhängigkeit und Desarrollismo (d.h. der lateinamerikanischen heterodoxen Entwicklungstheorien, Anm. d.Ü.). Diese Reorientierung mündete vielfach in einer zu neoklassischen Zugängen – im Einklang mit dem Vorherrschen der Neuen Wirtschaftsgeschichte, die jüngst neue Facetten durch Zugänge vom neo-institutionalistischen Typ (die sogenannte Neue Institutionelle Ökonomie) und der Neuen Politischen Ökonomie erhielt, die beide in ihren verbreitetsten Versionen von der Neoklassik inspiriert sind. Der historische Revisionismus neigte dazu, die Errungenschaften Lateinamerikas in der ersten Globalisierung herauszustellen und die Importsubstitution und Staatsintervention zu dämonisieren. Auf der anderen Seite ist eine thematische und methodologische Diaspora entstanden. Sie ist durch eine wahrliche Pulverisierung der Zugänge und Forschungsobjekte gekennzeichnet, die von einer starken Ent-Theoretisierung und einer starken zentrifugalen Tendenz in Richtung auf Besonderheiten begleitet ist. Zwischen diesen beiden Polen haben sich einige Versuche halten können, denen es um die Verbindung von Theorie und Generalisierung mit einer soliden empirischen und quantitativen Forschung geht. In einigen Fällen hat sich die Forschung eher an traditionellen Paradigmen orientiert. In anderen Fällen hat es eine bedeutsame theoretische Erneuerung gegeben, und man hat versucht, internationale Determinanten in Verbindung mit der Untersuchung innerer Prozesse zu bringen, um so ein Verständnis für die unterschiedlichen Entwicklungen zu gewinnen, die aus komparativen Studien ablesbar sind.

Der erste Bruch
Die Veröffentlichung der Cambridge History of Latin America Mitte der 80er Jahre kann man als einen Markstein ansehen, der eine neue Periode der der Wirtschaftsgeschichtsschreibung Lateinamerikas eröffnete. Bis dahin waren die interessantesten Arbeiten vornehmlich von lateinamerikanischen Akademikern – einzeln oder zu zweit, auf Spanisch oder Portugiesisch – geschrieben worden. Zu ihnen zählen: Celso Furtado »La Economía Latinoamericana desde la Conquista Ibérica hasta la Revolución Cubana« (México, 1974), Tulio Halperin Donghi »Historia Contemporanea de América Latina« (Madrid, 1969), Fernando Henrique Cardoso und Enzo Faletto »Dependencia y Desarrollo en América Latina« (México u.a.O., 1969), Osvaldo Sunkel und Pedro Paz »El Subdesarrollo Latinoamericano y la Teoría del Desarrollo« (México, 1970), Ciro Flamarion Cardoso und Héctor Perez Brignoli »Historia Económica de América Latina I-II« (Barcelona, 1979), Agustín Cueva »El Desarrollo del Capitalismo en América Latina« (México, 1978). In diesen Werken war das strukturalistische und desarrollistische Denken, der Marxismus und die Schule der Annales vorherrschend. Die allgemeinen Studien stützten sich solide auf eine Reihe nationaler Studien und stießen solche auch an. Diese folgten ähnlichen Interpretationsmustern: Caio Prados Jr. »Historia Econômica do Brasil« (1945), Celso Furtado »Formação Econômica do Brasil« (rio do Janeiro, 1959), Werner Baer »The Brazilian Economy: Its Growth and Development« (Columbus Grit, 1979), Nathaniel Leff »Brazilian Economic Development« (Cambridge, 1961); die Arbeiten der Gruppe von de la Torre, Lucía Sala und Julio Rodíguez; José Pedro Barrán und Benjamín Nahum »Historia Rural del Uruguay Moderno, I-VII« (Montevideo, 1967-1978), dieselben: »Batlle, los Estancieros y el Imperio Británico, I-VII« (Montevideo, 1979-1985), Henry Finch »Historia Económica del Uruguay Contemporáneo« (Montevideo, 1980), Aldo Ferrer »La Economía Argentia: la etapas de su desarrollo

y los problemas actuales« (México, 1964), Guido di Tella und Manuel Zymelman »Las Etapas del Desarrollo Económico Argentino« (Buenos Aires, 1967) und »Los Ciclos Económicos Argentinos« (Buenos Aires, 1973), Anibal Pinto »Chile: una Economía difícil« (Ciudad de México, 1964), Frederico Brito Figueroa »Historia Económica y Social de Venezuela« (Caracas, 1966), Marco Palacio »El Café en Colombia, 1850-1970. Una historia económica, social y política« (Bogotá, 1979), José Antonio Ocampo »Desarrollo exportador y desarrollo capitalista colombiana en el siglo XIX: una hipótesis« (Desarrollo y sociedad, 1/79), Mario Arango »El Proceso del Capitalismo en Colombia I-IV (Medellín, 1977-78), Heraclio Bonilla »Burguesía y Guano en Perú« (Lima, 1974), Francisco López Cámara »La Estructura Económica y Social en México en la Época de la Reforma« (México, 1967), David A. Brading »Los Orígenes del Nacionalismo Mexicano« (México, 1973).

Im Gegensatz hierzu sind seit Mitte der 80er Jahre die Hauptwerke über die Wirtschaftsgeschichte Lateinamerikas primär in Englisch und in der Mehrzahl der Fälle von AutorInnen angelsächsischer Herkunft geschrieben worden. Nehmen wir zum Beispiel »The Cambridge History of Latin America: Vol. IV: c. 1870 to 1930«, die von Leslie Bethell herausgegeben wurde (Cambridge, 1986). Sie enthält exzellente Beiträge höchst generalisierender Art, die sowohl sehr gelehrt als auch gut geschrieben sind: Arnold Bauers »Rural Spanish America, 1870-1930«, der in außerordentlicher Weise die jahrzehntelange Diskussion über den agrarischen Übergang zum Kapitalismus in den andinen Regionen und in den Hochländern Zentralamerikas und Mexikos zusammenfasst; William Glades »Latin America and the International Economy, 1879-1914», der die Herausbildung der verschiedenen Faktormärkte analysiert, wobei er den enormen regionalen Unterschieden Rechnung zollt, ohne eine generalisierende und vergleichende Perspektive aufzugeben; Rosemary Thorps »Latin America and the International Economy from the First World War to the

World Depression«, die subtil eine Landkarte der Stärken und Schwächen des außenorientierten Wachstums und der Anfänge der heute sogenannten De-Globalisierungsprozesse entwirft, die schon in der Dekade ab 1910 begannen.

»The Cambridge History of Latin America Vol. VI: Latin America since 1930: Economy, Society and Politics«, die ebenfalls von Leslie Bethell herausgegeben wurde, enthält zwei besonders relevante Kapitel, die von Rosemary Thorp und Victor Bulmer-Thomas geschrieben wurden. Diese beiden AutorInnen haben in den 90er Jahren auch die beiden wichtigsten Bücher über die Wirtschaftsgeschichte Lateinamerikas verfasst. »The Economic History of Latin America since Independence« (Cambridge, 1994) von Victor Bulmer-Thomas ist ausgehend von einem dualistischen Ansatz analytisch scharfsinnig und stellt dabei die Vielfalt der Entwicklungswege in Rechnung. Das Buch »Progress, Poverty and Exclusion: an Economic History of Latin America in the 20th Century« (Washington, 1998) ist das Ergebnis eines Projektes, das von der Inter-Amerikanischen Entwicklungsbank auf Initiative ihres damaligen Präsidenten, Enrique Iglesias, anlässlich des 50-jährigen Bestehens der Institution initiiert wurde. An diesem nahm eine ganze Gruppe von AkademikerInnen teil. Die Einzelbeiträge dieser WissenschaftlerInnen wurde in drei Begleitbänden durch Enrique Cárdenas, José Antonio Ocampo und Rosemary Thorp (Basingstoke, 2001) herausgegeben.

Zusammenfassend läßt sich festhalten, dass es so scheint, als ob die lateinamerikanischen WirtschaftshistorikerInnen keine allgemeinen Werke über Lateinamerika mehr verfassen (und dies scheint auch für die Geschichte im Allgemeinen zu gelten). Dieser Typ von Arbeit scheint der Initiative machtvoller HerausgeberInnen zu bedürfen, welche die Arbeit verschiedener WissenschaftlerInnen koordinieren können. Die individuellen Arbeiten von englischsprachigen AutorInnen scheinen sich direkt (Thorp) oder indirekt (Bulmer-Thomas) auf die Initiative von HerausgeberInnen zu stützen, die kollektive Arbeiten vorantreiben. Derzeit wird eine »Cambridge Economic History of Latin America« in zwei Bänden mit 28 Beiträgen herausgegeben, die alle Thematiken betreffen, die ganz Lateinamerika umfassen. Somit verschärft sich diese Tendenz, obwohl es in diesen Initiativen durchaus auch eine nicht zu vernachlässigende Präsenz lateinamerikanischer AutorInnen gibt.

Der zweite Bruch
Der zweite Buch ist weit schwieriger auf dem geringen Raum dazustellen, der uns hier zur Verfügung steht. Außerdem – und glücklicherweise – gibt es, wie mir scheint, verschiedene Wege aus der bereits skizzierten Polarität. Es gilt, diese zu vertiefen. Fangen wir aber mit den Stereotypen an.

Die am stärksten ökonomistische Version der Wirtschaftsgeschichte neigt dazu, sich die neoklassischen Zugänge zu eigen zu machen. Es gibt einige äußerst wichtige Arbeiten, wie auch die Erarbeitung und Verwendung statistischen Materials revolutioniert worden sind. Es sind ziemlich provokative und paradoxe Situationen entstanden: Es sind wichtige Arbeiten statistischer Kompilation und vergleichender Interpretation von Wirtschaftshistorikern realisiert worden, die nicht einmal Lateinamerikanisten sind. Wir LateinamerikanerInnen haben uns nicht einmal die entsprechenden Fragen gestellt. Jenseits der Meinungen über die eine oder andere Theorie, könnte man sagen, dass die theoretische Reflektion eine Reihe von komparativen Arbeiten über unsere Region in Gang gesetzt und stimuliert hat, die weit davon entfernt sind, uns von unseren Grübeleien zu befreien. Als Beispiel können wir die Arbeit »The Roots of Latin American Protectionism« von Coatsworth und Williamson nehmen, welche die Zollschutzpolitik Lateinamerikas von 1870 bis 1940 in eine historische und interkontinentale Perspektive stellt, oder den Aufsatz »Real Wages, Inequality, and Globalization in Latin America before 1940« (Revista de Historia Económica, 17, número especial: 101-142) von Williamson selbst, der die Konvergenz der Faktorpreise in der ersten Globalisierung und ihren Einfluss auf die Verteilung untersucht, nehmen. Zuweilen stellen sich diese Geschichtsversionen als plattwalzend und aprioristisch dar, übergehen Nuancen, Umstände und entgegenstehende Evidenzen. In der Tradition des Mainstreams gehen sie von harten Annahmen aus. In den zitierten Beispielen ist dies die Vorstellung, dass Protektionismus schädlich ist und die Entwicklungskapazität in der Ära der ersten Globalisierung eingeschränkt hat. Der Fokus ist eindeutig auf die Ressourcenallokation gerichtet, ohne sich näher mit den letzten Determinanten des Wirtschaftswachstums zu beschäftigen. Gleichzeitig wird in den unerwünschten Wirkungen der Globalisierung auf die Einkommensverteilung eine der Quellen der Anti-Globalisierungsreaktion gesehen, die so schädlich für die lateinamerikanische Ökonomie gewesen sein soll. Jenseits der Begrenzungen der Theorien, auf die sich solche Arbeiten beziehen, hat dieser Typ von Arbeiten eine anregende und analytische Kapazität und trägt zur Identifizierung und Formulierung von Problemstellungen bei, die sich auf die Entwicklung von Forschungsprogrammen auswirken.

Auf der anderen Seite florierte eine enorme Zahl von empirischen Studien zu Unternehmen, Orten, Regionen, sozialen Gruppen, Politiken und Institutionen sowie statistische Rekonstruktionen verschiedenster Art. Sie stellen eine sehr breite Basis für generalisierende und empirische Studien in einer Form dar, die leicht ermöglicht, die Grenzen und Übertreibungen extrem simplifizierender allgemeiner Theorie zu identifizieren. Viele dieser wertvollen Beiträge verlieren jedoch einen erheblichen Teil ihre Potentials, weil sie in sehr geschlossenen Zusammenhängen erarbeitet werden, auf sehr eng eingegrenzten Strategien und theoretischen Perspektiven der Forschung beruhen und sich nicht in ernsthafte komparative Perspektiven und fundierte theoretische Reflektionen einordnen. Auf diese Weise hat das Kollektiv/die Gemeinschaft der lateinamerikanischen WirtschaftshistorikerInnen eine enorme Menge an Informationen und partiellen Diskussionen akkumuliert, aber sie hat es nicht geschafft, sich als eine akademische Gemeinschaft zu konstituieren, die fähig wäre, eine profunde und kritische Reflektion zu regulieren und zu gestalten, welche die gemeinsame Aktion anleitet und artikuliert.

Gute Auswege

Fangen wir mit der Souveranität an. Es ist, um Sunkel zu paraphrasieren, notwendig, Lateinamerika wieder »von innen« zu denken. Dies ist kein Problem des Chauvinismus, des Provinzialismus oder der Autarkie. Man muss die Theorie der lateinamerikanischen Entwicklung historisieren und man muss diese ausgehend von der lateinamerikanischen Erfahrung theoretisieren. Es ist nicht wichtig, wer dies macht. Es geht nicht um »Gringos raus». Im Gegenteil. Hingegen ist es grundlegend, die theoretische und generalisierende lateinamerikanische Reflektion auf einer Integration der lateinamerikanischen akademischen Gemeinschaft zu gründen. So wie in der ersten Globalisierung unsere Märkte stärker mit dem Zentrum als untereinander verbunden waren, so kommunizieren unsere akademischen Gemeinschaften in der neuen Globalisierungswelle über die angelsächsische akademische Gemeinschaft und zunehmend in Englisch. Dies wäre so weit in Ordnung, wenn dies von einem starken lateinamerikanischen akademischen Leben begleitet wäre. Es ist kein Zufall, dass die lateinamerikanische Vision der lateinamerikanischen Geschichte das Resultat von nach innen gerichteten Entwicklungsprozessen war. Allmählich lernen wir, uns zu integrieren. Wir sollten die Fehler der Vergangenheit nicht wiederholen. Wir müssen die Herausforderung annehmen, uns in einer offenen Weise, auch auf akademischem Gebiet, zu integrieren.

Leonhard Bauer

Ohne Geschichte geht nichts

> *Denn »wenn der Glaube selig macht«, sagte der Dichter, »nahm er überall eine erhebliche Summe von Ungereimtheiten in Kauf«.*
>
> Sigmund Freud

Das multidimensionale Selbst[1]

Seit Descartes und Locke, »Vorläufer« wie so oft in unserer Kultur die Alten Griechen, insbesondere Socrates, sucht man/frau in der westlichen Kultur die Basis der Persönlichkeit vor allem entlang oder innerhalb dreier Dimensionen, vertraut und leicht für jedermann zu erkennen. Nennen wir sie die Körper- oder Material-, die Beziehungs- und die Reflexive Dimension der Persönlichkeit. Die erste umfasst die physische, körperliche Existenz der Individuen, die von der Natur gegebenen Charakteristika bzw. Eigenschaften, die uns ein empfindendes Wesen, getrieben von Bedürfnissen, Nöten und Neigungen, die uns eine besondere Konstitution oder ein besonderes Temperament verleihen, die uns z. B. mehr oder weniger energisch, lethargisch, leidenschaftlich oder apathisch machen. Auf dieser Ebene ist unser Selbst einschließlich eines wie immer gearteten Bewusstseins in unserem Körper beheimatet und von den Bedürfnissen des Körpers geprägt. Die zweite, die Beziehungsdimension erwächst aus dem sozialen und kulturellen Verkehr, den üblichen Verbindungen und Beziehungen, die uns eine kollektive Identität allgemein geteilter Orientierungen und Werte verleihen und uns mittels der je verwendeten, spezifischen Sprache mit ihrer besonderen Art und Weise des Ausdrucks, der ihr eigenen Kategorien prägen. In dieser Hinsicht sind wir das, was unsere Beziehung mit der Gesellschaft und anderen aus uns macht oder uns erlaubt zu sein. Die dritte Dimension, die der Reflektivität, verleiht uns die ausgesprochen menschliche Fähigkeit, beides, die Welt und unsere eigene Existenz, zum Gegenstand unserer bewussten Beobachtung zu machen, eine Art Spiegel nicht nur auf die Phänomene der Welt, einschließlich unserer Körper und sozialer Beziehungen, sondern auch auf unser Bewusstsein zu richten. Dabei setzen wir uns in Distanz zu unserem eigenen Sein, um es zu prüfen, zu beurteilen und gelegentlich regulierend eingreifen oder gar zu ändern. Auch dieses erscheint – wie weit oder wie gerechtfertigt ist hier nicht die Frage – in irgendeiner Art und Weise selbst geschaffen oder selbst gemacht; wir sind auch, was unsere auf uns gerichtete Aufmerksamkeit, uns werden lässt.

Es ist einsichtig, dass es innert dieser Koordinaten differente Zugänge zum Selbst gibt und gab. Jede dieser Koordinaten ist so weit gefasst, dass verschiedene, ja entgegen gesetzte Tendenzen darin Berücksichtigung finden können. So mag das Körper-Selbst durch Organe und Bedürfnisse bestimmt erscheinen; evolutionsbiologisch wird der Körper als Träger von Genen und den darin codierten Anweisungen gesehen; ... und den frühen Materialisten des 18. Jahrhunderts war der Körper eine Art Maschine ... Das Beziehungs-Selbst ist bei Marx/Engels durch Klassenteilung und soziale Konflikte zu sehen und auch konstituiert; traditionelle Anthropologen erachten die »Kultur«, die all das, was der Mensch seit seiner »Menschwerdung« gelernt, entwickelt hat: Von Benimmregeln bis zur Kochkunst, Stoffe und Mode ... aber auch Religion, Ökonomie ... die sich in allen Mitgliedern dieser Gesellschaft niederschlägt als entscheidend ... Das Reflexive-Selbst mag die strikte Trennung von »res extensa« und »res cogitans« voraussetzen und letztere mit Unkörperlichkeit und Unsterblichkeit verbinden; radikalisiert mag die Reflexivität das Selbst so weit vom üblichen normalen Leben des Menschen distanzieren, dass es in der Negation des materiellen Daseins resultiert; bei Hegel wird denn der Geist »zum Prinzip des Lebens an sich ...«

Bedenkt man die vielen Möglichkeiten bzw. Versuche das Selbst zu fassen so fällt auf, dass, behält man die drei erwähnten Koordinaten im Hinterkopf, neben mehrdimensionalen Betrachtungen des Selbst auch eindimensionale (so der homo oeconomicus der Neoklassik bzw. der traditionalen mainstream Ökonomie) vorhanden sind. Diese beiden grundsätzlich verschiedenen Zugänge finden ihren Niederschlag in ganz verschiedenen Kreuzungen bzw. Reduzierungen des Selbst, so auch in den Ansätzen, die die Unabhängigkeit und Möglichkeiten des Selbst radikal beschränken oder sie über alle Grenzen ausdehnen. Aber keine dieser Alternativen hat beachtliche Chancen, behält man die drei Dimensionen im Auge. Wird das Selbst in den Koordinaten verortet so ist dieses notwendigerweise Druck und Spannungen ausgesetzt. Die nach Entladung strebenden Spannungen des Körpers stehen den Forderungen entgegen, die die Kultur gegen das Verlangen und Wünschen der Körper unerbittlich erhebt, ja, erheben muss. Die Reflexivität mag sehr wohl Forderungen gegen das Beziehung- und Körper-Selbst erheben. Auch unter Berücksichtigung dieser differenten, oft sehr massiven, Konfliktsituationen kann der Mensch Stabilität und Integrität in durchaus vertretbaren und lebbaren Grenzen erreichen.

Im Rahmen der Theorie einerseits aber auch im problematischen normalen Leben zeigt das Beispiel Freuds – und dabei ist auch zwingend zu berücksichtigen, was seine NachfolgerInnen ergänzt, weitergeführt ja auch Neues einführten – den wohl erfolgreichsten Versuch. (Hier ist es weder die Aufgabe noch ist es wünschenswert noch leistbar, die Entwicklungen, Verknüpfungen, Rückbesinnungen im Rahmen der Psychoanalyse und anderer Therapien bzw. Theorien darzustellen).

Überflüssig hier mehr zu sagen, als dass der Freudsche Ansatz mehrdimensional, dreidimensional, ist.[2] Tief verwurzelt einerseits im körperlichen, das unter anderen in der Triebtheorie prägnant berücksichtigt wird, die »Reflexivität« die im »sekundären Prozess« (Realitätsprinzip) bereits zum

Tragen kommt und die Beziehungsdimension, die durch das
Über-Ich (Ideal-Ich dürfte einen Schuss mehr an Reflexivität
noch enthalten) exemplarisch berücksichtigt wird. Ganz
besonders sei hier auf das Unbewusste verwiesen, das als eine
zusätzliche vierte Dimension durchaus berücksichtigt werden
könnte.[3] Ohne die Berücksichtigung des Unbewussten kommt
heute niemand mehr aus, der sich mit dem »Selbst«, dem »Ich«,
ja dem »Menschen« beschäftigt.[4]

Ebenso überflüssig zu sagen, ein Zusammenhalten der differenten Dimensionen ist nicht garantiert und nicht garantierbar. Aber wie schon Hume bemerkte, gibt es durchaus ansprechende Gründe, gute Gründe, eine solche Einheit als möglich zu erachten; ja, ohne eine mehr/minder große Konstanz der Person anzunehmen und wie wir sind, auch zu leben, würde planen, in Gesellschaften sich bewegen und in Arbeitsverhältnissen existieren etc. undenkbar sein. Eine Welt voller Jekylls und Hydes (Ich-Spaltung, heute in gemäßigten Formen durchaus Standard für beachtliche Teile der Gesellschaft vorfindbar und auch konstatiert und akzeptiert) wäre aus einigen durchaus einsichtigen Gründen nicht existenzfähig. Und die Integration als eine Person (Selbst) ist manchmal lebenslänglich nur ein Ziel; Krisen und Schwierigkeiten finden sich wohl bei jedermann/frau.

Kultur

Lebt der Mensch in Kultur – (alles Wissen und alle Fähigkeiten, die Menschen erwarben, um gegen die Natur zu bestehen und sie zu beherrschen[5]), bedingt aber auch Organisation der Menschen zwecks Realisierung und auch in Hinblick auf die Verteilung der Produkte; dabei tauchen unweigerlich Probleme der Macht, der Herrschaft auf, die so gerne im Interesse derer, die darüber verfügen, elegant oder krampfhaft unthematisiert bleiben; ich erinnere an die simple Feststellung der alten Griechen, dass der Mensch in Gesellschaft lebt, zu leben hat, denn nur als Gott oder Tier könnte er dieser entraten – ... so wird er sich »bemühen zu erforschen wie ihre Ursprünge und der Weg ihrer Entwicklung waren« (vgl. die frühe Suche der Kinder nach dem Woher und auch Wie sie auf die Welt kommen) und Freud[6] konstatiert in Übereinstimmung mit wohl allen, ohne die notwendigen und offenkundigen Entwertungen eines solchen Unterfangens zu verschweigen »je weniger aber einer vom Vergangenen und Gegenwärtigen weiß, desto unsicherer muss sein Urteil über das Zukünftige ausfallen«.

Die ersten Einschränkungen, die die Kultur setzt, und alle betreffen, sind die ältesten: mit den Verboten, diese einzusetzen, hat die Kultur die Ablösung vom animalischen Urzustand begonnen ... Sie sind noch immer wirksam und bilden den Kern der Kulturfeindlichkeit »die Triebwünsche, die unter ihnen leiden, werden mit jedem Kind von neuem geboren«. Solche Triebwünsche sind die des Inzest, des Kannibalismus und die Mordlust. Auch das kulturelle Verhalten gegen jede dieser ältesten Triebwünsche ist keineswegs das gleiche. Nur der Kannibalismus erscheint allen verpönt; die Inzestwünsche vermögen wir noch hinter den Verboten erspüren und der Mord (nicht in organisierter oder quasi organisierter Form) wird von unserer Kultur, vgl. die Einstellung zur Todesstrafe in der EU und in den USA, unter bestimmten Bedingungen noch geübt ... »Es ist nicht richtig, dass die menschliche Seele seit den ältesten Zeiten keine Entwicklung durchgemacht hat und im Gegensatz zu den Fortschritten der Wissenschaft und Technik heute noch dieselbe ist wie zu Anfang der Geschichte«.[7] Einer dieser seelischen Fortschritte ist leicht nachzuweisen: Zwang wird mit der Zeit verinnerlicht (Über-Ich), was auch bei jedem Kind betrachtet werden kann.

Bedenkt man/frau, dass u. a. Theoretiker, die von einem »Naturzustand« ausgehen, aber nicht nur diese, den Übergang in die Kultur eines »Staatssystems« damit erklären, dass der Genuss des Eigentums gesichert ist ..., so wird deutlich gesagt, was Freud allgemeiner beschreibt: Man/frau bekommt den Eindruck, »dass die Kultur etwas ist, was einer widerstrebenden Mehrheit von einer Minderzahl auferlegt wurde, die es verstanden hat, sich in den Besitz von Macht- und Zwangsmitteln zu setzen« und »dass sich jede Kultur auf Triebverzicht aufbauen muss.«[8]

Nicht nur die bevorzugten Klassen, welche die Wohltaten dieser Kultur genießen, sondern auch die Unterdrückten können an ihr Anteil haben ... »Man ist zwar ein elender, von Schulden und Kriegsdiensten geplagter Plebejer, aber dafür ist man Römer, hat seinen Anteil an der Aufgabe andere Nationen zu beherrschen und ihnen Gesetze vorzuschreiben.« (vgl. Patriotismus in den USA nach 9/11). Diese Identifizierung mit der sie beherrschenden und ausbeutenden Klasse ist ein Stück eines größeren Zusammenhangs. Trotz der Feindseeligkeit können jene an diese gebunden sein und ihre Ideale in ihren Herrn erblicken. Wenn nicht solche, im Grunde befriedigende, Beziehungen bestünden, bliebe es unverständlich, dass so manche Kulturen sich trotz berechtigter Feindseligkeit großer Menschenmassen so lange Zeit erhalten haben.«[9]

Die Kultur stoppt dabei nicht den Menschen, sich in der und gegen die Natur zu verteidigen. Sie setzt mit anderen Mitteln fort. Eine der Aufgaben ist das schwer bedrohte Selbstgefühl der Menschen, das nach Trost verlangt, zu stärken, »der Welt und dem Leben soll der Schrecken genommen werden und darüber hinaus will auch die Wissbegierde des Menschen, die freilich von den stärksten Interessen angetrieben wird, eine Antwort erhalten.«[10]

Den Kulturvorschriften wird göttlicher Ursprung zugewiesen. Sie werden über die menschliche Gesellschaft hinausgehoben. In der Verdrängung Gottes in der Neuzeit, dem es noch immer zukam die »Schrecken der Natur« zu bannen, mit der Grausamkeit des Schicksals (Tod) ... zu versöhnen und für die Leiden ... zu entschädigen, die dem Menschen durch das kulturelle Zusammenleben auferlegt wurden durch den »denkenden«, schöpferischen, schaffenden (»bürgerlichen«) Menschen, der sich an Gottes Stelle setzt wird nicht mehr vom göttlichen Ursprung gesprochen sondern vom natürlichen. Gottes Gesetze scheinen durch Naturgesetze substituiert. Bis ins 19. Jahrhundert war dem reinen Geist, Gott, der Mensch unterstellt, der zwar teils Geist war – damit die Ähnlichkeit des Menschen mit Gott gegeben – aber auch ein Quantum »Animalisches« sein eigen nannte. (Dem »Animalischen« ähnlich ist die Vorstellung der Erbsünde.) Der Anteil Geist macht es möglich, teilweise den reinen Geist Gott zu verstehen. Dieses metaphysische Wesen ist in letzter Instanz dem Menschen nicht konsistent erklärbar. Dem europäischen (plus Exposituren), christlichen, Menschen blieb das Akzeptieren, – sprich: Gewohnheit – der Glaube.

In der Aufklärung wird der Geist, der Intellekt, die Ratio als das Bestimmende des Menschen gesehen – der damit die Rolle Gottes übernimmt, an seine Stelle tritt – und das Ziel der »Glückseeligkeit« wird nicht mehr im Jenseits erreichbar gesehen sondern im Diesseits. Der hermeneutische »Grund« »bettering one's situation« wird zur nomothetischen »Ursache« einer ungeheueren Warenfülle.

Paradigmatisch tritt an Stelle der Metaphysik »Gott« der »vollkommene Wettbewerbsmarkt«, der in der Neoklassik, trotz oder wegen seiner Nichtexistenz, seinen ad-hoc Erklärungen, Konstruktionen und seiner positivistischen, nomothetischen Konstruktion experimentell nicht nachweisbar ist, zum alles erklärenden Zentrum wird. Haben die christlichen Lehren Gott die Eigenschaften allweise, -mächtig und -gütig zugeschrieben so »begnügt« sich der »Markt« und der ihn bildende »homo oeconomicus« mit teilweise gegebener vollkommener Voraussicht, »free entry« (beides Metaphysik) und last but not least der »invisible hand«, der zufolge durchaus differente, individuelle Zielverfolgungen zum allgemeinen Besten der Allgemeinheit führen.[11] Die Kultur schafft die religiösen Vorstellungen und stellt sie den Teilnehmern zur Verfügung.[12] Die religiösen Vorstellungen und wie es scheint auch die vorherrschende »wissenschaftliche Theorie« der Ökonomie (Neoklassik) sind Lehrsätze/Leersätze, Aussagen über Tatsachen und Verhältnisse der äußeren oder inneren Realität aus denselben Bedürfnissen hervorgegangen wie alle anderen Errungenschaften der Kultur, aus der Notwendigkeit sich gegen die erdrückende Übermacht der Natur zu verteidigen, Trost und Mut zu geben, »Selbstwertgefühl« zu stärken und das was (noch) nicht erklärbar und managable ist, zu erklären, also die die peinlich verspürte Unvollkommenheit der Natur – resp. unseres Geistes – zu korrigieren.

5 Jahre vor Lionel Robbins »An Essay on the Nature and Significance of Economic Science« konstatierte Freud: »Wenn sie aus unserer europäischen Kultur die Religion wegschaffen wollen, so kann es nur durch ein anderes System von Lehren geschehen und dies würde von Anfang an alle psychologischen Charaktere der Religion übernehmen, dieselbe Heiligkeit, Starrheit, Untrübsamkeit, dasselbe Denkverbot zu seiner Verteidigung. Irgendetwas dieser Art müssen sie haben um den Anforderungen der Erziehung gerecht zu werden, auf die Erziehung können sie aber nicht verzichten. Der Weg vom Säugling zum Kulturmenschen ist weit, zu viele Menschen würden sich auf ihn verirren und nicht rechtzeitig zu ihren Lebensaufgaben kommen, wenn sie ohne Leitung der eigenen Entwicklung überlassen werden. Die Lehren, die in ihrer Erziehung angewandt wurden, werden dem Denken immer wieder Schranken setzen. Genauso wie es der Religion zum Vorwurf gemacht wird.[13]

Erinnerung und Präsenz

Das »Selbst« ist keine Konstante. (Nicht einmal die so genannten Naturkonstanten schienen nach neueren vorläufigen Untersuchungen konstant zu sein). Folgt man/frau der Entwicklungsgeschichte von Es, Ich und Über-Ich, so ist zu bemerken, dass in allen Instanzen des Systemmodells das »Unbewusste« eine beachtliche Rolle spielt, wenn auch verständlicherweise in differenter Intensität.

Die »Kultur« als Ensemble »mehrdimensionaler« Selbst zur Verteidigung gegen die Natur – nimmt man/frau die biblische Aufforderung »macht Euch die Erde untertan« als Anweisung, kann anstatt »Verteidigung gegen« auch durchaus von »Angriff auf« gesprochen werden – als Wissen und Können, das Menschen erworben haben, um die Kräfte der Natur zu beherrschen (Güterproduktion) und aus den Instrumenten den Verkehr der Menschen untereinander zu regeln und die Verteilung der produzierten Güter zu bestimmen. »Die beiden Richtungen der Kultur sind nicht unabhängig voneinander, erstens, weil die gegenseitige Beziehung der Menschen durch das Maß der Triebbefriedigung, das die vorhandenen Güter ermöglichen, tief greifend beeinflusst werden, zweitens, weil der einzelne Mensch selbst zu einem anderen in Beziehung eines Gutes treten kann/muß (... Arbeitskraft ... Sexualobjekt) drittens aber, weil jeder Einzelne rituell ein Feind der Kultur ist, die doch ein allgemeines Interesse sein soll«.[14]

Seitdem wir den Irrtum überwunden haben, dass das uns geläufige Vergessen eine Zerstörung der Gedächtnisspur, also eine Vernichtung bedeutet, neigen wir zu der entgegengesetzten Annahme, dass im Seelenleben nichts, was einmal gebildet wurde, untergehen kann, dass alles irgendwie erhalten bleibt und unter geeigneten Umständen z. B. durch eine so weit reichende Regression, wieder zum Vorschein gebracht werden kann.

Man versuche sich durch einen Vergleich aus einem anderen Gebiete klar zu machen, was diese Annahme zum Inhalt hat. Wir greifen etwa die Entwicklung der ewigen Stadt als Beispiel auf. Historiker belehren uns, das älteste Rom war die *roma Quadrata*, eine unumzäunte Ansiedlung auf dem Paladin. Dann folgte die Phase des *Septimontium*, eine Vereinigung der Niederlassungen auf den einzelnen Hügeln, darauf die Stadt, die durch die Servianische Mauer begrenzt wurde, und noch später, nach all den Umwandlungen der republikanischen und der früheren Kaiserzeit, die Stadt, die Kaiser Aurelianus durch seine Mauern umschloss. Wir wollen die Wandlung der Stadt nicht weiter verfolgen und uns fragen, was ein Besucher, den wir mit den vollkommensten und historischen topografischen Kenntnissen ausgestattet denken, im heutigen Rom von diesen frühen Stadien noch vorfinden mag. Die Aurelianische Mauer wird er bis auf wenige Durchbrüche fast unverändert sehen. An einzelnen Stellen kann er Strecken des Servianischen Walles durch Ausgrabung zu Tage gefördert finden. Wenn er genug weiß – mehr als die heutige Archäologie – kann er vielleicht den ganzen Verlauf dieser Mauer und den Umriss der *roma Quadrata* ins Stadtbild einzeichnen. Von den Gebäuden, die einst diese alten Rahmen ausgefüllt haben, findet er nichts oder geringe Reste, denn sie bestehen nicht mehr. Das äußerste was ihm die beste Kenntnis des Roms der Republik leisten kann, wäre, dass er die Stellen anzugeben weiß, wie die Tempel und öffentlichen Gebäude dieser Zeit gestanden hatten. Was jetzt diese Stellen einnimmt sind Ruinen, aber nicht ihrer selbst, sondern ihrer Erneuerungen aus späteren Zeiten nach Bränden und Zerstörungen. Es bedarf kaum noch einer besonderen Erwähnung, dass all diese Überreste des alten Roms als Einsprengungen in das Gewirre einer Großstadt aus den letzten Jahrhunderten seit der Renaissance erscheinen. Manches Alte ist gewiss noch im Boden der Stadt unter ihren modernen Bauwerken begraben. Dies ist die Art der Erhaltung des Vergangenen, die uns an historische Stätten wie Rom entgegentritt.

Nun machen wir die fantastische Annahme, Rom sei nicht eine menschliche Wohnstätte sondern ein psychisches Wesen von ähnlich langer und reichhaltiger Vergangenheit, in dem also nichts, was einmal zustande gekommen war, untergegangen ist, in dem neben der letzten Entwicklungsphasen auch alle früheren noch fortbestehen. Das würde für Rom also bedeuten, dass auf dem Paladin die Kaiserpaläste und das Septizonium des

Septimius Severos sich noch zur alten Höhe erheben, dass die Engelsburg noch auf ihren Zinnen die schönen Statuen trägt, mit denen sie bis zur Gotenbelagerung geschmückt war usw. Aber noch mehr: an der Stelle des Palazzo Caffarelli stünde wieder, ohne dass man/frau dieses Gebäude abzutragen brauchte, der Tempel des Kapitulinischen Jupiter, und zwar dieser nicht nur in seiner letzten Gestalt, wie ihn die Römer der Kaiserzeit sahen, sondern in seiner frühesten, als er noch etruskische Formen zeigte und mit tönernen Antifixen geziert war. Wo jetzt das Collosseum steht, könnten wir auch die verschwundene Domus Aurea des Nero bewundern; auf dem Pantheonplatz finden wir nicht nur das heutige Pantheon, wie es uns von Hadrian hinterlassen wurde, sondern auf dem selben Grund auch den ursprünglichen Bau des M. Agrippa; ja, der selbe Boden trägt die Kirche Maria Sopra Minerva und den alten Tempel über den sie gebaut ist und dabei brauchte es vielleicht eine Änderung der Blickrichtung oder des Standpunktes des Beobachters um den einen oder anderen Anblick hervorzurufen.

Es hat offenbar keinen Sinn, diese Phantasie weiter auszuspinnen, sie führt zu Unvorstellbarem, ja zu Absurdem. Wenn wir das historische nacheinander nachstellen wollen, kann es nur durch ein nebeneinander im Raum geschehen; derselbe Raum verträgt nicht zweierlei Ausfüllungen. Unser Versuch scheint eine müßige Spielerei zu sein; er hat nur eine Rechtfertigung; er zeigt uns wie weit wir davon entfernt sind die Eigentümlichkeiten des seelischen Lebens durch Anschaulichungen darzustellen.

Zu einem Einwand sollten wir noch Stellung nehmen. Er fragte uns, warum wir gerade die Vergangenheit einer Stadt ausgewählt haben um sie mit der seelischen Vergangenheit zu vergleichen. Die Annahme der Verhaltung alles Vergangenen gilt auch für das Seelenleben nur unter der Bedingung dass das Organ der Psyche intakt geblieben ist, dass sein Gewebe nicht durch Trauma oder Entzündung gelitten hat. Zerstörende Einwirkungen, die man diesen Krankheitsursachen gleichstellen könnte, werden aber in der Geschichte keiner Stadt vermisst, auch wenn sie eine minder bewegte Vergangenheit gehabt hat als Rom, auch wenn sie, wie London, kaum je von einem Feind heimgesucht wurde. Die friedlichste Entwicklung einer Stadt schließt Demolierungen und Ersetzen von Bauwerken ein und darum ist die Stadt von vorneherein für einen solchen Vergleich mit einem seelischen Organismus ungeeignet.

Wir weichen diesem Einwand, wenden uns unter Verzicht auf eine eindrucksvolle Kontrastwirkung zu einem immerhin verwandteren Vergleichsobjekt wie es der tierische oder menschliche Leib ist. Aber auch hier finden wir das Nämliche. Die früheren Phasen der Entwicklung sind in keinem Sinn mehr enthalten, sie sind in den späteren, zu denen sie den Stoff geliefert haben, aufgegangen. Der Embryo lässt sich im Erwachsenen nicht nachweisen. Die Thymusdrüse die das Kind besaß, ist nach der Pubertät durch Bindegewebe ersetzt, aber selbst nicht mehr vorhanden; in den Röhrenknochen des reifen Mannes kann ich zwar den Umriss des kindlichen Knochens einzeichnen aber dieser selbst ist vergangen indem er sich streckt und verdickte, bis er seine endgültige Form erhielt. Es bleibt dabei, dass eine solche Erhaltung aller Vorstufen neben der Endgestaltung nur im Seelischen möglich ist und dass wir nicht in der Lage sind, uns dies Vorkommen anschaulich zu machen.

Vielleicht gehen wir in dieser Annahme zu weit. Vielleicht sollten wir uns zu behaupten begnügen, dass das Vergangene im Seelenheil erhalten bleiben kann, nicht notwendigerweise zerstört werden muss. Es ist immerhin möglich, dass auch im Psychischen manches Alte – in der Norm oder ausnahmsweise – soweit verwischt oder aufgezehrt wird, dass es durch keinen Vorgang wiederhergestellt und wieder belebt werden kann, oder dass die Erhaltung an gewisse günstige Bedingungen geknüpft ist. Es ist möglich, aber wir wissen nichts darüber. Wir dürfen nur daran festhalten, dass die Erhaltung des Vergangenen im Seelenleben eher Regel als befremdliche Ausnahme ist.[15]

Aussagen, die sich auf Einzelne beziehen, gelten überraschend häufig auch auf die Gesellschaft. Und das was ist, existiert, resultiert aus dem, was u. a. verdrängt, verleugnet, nicht zur Kenntnis genommen wurde. Entscheide ich, soll ich entscheiden, so geschieht dies unter Mitwirkung meiner Fokussierung, meiner Verdrängung, meiner Verschiebungen, meine Verleugnungen, d. h.: das Nicht-Fokussierte, das Verdrängte, das Verschobene, das Verlagerte existiert auch. Es ist angebracht das Verdrängte nicht dem Ausgelöschten, Nie-Vorhanden-gewesenen gleichzusetzen. Hat man/frau es mit sozialen Kräften zu tun gilt dies in noch verstärkterem Maße. Ohne Geschichte, oder auf eine Lesart von Hegels »Geschichtsphilosophie« – die A. Kojève in den späten 60iger Jahren des vorigen Jahrhunderts als zulässig nachwies – abzustellen, ist es leicht zu meinen, man/frau sei bereits in »The End of History« (and the last Man«, 1992) oder knapp davor. In der Zwischenzeit führten Ereignisse sogar F. Fukuyama dazu, dieses »Ende« zumindest ziemlich weit in die Zukunft hinauszuschieben.

Anmerkungen

[1] Dieser Abschnitt stützt sich insbesondere auf Jerrold Seigel (2005): The Idea of the Self. Thought and Experience in Western Europe since the Seventeenth Century. Cambridge, S. 5 f.

[2] Ebd., S. 8 u. S. 651 ff.

[3] Tony Lawson (1977): Economics and Reality. New York, S. 63.

[4] Vgl. H. F. Ellenberg (2005): Die Entdeckung des Unbewussten, Geschichte des dynamischen Psychiatrie von den Anfängen bis zu Janet, Freud, Adler und Jung, 2. verb. Auflage, Zürich.

[5] Sigmund Freud, Die Zukunft einer Illusion (1927), S. A. 9 (Frankfurt/Main 1974), S. 140.

[6] Ebd., S. 139. vgl. die frühe Suche der Kinder nach dem Woher und auch Wie sie auf die Welt kommen.

[7] Ebd., S. 140.

[8] Ebd., S. 145.
[9] Ebd., S. 147.
[10] Ebd., S. 150.
[11] Eine umfangreichere Darstellung dieser Problematik ist in Vorbereitung.
[12] Ebd., S. 155.
[13] Ebd., S. 184.
[14] Ebd., S. 140.
[15] Sigmund Freud (1974): Der Wahn und die Träume in W. Jensens Gradiva (1907), S. A. 10, Fachband 1974, S. 37ff, S. 37 ff.

Herbert Matis

Zum 65. Geburtstag von Karl Bachinger

Das 65. Lebensjahr ist im Leben eines Wissenschaftlers ein Datum wie jedes andere auch: Während die meisten Erwerbstätigen in der Wirtschaft sich spätestens zu diesem Termin, in der Regel aber schon viel früher, aus dem Berufsleben zurükkgezogen haben und sich dem wohlverdienten Ruhestand hingeben, darf sich ein Geistes- und Sozialwissenschaftler rühmen, in diesem Alter erst im Zenith seines Schaffens zu stehen. Denn die Akkumulation von Wissen, die notwendige Einsicht in die Komplexität gesellschaftlicher Phänomene, die Abgewogenheit des Urteils, die einen guten Geistes- und Sozialwissenschaftler kennzeichnen, sind üblicherweise das Ergebnis eines langwierigen Reifungsprozesses. Wir dürfen daher von unserem geschätzten Kollegen, der nunmehr in diesen Lebensabschnitt eingetreten ist, noch vieles erwarten. Das dieser Wunsch nicht unbegründet ist, geht schon daraus hervor, dass viele seiner Kollegen und Freunde den in vielen und unter verschiedenen Perspektiven erfolgenden Diskussionen während der letzten Jahre den Reifungsprozess seines *Opus magnum* mitverfolgt haben. In dem hier vorliegenden Band, der ein Thema anspricht, das stets sein Interesse erweckte, wollten Kollegen, Freunde und Weggefährten ihre besondere Wertschätzung zum Ausdruck bringen.

Karl Bachinger war für fast fünf Studentengenerationen an der seinerzeitigen Hochschule für Welthandel und der späteren Wirtschaftsuniversität Wien vor allem in der Lehre in vielfältiger Weise präsent. Er hat die Studierenden, ausgehend von aktuellen Ereignissen, immer wieder mit den historischen Hintergründen konfrontiert und damit eine tiefere und komplexere Sichtweise vermitteln können. Viele der in den letzten Dezennien ausgearbeiteten und neu konzipierten Lehrunterlagen – sei es in schriftlicher, sei es in elektronischer Form – gehen auf Karl Bachinger zurück. In geistiger Auseinandersetzung mit den Großen unseres Faches, Adam Smith, Karl Marx, Max Weber, Josef Schumpeter et alii, war es Karl Bachinger aber stets ein wissenschaftliches Anliegen, die wohl wichtigste Zäsur in der Neuzeit, nämlich die Entstehung des modernen Kapitalismus aus sozioökonomischer Perspektive darzustellen. Wer Karl Bachinger kennt, weiß, dass er nicht nur ein großer Kenner und Experte des Oeuvres dieser großen *Vor*denker ist, sondern dass er als ein *Nach*denker stets auch neue Facetten dort zu entdecken imstande ist, wo man meinte, dass schon alles gesagt wäre.

Karl Bachinger wurde am 14. Februar 1942 in der nunmehrigen niederösterreichischen Landeshauptstadt geboren, wo er auch die Volks- und Mittelschule absolvierte. Er maturierte mit Auszeichnung am Bundesgymnasium St. Pölten im Jahre 1960 und nahm dann an der Wiener Universität das Studium der Germanistik, Geographie und Geschichte auf. Sehr bald entwickelte er jedoch ein besonderes Interesse für die wirtschaftlichen und sozialen Aspekte der Geschichte. Am Institut für Wirtschafts- und Sozialgeschichte, das damals von Alfred Hoffmann mit großer Umsicht und in patriarchalischer Fürsorge für seine Studierenden geleitet wurde, promovierte er 1968 *sub auspiciis präsidentis*, was damals noch mit dem Anspruch auf eine Assistentenstelle verbunden war. Die Dissertation, die in überarbeiteter Form 1972 unter dem Titel »Der Niedergang der Kleineisenindustrie in der niederösterreichischen Eisenwurzen, 1850-1914. Fallstudie einer industriellen Regression« erschien, ließ bereits die hohe wissenschaftliche Begabung des Doktoranden erkennen. Bachinger folgte dabei dem von seinem Lehrer Alfred Hoffmann in einem seinerzeit viel beachteten Vortrag vor der Akademie der Wissenschaften paradigmatisch dargestellten methodischen Zugang: Durch eine intensive Auseinandersetzung mit den Quellen inspiriert, sollten zunächst kleinräumige und lokale

Verhältnisse, wie sie die traditionelle Landeskunde seit jeher zum Gegenstand hatte, mit Hilfe historischer Methoden untersucht werden. Und dann, darauf aufbauend, sollten die auf diese Weise gewonnenen Ergebnisse in größere Zusammenhänge hinein gestellt werden. Diesen Zugang wählte er auch in seiner Geschichte der gewerblichen Wirtschaft des Burgenlandes, der ersten derartigen Darstellung für ein österreichisches Bundesland. Am Ende stand dann jeweils ein auf empirischen Erkenntnissen beruhendes und gleichzeitig auf induktiven Methoden begründetes Entwicklungsmodell.

In seiner 1981 abgeschlossenen Habilitationsschrift, die sich dem politischen Umbruch und der wirtschaftlichen Desintegration nach dem Ersten Weltkrieg widmete, analysierte der Autor in umfassender Weise die sozioökonomische Ausgangssituation Österreichs in den Jahren 1918/19 und die Folgewirkungen auf die Erste Republik. Es ist zu bedauern, dass diese fast 1.100 Seiten umfassende Arbeit nicht in Buchform erschienen ist, sondern lediglich in einer Reihe von Artikeln verwertet wurde, denn hier wurde in vielfacher Weise wissenschaftliches Neuland beschritten. Bachinger fungierte neben seiner Tätigkeit als Mitautor mehrerer Bücher auch als Herausgeber und als Verfasser einer ganzen Reihe von Artikeln und Originalbeiträgen. Was ihn dabei stets auszeichnet, ist der Blick auf das Wesentliche, die Beherrschung der quellenkritischen historischen Methode, die umfassende Übersicht und die Originalität des Zugangs. Wenn jemand, der so wie Karl Bachinger, der akademischen Lehre geradezu mit Leidenschaft verpflichtet ist, diese Verpflichtung in den nächsten Jahren wohl stärker zurücknehmen wird, dann dürfen wir sicher sein, dass ihm die nunmehr mehr zur Verfügung stehende Zeit und Muße für die wissenschaftliche Arbeit ein Ansporn sein wird. In diesem Sinne: *Ad multos annos!*

Karl Bachinger: Schriftenverzeichnis
Zusammengestellt von Manfred Sauer

Buch, Monographie:

o Der Niedergang der Kleineisenindustrie in der niederösterreichischen Eisenwurzen (1850 – 1914). Fallstudie einer industriellen Regression. Überarbeitete Fassung der Dissertation aus dem Jahre 1968 (Wien 1972) 370 Seiten

o Geschichte der gewerblichen Wirtschaft des Burgenlandes (Wien 1973) 364 Seiten

o (mit Herbert Matis), Schilling bleibt Schilling. Katalog zur gleichnamigen Ausstellung, erstellt im Auftrag des Bundesministeriums für Finanzen (Wien 1974) 82 Seiten

o (mit Herbert Matis), Der österreichische Schilling. Geschichte einer Währung (Graz – Wien – Köln 1974) 326 Seiten

o Umbruch und Desintegration nach dem Ersten Weltkrieg. Österreichs wirtschaftliche und soziale Ausgangssituation in ihren Folgewirkungen auf die Erste Republik, Habilitationsschrift, 2 Bände (Wien 1981) 1.068 Seiten

o (mit Hildegard Hemetsberger-Koller und Herbert Matis), Grundriss der österreichischen Sozial- und Wirtschaftsgeschichte von 1848 bis zur Gegenwart (Wien – München 1987, 3. Auflage 1990) 128 Seiten

Herausgeberschaft:

o (mit Hildegard Hemetsberger-Koller und Herbert Matis), Betrachtungen zur Wirtschafts- und Sozialgeschichte.

Ausgewählte Schriften von Alois Brusatti aus Anlass seines 60. Geburtstages (Berlin 1979) 226 Seiten

o (mit Dieter Stiefel), Auf Heller und Cent. Beiträge zur Finanz- und Währungsgeschichte. Herbert Matis zum 60. Geburtstag gewidmet (Frankfurt/Main – Wien 2001) 630 Seiten

o (mit Felix Butschek, Herbert Matis und Dieter Stiefel), Abschied vom Schilling. Eine österreichische Wirtschaftsgeschichte (Graz – Wien – Köln 2001) 352 Seiten

o (mit Charlotte Natmeßnig), Von der frühen Industrialisierung zum Computerzeitalter. Wirtschaftshistorische Wegmarkierungen. Herbert Matis: Ausgewählte Schriften (Wien – Köln – Weimar 2006) 306 Seiten

Originalbeitrag in Fachzeitschrift:

o Zur Interpendenz von Verkehrsentwicklung und Industrialisierung (1830 – 1913), in: Veröffentlichungen des Verbandes Österreichischer Geschichtsvereine, 19 (1972) S. 212-222

o Anmerkungen zur Wirtschaftspolitik der Ersten Republik. Die Genfer Protokolle und die Lausanner Anleihe im Spiegel zeitgenössischer Forschung, in: Christliche Demokratie, 1 (1983) S. 42-53

o Die Entwicklung des Gewerbes in der Ersten Republik, in: Christliche Demokratie, 4 (1984) S. 359-366

o (mit Peter Berger), Das Sanierungswerk 1922, in: Christliche Demokratie, 3 (1985) S. 233-241

o Die österreichische Industrie in der Umbruchsphase nach dem Ersten Weltkrieg, in: Christliche Demokratie, 4 (1985) S. 281-306 o (mit Herbert Matis), Die österreichische Nachkriegsinflation 1918 – 1922, in: Beiträge zur historischen Sozialkunde, 3 (1986) S. 83-91

Originalbeitrag in Buch (Sammelwerk):

o (mit Alois Brusatti), Österreichs Wirtschaft in der Zweiten Republik. Wirtschaftsentwicklung, Wirtschaftspolitik, Sozialpolitik, in: Karl Gutkas; Alois Brusatti; Erika Weinzierl (Hg.): Österreich 1945 – 1970. 25 Jahre Zweite Republik (Wien 1970) S. 195-330

o Mittelstand und Bauernorganisationen als neue politische Kräfte in Österreich nach dem Ersten Weltkrieg, in: Richard G. Plaschka; Karlheinz Mack (Hg.): Die Auflösung des Habsburgerreiches. Zusammenbruch und Neuorientierung im Donauraum (Wien 1970) S. 462-467

o Otto von Hingenau, in : Neue Deutsche Biographie, Bd. IX (1972) S. 183-184

o Gustaf von Höfken, in: Neue Deutsche Biographie, Bd. IX (1972) S. 311-312

o (mit Herbert Matis), Österreichs industrielle Entwicklung, in: Adam Wandruszka; Peter Urbanitsch (Hg.): Die Habsburgermonarchie 1848 – 1918, Band I: Die wirtschaftliche Entwicklung, hrsg. von Alois Brusatti (Wien 1973) S. 105-222

o Das Verkehrswesen, in: Adam Wandruszka; Peter Urbanitsch (Hg.): Die Habsburgermonarchie 1848 – 1918, Band I: Die wirtschaftliche Entwicklung, hrsg. von Alois Brusatti (Wien 1973) S. 278-322

o (mit Herbert Matis), Strukturwandel und Entwicklungstendenzen der Montanwirtschaft 1918 bis 1938. Kohlenproduktion und Eisenindustrie in der Ersten Republik, in: Michael Mitterauer (Hg.): Österreichisches Montanwesen. Produktion, Verteilung, Sozialformen. Festschrift für Alfred Hoffmann (Wien 1974) S. 106-143

o (mit Herbert Matis), Fünfzig Jahre österreichischer Schilling, in: Bundesministerium für Finanzen (Hg.): Schilling bleibt Schilling (Wien 1975) S. 7-12

o (mit Herbert Matis), Vom k.k. Finanzministerium zum Bundesministerium für Finanzen 1848 – 1978, in: Beppo Mauhart (Hg.): Das Winterpalais des Prinzen Eugen. Von der Residenz des Feldherrn zum Finanzministerium der Republik (Wien – München – Zürich – Innsbruck 1979) S. 73-208

o Österreich 1918 – 1945, in: Wolfram Fischer (Hg.): Handbuch der europäischen Wirtschafts- und Sozialgeschichte, Band 6 (Stuttgart 1987) S. 513-562

o Unternehmer und wirtschaftliche Entwicklung. Das Unternehmerbild im Werk Joseph A. Schumpeters, in: Herbert Matis (Hg.): Unternehmer und Unternehmen, Festschrift für Alois Brusatti (Wien 1989) S. 175-189

o Die Wirtschaftspolitik der österreichischen Parteien (1918 – 1932), in: Anna M. Drabek; Richard G. Plaschka; Helmut Rumpler (Hg.): Das Parteienwesen Österreichs und Ungarns in der Zwischenkriegszeit, Veröffentlichungen der Kommission für die Geschichte Österreichs, Band 15 (Wien 1990) S. 187-209

o (mit Herbert Matis), Inflation in Austria after World War I (1918 – 1922), in: Herbert Matis (ed.): The Economic Development of Austria since 1870 (Cambridge 1994) S. 316-329

o (mit Vlastislav Lacina), Die wirtschaftlichen Ausgangsbedingungen der Tschechoslowakei und Österreichs nach dem Zusammenbruch der Habsburgermonarchie, in: Alice Teichova; Herbert Matis (Hg.): Österreich und die Tschechoslowakei 1918 – 1938. Die wirtschaftliche Neuordnung in Zentraleuropa in der Zwischenkriegszeit, Studien zur Wirtschaftsgeschichte und Wirtschaftspolitik, Band 4 (Wien 1996) S. 51-90

o »Ein paar Milliarden Schulden sind weniger schlimm als ein paar hunderttausend Arbeitslose.« Ökonomie und Beschäftigung, in: Stiftung Bruno Kreisky und Historisches Museum der Stadt Wien (Hg.): Bruno Kreisky. Seine Zeit und mehr (Wien 1998) S. 71-87

o Eine stabile Währung in einer instabilen Zeit – Der Schilling in der Ersten Republik, in: Karl Bachinger; Felix Butschek; Herbert Matis; Dieter Stiefel (Hg.): Abschied vom Schilling. Eine österreichische Wirtschaftsgeschichte (Graz – Wien – Köln 2001) S. 11-134

o (Mit Leonhard Bauer), Daktylogramme des Gesellschaftlichen. Zur politischen Ökonomie der Staatsfinanzen in der Zwischenkriegszeit und in der Gegenwart, in: Karl Bachinger; Dieter Stiefel (Hg.): Auf Heller und Cent. Beiträge zur Finanz- und Währungsgeschichte. Herbert Matis zum 60. Geburtstag gewidmet (Frankfurt/Main – Wien 2001) S. 539-579

o Im Namen Gottes, der Gesellschaft und der Natur. Zur Legitimation von Reichtum im neuzeitlichen Kapitalismus, in: Karin Küblböck (Red.): Was Reichtümer vermögen. Gewinner und VerliererInnen in europäischen Wohlfahrtsstaaten, herausgegeben von der Armutskonferenz, Attac und dem Beigewum (Wien 2002) S. 46-59

o (mit Herbert Matis, Andreas Resch und Manfred Zollinger), Der lange Weg zum Wohlstand. Krisen und Wohlstand, in: Günter

Düriegl; Herbert Frodl (Hg.): Das neue Österreich. Katalog zur Ausstellung zum Staatsvertragsjubiläum 1955/2005, Österreichische Galerie Belvedere (Wien 2005) S. 286-301. *Auch in englischer, französischer und russischer Sprache.*

o (mit Herbert Matis, Andreas Resch und Manfred Zollinger), Krisen und Wohlstand, in: Das neue Österreich. Beiheft zur Ausstellung zum Staatsvertragjubiläum 1955/2005. Ein Heft für junge Leserinnen und Leser, Österreichische Galerie Belvedere (Wien 2005) S. 66-70

o (mit Charlotte Natmeßnig), Einleitung, in: Karl Bachinger; Charlotte Natmeßnig (Hg.): Von der frühen Industrialisierung zum Computerzeitalter. Wirtschaftshistorische Wegmarkierungen. Herbert Matis: Ausgewählte Schriften (Wien – Köln – Weimar 2006) S. VII-XXIV

Skriptum:

o (mit Herbert Matis), Konzeptionen der sozioökonomischen Entwicklung. Lehrveranstaltungsskriptum (Wien 2003) Band I: 95 Seiten, Band II: 211 Seiten

Multimedialer Datenträger:

o (mit Herbert Matis), Theorien der wirtschaftlichen Entwicklung. Grundzüge der Wirtschafts- und Sozialgeschichte, abrufbar unter: www.wu-wien.ac.at/inst/vw3/telematik/download/wsg7.pdf (Wien 2003/04) 306 Seiten

Quellenangaben

Luis Bértola: *¿A onde ha ido la historiografía latinoamericana?* In: Boletín Historia Económica, 1, 2003, 2, S. 29-32. (Text leicht gekürzt) Übersetzung aus dem Spanischen: Joachim Becker

Eugen Böhm-Bawerk: *Historische und theoretische Nationalökonomie* (1889). In: Eugen Böhm-Bawerk, Gesammelte Schriften. Hrsg. von Franz X. Weiss. Wien – Leipzig 1924, S. 157-188.

Walter Eucken: *Der historische Tatbestand – Konsequenz für die Wirtschaftspolitik*. In: Walter Eucken, Grundsätze der Wirtschaftspolitik. Reinbek bei Hamburg 1961, S. 142-150.

Rudolf Goldscheid: *Soziologie und Geschichtswissenschaft* (1907). In: Rudolf Goldscheid, Grundfragen des Menschheitsschicksals. Wien – Leipzig 1919, S. 60-81.

Eric Hobsbawm: *Historiker und Ökonomen* I. In: Eric Hobsbawm, Wieviel Geschichte braucht die Zukunft. München 1997, S. 128-146. (Text leicht gekürzt)

Herbert Lüthy: *Wozu Geschichte?* (1967). In: Herbert Lüthy, Gesammelte Werke, Band 4: Essays II 1963 – 1990. Hrsg. von Irene Riesen und Urs Bitterli. NZZ Libro, Buchverlag Neue Züricher Zeitung. Zürich 2004, S. 138-153.

Karl Marx: *Ware und Geld* (1867). In: Karl Marx, Das Kapital. Kritik der politischen Ökonomie. Erster Band. Berlin 1984, S. 49-98. (Text leicht gekürzt)

Otto Neurath: *Nationalökonomie und Wertlehre, eine systematische Untersuchung*. In: Zeitschrift für Volkswirtschaft, Sozialpolitik und Verwaltung, Bd. 20. Wien – Leipzig, 1911, S. 52-114, wieder abgedruckt in: Otto Neurath, Gesammelte ökonomische, soziologische und sozialpolitische Schriften. Hrsg. von Rudolf Haller und Ulf Höfer. Wien 1998, Teil 1, S. 470-518. (Text gekürzt)

Joseph A. Schumpeter: *The Techniques of Economic Analysis*. In: History of Economic Analysis. New York 1954. S.12-24. (Text gekürzt)

Joseph A. Schumpeter: *Schöpferisches Reagieren in der Wirtschaftsgeschichte*. In: The Creative Response in Economic History. Journal of Economic History 1947; deutsche Fassung in: Joseph A. Schumpeter: Beiträge zur Sozialökonomik. Hrsg. von Stephan Böhm. Wien – Köln – Graz 1987. S. 184-194.

Verzeichnis der AutorInnen

Leonhard BAUER, Institut für Institutionelle und Heterodoxe Ökonomie, Wirtschaftsuniversität Wien

Joachim BECKER, Institut für Außenwirtschaft und Entwicklungsplanung, Wirtschaftsuniversität Wien

Peter BERGER, Institut für Wirtschafts- und Sozialgeschichte, Wirtschaftsuniversität Wien

Josef FRIEDL, Institut für Wirtschafts- und Sozialgeschichte, Wirtschaftsuniversität Wien

Hansjörg KLAUSINGER, Institut für Politische Ökonomie, Internationale Wirtschaft und Entwicklung, Wirtschaftsuniversität Wien

Charlotte NATMESSNIG, Institut für Wirtschafts- und Sozialgeschichte, Wirtschaftsuniversität Wien

Herbert MATIS, Institut für Wirtschafts- und Sozialgeschichte, Wirtschaftsuniversität Wien

Reinhard PIRKER, Institut für Institutionelle und Heterodoxe Ökonomie, Wirtschaftsuniversität Wien

Hermann RAUCHENSCHWANDTNER, Institut für Quantitative Volkswirtschaftslehre, Wirtschaftsuniversität Wien

Andreas RESCH, Institut für Wirtschafts- und Sozialgeschichte, Wirtschaftsuniversität Wien

Gerhard SENFT, Institut für Wirtschafts- und Sozialgeschichte, Wirtschaftsuniversität Wien

Fritz WEBER, Institut für Wirtschafts- und Sozialgeschichte, Wirtschaftsuniversität Wien

Walter Eucken: Grundsätze der Wirtschaftspolitik
Hrsg. v. Edith Eucken u. K. Paul Hensel; 7. Auflage mit einem Gespräch zwischen Ernst-Joachim Mestmäcker und Walter Oswalt; 2004; 415 S.; (UTB Kleine Reihe 1572) 16.90 EUR; ISBN 3-8252-1572-5

Walter Eucken: Wirtschaftsmacht und Wirtschaftsordnung
Londoner Vorträge zur Wirtschaftspolitik und zwei Beiträge zur Antimonopolpolitik. Herausgegeben vom Walter-Eucken-Archiv. Mit einem Nachwort von Walter Oswalt 2001, 160 S., 17.90 EUR, br.; ISBN 3-8258-4804-3

Walter Eucken: Nationalökonomie wozu?
5., um ein Nachwort von Walter Oswalt erweiterte Auflage 2005, broschiert 12.50 EUR; ISBN: 3-608-94131-2;

Walter Eucken: Ordnungspolitik
(Herausgegeben von Walter Oswalt)
Walter Eucken Archiv – Reihe Zweite Aufklärung. Bd. 1, 1999, 104 S., 12.90 EUR, gb.; ISBN 3-8258-4056-5

Weitere Neuerscheinungen von Werken Walter Euckens, Franz Böhms, und Alexander Rüstows auf der Web-Seite des Walter Eucken Archivs: www.eucken.org